中国广播影视出版社

解密英国最具创意的流行电视节目
揭开优秀电视节目模式的完美配方

策划电视

风行世界的英国电视节目模式解析

周凯 杨会飞 殷亮◎著

Planning TV

前　言

创新是一个民族生生不息、取之不竭的源泉。

优秀的电视节目总是具有直指人心的力量，是社会热点和节目模式的完美“配方”。

综观中国电视纷繁多彩的荧屏，内地有三千多个电视频道，上万档电视栏目，为了赢得观众，占领市场，各家电视台各出奇招，各类节目粉墨登场、精彩纷呈，这其中既有播出多年依然颇受欢迎的“常青藤”式的节目，也有曾经红极一时却早已失去当年风采的“昙花一现”式的节目，造成这种两分局面的最重要因素及深层次的原因就是“电视节目模式”。

电视节目模式源自英文Television Program Format，近年来，国际上流行的节目模式的交流和广泛传播，是在“地球是平的”及全球商业一体化的大背景下，以节目模式的独特创意竞得多级利润和垄断优势的电视业竞争的客观格局。

在现代管理学中，“产品生命周期”是对各行业都适用的一种企业发展规律，包括媒体行业在内，无论是广电集团还是电视台都有生命周期，只有不断推陈出新管理模式和节目产品，才能持续发展，基业长青。节目模式创新是电视台在激烈的收视鏖战市场中获得独特竞争优势与持续发展力的重要手段。如果不能与时俱进，时时创新，那么即便已是王牌节目，也难免会被淘汰出局。

悉心研究，每一个优秀成功的电视节目模式一定有关键内核，这也是电视节目得以迅速而广为流行的内在基因。所有可以大量输出和交易的文化产品也必然具备这样的基因内核。这正是需要研习与模仿的关键之所在。

目前，海外的电视节目成为中国电视创新的重要来源。全球电视节目模式创新，“一马当先”的是英国，在全世界所有原创的电视节目中，英国原创的电视节目数量占到45%，还远在2006年时，英国的节目出口创汇收入已超过6.3亿英镑，其中电视节目模式的贸易收入是4200万英镑。当下，活跃在中国内地电视荧屏上的不少节目模式就源自英国，如江苏卫视的《非诚勿扰》，其原型是英国的《Take Me Out》；东方卫视的《中国达人秀》，其原型就是英国的《Britain’s Got Talent》。在这个全球化的商业时代和无缝隙的传播时空中，文化产品生产、文化输出和引进的全球性合作机制已然成熟。美国虽然未能形成像英国这样的全球节目模式原创研发基地，但因其特有的文化创意产业的强大商业机制，能将优秀文化产品全球推广并形成高度市场化和产业化的垄断格局。最突出的代表案例就是从英国引进《美国偶像》的原创节目样式，随即进行有序而有力的全球行销传播。使得这些著名的电视节目不仅在自己的国度内获得巨额的经济收益和深刻的社会影响力，还能够通过版权贸易跨越大洋、穿越国界、传播世界各地，有些特别流行的节目模式甚至还畅销全球一百多个国家和地区。

我们在学习电视节目模式的同时，是否更应该先深入探究英国能盛产大量原创节目样式的内在因素与合理逻辑。与其“授人以鱼，不如授之以渔”。

英国之所以成为全球电视节目创意的研发生产基地，主要有三大关键因素：第一，对知识产权的重视。英国作为一个岛国，自然资源相对贫瘠，发展文化创意产业就自然成为了经济增长的最优路径之一。因此，英国政府给予高度重视，制定了许多法律和市场规则，来严格保护包括电视节目模式创意在内的各类知识产权，严厉打击非法拷贝和盗版。英国法律甚至还规定，独立制作公司在售卖节目后可依然拥有版权。在这样真正的法制框架保护之下，电视节目创意制作机构就能放心大胆地创作，并充分享用这些成果所带来的丰厚收益。试想，如果没有对知识产权的充分保护和严格执法，没有公平公正的市场交易规则和环境，那么绝不会有人愿意花费大量的时间和金钱去进行创意研发，去持续不断的制作原创节目。正是因为从政府层面对知识产权的高度重视和有效保护，文化产品才能百花齐放，文化产业才有更强劲的动力引擎。第二，深入细致的市场调研。对电视观众的了解，电视制作机构会从行为、态度、信念、消费等各维度着手，深度调查和缜密分析符合播出机构要求的人群规模、性别比例、家庭结构、收入状况、作息时间、语言习惯、餐饮偏好、娱乐方式、心理期待、过去他们曾追捧过的哪些节目等等，然后根据这庞大的数据库进行研究分析，提炼出精粹的节目元素，然后再进行重组和创新，寻找差异化，定位准确，才能打造核心竞争力，以吸引目标受众。这样一种“信息搜集—研析—反馈”的调研机制对节目再造和流程创新而言显然是非常重要的。第三，头脑风暴和随堂练习。注重头脑风暴，形成“创意种子”，构想“节目蓝图”，实行专业化的分工，来提升“节目内核价值”，最终达成对节目模式的成功创新。头脑风暴是创意产业普遍采用的一种思维方法，通过随机关联、接龙游戏等思维方式为创意团队提供一个个新的视角、新的元素、新的组合。随堂练习则是在节目创意出来后，由两组不同背景的团队进行正方和反方的交互辩论，互相批评，从不同视角和层面发现问题，以弥补可能存在的设计漏洞和思维空缺。所以，从总体上来说，电视节目的持续创新需要具备三个必要条件：政策导向建立公平竞争的机制；深入调查剖解市场需求；最大程度发挥个体创造力，整合团队创意。

从源自英国、风靡全球的多档流行的优秀电视节目中，可以归纳出其中创新创优的五点共性，同样值得大家在节目再造和创意创新的时候思考借鉴。

一、融合

媒介高度融合是近几年理论研究中的热点，也是媒体行业未来发展的方向。单从电视行业来说，其触角已经延伸到互联网和移动终端等。而从微观来分析一档电视节目，可以说融合也是不可扭转的趋势，例如观众已经厌倦了纯娱乐节目，就需要在娱乐节目中加入纪录片的元素、名人元素、访谈元素等，通过多种不同元素的融合，丰富节目的内涵，拓宽表达渠道，形成更佳收视效果。正如我们现在看到的王牌流行节目都已不再是纯粹的一种类型。多元素组合是节目样式创新时必须要重点考虑的。

二、冲突

“冲突是永恒的主题”。几乎所有的文化产品中对立和冲突都是必不可少的，无论是小说还是电影、电视剧，都是通过对立和冲突来营造扣人心弦的情节。在好莱坞工业标准化的大片制作流程中，每隔3分钟到5分钟必定有一个冲突，以此保持观众的注意力，吸引观众持续观看。电视节目也一样，需要“冲突和对立”来锁定关注度和冲高收视率，防止观众中途转台，这种冲突可以是语言上的、肢体上的乃至价值观念上的，关键在于对后续情节展开的精彩铺垫，并一直吸住观众的“眼球”。

三、互动

我们现正处于一个互动、多维、融合的传播时代，因此不能再“单向的线性式”传播，而是要处于“双向多点的互动”传播状态。通过节目的展开引起观众的同步思考是一种很好的互动方式；要让观众参与其中、感同身受，选秀节目就是以这种真人秀的互动方式组成庞大的观众规模，并让他们有现场体验心境；也有的是让观众亲身参与游戏赢得大奖，拉近了受众和电视的距离，并通过网络、短信平台等方式进行密集互动。

四、认同

这里所说的“认同”有两个层面的含义。一方面是观众自我认知上的认同，以普通人为表演者或嘉宾的节目很容易就能受到普罗大众和草根阶层的欢迎，这是因为在节目中他们仿佛就看到自己或自己熟悉的人群，这种心理上的认同感会引领他们继续收看；另一方面是价值观念上的认同，正在高速发展的社会形态必然存在多元的价值观，人们总是倾向于和自己观念接近的人群交流分享，因此电视节目中所表达的不同层群的价值观内容，必然会引起相同或不同价值观人群的围观和评论。

五、突破

追求突破的渠道方式多种多样，如内容题材、节目形态、制作手法、灯光音响、主持人、演播厅布置等各方面都可以成为节目创新再造的起点。国内诸多成功的电视节目模式基本就是从国外借鉴原型后，再从这些点面着手创意和突破的。

六、悬念

在所有精彩的影视文本中，叙事的路线一定是层层跌宕、悬疑四起，这样的剧情叙事结构安排得以始终能牵引着观众的思绪，同步放飞想象的翅膀。这是故事叙述的一种巧妙方式，善于不断的设置悬念，让观众在节目中时刻有“代入感”，不断在自我潜意识里提出问题，保持对问题结局的期待感，随着剧情的伸展延续，情绪和思维高度集中，这恰是衡量一档电视节目精彩程度的文本标签。

基于此，由于本书的作者均有多年的电视从业经历，无论是在理论研究，还是实际操盘，都深刻地感受到各家电视台及节目制作公司，亟须有大量最新的成熟电视节目样式供参考学习。国外众多数年长盛不衰的电视节目模式，恰为国内大量的从业者和研究者提供了可资借鉴的蓝本和创新的方向。所以，我们历经两年多的时间，通过从英国本土直接搜集并精选大量第一手视频资料，再加以精心梳理和深入分析，直至本书面世，其中大部分节目模式都是首次在国内呈现。

本书主要对生活服务类节目以及娱乐真人秀节目进行了详细的模式分析，具体细分为旅游类节目、房产类节目、拍卖类节目、时尚 类节目、美食类节目、少儿类节目、娱乐类节目、真人秀节目。英国电视屏幕上播放着大量的美食类节目，样式多种多样，非常值得国内同仁学习参考，本书对美食节目进行了细分，有强调胜负的竞技类型 、有追求趣味的游戏类型、也有边吃边玩的休闲类型。大量的节目都包含着真人秀的元素，而真人秀节目又是全球电视节目发展的大势所趋，更多的真人秀节目占据了电视屏幕的黄金档期。本书根据节目参与者的特点以及所秀主题的不同，又细分为六小类：相亲约会型、隐藏（改变）身份型、少年参与型、寻找探秘型、家庭参与型、商业经营型。另外，为了给读者提供更多延展性的阅读内容，本书对上述各档节目的制作公司资讯、节目主持人的背景也做了相关介绍，这些有用的大量的网络链接会为您打开英国电视原创节目研发之门，您可以借着这些快捷通道，迅速有效地深入到英国电视传媒的最前沿。同时，本书还对大部分电视节目内容进行了“洋为中用”本土化创作的分析和建议，对于一些已经有本土化样本的节目也进行了对比分析，以总结电视节目本土化过程中的利弊得失。

这是一本为广电集团、电视台、节目制作公司及其从业人员、相关领域的专家学者、从事相关专业学习的广大学生准备的专业书籍。您可以翻看所喜欢的或感兴趣的部分内容，及时获取您所需要的信息和资讯，为此我们特意设计了不同的标识以方便阅读的选择。

殷盼本书对国内电视节目的创新研发能有所启迪和助力。

目录
Content

花样百出的旅游类节目

亲身体验式的房产类节目

全民参与的拍卖类节目

真人秀式的时尚类节目

活色生香的美食类节目

充满童趣的儿童类节目

花样百出的娱乐节目

无处不秀的真人秀类节目

Planning TV

花样百出的旅游类节目

节目名称

长途旅行（Coach Trip）

节目基本情况

播出机构：channel 4
官方网站：http：//www.channel4.com/programmes/coach-trip/
播出频次：日播，第一季播出时间为16：30；第二季调整为14：55；第三季到第五季播出时间为17：00；第六季后播出时间为17：30
开播时间：2005年3月7日，之后停播三年，2009年起又开始制作
节目时长：60分钟（含广告）
30分钟（含广告）

节目介绍

《长途旅行》是一档有着浓郁真人秀色彩的旅游类电视节目。迄今为止已经制作了八季。第二季播出后节目组停止制作这个节目三年，从2009年开始恢复。第一季拍摄时间是2004年4月到6月，播出时间为次年的3月到4月，旅游景点主要在欧洲各国；第二季拍摄时间为2005年5月到7月，播出时间为2006年6月到7月，主要旅游线路是在地中海地区；第三季拍摄时间为2008年9月到10月，播出时间为2009年5月到7月，参与者游览了克罗地亚、捷克共和国、匈牙利、列支敦士登和卢森堡等国家； 第四季于2009年9月到10月拍摄，播出时间为2010年2月到4月，旅行地方最多，到达了地中海地区、北非和西亚，旅行时间最长，长达50天；第五季于2010年5月到6月拍摄，播出时间为2010年8月到9月；第六季安排的拍摄时间是2010年7月到8月，播出时间是2011年2月到3月；第七季的拍摄时间是2011年5月到6月，此季中驴友们到达波兰和斯诺文尼亚；第八季于2012年1月20日播出，在三季名人系列之

后播出。每季节目一般播出30集，每天一集。第四季节目制作了50集，连续播出了50天。

《长途旅游》制作了三季专门请名人参加的特别节目，每季10集，每次旅行时间为10天。第一季名人系列拍摄时间是2010年9月6日到17日，播出时间为11月8日。当季最后被投票选出的最受欢迎的拍档获得1000英镑的慈善资金。参与的名人有查克兄弟、比安卡·盖斯科恩、爱摩根·汤姆斯、瑞奇·格瑞夫、艾丽克斯·奋恩斯、凯诺·哈里森、因格里得·泰若特、瑞夫·贝优、本杰明·杜坎。之后参与的名人还有科林·麦克阿丽斯单、贾斯汀·瑞安、罗得理·马休、切丽·贝克、大卫·万达、托尼·布莱克本 、厚脸皮女孩组合。

圣诞特别节目制作了15集，参与者旅游行程为15天，拍摄时间是2011年12月12日到31日。每季节目的最后一集节目中，所有旅行者将选举产生最受欢迎的一对参与者，获赠价值不菲的双人豪华游。节目不仅展示全球范围内的优美风光，同时关注旅游者们之间的关系，每集设置的投票环节，制造了悬念，增加了节目的期待值。

文本分析

案例：第四季第一集

背景介绍：导游带领7对自愿报名参加长途旅游的观众从伦敦出发去撒哈拉沙漠旅游。节目的游戏规则是，第一天晚上投票选出大家最不喜欢的一对参与者，给予黄牌警告；第二天投票，继续得到黄牌的一对变成红牌，被逐出局；次日会有一对新人加入长途旅游。以此类推，每天将有一对旧人离开队伍，每天又会有一对新人加入旅游队伍。最后一天，在节目的最后一集，投票选出的是最受欢迎的一对游客，获得奖赏。

时长	形式	内容
52″～1′38″	解说	简单介绍游戏规则，介绍当前游戏情况和人员去留 7对驴友，30天横穿欧洲 历经5周，9个国家，行程3600英里。你可以投票让你不喜欢的驴友离开。到目前为止，已经有12对驴友离开了。整段旅程还有5天结束。
1′38″～3′00″	解说　同期声	介绍节目中的参与者 布瑞安和翠西夫妇、好朋友安卓和麦克、老校友汉纳和凯特、新加入的琼和麦克、艾丽克斯和鲍尔布莱坦以及全程跟踪的大个子导游兼主持人布莱坦。
3′00″～3′13″	解说　同期声	介绍上集情况 投票之后，大家无限伤感地送别了汤姆和麦特。

3′13″～6′52″	解说　同期声	本集开始 大家讨论艾丽克斯昨晚在外逗留喝酒，一直喝到凌晨。 布莱坦觉得艾丽克斯擅自在外逗留的问题很严重。 凯特：应该会是两个女同志，因为我昨晚听见两个女同志尖叫，她们的房间就在我们隔壁。但愿她们本来就不太招人喜欢，这样我们可以直接把她们踢出去了。
6′52″～7′10″	同期声	大家争论为了游玩而工作还是为了工作而玩的不同意见。
7′10″～8′10″	同期声	杰克和德利尔在大巴上自我介绍。 杰克：来自伦敦，我喜欢夜店。我们一起度假，每年至少两次。我们彼此认识已经六年了。 德利尔：我也来自伦敦。我们是最好的朋友，我们从来没吵过嘴。
8′11″～10′00″	同期声	目的地介绍 我们现在正在去往下一站。它是世界上最美丽的城市之一，是奥地利皇冠上的珠宝。驱车150英里来到了奥地利东部的首都维也纳。它尤以建筑、古典音乐和许多许多的著名作曲家而闻名于世——莫扎特、舒伯特、贝多芬等都曾住在这里。

14′32″～15′	同期声　解说	中午在旅友之间发生争斗 度过了和谐的一个上午之后，午餐时发生一点不愉快的争吵。在男孩子喝酒的时候，德利尔也想喝一点酒。但是因为是伦敦来的，所以不可以。
15′～15′54″	同期	驴友闹翻 第26天，在维也纳，新来的驴友，德利尔和杰克已经和布莱坦闹翻了。
15′54″～18′15″	同期　解说	学舞 大家集体学习华尔兹。

18′15″～24′11″	同期　解说	投票过程：讨论谁可能退出 下集内容介绍 黄色纸上写的是汉纳和凯特、安卓和麦克。如果他们两队中的任何一对再拿到一张黄牌，他们今晚就必须回去。 布瑞安和翠西离开了。

主持人 布莱坦·谢利简介

在担任《长途旅行》节目主持人之前，布莱坦·谢利是位有着32年经验的职业导游。他出生于北英格兰利兹市的一个基督教家庭。《长途旅行》拍摄了8季，共260 集，他一直担任主持人角色，在节目中承担主持投票、平易近人的导游领队的职能。2011年，他出版自传体书《长途旅行探险》。

节目特色

该节目最大的创新之处在于把一般游戏节目中的投票淘汰制度引进到旅游节目中来，每集节目中会有一对参与者因为得票数最低而被淘汰回家，同时一对新的旅游者加入进来。导游出身的主持人布莱坦·谢利以其专业化的视角和亲民的风格，成为节目的亮点。

特色化的旅游项目让观众和参与者惊喜不已，比如在撒哈拉沙漠里比赛骑摩托。

充分使用网络，与观众的互动方式多样：

（1）导游兼主持人布莱坦每天都会录制网络日记，博客视频，主要内容涉及节目播出之外、旅游之中的事情，是电视节目的有效延展。

（2）开通观众在线点评区域。

（3）节目在线聊天。

（4）在线申请参加节目。

（5）使用TWITTER（推特）。

本土化建议

这个节目模式简单易行，淘汰环节的设置让一个普通的旅游节目具有了娱乐色彩，是

休闲加娱乐的全新节目样式。可以给一些定位为娱乐休闲的地方频道所借鉴和使用。节目成功的难点是要找到一个具有专业导游背景的主持人，他在节目中起到协调作用，有时候又需要他制造矛盾，挑起“争端”，增加节目的戏剧色彩。还有一个难点是我们国人的表现欲望没有外国人强烈，所以在挑选节目参与人选的时候需要做很多事先的筛选工作，保留有个性、喜欢表现的参与者会让节目好看很多。

本节目也非常适合植入广告，把一些有赞助意向的景点进行巧妙的结合，设计有个性的游玩项目，既增加节目的收入来源，也拓展了景点的知名度。

制作公司介绍

12·yard

12码电视制作公司是一家以制作游戏类节目擅长的英国公司，成立于2001年，代表作品有益智节目《聪明王》（Eggheads），博彩节目《赢》(In It To Win It)、《谁敢赢》(Who Dares Wins)，旅游类真人秀节目《长途旅行》（Coach Trip）、《富有的名单》（The Rich List）以及饱受争议的电视节目《没有偏见》（Without Prejudice）；为 ITV1量身定做的节目《争当英雄》（Holding Out For A Hero），2007年该公司被ITV电视台收购。

12 码公司地址

12 Yard Productions
1st Floor， 85 Newman Street
London W1T 3EX
电话Tel：+44 (0)207 156 5750
邮箱：cv@12yard.com （投递简历）
tessa.mchugh@itv.com（关于咨询全球模式销售事宜）

相关链接

http：//www.channel4.com/programmes/coach-trip/articles/brendans-series-4-interview-part-1
http：//en.wikipedia.org/wiki/Coach_trip
Daily Record interview with William， series 3
http：//www.12yard.com/

节目名称

骑车游英国（Britain by Bike）

节目基本情况

播出机构：BBC4

官方网站：http：//www.bbc.co.uk/programmes/b00t69gd

播出频次：每周二20：30

开播时间：2010年7月20日

节目时长：30分

节目介绍

《骑车游英国》（Britain by Bike）是纪实类的文化旅游节目，主持人克莱尔·波丁通过骑自行车游览英国，探寻英国的文化。节目一共有6集，在这些系列中，克莱尔跟随着作家哈若得·布莱尔克利夫出版过的一本关于探索英国未被破坏的乡村、环游俱乐部等的旅游书籍来环游英国。带着哈若得的旅游向导书，骑着她的专属自行车，克莱尔试图寻找到哈若得曾在书中描述过的美好世界——如果它们还在的话。整个节目充满了人文气息。

文本分析

2010年8月25日播出

时长	形式	内容
节目开始～1′30″	解说 出镜主持	环节一：介绍节目主题 60年前，一个叫哈若得·布莱尔克利夫的男人用伟大的热情探索了英国那些几乎被遗忘的景色，目的是通过单车游览英国。半个世纪之后，跟他的一个可靠的向导一起，我将重新探索他的旅程，而且骑着他特有的单车，这是这趟旅程唯一的工具。我将骑车游览若干年前他曾探索过的那些迷人的乡村。我将在单车上探寻英国。
1′30″～3′	出镜主持 解说	环节二：介绍高地，并总体介绍本期节目所选择的行程 欢迎来到苏格兰，今天我在高地。苏格兰以西的高地是一个广阔的地方。被浓密的植物覆盖的高山，独立的小溪和峡谷。这里是肯特，一个崎岖的，尚没有被破坏的位于高地西北面的区域，在斯凯岛的对面，《环游》的作者哈若得·布莱尔克利夫很喜欢高地，它有着300英尺的高山和峡谷，海岸线也很长，他将它描述为“不列颠最生动和最崎岖的风景”。他也说过，探索它最好的工具就是单车。而我对此毫不怀疑。这个美丽的大陆有时很有生机，有时也可以称作很血腥的历史，它见证了不同入侵者的进攻和入侵，这是一个吸引外来者的地方，有些倾心于它的旷野，有些是想要征服它。今天的行程有23公里长，从郎曲达曲（Loch Duich）海岸线上的格兰西尔（Glen Shiel）出发，到达三戴格（Sandaig）。
3′～8′	同期 画外音	环节三：介绍瑞特岗青年旅馆，还采访来自森林协会的克利斯·马休 我的行程从这里出发。有着美丽的风景和位置的瑞特岗青年旅馆，我们知道哈若得·布莱尔克利夫来过这里不仅是因为他在1948年的《环游》中写到过，而且是因为我们有着他几乎就从这一个角度摄制的照片。哈若得在他的苏格兰旅行中捕获了一些非常美丽的风景，他是一个很多产的摄影家，在他的向导书中总是用图片来向观众说明景色。（展示照片）这张照片里是哈若得和他的妻子麦咪，还有他们很是信任的单车。在若曲戴尔（Rochdale）出生的哈若得是一个无畏的骑行者，所以他选择的旅程大都不是容易的，这个就是以攀爬高山为起点的，这座山的斜坡有10度，在靠近顶点的地方有一个很大的盘旋。这真的是一个很困难的工作，你能看到的就只有树，树，树。在上面我会见到来自森林协会的克利斯·马休，跟他讨论一下这些树和这些高地上的森林的未来。森林协会种植的这些树提供了上升中的景色，也净化了海岸线上的空气。这些看起来也许像是自然的景色，但实际上是移植过来的植物，有组织地成排种植，它们的成长是为了被砍掉，重新种植，收割，这样一个循环的过程。同时介绍森林协会。克莱尔跟克利斯就之前提到的问题进行讨论，在这里种植的树都是为了建立国家木材资源，这一点不能被忘记，所以这里的树注定是要被收割的。

8′～10′	同期 解说	好像有时候一想到这个地区会被覆盖上树木砍伐之后的洞就觉得很不真实，毕竟大多数的这些树都已经成长了80年了，比很多来到这里的旅客都要年老。哈若得曾在他的书中提到过一个著名的早期游客，1773年，约翰博士和他的旅游团队来到这个地区，虽然他们有马，但是上下山都是很困难的一项工作。1773年9月1日，从另一侧下山不是一件容易的事情，由于约翰是一个很有身份地位的人，导游们要求他必须隔一段时间就骑马。骑着马下山也不顺利，而他也因此抱怨连连。约翰来到这里不只是为了参观美丽的风景，而且也是由于他们正在通往斯凯的道路上。很多个世纪以来，这一带是从大陆过来通往黑布瑞得的一个必经之路。迄今为止我的旅程带着我从瑞特岗一路到了曼姆·瑞特岗，直击格兰尼格的小村庄，现在往北去到克黎黑·瑞丝，这也是哈若得最爱的一个地区之一。

10′～17′	出镜同期 画外音	环节四：介绍格莱耐格青年旅社的历史和现状，采访历史学家吉姆·罕特尔 格莱耐格的青年旅社就在渡口的正北面，它就建在路的尽头，而且视野内都没有其他建筑。这里曾经是格莱耐格青年旅社，现在是一个私人住宅区，它的确也有些旅馆，但是哈若得肯定会为青年旅社的消失而感到难过。在哈若得的书中，他为苏格兰的青年旅社大唱赞歌，这个旅社建立于1930年，是为了方便各地的年轻人来此旅游并交流彼此的文化，不仅仅是为疲惫的骑车人提供一张干净的床。在20世纪40年代末期，这个旅社成为了自由和希望的象征。你能感觉到离主要的城镇很远，离污染和噪声很远。你的皮肤中都能感觉到清新的空气。除开这段海岸线的平和和安静，同时它还有一个多变的军事历史。我能在那看到军队留下的损坏痕迹。历史学家吉姆·罕特尔会在这里与我碰面，并解释为什么军队的营地会建来为敌方土地上的外来人提供住处。即使没有屋顶，窗户上没有玻璃，墙上有一个很大的裂缝，这些建筑依然让人印象深刻。吉姆和克莱尔对建筑进行讨论。到后来军队不需要留在这里，军营也已经被抛弃了，最后利用这些房屋的人是在高地清洗战争中的胜利者，被迫离开他们领土而四处寻找住处的家庭。

17′～22′	主持人同期 画外音	环节五：介绍了格兰·碧格石塔的基本情况；采访生态学家艾丁·斯蒂芬 我的下一段旅程是格兰·碧格，这里对哈若得来说有一些不寻常，但是我觉得这里很值得一看。这些迷人的建筑就是传说中的史前圆形石塔，这个词来自古纳维亚语，意思是防御工程。而由于损毁，这些建筑物是苏格兰陆地上最后的两个圆形石塔。除去在军营建造中被搬走的7英尺左右的砖石材料之外，低一点的这个石塔有11英尺厚，30英尺高。当地的环境生态学家艾丁·斯蒂芬具体介绍这个石塔的情况。建造这些令人着迷的建筑的人肯定是一些既有技术高超同时很有想法的人。哈若得在他的书中提到在这里没有平坦的道路，但是他肯定会很喜欢现在的这个地方。骑行者的天堂，新建造的柏油马路。

23′～27′	主持人出镜同期 解说	环节六：介绍三戴格和在三戴格居住过的作家麦克斯维尔的基本情况；会见当地人泰瑞·纳特肯并了解当地人的具体生活 从格莱恩·碧格回溯往西，我来到了三戴格。这里的道路很崎岖，在整个9公里的海岸线上只有两片农田。哈若得并不知道这个地方，因为它被隐藏在了风景的后面，这是个沿着海湾建造的小屋，肯定很快的就会成为一个著名的地方。盖文·麦克斯维尔是一个很令人钦佩的冒险家，贸易特定代理人，他甚至还是一个猎鲨者，他搬到这个在书中很著名的房子里，还帮忙照顾水獭。为了更加了解这里的非凡生活，我跟泰瑞·纳特肯见面，他会向我们展示他与盖文和艾特曾经住的地方。麦克斯维尔选择这个地方时因为它的偏僻孤立，即使是今天，要去到他们住的地方仍然是个棘手的事情。盖文就是在这里写了关于他和水獭生活的书，而这本书对于那些生活在伦敦，曼彻斯特的城市人来说，非常具有激励意义。1968年的一个晚上，他们的房屋毁于一场大火，麦克斯维尔逃了出来，但是水獭在火中去世了。麦克斯维尔非常难过，因为这里曾是他们的天堂。
27′～29′	现场同期	环节七：结尾　主持人总结本期节目的行程，表达感想 哈若得的航线把我带到了这个陆地的边缘，天空的门口，看到了御敌抗辱的军队遗址，被历史神秘力量所损坏的石塔，一个让人们更接近自然的作家的世外桃源。这里是一个很值得一来的地方，来到这里似乎不容易，而想要离开这里，也同样不容易。

节目特色

主持人克莱尔凭借她那不怎么崭新的自行车，依据哈若得·布莱尔克利夫在60年前写的旅游书为蓝本，重走书中之路，穿越了英国的高山和河谷，很多观众为这个女士的勇敢和魄力而感到叹服。与普通的旅游节目不同，《骑车游英国》由主持人克莱尔骑车带着观众游览英国，并且是从人文历史的角度出发，探索英国乡村和古迹遗址，这是一个展现英国风景文化的过程。《骑车游英国》作为一个旅游类记录节目，具有很强的科教意义和文化传播的人性意义。

主持人克莱尔在旅行过程中不断与历史学家吉姆·罕特、生态学家艾丁·斯蒂芬等专家学者进行对话，丰富了节目的内涵，增加了权威性。节目还通过采访当地人甚至当事人来重现六十多年前的人文景观或生活趣事，使得简单的山水旅游更增添了文化气息。

克莱尔作为节目的女主角兼主持人是对旅游感兴趣的人，主持风格落落大方，很有说服力，而由于其对六十多年前这些自然风光的真正热爱使得她面对自然奇观时表现出最真实的反应，让观众能够产生共鸣。

本土化建议

这个节目的特色之一是突出了旅游的交通工具：是以自行车为交通工具来探索一段历史，感受一段风光。我们可以看到英国还有类似的节目：《坐火车游英国》（Britain by Rail）、《骑摩托车游览英国》（Britan by Hotor）都是突出交通工具。该节目的第二个特点是循着早期的一本有代表性的旅游书当做旅游的线路索引，这些元素都是很容易借鉴和使用的。建议国内地面频道一些休闲类节目可以采用这些手法。

主持人介绍

克莱尔，剑桥大学的毕业生，一个著名的体育节目主持人兼记者，曾为2008北京奥运会、2004年雅典奥运会、2000年悉尼奥运会担任解说员。她为BBC广播4台主持《周六生活》（Saturday Live），《女人时间》（Woman's Hour），《一周精选》（Pick of the Week），《广播室》（Broadcasting House）以及持续了9年之久的节目《漫步》。她是第一个解说温布尔登网球公开赛决赛的女主持人，她也主持高尔夫公开赛。克莱尔参加了很多真人秀节目的录制，比如《我可以知道关于你的新闻吗》（Have I Got News For You），《体育问答》（A Question of Sport），《倒数》（Countdown），《大学生挑战》（University Challenge），《最薄弱环节》（Weakest Link），《大师》（Mastermind）。她从 2003年开始主持非体育类节目，《家庭百事通》（Housecall In The Country），一个杂志类生活休闲节目。

制作公司简介

这个节目是由著名的节目公司狮子公司（Lion production Scotland）苏格兰分部制作的。狮子公司是属于3媒介（ALL3MEDIA）联盟的、一家以制作历史类纪录片著称的大公司。代表作品有：《维多利亚农场》（Victorian Farm）、《维多利亚药房》（Victorian Pharmacy）、《亚历山大：最伟大的城市》、(Alexandria：The Greatest City)、《未被告知的英国入侵》、(An Untold Invasion of Britain)、《来自绿谷的传说》、(Tales from the Green Valley)、《震撼世界的那些日子》(Days that Shook the World)。

地址：

Lion London
Lion House
26 Paddenswick Road
London
United Kingdom
W6 0UB
+44 20-8846-2000
+44 20-8846-2001

Lion Scotland
14 Royal Crescent
Glasgow
G3 7SL
0141 331 0450
0141 331 0451

Lion New York
304 Hudson Street
Suite 505
New York
NY 10013
USA
+1 212 206 8633
+1 212 206 8636

知识延伸阅读：什么是ALL3MEDIA?

ALL3MEDIA是一个由20家制作公司联合发起成立的一个机构，是英国最大的电视制作机构，加盟的电视公司横跨英国、美国、德国新西兰、澳大利亚，有专门的制作公司，也包括专门的发行公司。该集团的目标是吸收更多的成员公司，增加节目输出量，制作优秀节目以及数字化的内容。该公司成立于2003年，领导层面的人物有斯蒂芬·摩里森， 大卫·里迪蒙，杜丝·伯恩斯和约翰·费尔。2006年9月之后，Permira成为该机构的最大股东。ALL3MEDIA成功登陆美国，该公司出品的一系列节目如《卧底老板》（Undercover Boss）(CBS)、《现金出租车》（Cash Cab）(Discovery)、《你比五年级生聪明吗》（Are You Smarter Than A Fifth Grader?）(Fox)、《高登美厨系列节目》（Gordon Ramsay programmes）(Fox)。该公司出品的不少节目在英国获得电视界大奖，如《尴尬的身体》（Embarrassing Bodies）(BAFTA)、《井》（The Well）(BANFF)、《从上面看英国》（Britain From Above）(EMMY)。

相关链接

http：//www.liontv.com/Scotland/Productions/Britain-By-Bike
http：//www.guardian.co.uk/tv-and-radio/2010/jul/28/tv-review-britain-by-bike
http：//www.dailymail.co.uk/travel/article-1293838/Britain-bike-From-John-oGroats-Lands-End-epic-end-end-cycle-challenge.html
http：//www.clarebalding.co.uk/biography.php
http：//www.liontv.com/Scotland/Productions/Britain-By-Bike
http：//www.all3media.com/home.php
http：//www.all3media.com/aboutus.php

节目名称

丹·斯诺的诺曼之旅（Dan Snow’s Norman Walks）

节目基本情况

播出机构：BBC4
官方网站：http：//www.bbc.co.uk/programmes/Dan Snow’s Norman Walk
播出频次：周一、周三、周四
开播时间：2010年8月4日
节目时长：30分钟

节目介绍

历史学家丹·斯诺（Dan Snow）踏上他的旅途，带我们重走英国的大好河山，在如画的风景中挖掘诺曼祖先给我们留下的历史遗迹，从诺曼人野蛮的入侵，到他们一直留存至今的遗产。丹·斯诺将会带我们了解诺曼人从入侵，登岸，侵略，征服，到成功地统治和殖民的过程。节目包括三个系列：苏塞克斯郡——入侵之旅；征服者威廉与诺曼军队就是在这里首次踏上了英国的国土，为后来的黑斯廷斯战役做准备……威廉这次大举进犯的结果已是妇孺皆知，然而，在那场战争之前又发生了什么呢？第二集：关于威尔士，丹·斯诺将带领我们在曼诺河谷观赏那些诺曼时代拔地而起，鳞次栉比的城堡；赫里福郡（Herefordshire）和蒙茅斯夏郡（Monmouthshire）的边界；丹·斯诺最后一站来到约克郡，在诺曼人入侵四年之后，这里被残酷地大肆破坏，被夷为平地，寸草不生……这种大规模的种族灭绝政策是诺曼人巩固英国统治的最后一步！节目将会揭秘，这里如何成为了诺曼人最大遗产的保留之处。在节目中，丹·斯诺发现了很多1066年里发生的不为人知的故事。

文本分析

案例：威尔士的交界

时长（分钟）	形式	内容
节目开始～3′30″	解说	环节一：简短介绍本期节目的旅程路线和背景 对本期节目的旅行路线进行介绍，对威尔士山的地理进行初步的概述
3′30″～6′30″	解说　主持人现场同期	环节二：介绍此次旅行的起点艾维亚斯·哈诺得的城堡 艾维亚斯·哈诺得的城堡的背景，它是诺曼人在英国建立的第一个诺曼城堡。

6′30″～23′	解说　采访　同期	环节三：采访教授，了解三堡的历史和征服史。讲述三堡的故事和建筑风格、历史 主持人介绍威尔士的部分历史；从威尔士的河边起，到达雄伟的白堡；从白堡继续这里很受欢迎的路线三堡之旅，主持人逆流而上，沿着现代的英格兰、威尔士边界，横穿最富饶的土地和古森林到达第二和第三个城堡，讲述诺曼的成功和这里的几代杰出国王的界限管理；今天三堡的地位：不再是地理界限，而是成为精细的地位象征。
23′～27′	解说　采访	环节四：从蒙诺河出发到达盖威山，采访山中的斯酷德莫家族 简单介绍盖威山、斯酷德莫家族的地理位置；采访家族后人家族名字由来、家族发展史；总结斯酷德莫家族和他们的土地是诺曼统治时期保留的最好的证据之一。

27′～30′	主持人同期声　解说	环节五：主持人站在盖威山上，谈自己的感想并做总结和节目综述。 介绍盖威山地理位置以及感受；从山顶分析今天的地理行程；总结此次旅行的原因和目的。

节目特色

这个节目的宗旨是探寻未被发现的历史。主持人丹·斯诺具有深厚的历史教育背景，作为一个有着历史专家称号的主持人，他带领着观众去探寻历史真相具有权威性，在给观众以景观享受的同时，为人们讲解了历史，让观众对于当地人文历史有着更深的理解。

节目值得借鉴的地方之一是经常画出地图，化抽象为具象，便于观众对具体地理位置有个全方位的理解。同时节目也刻意采访一些相关的专家和著名学者，通过他们的判断来丰富节目内涵。

具体到节目模式的分析，《丹·斯诺的诺曼之旅》没有什么特别的结构，但是摄像和剪辑的高水准使得看似枯燥的节目具有了很高的欣赏价值。主持人以出镜主持的方式带着观众行走在历史的空间里，增添了几分身临其境的感觉。

本土化建议

中国历史文化悠久，可以选择具有地方特色的历史文化进行深度挖掘。可以重走某位帝王的征服之旅、重游某位和亲公主的征程等；把对历史的挖掘和探索融入到旅游的过程当中来。前些年兴起的《重走长征路》具有类似的创意，但是我们的节目形式大于内容。

要想成功地学习到这档节目，选择具有对历史和地理知识十分精通的主持人非常关键，并且需要录制前事先要做好充分的调查和准备工作。一些纪录片频道，比如上海纪实频道、央视纪录片频道可以考虑尝试录制这类型的节目。

主持人丹·斯诺介绍

丹·斯诺出生于名人之家，父亲彼得·斯诺（Peter Snow）是BBC的电视记者，母亲安妮·马格米兰（Ann MacMillan）是CBC伦敦局的负责编辑。他是英国前首相大卫·里奥得乔治的曾曾孙。丹·斯诺具有英国和加拿大的双重国籍。他毕业于牛津大学历史教育专业。2003年，丹·斯诺与他父亲联合制作的一个纪念爱尔·阿拉美战役60周年的电视片《英国的战役》（Battlefield in Britain）获得英国电影电视学会颁发的特效奖（BAFTA The British Academy of Film and Television Arts）。丹·斯诺为BBC制作了很多历史人文类节目，主持过很多重大的活动，比方，庆祝“二战”结束60周年纪念活动，停战协议90周年庆典活动。他还主持了BBC二套播出的一个历史节目《20世纪的战役》（20th Century Battlefields）。

相关链接

http：//www.bbc.co.uk/blogs/tv/2010/08/dan-snows-norman-walks-in-sear.shtml

BBC History：Normans

BBC A History of the World：The Normans

http：//en.wikipedia.org/wiki/Dan_Snow

http：//www.bbc.co.uk/programmes/b00tg2qt

节目名称

沿着汉尼拔的足迹
（On Hannibal's Trail）

节目基本情况

播出机构：BBC4
官方网站：http：//www.bbc.co.uk/program-mes/b00t6skb
播出频次：每周一21：30
开播时间：2010年7月19日
节目时长：30分钟

节目介绍

来自澳大利亚的三兄弟丹尼、本、萨姆·伍德（Danny， Ben and Sam Wood）沿着古代战士汉尼拔当年的征程，带着观众重温那段历史。《沿着汉尼拔的足迹》节目共推出了六集，分别是2010年7月19日播出的《出发》（Hitting the Road）；2010年7月26日播出的《巴萨！巴萨！巴萨！》（Barca!Barca!Barca!）；2010年8月2日播出的《穿过罗纳河》（Crossing the Rhone）；2010年8月9日播出的《越过阿尔卑斯山》（Over the Alps）；2010年8月16日播出的《汉尼拔大帝》（Hannibal the Great）；2010年8月23日播出的《汉尼拔攻城》（Hannibal at the Gates）。

《汉尼拔的征程》是一期历史意味浓厚的旅游节目。以汉尼拔这位古代伟大的将军的历史足迹为节目的拍摄线索是这个节目的卖点。[①] 节目中，来自澳大利亚的三兄弟丹尼、本

① 汉尼拔·巴卡（Hannibal Barca），北非古国迦太基著名军事家。生长的时代正逢古罗马共和国势力的崛起。第二次布匿战争期间，率领军队从西班牙翻越比利牛斯山和阿尔卑斯山，牺牲了大量佣兵，进入意大利北部。

和山姆·伍德骑着单车沿着汉尼拔当年由西班牙远征罗马的行程重新回溯，一路上他们骑着自行车，从西班牙海岸线出发，途经埃尔切、贝尼多姆海滩和瓦伦西亚动物园，抵达萨贡托——汉尼拔对罗马的战争真正开始的地方。兄弟三人游览当地景点，结识朋友（遇到了来自澳大利亚的自行车赛车冠军马休·诺得），讲述历史故事，使观众身临其境，重新体验了一路的风土人情。更重要的是，在游览的过程中，不断地描述汉尼拔曾经的所作所为，给观众增加了历史知识，达到了寓教于乐的目的。该节目的一大特色是闲散，不像其他历史或科普类节目那么严肃，非常随意，自然轻松而真实。

文本分析

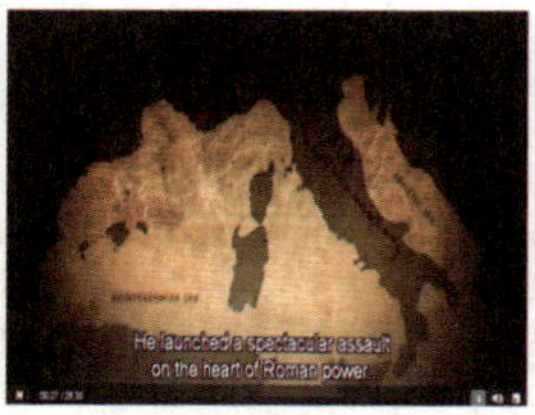

时长	形式	内容
节目开始～1′34″	解说　同期声	环节一：简单介绍主持人伍德三兄弟的情况，包括学科背景等等；简要介绍了本档节目将重走汉尼拔将军曾经征伐的战线 解说： 我们正踏上一段历时10周的旅程，沿着伟大的迦太基勇士汉尼拔远征罗马的足迹，骑行3500公里。两千多年前，汉尼拔带领着大军从西班牙南部出发，越过阿尔卑斯山进入意大利。他奇袭了罗马帝国的心脏地带。汉尼拔的兄弟，哈斯德鲁拔和马戈当时是汉尼拔手下的将军。我是丹尼·伍德，一名记者。像汉尼拔那样，我也和我的兄弟们一起踏上了旅程。他们是计算机专家本和考古学家山姆。汉尼拔带领着超过10万名全副武装的士兵和37头大象。 （大象吼叫声） 同期： 丹尼：我们只有三辆自行车。 山姆：三顶帐篷。 本：和一架车载摄像机。 解说： 我们将沿着汉尼拔行军的路线骑行。渡过一条条河流，越过比利牛斯山脉和阿尔卑斯山。并且我们将探索汉尼拔是怎样赢得了那些伟大辉煌的胜利从而将罗马带入毁灭的边缘。 字幕：启程上路

1′35″～ 4′12″	同期声 解说 三主持人的现场主持，讨论	环节二：第一天的经历：三兄弟正式启程上路。本期节目来到的是西班牙南部的卡塔赫纳。介绍了兄弟三人应邀参加“迦太基与罗马协会”举行的聚会的盛况。盛会中兄弟三人与当地人交谈，通过幽默特殊的方式（化妆成汉尼拔三兄弟）体现当地人的风俗。 解说： 这里是西班牙南部的卡塔赫纳。汉尼拔进攻罗马的行军就启程于此。两千多年过去了，当地人仍然没有忘记汉尼拔。我们被当地的“迦太基与罗马协会”邀请参加了他们举办的聚会。 字幕：欢呼声 解说： 他们每年都打扮成当年的模样，欢庆从前的那些日子。从前，这里叫做新迦太基，由汉尼拔家族统治。汉尼拔以及他的两个兄弟，哈斯德鲁拔和马戈今晚也在这里。 同期： 丹尼：那么您就是“汉尼拔”了。你认为汉尼拔是一个怎样的人？ “汉尼拔”扮演者：我觉得他应该是像亚历山大大帝一样的人物。他一定和自己的士兵是朋友，和他们在一起，一起吃一起住，做什么事都在一起。因为如果汉尼拔不是这样的人，他也无法取得那些成就。 山姆：你能给我们些建议吗？当我们去罗马的时候，你有什么建议？ “麦戈”扮演者：不要放过一个罗马人！ 山姆：我们会尽力的。 “麦戈”扮演者：祝你们好运。 山姆：谢谢。我们正需要好运气。 “汉尼拔”扮演者：我有礼物要送给你。我有一枚小硬币。这是当年给汉尼拔军队的，上面有印着一头大象。 本：十分感谢。 解说： 夜幕降临，我们越来越沉浸在迦太基的氛围中。 同期： 丹尼：第一天晚上，我们在宾馆里。这可能是我们最近一段时间内最后一次待在宾馆过夜了。不过，“迦太基与罗马协会”的晚宴非常的棒。

		山姆：我、丹尼还有本今晚见到了现代版的汉尼拔三兄弟。当然啦，他们只是化装成了历史上的汉尼拔三兄弟。虽然有点奇怪但是很不错，感觉栩栩如生。 本：我手上的是哈斯德鲁拔的硬币。今晚化装成哈斯德鲁拔的这哥们是个很好的人。希望这枚硬币能成为我的幸运符，因为我觉得旅程会是很艰难的。不只是骑车那么简单，还有沿路的拍摄。但我对这一切感到很激动。

	解说同期现场独白，对话	环节三：第二天的经历 兄弟三人来到西班牙的一个名叫多洛里斯的小镇，游览埃尔切古城。在古城中追溯历史上汉尼拔的种种丰功伟绩；途中遇到了一对同样骑车旅行的新人夫妇沙拉和克里斯，短暂的交谈后重新上路。 解说： 一大早我们的头都还昏昏沉沉的，但是我们已经准备离开卡塔赫纳，开始我们这3500公里的旅程了。我们的迦太基朋友们也来欢送我们了。 （人们的欢呼声） 汉尼拔在公元前218年5月踏上远征罗马的漫漫征途。他当时才30岁，却已经是大半个西班牙的统治者。在他统治下的西班牙领土当时是强大的迦太基帝国的一部分。 同期： 本：这是旅程的第一天。我们刚刚穿过一个叫多洛里斯的小镇。多洛里斯在西班牙语里是痛苦的意思。我觉得我们接下来的10周里会体验很多“多洛里斯”的。 山姆：在路上的感觉很棒。我们筹划这次旅行已经两年了。全程长达5万公里，现在我们即将完成1%的路程。希望这样好的感觉可以一直持续下去。 丹尼：我还记得当我还是个三四岁的孩子的时候，我被带着参观了希腊的德尔菲。从那时起我就对古老的东西很着迷。跟随汉尼拔当年的足迹对我来说简直棒极了。 本：好了，这是在帐篷里的第一个晚上。骑车旅行让人满头大汗。旅程比我们预想的要长得多。 丹尼：终于到了。 山姆：今天我们早早地出发了。一个半小时前就天黑了。我们也搭起了帐篷。不过搭得很不好，尤其是我的帐篷搭得很难看。

		丹尼：天黑了，在宿营地爬进自己的帐篷，还得自己先动手搭帐篷，这真的是挺难的。我听起来是不是有点像怨妇。不过这真的比我们料想的要艰难。现在只希望晚上在帐篷里能睡个好觉。 解说： 第二天了，本是我们的首席领航员。我们用了大量的现代科技手段来导航，以使得我们能沿着汉尼拔当年的路线前进。我们在网上规划路线并且把路线传给我们的GPS终端。我们相信它能告诉我们该走哪条路。 同期： 本：这当然和当年汉尼拔在敌人领土上行军时所用的寻路的手段完全不同。他当时有向导，而这（GPS终端）就是我们的小向导。 解说： 这里是埃尔切古城。这些棕榈树早在当时汉尼拔路过的时候就生长在这里了。当地人种植棕榈树作为建筑材料，这已经是当地经济的重要组成部分了。这里当时被迦太基控制，所以汉尼拔来这里应该是被欢迎的。

4′ 13″ ～ 12′ 14″		同期： 山姆：汉尼拔所面临的最大的挑战之一就是怎样给这样一支庞大的军队提供食物。他需要持续的食物和酒的供给。像埃尔切这样的友善的地区简直是天赐之福。汉尼拔可以在此停留并且在再次出发前储备补给，吃饱喝足。 解说： 历史上关于汉尼拔的确切记载少之又少，但幸运的是我们有两位古代的历史学家作为指导。他们是波里比乌斯和李维。 同期： 本：波里比乌斯是一位希腊的战士和历史学家。他在汉尼拔死后50年开始撰写关于汉尼拔的历史。像我们一样，他也追寻了当年汉尼拔的征程。但是他可以与曾经参加了那场战争的人面对面地谈话。 山姆：李维则是在波里比乌斯之后150年撰写这段历史的。他是罗马人，很反对汉尼拔。他毫不犹豫地谴责汉尼拔的残忍以及他不顾真相和荣誉的行为。 解说： 有些时候两位历史学家的记载会有出入，但是他们都赞同的一点是汉尼拔为何如此坚定地想要打败罗马。那是因为汉尼拔的父亲

		哈米尔卡在汉尼拔心中播下了仇恨的种子。此后，汉尼拔对罗马的仇恨就不断地滋长。 **同期：** 丹尼：汉尼拔9岁时，他的父亲带他来到了正在准备祭祀的神庙。他带着汉尼拔走上祭坛，并且把汉尼拔的手放在祭品上，让汉尼拔对着迦太基太阳神发誓与罗马为敌。对于汉尼拔和他的父亲来说，这也是私人承诺。 **解说：** 在汉尼拔生活的时代，迦太基帝国占据着北非以及一些地中海的岛屿和西班牙南部海岸。罗马的领土范围虽然仅仅是意大利的中部和南部，但却开始向外强势扩张。两个大国在争夺地中海霸权时激烈冲突。罗马将迦太基赶出了西西里岛和撒丁岛。汉尼拔的父亲哈米尔卡发誓要复仇。 **同期：** 丹尼：汉尼拔决心重振迦太基国威和影响力。他选择了西班牙作为这一切的起点并且十分成功。10年内，他就征服了许多当地的部落，包括图尔德塔尼人和康德斯塔尼人。 本：哈米尔卡把西班牙南部变成了迦太基的军事基地。汉尼拔就是在这里发动了对罗马的致命一击。 山姆：李维形容汉尼拔是一个心中藏着恶魔、手中擎着火炬的人。一旦汉尼拔掌管了西班牙，迦太基与罗马的战争将不可避免。 **解说：** 再次踏上路途之前，我们巧遇了一对同样是骑自行车旅行的人。 **同期：** 丹尼：沙拉和克里斯，你们在埃尔切做些什么呢？ 克里斯：我们两天前结的婚。我们打算从阿利坎特骑车旅行到直布罗陀，以这样的方式来度蜜月。 本：你们用骑车旅行上百公里的方式来度蜜月吗？ 克里斯：是呀。 沙拉：我们也会沿途露营。 山姆：你们仍然在从婚礼中慢慢恢复吗？ 沙拉：是的。我的嗓子完全哑掉了，因为疯狂地和大家跳舞唱歌以及各种哄闹。 本：你们听起来对骑车旅行很有经验。我们正在重走汉尼拔东征罗马的征途，从卡塔赫纳出发一路翻越阿尔卑斯山。 克里斯：听起来很棒，非常不错。 本：对于历时10周的骑车旅行你们有什么样的建议呢？ 沙拉：扔下任何不必要的行李。

		克里斯：是的。把它们全都送回家去。 本：呃，你们是在说我嘛。 沙拉：你不需要那么多行李的，我保证。 克里斯：你只需要一个牙刷和两条内裤就够了。而且你还可以把牙刷的把手给弄下来。 沙拉：是的，这样可以减轻重量，真的，把牙刷把手丢掉。 山姆：今天早上我们在路上迎着风慢慢沿着海岸艰难骑行。现在我们别无选择，只能在这条单行道高速路上继续走。

12′14″～22′	三兄弟的独白和对话解说	环节5：三兄弟到达科斯塔布兰卡的海岸，在那里露营（包括搭建帐篷，顺便提到食物获取）。 解说： 当马休和自行车选手们南进时，我们依然沿着科斯塔布兰卡的海岸继续往北。汉尼拔经过这里时一定沿途侵略毁坏了不少村庄。现在，又有一群新的外来“入侵者”了。 同期： 丹尼：沿着贝尼多姆的海滨步行道骑行非常的艰难。我得避开很多的英国游客。汉尼拔的士兵在两千多年前很有可能就来过这里。现在成千上万英国人把这里当做最喜爱的旅游胜地每年前来这里度假。你可以透过镜头看一下。他们就在海滩上呢。 山姆：贝尼多姆在60年代曾是一个安静的小渔村。现在它变成了西班牙摩天大楼数量最多的城市。 解说： 就像汉尼拔和他的军队那样，我们一路上也要露营。 山姆：我经常露营。因为我参加了很多考古发掘的工作，每次都要和很多人一样露营好几个月。所以我已经习惯了。我想我应该是我们三个人里最习惯露营的了。 丹尼：固定帐篷的钉子真是很难打进地里去，幸好大自然给我们提供了工具。 山姆：我可不觉得这能起什么效果。 丹尼：搭帐篷那么麻烦，所以我们才要造房子吧。 山姆：这锤子给你用吧，丹尼。 丹尼：谢了。

		本：丹尼以前并没有多少露营和汽车旅行的经验。所以我们也在训练他。他做得不错。你可以看看他的帐篷。我是最后一个搭好帐篷的，所以他还是做得不错的。 解说： 汉尼拔的军队在行军一天后一定非常饥饿。我们每天晚上显然也要大吃一顿。 同期： 山姆：和汉尼拔不同，我们取得食物要方便得多。我们只要去超市就可以了。而汉尼拔不得不在充满敌意的土地上打家劫舍。他要照管成千上万人的肚皮，而我们总共才三个人。我们的处境比汉尼拔好得多了。

22′～26′	三兄弟独白对话，解说	环节六：向巴伦西亚前进，提到了汉尼拔时代的骑行工具：大象。他们留在动物园看看大象，并和动物园的饲养员进行交谈。 解说： 明天早上我们继续往北，沿着海岸朝巴伦西亚进发。这是一个很适合骑车旅行的地方。这里有大片的稻田，而且地势平坦。 同期： 本：我们今天已经走了25公里了。我们三个人算了一下，如果假设给每个汉尼拔的士兵一米的距离，然后让他们四个一排，那么汉尼拔的行军队伍大概就有25公里长。这还不包括辎重车辆、大象、骑兵和随行人员。 丹尼：这还是我们征程的开头，我已经开始感觉到和汉尼拔的士兵们一样的疲惫了。我的腿像灌了铅一样沉重。我非常的累。不过我还在继续骑行。虽然感觉还好但是体力上已经和日夜不停行军的汉尼拔的士兵们一样疲惫不堪了。 解说： 但有一些汉尼拔的士兵们还是比较轻松的。他们骑在随行的大象身上。这些大象是汉尼拔这次远征最有名的东西了。它们也给后来的艺术家们带来了很多创作灵感。 同期： 山姆：在汉尼拔的时代，大象经常被用来打仗。在汉尼拔之前的一个世纪，亚历山大大帝是第一个在战争中使用象兵的西方军事领袖。大象是一种强大的令人畏惧的武器。它们能使敌人战栗。

		步兵在象兵的冲击下会迅速溃散，战马会逃跑。大象简直就是古代战场上的坦克。 **解说：** 我们停留在巴伦西亚动物园来看看大象们以及它们的饲养员。 **同期：** 丹尼：你能想象一下把这些可爱的动物变成杀死罗马人的战争机器吗？ 安吉尔·摩若（动物饲养员）：它们学东西很快。它们会做你让它们做的任何事。 丹尼：连杀人也行？ 安吉尔：是的。你教它们撞人，然后你下命令，它们就会去的。 丹尼：汉尼拔去罗马的路很长。大象喜欢长途跋涉吗？ 安吉尔：在自然界，大象从非洲北部迁徙到南部，从东部迁徙到西部。它们绕着非洲大陆一直走，所以走几百公里的路对它们来说很平常。 丹尼：它们是很可爱的动物。你怎么看汉尼拔让37头大象去打仗？你觉得这很不好吗？ 安吉尔：不，不。这是以前的事，所以你应该用从前人们的思维来看这件事。他们对大象并不了解很多。我觉得这一定很刺激，我希望我当时也可以目睹这一切。 **解说：** 这些是非洲草原象，但是汉尼拔很可能是用当时北非的大象去打仗的。那个时候北非还被森林覆盖着。这种大象以及北非的森林都已经消失了很久了。 **同期：** 本：大象们被一个骑手或者按波里比乌斯的说法，一个印度人操控着。如果大象因为受伤或是在战场惊慌失措而失控，那么骑手就会受命杀死大象。用刀插进大象的颈背，把可怜的大象瞬间杀死。 山姆：我在给我的儿子杰克挑选礼物。真是个艰难的选择。选袋鼠还是大象呢？还是选大象吧。 丹尼：今天天气炎热，我们也已经满头大汗。我们不打算继续在海岸上行驶，因为交通太堵塞了。大楼也没什么可看的。我在一个路牌边从自行车上摔了下来。现在我们正在西班牙内陆的美丽的山区里继续前进。 **解说：** 在这里骑车旅行感觉很好，我们也第一次真正体验到了在山地骑车的感觉。向着比利牛斯山脉和阿尔卑斯山脉进发！

		同期： 丹尼：景色很美。 本：的确很漂亮。 山姆：现在正是游泳的好时候。在骑了那么长时间自行车后，没有什么比这个更好了。 解说： 我们已经出发一个星期了，但是感觉已经像过了一个月了。汉尼拔从出发到这里一定也用了好几个星期。汉尼拔的妻子伊谬尔斯是一位西班牙公主。汉尼拔出征之后将她留在了卡塔赫纳。我们也在思念我们的家人。 解说： 山姆：自己一个人在帐篷里想念家人，这感觉挺奇怪的。我刚刚在露营地的浴室洗了个澡。遇到了一个妓女，她把裙子掀了起来招揽生意。呃，是不是有人想进我的帐篷，真奇怪。我非常想念我10岁的儿子以及我的未婚妻伊莎贝拉。我希望他们一切都好，我也该睡觉了。

26′～28′	解说，同期	环节7：兄弟三人来到萨贡托，回忆当年的战役。 解说： 下一站是被城墙围绕的城市萨贡托。它曾经属于迦太基的势力范围。汉尼拔在此停留，因为这座城市已经和罗马结盟。对迦太基来说，这是莫大的羞辱。所以为了复仇，汉尼拔将城市围困了起来。 同期： 山姆：我们现在就在萨贡托古城墙上。两千多年前，当汉尼拔来到这里时，一切和现在看起来都是很不同的。我们现在看到的是摩尔人风格的城堡以及罗马风格的防御工事，现在它们都变成了一片废墟。汉尼拔来到这里时，他看到的是伊比利亚的要塞，这些要塞都是在罗马人一边的。对于汉尼拔来说这无疑是一种挑衅。

		丹尼：汉尼拔声称他将要把这座城镇从罗马的压迫下拯救出来。他说将非正义行为的受害者解救出来是迦太基古老的传统。他把自己变成了一个自由的战士，像切格瓦拉一样。 本：但是攻打萨贡托也有军事上的意义。通过消灭掉罗马人在西班牙的立足点有效地打击了罗马。这同样也对当地的伊比利亚部落起到了杀鸡儆猴的作用。 解说： 汉尼拔对萨贡托的围城战漫长而血腥。攻城塔、攻城锤和投石机不停地冲击着城墙。萨贡托人也有他们自己的致命武器，那就是3尺长的锋利的标枪。标枪枪身会蘸上沥青和硫磺，点燃后被投向敌人。 同期： 山姆：汉尼拔身先士卒带头反击鼓舞士气。他时不时来到作战第一线。李维记载到汉尼拔的大腿曾被标枪刺伤。 解说： 那么罗马人在哪里呢？罗马人事实上背叛了他们的萨贡托盟友，没有派兵救援萨贡托。汉尼拔的围城战眼看要胜利了。 同期： 本：8个月后，萨贡托弹尽粮绝。当地人甚至饥饿到了吃死人尸体的地步。 丹尼：最终，萨贡托投降了。幸存者们不甘心屈服，点燃了自家的房子并和家人跳进了火海。 山姆：汉尼拔下令杀光所有人。这很残忍。但这就是古代战争的规则。 解说： 汉尼拔显示出他有实力挑战罗马。罗马人向迦太基元老院派出了外交使团，他们要求汉尼拔立即投降。 同期： 丹尼：迦太基人拒绝交出他们伟大的统帅。死硬的罗马大使威胁说："我这里有和平和战争，选哪一个你们请自便。"迦太基人回复道："您先请。"罗马人咆哮道："那我们就给你们战争！"对于汉尼拔来说，已经没有回头路可走了。
29′	解说	下集预告： 解说： 下一集中，我们将渡过埃布罗河。经过两座无论是现在还是在古代都是世界上最有活力的两座城市，最后翻越比利牛斯山脉进入法国。

节目特色

《沿着汉尼拔的足迹》这个历史人文旅游节目主要具有两大特色，一是主持人的草根化；二是沿着历史人物的足迹作为旅游的主线。

本期节目的三个主持人是三个热爱旅游的年轻人，他们的职业分别为记者、程序员、建筑师。不同于其他旅游节目的专业主持或名人名嘴，平民化的主持给人们更真实更清新的感觉，简单的设施，简单的人物，轻装上路。网络上有观众评价这个节目认为，“旅游节目不一定要做成很严肃的普及知识的工具，所以这样一种很自由轻松的形式是一个很大胆而成功的尝试和转变。让普通人主持节目，鼓励观众也行动起来，骑车去探索这个世界。”

节目的特色之二是重走汉尼拔将军的足迹，将历史和旅行很好地结合起来，一方面介绍风土人情，一方面又回溯历史故事，增加了节目的人文内涵。枯燥的历史知识通过沿途的实景再现，相关人员的介绍和回忆，让历史鲜活起来。主持人也把这次旅游当做了很好的户外运动，因为他们是骑着自行车，搭着帐篷度过旅程的。

三个主持人如是评价他们的旅程

丹尼·伍德说：谁都会想抓住这个骑着自行车畅游地中海地区的旅游活动！这次活动也把我的两大爱好旅游和体育有效结合在一起。我们花了两年时间来准备，我们成功地走访了历史遗迹，在轻松愉快中学到历史。

山姆·伍德说，作为一个考古学者和自行车旅游爱好者，沿着汉尼拔的足迹行走使我梦想成真。汉尼拔是我从小的偶像，对于那些不喜欢古代历史的人来说，他们也听说过汉尼拔和他的大象，汉尼拔依然活在现代罗马人的脑海里——每当黄昏将至，罗马妈妈们如此呼唤他们那还没有回家的孩子：汉尼拔到门口了！

本·伍德说：虽然汉尼拔很有名，但是他代表的民族不是很有名，我觉得这有点不公平，因此我想去探索和发掘并曝光那段曾经的令人惊悚的迦太基的腓尼基人的文化！

相关链接

http：//www.bbc.co.uk/blogs/tv/2010/07/on-hannibals-trail-cycling-fro.shtml
http：//www.bbc.co.uk/programmes/b00t6skb
http：//en.wikipedia.org/wiki/On_Hannibal's_Trail

节目名称

终极旅行者（Ultimate Traveller）

节目基本情况

播出机构：Channel 4
官方网站：http：//www.channel4.com/programmes/ultimate-traveller/
播出频次：每星期一集，周日12：40
开播时间：2010年2月7日
节目时长：50分钟

节目介绍

节目名称“Ultimate Traveller”意思是“终极旅行者”，意为在极其艰难的条件下，挑战人类旅行的极限。自2010年2月7日第一季第一集开播以来，已播出8集（截止2010年5月28日）。参与节目的人员是6个没有任何野外旅行经验的人，他们从印度尼西亚的雅加达出发，每人每天只有12英镑的费用预算，在8周的过程中，摄像师会记录他们一路因没有钱如何解决旅费、吃饭、住宿等问题以及同一个小组成员间感情如何发生变化的过程，他们在旅行中经历的各种艰难险阻。最终的胜利者将赢得1万英镑以及“终极旅行者”的称号。

文本分析

案例：第一季 第八集

时间（分钟）	形式	内容
节目开始～3′52″	解说 同期	环节一：本期节目内容综述以及上期节目内容回顾 解说： “7星期前，6个涉世未深的旅行者从英国出发第一次集合到了一起。” 那萨：太疯狂了，对吧？（大家都笑了） 解说： 在印度尼西亚首都加尔各答，为了让他们参与一个2000多公里的旅程，其实是既丰富有趣又充满挑战的印尼岛屿的比赛。 盖瑞斯：为什么我们要带钱? 安卓：太糟糕了！ 解说： 过了大概两个月，他们分在两个小组里旅行。 克莱尔：我想和那萨再旅行一次。 盖瑞斯：我想我们应该把男孩女孩分开。 安卓：……每个星期应该调换下组员…… 克勒：我不是特别想和那萨一起旅行…… 解说： 接受着为期一周的挑战…… ……还要尽可能为了最好的冒险和大家竞争。 缠特尔：我从来没想象过如此令人惊奇的事情。 解说： 不仅如此，他们要团结起来然后买食物、坐车…… 那萨：你有迷你小汽车吗？（对司机） 解说： ……和住宿。 克勒：我不喜欢这个房间。 解说： ……和一天只能允许12人出关的限制。 克勒：我没有钱了，只有2000块。 解说： 在每周结束时，这两组都会在事先确定好的地方见面，组织个人讨论，决定出谁应该被提名为本周最好的旅行家。 解说： 在这几周，两个人退出了。盖瑞斯因为想家三天之后离开了，她的位置被路易斯代替了。安卓因为眼部严重的感染也中途退出了。留下来的这些人还是要继续上路，过这种背包客生活。 解说： 现在他们进入了最后一周……

		(克勒：本周我们将有5个人一起旅行。) (克莱尔：我太开心了。我们必须到克利姆特火山那去。) 我们5个人为了给对方留下更深刻的印象，开始了最后一段旅程。 （那萨：我真的感到压力很大，我觉得每个人心里都是同样的感觉。） 在这三天的时间里，他们必须做出自己的决定，他们之中谁能得到终极旅行家的荣誉，然后把1万英镑奖金捧回家。 6名参加节目的志愿者分成两支队伍，每队三人。他们将经过不同路线到3000公里外的印度尼西亚的首都雅加达会合。采访了选手对各自队友的一些看法和态度，以及他们对此次旅行不同感受，有愉快的、有不满的、也有浪漫的。最后一周他们将要5个人一同去曼特·克利姆特火山。
3′52″～4′20″	宣传片	

4′21″～ 5′18″	解说	环节二：最后一周的任务介绍 解说：这是第八周的开始，本周我们5个背包客将会组成一个团共同旅行到他们的目的地。 （缠特尔：这里好多蜘蛛……你有喷雾剂吗？） 在他们开始最后一次旅行之际，这个小组决定在经过的本贾挖小镇的一家旅馆里度过最后一晚。 这周，他们唯一的挑战就是去克利姆特火山，他们的最后一个目的地。这个火山因为它的壮美而闻名于印尼，火山湖也将成为他们最后一次讨论的背景。在这里他们将要讨论出谁会是这个终极旅行家，然后把1万英镑奖金捧回家。

5′19″～ 8′39″	解说　同期采访	环节三：出发前一天晚上5人的聚餐 那萨：你厌倦了这个比赛了吗？你不是很想赢的吗？ 路易斯：我觉得我赢不了，虽然拿到1万元奖金很棒…… 那萨：我也不去想了，我也不去想讨论了，肯定不会愉快的。 路易斯：投给……我吧！

	解说 同期采访	解说： 不像之前几周，本周小组不会旅行太远，接下来的几天，他们有时间去休整，然后回忆一下之前的七周和考虑一下摆在眼前的赛况。 那萨：哦，天啊，我从来没见过这么大的蜘蛛！也许会咬人呢。 解说： 在房间安顿下来之后，还要和那些令人毛骨悚然的爬行动物相处。 路易斯：好了，我们弄点吃的吧。 解说： 每个人都出去吃晚饭了，这次是6周以来第一次作为一个小组行动。 克勒：这个看上去不错！ 克莱尔：我很高兴我们还有5个人留了下来，来总结一下整个旅行的心得吧，这是今天最好的事情了。 解说： 意识到几天之后他们就要决定出在这两个月的考验后谁会得奖，他们很快又把话题转到了比赛上。 克莱尔：我觉得再去看待这个比赛是个很困难的事情，大家看看这个作为比赛的经历，也是一件我们不得不很快要面对的，因为我们确实要面对它。至少我们上周是一起经历过一些事的。我想没有人不值得得奖，所以这看起来还算是个不坏的结果。 克勒：是的，我会。（大家笑）坐在这里的没有人会想说：我不想要这1万元奖金。 那萨：就像克勒说的，我想每个人都会有点失望吧。但是你可以为你投票的人高兴。 克莱尔：我有点为最后一周而不安了，但是努力试着不让它像一个比赛。但是我更因为我们最后5个人留到最后而觉得安心，我觉得当你们真的和人们在一起时，就会更容易做一个准确的判断，特别是最后一周，我们需要去做一个公平的决定，让大家来投票决定。所以对我们来说这是一个最好的结果。 那萨：我真想赢这场比赛，我不太确定谁是主要的竞争者，我只是这样说说，但我觉得和其他人一样，我值得拿这个奖。可能还有一种可能性，我不知道大家是投机性投票还是真诚地投票。 解说： 胜利在每个人脑袋里都占据着主要位置。 那萨：我真觉得我会得奖，我觉得假如有人会作弊的话将会是极大的耻辱。

8′48″～12′17″	解说 同期采访	环节四:次日出发到一个海岸 解说: 第二天早晨，福洛斯小岛的本贾挖小镇。 （可以有人帮忙把行李放到车顶吗？） 现在重新组队后的5个人，我们的旅行家们将会从本贾挖，经过恩地、茉里，直到最后的目的地克利姆特山，度过在印尼的最后几天。这是常务性的最后一次做决定的机会，对于每个人来说，他们中将会产生终极旅行家和1万元奖金。 今天小队迈开了到克利姆特山的第一步，在印尼公交上经历了四个小时的颠簸将会到达恩地。 克勒：你在做什么？ 那萨：合两个位子在一起还不错。很高兴你只是过来问我在干什么。 解说: 几个小时的旅程中，缠特尔很快就睡着了。 -缠特尔睡着了吗? -她把头靠在他的肩膀上! -天啊。 -她以为你还坐在她旁边呢。 -她以为这是我呢! -他看起来枕着比较舒服的样子! -你觉得我们有必要把她弄醒吗？有点不太好。 -缠特尔……你的朋友是谁啊? 缠特尔：我的头在哪儿? -在他肩膀上。 -同志们，谢谢了…… 解说: 四小时的车程之后终于抵达了恩地，终于让每个人都大松一口气。 那萨：实在太难受了。 克勒：这是你的女朋友，你要娶她吗？她看起来因为跟你分别而很伤心，你可以抱抱她吗? 解说: 在最近的旅馆安定下来，他们将要度过在恩地的第一晚。旅行小队出去探索最近的沙滩。 那萨：这是太棒了! 缠特尔：海深不深啊，玛丽? （两人坐在沙滩边）那萨：这海浪很猛呢。 克勒：是啊。 那萨：把你卷走了是吧? 克勒：嗯……

		解说： 那萨和克勒意识到他们两个月的印尼探险已经快要告一段落了。 那萨：当你回到家的时候你最期待什么？ 克勒：我最期待我的家人和朋友，还有好吃的和我的小床。 那萨：还有冲水马桶…… 克勒：不不，我曾经是大家眼中的公主，但是实际上我也作了其他人做了的事情。 解说： 虽然她努力地和简陋的住宿、和其他成员零碎地吵嘴作斗争，这位牛津大学的学生克勒也要去经历最后两天的竞争了。但她还是对过去两个月感到非常开心。 5个人在旅程中发生的趣事，并回顾了19岁的牛津大学学生克勒两个月以来从一个娇惯的小公主到心胸更开放和受欢迎的人；也回顾那萨从对英国外界一无所知到体验到不同文化，接触到更多的想法。缠特尔从一个追求美貌和物质，成为顺其自然向往简单的女孩。

12′18″～13′5″	解说　同期	环节五：第三天早到达恩地；介绍克勒的旅程和他们背后的经历、成长过程 克勒： -哦天啊！太恶心了！ -包背得像个乡下人。 -有空调、热水还有洗手间吗？一个好的洗手间！ （那萨：我觉得除非克勒有让她感到愉快的被单和花纹才能睡得着。） -我想哭，想吐，想抱怨…… （缠特尔：有时候她做的事情让我很不爽，我一点也不喜欢你，我觉得跟你相处不来。） -这也不是我能搞定的事。 （安卓：她就是个公主，被宠坏了。） -和一帮陌生人相处真是个艰难的过程……真的。 -我觉得我为我自己感到惊喜，因为我从未真正经历过只看到的那些事情也终于完成了。因为大部分时间我在说：不，我不想这么做…… -我真的不想回到城市中了，真的。旅行让我获得了很多，比如说我因为害羞而远离乡村，但这是最有趣的地方，你看到我们在学校里做义工，非常非常棒而且很值得称赞的事情，这都是我从来没有想到过会发生在我身上的。

	解说　同期	-现在我有些意识到“旅行”这个词不是五星级的度假胜地，所以我觉得在这个意义上我的经历极大地开阔了我的视野。 -我已经意识到人们有时候看待我就像我是一个金发碧眼的女孩，所以我觉得我可能赢不了这场比赛，但我如果得了1万元奖金就会开心地发疯，坐飞机回家！ 克勒：那萨，你第一次见我时有什么感觉？我现在很想知道。 那萨：一开始，我觉得你的内心会有点挣扎，因为很显然你不喜欢这个住宿和东西。我之前没有想过会和你相处得很好，因为我确定，你没有一个朋友像我一样，你也很与众不同…… 克勒：嗯……是啊，我的朋友中没有一个跟你很像的。你为什么想来参加这个旅行？ 那萨：呃，我从未真正想过从我生活的地方出来，所有的事情都常规性地发生着，我想要去经历新的事情，我觉得我必须从过往的生活中跳出来才能得到更多。 克勒：我确实看到了那萨在杰克塔逛市场时有些不一样，坐在沙滩上和我说话（也不同）。我确实可以看到这些不一样的地方。

13′59″～ 16′55″	解说　同期	环节六：着重介绍那萨的旅程和他们背后的经历、成长过程 解说： 对伦敦伯蒙德塞之外的地方只有一点点的了解，19岁的那萨带着对从未适应过的印尼的生活方式的关注到了杰克塔，在这两月里他学会了当地的语言，深深地浸染了当地文化，同时也是旅行小队里最具争议性的话题人物。 那萨： -这条路太疯狂了！ -我看起来不太好……啊！ -同行的有很迷人的女孩，克勒，我喜欢她，她穿比基尼的样子实在太迷人，我的目光不能从她身上移开。 -你有迷你汽车吗？有人会讲英语吗？ -谢谢你，喊得好。 （他觉得他是个印尼人了。） -这段经历太令人难忘了，让我想做的事情远不止旅行本身。我从来没有想到我会去旅行，我觉得我已经可以去拥抱印尼国家的文化和风土。 -通过与他人的交流和观点让我开阔了眼界，我会更加认真地对待别人的意见，我也因此知道这个世界上不只有我一个人，这个地球不是围着我转的。

13′59″～ 16′55″	解说 同期	-这样的风景，真是太美了！ -我觉得我离开的时候还会变得更好，我想赢这场比赛，它意味着很多东西，不止是奖金，还有终极旅行家的头衔。我确实觉得我应该可以拿奖的。我觉得假如有人作弊的话会是件奇耻大辱的事情。

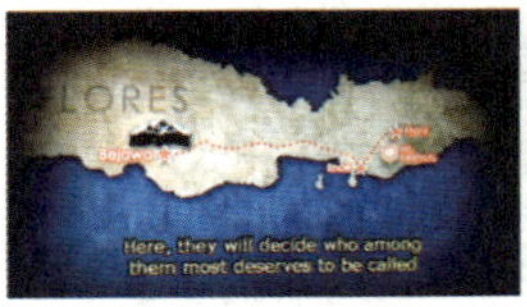

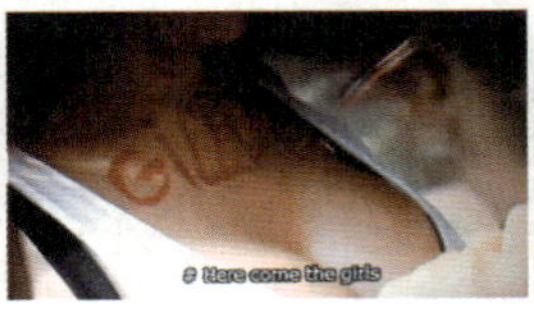

16′56″～ 19′45″	解说 同期	环节七：介绍克莱尔和缠特尔的旅程和他们背后的经历、成长过程 克莱尔：我觉得还有两天就结束了实在让人感觉怪怪的，我们其中有个人会带着奖金回家。 解说： 在七周之前，玛丽·克莱尔和缠特尔第一次见面，从那之后就变成了非常要好的朋友。当日子临近结束时，这对拆不散的死党也接受了她们即将分别的事实。 缠特尔：我很开心我有这些经历，我曾经有很多次想回家，我觉得我只是身体上无法适应了。我所有的朋友说："不要指望会赢，也不要在第一周就回家。"所以，呃，确实我让我自己很惊讶。 解说： 对于自我坦白的缠特尔，过去的两个月已经证明了着迷于外貌和物质财富的女孩已经一去不复返了，取而代之的是学会去接纳简单的人生，更容易放下一些事情。 缠特尔： -我知道，这是印尼，但是我不知道这里具体是哪里。 -我想回去了！ -我觉得和玛丽就像当地的庆祝日。 -我是主宰！ -我觉得我还没做过瘾！ -你是村长吗？ -村里有流氓。 -在我出来到印尼之前，我是这样的——"我讨厌孩子，快从我身边离开！"但是现在我爱上了这一切，这里有上百万的孩子们，我太爱他们了。 （克莱尔：我觉得你自己因为你态度的变化而发生了巨大的改变。） -我确实觉得在这里我学到很多东西，因为来到一个完全不同的地方生活，你时时刻刻要面对新的东西。我把大把大把的时间用在思考上，这让我对周围的事物充满感谢……

		-就像我们去布罗莫山时，向上走着无穷无尽的阶梯，但我们看到了日出，这是比购物狂欢或是彻夜未归的玩乐都要好。我真的很高兴我们来了，为了日出的这一时刻而醒着。 -我的朋友们叫我“女公主”，但我觉得我现在已经改变了。我还是那个缠特尔，但是我更加宽容也容易和其他人相处了，也更加能体会到其他人的需求了。 -走啦！你想过来吗？我们现在要走啦（对克勒和那萨）。

19′46″～22′	解说　同期	环节八：5个旅游者的最后一日 解说： 这是恩德的早晨。 在明天最后一场最重要的讨论前夕，在这里将要决定出终极旅行家，我们5个旅行者们很早就准备好了。今天他们必须经过一段短途旅行到达东边的茉利，有块石头从克利姆特山爆发出来，那里他们要去最后一家旅馆登记。为了到达茉利，这5个人决定联合他们的旅行许可然后订一辆当地的迷你巴士。让他们惊讶的是，这辆车上装着最先进的导航系统。 （路上大家在唱歌） 经过一段吵闹又欢乐的一小时车程后，这个小队到达了远离茉利的一个小旅馆，下来登记了。在大约8小时的路程之后，我们经验丰富的背包客们到达了旅社。 -这像一个巨大的浴室！我们可以一起淋浴了！ -洗澡时间！洗澡时间！ 解说： 距离结束还有不到24小时的时间，同时也是决出谁是终极旅行家的时刻。 -明天这个时间我们就在小组讨论了，将会是决定时刻。 -我要回屋，找到纸笔开始写每个人的优缺点。（大家笑）
22′01″～23′	解说　同期	解说： 自从他六周前第一次加入，这个从利兹来的24岁的懒散小伙子路易斯通过一次次比赛变得事事镇定，也因为他的幽默感和努力受到了大家的欢迎。 路易斯： -非常感谢！

		-太可怕了！ -你好！ -你们俩我都不喜欢。 -天呢，那个猴子好快！ -我第一次见到大家……安卓这个家伙怎么说……那萨就是一个经常挑事的伦敦家伙，缠特尔和玛丽好像一直在咯咯笑不停，还有公主克勒。这是我人生中感觉最漫长的几个星期。 （路易斯，你怎么觉得接下来的一周？） （你期待和我还有玛丽度过吗？） -我觉得下面这周应该不错。 -但是我们将要走到终点的舞台上了，每个人都冷静很多，成熟很多。你可以看到很多共同的事件我们都一起度过了，这就是我所学到的经验。 -在这里旅行给了我很多时间去思考，等我回家后我的生活会怎样，我意识到当我坐在沙发上看几小时电视真是浪费了好多时间。我看到这些村里的人们不停地工作才能生存下来，但我只是坐着……啥都不做地过了几个小时。所以，当我回去的时候我会更加积极地做更多的事情。这让我觉得这个世界很大很大，我想去参与更多的所能看到的事情，尽可能地看得更多。
23′01″～25′47″	解说　同期	解说： 过来——玛丽·克莱尔开始感觉到压力。 克莱尔：我就是讨厌这个比赛。 那萨：今天，我们中有一个人将要获得终极旅行家的称号。 解说：这5个人要相互竞争决定谁赢。 这是一个遥远的弗洛勒斯岛潮湿的下午，在这个决赛的前一天，明天小组成员必须爬上克利姆特山，这里他们将会决定出谁最应该获得终极旅行家的荣誉，并把1万元奖金带回家。 克勒：路易斯，你想要点我的面条吗？ 解说： 当其他成员在当地的餐馆吃完饭后，那萨和玛丽出去探索这个茉利里的一个小小的乡村，还要回忆一下离开家的这两个月。 -拥有了这么多朋友真是太棒了。 -我估计我和每个人都是好朋友，在几周之前我不会这么觉得。 -我觉得我们每个人都刚刚意识到我们是互相注视着与他人交往的。 -我猜每个人都成长很多。 -我们都是年龄最小的，所以我们还有更多需要成长的事情去做。我还没有经历过的真实的世界，因为一离开学校，我就只能纸上谈兵。 -你曾经是生活在虚假的世界中的吗？ -是的！在一个小小的苏格兰小气泡中生活着。

25′47″～ 28′38″	解说 同期	环节十：对克莱尔旅程的回顾 解说：对于18岁的玛丽·克莱尔，穿越印尼的旅行是一个打破原来在一个家教很严的苏格兰家庭中生活的方式。在这两个月的旅行中，她接受了自由的旅行，印尼的文化，还有叫百利的男孩子。 克莱尔： -我从来没有见过像他这么好的男孩！ -谁来告诉我怎么把这个爱尔兰人弄出去…… -我爱这里！我爱这些！ -我所经历的这些都让我大开眼界。我很享受去那些我不了解的地方，要做些什么，要和谁一起旅行的过程。对于我来说，就是留在这感受不一样的文化，去吸收所有的一切。 -我所发现的东西不是之前就喜欢的，因为我之前把那些东西认为是理所当然的，而更关注他们有的而我没有的事物上面。我刚刚离开学校，是这个队伍中最年轻的一个。我之前都没有真正切身地体验过这种生活，我甚至都没有一个良好的责任感，所以这是让我收获了非常非常多的经验。 因为这次旅行对于每个人意义都不同，我不明白有人会说自己做的比其他人更好，说真的，有点愚蠢。我已经有了这么多美好的时光，我只是希望……我不明白为什么非要有人为了拿到1万元奖金而去旅行…… 解说： 对于玛丽·克莱尔来说，这次比赛她也必须要很快得到心中答案了。明天，所有5个人必须要投票选出终极旅行家。
		环节十一：凌晨“决战”前各个选手的表现 那萨：是不是很不好受？ 路易斯：水太凉了！ 解说：这是在茉利市，弗洛勒斯岛镇的第三个早晨。 缠特尔：这是我在这个时间里不咆哮的时候做的事情。 解说： 5个人准备好为了最后一次会议，去爬山到目的地看日出，在那里他们将要决定谁是终极旅行家。 玛丽：我觉得我们都可以互相理解，但是有点不确定我们将要面对什么。但是因为我们必须去做出决定，所以就要去面对。现在我很好奇谁可以拿到这个我很憧憬的奖项，这个肯定是给大家带来了很多丰富经历的人。

28′39″～31′	解说　同期	缠特尔：因为明白我们要去做最终的决定，所以现在待在这里一点也不愉快。老实说，假如我可以投我自己一票的，我觉得我会投的。因为我觉得我应当得到这个奖项，所以我想看到结果。 克勒：女孩子们，准备好了吗？ -嗯，走吧！ 解说： 最终他们必须要爬到克利姆特山顶，克利姆特山是以每个清晨最迷人的光线和顶峰著名的三色火山湖而闻名于印尼的火山。在这里我们5个经验丰富的背包客将要独自决定出，依据过去两个月的观察和相处经验，他们中哪个人会得到最终的荣誉。 -我一想到要做出决定胃里就一阵翻滚，但这又是必须时刻思考的问题，我确实觉得我应该获胜。这几小时里就将会诞生出这个冠军。 -你必须去投一个会获得1万英镑的家伙，但是想知道别人投了谁的想法折磨着每个人。但是一旦伸出去了手，你的决定就是你的了，所以走着看吧，看看结果会是什么，看看火山湖会在哪里。 -红色在哪里？ -（湖水）怎么会这么蓝哪！ -就奖金而言我特别特别想获奖！但是对于收获了这么多丰富的经验来说，这1万元奖金也只是微不足道罢了。

31′～45′	解说　同期 采访	环节十二：最终讨论及决定 解说：那萨是队伍里开朗的成员，这周轮到他主持这场讨论了。 那萨：今天我们必须决定出谁能赢得最终1万元大奖，以及“终极旅行家”称号。 克莱尔：我有点紧张…… 解说：在投票之前，5个人有最后的机会去再确认一次。玛丽第一个说。 玛丽：我觉得我获得了压倒性的丰富经验，我所经历的一切我都享受其中，我也会继续我的成长旅程，至少在现在比刚出发时要成熟了很多。我喜欢去尝试和团队共同努力，我觉得我对整个团队有着较深的影响力。 缠特尔：自从我们出发的那天，我觉得我有一个最大的行李，但每个人看我都会想“她肯定拿不动她的包”、“她肯定是最先离开的那个”，但是很快大家都转变了对我的看法，在整个旅行的过程中，我成为了真正的我，我觉得最重要的还是让自己去成为一个真正的“人”。我在做任务时不断地成长，所以我确实觉得我应该成

31′～45′	解说 同期采访	为得奖的候选人。 克勒：我觉得我应该得到终极旅行家的称号，我的原因有以下几点：我不认为我做了很多事，也不认为我会在做决定或定床铺中起到积极的推动作用，或者表达我的观点。虽然我确实有点不想住在这样的小村庄里，我也没在哪里感觉到有家那样舒适的地方，那对我来说简直是件遥不可及的事情，但是我确实非常喜欢这场旅行。 路易斯：我觉得，首先，在这场旅行中我是最后也是最艰难的一个，所以适应其中花了不少时间，但是一旦我和大家熟悉起来，我觉得我给大家带来了很多欢笑，在团队遇到艰难时给大家带来安慰。在旅程的挑战中，当每个人都看起来不知道怎么办才好的时候，这就是我来解决问题的机会。 那萨：第一天，我对一切事物都很好奇，我尝试去学说印尼语，我和每个人相处的都不错，在我来这里之前，我从未想过要出去旅行，我只是觉得不就是到一个不一样的地方嘛，有什么特别的？但是这次却让我感受到了远远超过旅行本身的事情。我们现在坐在火山顶上，这是我从来没有想过会在我生命中发生的事情！我觉得我已经改变了，而且做的更好。 解说： 他们陈述完各自的意见之后，他们5人就要投票决定出谁要戴上最终的冠军王冠——终极旅行家，带走1万英镑。但是，在每个人公布想投的人的名字之前，他们必须要写下来以表确认。然后按照喜好程度去给其他人做一个排列顺序。 那萨：排在第一位的人将获得10点，第二位6点，第三位4点，第四位2点。 解说： 假如5个人公开宣布了选的人，这只是他们各自的投票，主持人还是回到投票纸上统计分数和关键的信息。分数最高的人将会被宣布得到最终大奖。 现在就是所有人一起去揭晓这个他们觉得值得获奖的答案。这肯定是得到投票点数最高的人。 那萨：玛丽，你想让谁赢呢？ 玛丽：我选的人是……缠特尔，她的那些经历对我来说非常重要，每次有她陪伴，我都非常开心。不要这么沮丧，你们大家都对我很重要！ 缠特尔：谢谢你，玛丽。 玛丽：我都快有点悲伤啦 克勒：我现在很焦虑，真的太纠结了。我觉得这是令人激动的焦虑，我选的人是……那萨。你一直都是那么乐观和热情，我觉得你肯定经历了很多次很棒的旅行。和你在一个小组时，很多都是看你如何处理这些麻烦的。

		那萨：谢谢。 缠特尔：我选的人是……克莱尔。从我来的一开始她真的帮助了我很多，当我因为困难而感到沮丧时你总是在一旁鼓励我。你从来不会消极，而总是对一切事物跃跃欲试。 克莱尔：谢谢，我想抱抱你。 缠特尔：我知道! 路易斯：我投的人是……克勒，因为来的比较晚，所以很多事情对我来说都是难事，但是克勒非常乐意地帮助和安慰我，你总是很乐观地接受一切挑战，这就是我投给你的原因。 克勒：谢谢。 解说： 那萨是最后一个投票的，除了路易斯，每个人都有一票，那萨必须说出他的投票纸上安排在第一位的人。这是克勒、克莱尔、缠特尔还是其他女孩会获奖呢？还是他会投自己一票？假如是投给路易斯的话，那么就还要再去看投票纸加起每个人的点数。 那萨：我投的人是……路易斯。是的，我要去唱票了。 解说： 因为每人都有一票，所以他必须加起所有人的点数，点数最高的那个人，将要戴上终极旅行家的桂冠。 那萨：我现在就要宣布冠军得主了……就是得了16点的人是克勒，第四名得18点的是克莱尔，在第三位有24点的人是缠特尔，前两名点数都是26点，我和路易斯。但是只有一个人可以拿奖，你们三个女孩子必须决出我们当中的一个。 女孩们：哦不，太纠结了！我们讨论讨论吧！ 解说： 虽然那萨和路易斯都没有料到他们会得到同样的点数，但是只有一个人可以赢。决定权就在女孩那里了！ 女孩们： -我们选谁呢？ -我们每个人都再投一点吧？然后我们就能得到最后的结果了。 那萨：整个讨论对我来说就是场煎熬，我从来没像现在这样焦虑过，除了世界杯决赛。 克勒：现在一个人投了那萨，路易斯有两点，让我们再回想一下我们的决定过程吧，因为这两个男孩都跟我关系不错。 -克莱尔：和那萨在一起，我觉得他对于语言和设备来说都一直特别的努力，我觉得我们当中他是唯一一个能迈出前进一步的人。 -我觉得路易斯是一个给力的候选人。我觉得他做事做得非常好。 克勒：他是个值得信赖的人，他遇到什么事都是大步流星的，而且经常逗我们开心。

		克莱尔：我觉得，对于路易斯，我的观点一直没怎么变，但只在最后一周我的看法却改变了，因为我不知道真正的他是什么样子的。但是那萨我觉得他从一开始就是这样，相当有个性又很可靠。 那萨：我希望女孩子们快点做决定，因为有点恐慌，因为不知道将会发生什么事情。 克莱尔：所以我们已经做好决定了，我们回去吧？ 那萨：他们回来了。祝你好运！ 克勒：在艰难的讨论之后，我们选出了冠军，我们选出的终极旅行家和拿到1万元奖金的人是——那萨！ 那萨：天啊！终于结束了！谢谢每个人！ 那萨：我从来没想过我能赢！确实太惊喜了！我还是不能相信是发生在我身上！我快说不出话了！我从来没有想过我可以赢得这个奖项！这个奖项对我来说无疑是一切，这场经历对我来说也是一切！我甚至不敢相信我有这个机会来到这里，最后成为了冠军，我不敢相信这一切都结束了！我有点悲伤！我还是很高兴！ 缠特尔：我很高兴那萨赢了，终于松了一口气，我觉得他已经做好了他能做的一切，他已经非常好地融入了印尼的文化中。我觉得他改变了我们当中的大多数人。 路易斯：老实说，我宁愿当最后一个而不是第一个失败的人，我为那萨高兴，克勒也是，我觉得他是最该得奖的那个人。 那萨：太难以置信了！我可以买很多新衣服了！ 克莱尔：我看到在整个比赛经历这些事情确实太不容易了，但是看到那萨的反应，就让我想到我们刚刚做了一件多么令他惊讶的事情，我也为他开心。 **解说：** 过来！（再见！印尼！）我们5个人告别了印度尼西亚。

节目特色

这是一个真人秀色彩浓厚的旅游节目，节目综合了旅游、野外生存、人性考验等多种元素，让简单的旅游具有很强的故事性，让节目具有了可看性。看点主要有三：一是大奖刺激，谁会最终获得1万英镑的奖金？二是艰难的旅程设计，有限的使用资金，考验几个没有野外生存经验的志愿者，他们能否到达终点？这个悬念的设置能牢牢抓住观众的注意力。三是旅游的过程也是每个参与者的成长过程，他们之间的感情纠结和发展脉络让普通的旅游节目具有了情感因素，他们之间的感情细微的变化也是节目的看点之一。

本土化建议

这是个比较好借鉴的一个节目样式，节目的基本元素很容易做到，但是，我们的拍摄和制作水准能否达到国外的节目水平，就要打个大大的问号。

2002年，南京地面有家制作公司自己拉赞助制作了一个类似的节目《生存五万里》——在一年的时间里，三位（两男一女）志愿者及两位志愿摄像师结成体验者小组，每人仅带1万元生存基金，从南京出发，沿规定路线逆时针环行，将途径燕赵故地、大兴安岭、内蒙草原、西北戈壁、大漠荒原、雪域圣地、南海渔村；借宿200多户人家，并多次穿越无人区，在极其艰苦的条件下共同完成环行中国大陆以及香港、台湾地区的壮举，并自己拍摄自己历险的全过程，行程五万余里。这几名志愿者是从一千多报名中前后进行了五轮筛选才选定，并给他们安排了严酷的“魔鬼训练”、恶劣环境下求生技能训练、军训及野外生存考验。我认为这个节目的策划者的理念应该跟英国节目《终极旅行者》类似，都是体验生存类节目。笔者经过比对，南京制作公司制作的节目显然是比较粗糙的：摄像师是征集的志愿者，没有专业的编导跟随，后期剪辑水准欠佳。《生存五万里》更准确地描述应该是一个很好的活动策划，节目是该活动的产品之一。这个活动轰轰烈烈持续了一年，志愿者也如期走完了行程，活动很成功，可是节目的收视效果差强人意，原因之一是本身的播出平台一般——是在南京信息频道播出，其次，节目的推广力度不够；此外，三人小组在旅途中的矛盾冲突设计也欠佳。不过，这个节目的诞生可是在2003年，比英国的节目《终极旅行者》早了7年。换做今天的通讯和技术手段，如果再做类似的节目，应该会更精致。英国的节目有三点值得我们借鉴：第一，讲每个参赛者的故事；第二，善于制造和记录5人之间的矛盾和冲突；第三，大奖的刺激。

相关链接：

http：//www.channel4.com/programmes/ultimate-traveller
http：//www.50000li.com/info/index.html

节目名称

秘密游客（The Secret Tourist）

节目基本信息

播出机构：BBC 1
官方网站：http：//www.bbc.co.uk/programmes/b00t94gs
播出频次：每周四22：35
开播时间：2010年8月18日
节目时长：60分钟

节目介绍

《秘密游客》的节目主持人麦特·奥莱特带你近距离地审查世界最闻名的度假胜地，揭露其旅游业的黑暗面。有的秘密行动家庭不得不去体验那些最糟糕的景点和酒店，并且不同的秘密游客家庭被派遣到不同的旅游胜地来考察一些当地的情况。

秘密游客节目组以一种“秘密行动”、“伪装”、“间谍”的方式派遣家庭或者雇佣演员来揭穿一些旅游中的黑暗面，比如说扒手、偷窃、掉包、隐藏的安全隐患、酒店的硬件软件的标准，等等，这些都是游客们担心发生的事、也是常常会在旅游中发生的不愉快的事，节目就会统统揭露出来。

文本分析

案例：第一季 第四集

时长	形式	内容
节目开始~45″	现场主持	主持人麦特的开场白
45″ ~1′ 25″	解说	预告：在埃及的秘密游客以及在塞浦路斯的秘密行动 分别在埃及和塞浦路斯的片段预告，但首先来到巴塞罗那，进行秘密行动。
1′ 25″ ~7′ 30″	解说　同期	揭露旅游胜地巴塞罗那猖狂的偷窃行为 节目介绍了巴塞罗那设计偷窃的现状，麦特请来了演员，演出一场偷窃行为展示给观众看，让“受害人”提高警惕。
7′ 30″ ~8′ 45″	解说　同期	麦特通过对游客的采访视频让大家对酒店有大致印象 采访一些去过埃及秘密行动的地点——栀子花广场酒店的游客，都是不满和抱怨
8′ 45″ ~11′ 50″	解说　同期	一个秘密行动家庭被派去埃及指定的酒店做考察 秘密行动家庭显得很兴奋，到达住处后就发现了糟糕的卫生状况。
11′ 50″ ~14′ 10″	解说　同期	第二天的考察 他们发现施工地很吵闹影响游客休息、儿童游玩区域设施老化很危险等问题，晚上做家庭影像，每个人都抒发了对酒店的感想。
14′ 10″ ~20′ 59″	解说　同期	转换到在塞浦路斯的秘密行动，女主持凯诺勒和她的团队考察租用水上摩托艇的安全情况，经营者是否按照法律行事 一位少女曾死于塞浦路斯的摩托艇，但安全现状依然令人堪忧，凯诺勒一行人假扮游客试探经营者，结果发现大部分人不按照法律规定查看游客证件。

20′59″～25′50″	解说　同期	切换回埃及的秘密行动 秘密行动家庭的孩子们在酒店区域发现了蟑螂，卫生情况实在糟糕。另外考察酒店乱收费的情况严重。游泳池游玩设备、酒吧的基本用具等均要收费。预告更多关于水的问题。

25′50″～29′50″	解说　同期	转换到塞浦路斯行动的现场，考察摩托艇租用给未成年人的情况 凯诺勒一行人派一位15岁少女试探经营者们是否会把摩托艇租用给未成年人，结果不容乐观。
29′50″～37′44″	解说　同期	派送卫生学专家去酒店取样调查 孩子们脸上起了红疹，专家对游泳池水进行取样，以及对酒店的各种卫生状况进行取样检查。秘密行动家庭完成任务返程，专家带着样本回英国。 埃及任务的后续工作。
37′44″～38′10″	解说　同期	讲述关于游客遇到的购买电子产品而被“掉包”的行为 专家测试结果：卫生很不达标，联系酒店负责人，完善设施。
38′10″～46′24″	模拟骗局	在西班牙的马拉加城市，麦特请来演员设计了一场照相机掉包的行为，看看“受害者”的反应，现场模拟了卖家的这种欺骗行为，提醒人们提高警惕。

节目特色

1. 题材新颖，换个角度看旅游

这档节目也是带你去旅游，但不是带你去看美景享美食，秘密游客将自己定位成“间谍组织”。每集都会派送秘密行动的人员到达全世界范围内的旅游胜地调查最黑暗、最让人困扰的事，比如说糟糕的酒店卫生状况，额外收费现象、安全隐患、偷窃行为、欺诈行为，等等。这

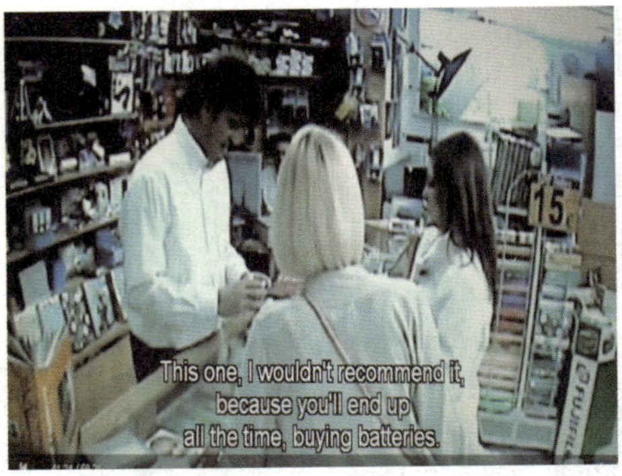

些可能都是游客们去外国或外地的度假期间真实碰到的事，虽然不是美好的事，但是给人们一个警示，提高大家的安全意识，给出旅游的注意事项。很多人评论说，看了这个节目感同身受，认为这档节目很有用处。

2. 真实性

通过秘密行动试探现实中的人们，旅游胜地中的商品卖家、经营者、游客，等等，他们的反应都是最真实的，应该没有一丝隐瞒，也能让人们看到最真实的现实。比如说旅游胜地当地的商家、经营者对于安全的忽略、一心只为赚钱的心态会引起观众的愤慨。

3. 趣味性

主持人有时会故意设计欺诈，用以令人意想不到的工具来实施。偷窃等行为来看游客们真实的反应，同时也提醒了电视机之前的观众。

4. 具有现实意义

尽管存在个别评论埋怨这档节目倒人胃口、降低了他们旅游的品质，但是依然有很多的人表示赞赏和肯定，揭露了旅游中可能会遇到的不愉快的“意外”，更多的是给大家提个醒、敲个警钟：是不是自己也那么没心眼？是不是自己也不在乎安全，存在侥幸心理？旅游的时候安全最重要，也要留个心眼，小心谨慎地保护好自己，这是拥有一个愉快的旅游假期的前提。同时更是通过揭露旅游业的黑暗面，引起人们对此的关注，也能引起当地有关部门的关注，有利于改善现状。

相关链接

http：//www.mirror.co.uk/tv-entertainment/tv/todays-tv/2010/07/29/the-secret-tourist-bbc1-9pm-115875-22447449/

http：//www.metro.co.uk/tv/reviews/836560-the-secret-tourist-was-a-xenophobic-nightmare

Planning TV

亲身体验式的房产类节目

节目名称

阳光洋房：国内还是国外？（A Place in the Sun：Home or Away）

节目基本情况

播出机构：Channel4

官方网站：http：//www.channel4.com/programmes/a-place-in-the-sun-home-or-away/

播出频次：每周两集或三集，播放时间多为正午12：00或晚上7：00；从第五季开始固定为每周一集，第五季播出时间为周五，第六季播出时间为周日

开播时间：2007年9月21日

节目时长：60分钟

节目介绍

两名主持人帮助置业者物色理想的住宅，一处明媚的阳光、环境优美的房产，既有英国国内的房产，也有国外的。一般一集节目会为职业夫妇物色四处到五处房产，置业者在看过每处房子以后都会有商量的时间，在看了四处房子以后再决定是否购买。

文本分析

案例：第五季 第十一集

时间（分钟）	形式	内容
节目开始～1′	现场主持 解说　同期	主持人介绍节目故事 克利斯和杰克在物色海边度假屋，但未达成共识。克利斯喜欢法国南部，杰克却更希望是在南汉姆斯。但是只能二选一，所以最后会是法国还是英国呢？有预感今天的任务并不容易完成。
1′～2′	现场主持 解说　同期	介绍本集节目的购房主角克利斯和杰克 克利斯和杰克居住在英格兰中部地区，与海岸相隔甚远。但他们却热爱海上运动。杰克从16岁就开始玩帆船，克利斯上大学时是大学帆船队的队员，现在是一名商务经理。他们4年前在酒吧邂逅。杰克向克利斯介绍德文郡和南汉姆斯的有趣之处，杰克想在这儿再买一套房子。他们花了两年时间来决定到底在哪里买。“我喜欢，可以简单收拾一下，5个小时路程就可以到这里来了，就像另外一个家一样。”虽然克利斯也很喜欢这里，但是他更想在法国置业。“选择法国，选择的是一个短暂而美好的假期，而不是又一个在达特茅斯度过的周末。”在德文郡置业对杰克而言是个满意的选择，但是要说服克利斯。不用太担心，有很多选择。
2′～5′	现场主持 解说　同期	介绍南汉姆斯 南汉姆斯源于古英语，意为“掩蔽处”，在这里杰克和克利斯可以拥抱大海。60里的海岸线，未经人工雕琢的自然沙滩，历史上为D-day登陆提供便利，远离尘嚣。从克利斯和杰克住所出发3个小时的路程。南汉姆斯房价是德文郡最高的，比英国平均房价也要高50%。杰克喜欢靠近海岸，克利斯喜欢法国的一年三百天的阳光和21度的气温，两小时路程之外的山区，冬天可以滑雪。他们的购房预算为25万～27.5万英镑。靠海，附近有餐厅，位置相对偏僻安静，这是必须的，院子倒无所谓，不想度假还要打理花花草草。

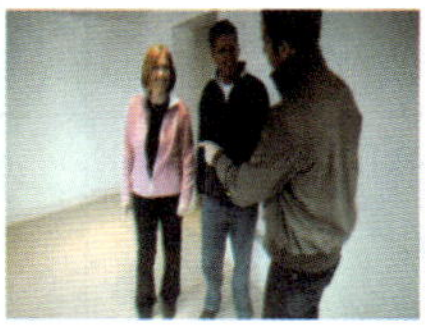

5′～10′	现场主持 解说　同期	第一处房产：盖浦敦村屋 主持人介绍：杰克和克利斯不想太远离人烟，所以第一处介绍的房子地处距离居民区不远的河边小村，这里可以进行水上运动。村内有邮局、小杂货店和教堂。河的对岸景色秀丽，静谧的居住环境，是个一流的度假地。房子位于小镇的外沿，有两间卧室，一个大花园，是茅草小屋。售价249950英镑。厨房重新装修过，装潢时髦，但是太小。楼上有卧室和浴室，还有主人房。主持人介绍这个价位的村屋选择不多，要不就是太远，

		要不就是环境就比较差。 克利斯和杰克讨论商量：总体感觉温暖舒适，但是很挤。杰克不喜欢，太黑太小了，价格偏贵。
10′～17′	现场主持 解说　同期	第二处房产：斯顿克·佛莱明公寓 主持人介绍：第二处房产距离达特茅斯镇中心5分钟车程，附近有13世纪建筑物改造的酒吧和很好吃的鱼餐厅，走路就可以很快到达，附近有酒店，房子在村子里面。附近有好几个沙滩。在房屋的阳台可以看到海景。两间大小适宜的卧室，两个洗手间，还有两个停车位。在顶楼还有一间卧室。28万英镑。房子在市场上待售了一年。路过的双层巴士二层乘客能够看到屋内。 克利斯和杰克讨论商量：杰克对房子有保留，克利斯非常喜欢这个村子，气候寒冷大风。

17′～23′	现场主持 解说　同期	第三处房产：达特茅斯公寓 主持人介绍：房子有三间卧室，从窗子能够看到达特茅斯港口美景。杰克和克利斯最看重景色。房子有独立的车库，天气状况不太好，售价是28.5万英镑，杰克认为看起来比较简陋，有人以差不多价格购买了一模一样的单位。有一个小洗手间，两间卧室。楼上还有双人房。房子还配备一个与邻居共用的空中小院。 杰克和克利斯商量讨论：杰克喜欢这个房子，但是也有很多不足，难以作出选择。克利斯还是想去法国。
23′～33′	现场主持 解说　同期	第四处房产：法国班育斯贝威房 主持人介绍：旅客稀少，环境优美，阳光充足，正是杰克和克利斯想要的。不仅有航海、滑雪活动，从中世纪开始就备受艺术家青睐。该地区两卧室房子就卖到20万英镑，价格不菲，但与南汉姆斯相比则便宜。克利斯和杰克将位置和景色放在最先考虑的位置，必要时单卧室房子也可以接受。 居住地有大量的餐厅、酒吧和商店。该房子距离村中心有10分钟的路程。装修精美，无须再加修整。阳台阳光充足，三间卧室。24. 4万英镑，价格还可以商量。 杰克和克利斯商量讨论：克利斯认为房子符合他们的各种要求，但是屋顶实在难以接受。

33′ ~37′	现场主持 解说　同期	第五处房产：波特·温驻房 主持人介绍：第五处房产在波特·温驻，景色美丽如画。房子距离海港5分钟路程。房子有两间卧室。房子几乎没有内部装修，为杰克和克利斯提供按照自己想法重新装修的可能。20.8万英镑。 杰克和克利斯商量讨论：克利斯不喜欢这个阳台，因为一看出去就是停车场。

37′ ~44′	现场主持 解说　同期	第六处房产：考里洛公寓 主持人介绍：该房产在他们俩最喜欢的考里洛地区，也是所有房产里最贵的。考里洛被称为考特·威美利上的宝石。画家亨利·麦特斯盛赞没有比这儿更蓝的天空了。这套房子只有一间卧室，浴室和厨房需要修整，价位21.7万英镑。有一个很大的泳池。 杰克和克利斯讨论商量：只有一间卧室的房子难以接受。
44′ ~47′	解说　同期	置业者最后决定选择第四处房产。

节目特色

1. 节目与观众有良性互动，观众在节目中看到的房子如果没有被节目中的置业者购买到也可以上官方网站上进一步了解。

2. 各地美景震撼人心，满足观众观赏心理。

相关链接

http：//en.wikipedia.org/wiki/A_Place_in_the_Sun_(TV_series)
http：//www.youtube.com/show/aplaceinthesunhomeoraway
http：//www.imbd.com/title/tt1276715
http：//www.locatetv.com/tv/place-in-the-sun-home-or-away

节目名称

选房看地点（Location Location Location）

节目基本情况

播出机构：Channle 4
播出频次：每周四8：00
开播时间：2000年5月
节目时长：60分钟（2007年以前的是30分钟）

节目介绍

在英国，为了满足家庭各方面的需要，比如希望寻求更好的教育，希望寻求更好的生活环境，或者希望寻找交通更为便利的地区，人们通常会选择新的住房，寻找更好的生活。虽然现在网络很发达，人们可以利用网络寻找自己理想的房屋，但是网络信息繁杂并且真假难辨，所以寻找一处理想的住房，对于很多家庭来说，仍然是一个大难题。《选房看地点》这个节目就是帮助每个家庭找到合适的房屋。该节目开播于2000年，2007年改版，长度为60分钟，Logo 也有所改变，节目以前只是拍摄一对夫妻在一个城市里搜房，现在变为拍摄为两对具有不同选房标准的夫妻搜房。

在每期的节目中，主

持人会先询问每个家庭对于房屋的要求以及他们的房屋预算，最后根据家庭的要求分别为两户家庭寻找到三套满足条件的住房，然后由家庭从三套住房中选出自己想要的住房，当然，每户家庭也可以都不选择。家庭选择好了理想的房子之后，再由节目组与房屋的主人交涉，最终帮助参加节目的家庭买下房子。两年之后，节目组会再次采访两户家庭，了解他们在新房子里的生活情况。

文本分析

案例：第十三季 第七集

时长	形式	内容
节目开始～2′20″	解说　同期	环节一：介绍节目本期嘉宾家庭背景 菲尔·斯宾塞（男主持人）：本周，我们又回到了夏尔斯，我们将再次访问两对对房屋有不同要求的夫妇。我们将首先到白金汉郡，会见要求简单的艾玛和安德鲁。 苛斯汀·爱乐谱（女主持人）：他们只想在完美的地点拥有一个完美的家。而且我们也回来看卡伦和罗素，他们俩想在乡下拥有一个家。
2′21″～4′33″	解说　同期 采访	环节二：介绍第一组家庭对房屋的要求和为找房屋所做的一系列的努力 解说： 2007年，艾玛、安德鲁和两岁大的儿子查理把他们在剑桥郡的房屋出售，然后搬到了斯坦福和艾玛的父母同住。 艾玛：我们都彼此尊重，安德鲁是个都市男孩，那为什么要搬到乡下呢？ 安德鲁：我们主要是看好白金汉郡良好的教育。尽管查理才两岁，但是我们还是考虑这个问题了，因为我们要买一个最终安定的家。 菲尔：5个月了，我们还是没有找到合适的房子，我们已经几乎绝望了。 艾玛：18个月来我们一直都在找房子，其中我们看了5套房子。是啊，我们真的绝望了。我们需要一些帮助。 菲尔：苛斯丁别担心…… 苛斯汀：别担心，菲尔。我会非常小心。

		菲尔：退后，白金汉郡。她要降落了。 苛斯汀：艾玛你现在和你的妈妈一起生活？而你18个月以来一直在寻找房子？在这期间，你看了5套房子？其中，坦率地说，是可悲的。 艾玛：我们并没有看足够多的房子，其中大部分时间我们都舒服地待在家里在网上找房子。 苛斯汀：再次提醒我你的主要要求是什么？ 艾玛：我们希望有四个卧室，三个卧室也可以考虑，我们要有三个接待室，还要一个大小合适的花园。 安德鲁：能够满足上面的条件，我们就很满意了。 苛斯汀：非常无法量化的，但你不要希望在互联网上找到有用的东西。 菲尔：为了爱玛和安德鲁，我们在英国最昂贵的县之一——白金汉郡寻找房子。这对夫妻最看重的就是位置，他们愿意出62.5万英镑。必须接近一些好学校。他们正在寻找一个接近爱玛的家的并且有四间卧室的房子。 而在阿伯丁，卡伦和罗素也很匆忙了。 罗素的装备已经快要把他们的小家挤坏了。

4′34″ ～9′40″	采访 同期 解说	环节三：介绍第二组家庭对房屋的要求，并且带第二组家庭看为他们挑选的第一套房屋。这对夫妻讨论决定是否需要这套房子 卡伦：自行车快把我压扁了，尤其是当他们在餐桌旁边的时候。 菲尔：他们自己花了10个月搜寻，但是毫不见效。 卡伦：我们想要的房子，不能太贵也不能太远。 罗素：我们已经找到了一些理想的房子，但它们只是超出预算，要支付50万英镑。 苛斯汀：我很抱歉，一个超出预算的房屋并不能算是一个理想的家。 卡伦：基本上，我们已经15分钟可以前进0.25英里。 苛斯汀：他们的新家园希望是在乡下。 卡伦：多出的空间，这将是更容易为我们解除压力。 罗素：下班回家，换洗的衣服，跳上自行车，一下就冲出来了，飞下山。就不会有任何烦恼，这也正是我们一直以来寻找的。

		罗素：这是因为卡伦认为我是一个暴君。 男主持：我明白了一件事，一旦有女人加入的话，男人就会成为管理者。 苛斯汀：什么样的房子你认为是好的？ 卡伦：我认为重要的是要减少罗素的通勤时间，他每天要花一个小时到单位。 苛斯汀：第二重要的是什么？ 卡伦：更多的空间。更多的外部空间，我想，是最主要的。 女主持：对了，罗素，我警告你，如果让这些自行车、梯子把我绊倒，你会有很大的麻烦。在你的心中，有没有亲人，失去了房子？ 罗素：我不认为一切都要尽善尽美。 苛斯汀：罗素？！谁告诉你那是不存在的？！如果给你打分，满分10分，你给他打多少分？ 卡伦：11 分。 苛斯汀：嗯，他们认为最重要的是这个房子要在乡下，他们要有足够的户外空间来放他们的自行车，其次他们的预算是30万。 菲尔：他们已经找到了他们心中理想的一套房子，但如果我们催促他们的话，他们还会一直寻找，直到他们的自行车生锈。 我们已经开始在韦斯特希尔寻找满足这两个要求的房子，要离上班地点只有20分钟，又要离乡村只有5分钟的车程。 这个有四间卧室的独立房子在市场上售价超过24.5万，所以这应该满足他们30万的预算要求。 苛斯汀：对这第一套房子，印象如何？ 卡伦：和我们已经有的那套房子非常相似，除了车库有点不同。 苛斯汀：对不起，还有一个很重要的不同吧，我们在哪儿？ 苛斯汀：对的，位置也不同。 罗素：比我们之前的房子地点上比较占优势。 苛斯汀：第一优先考虑的就是位置。 我们正在一个离公司只要20分钟路程的地方。 他们希望他们的房子像这样的了。我知道他们会挑剔，让我们先进门吧…… 这个地方不仅仅是上班更方便，它配备了一个大花园和一个车库，里面有足够的空间让他们住在这里，直到他们老去。 这房子有20年了，所以很明显的是，屋内装饰有点过时，但它是一个大房子。

		卡伦：房子的规模很大。 苛斯汀：它有一个更大的花园，这是不容忽视的。 罗素：当然并没被忽视。 卡伦：我认为，我们太习惯了我们可以从窗户看到外面的羊群，可以看到外边的农村。 苛斯汀：告诉我，说实话，你觉得这是一个致命弱点？ 卡伦：是啊。 苛斯汀：罗素有个问题问你，如果房子更大了，你愿意待在家里么？ 罗素：我宁愿在路上花费时间，我也希望要有个好房子。 苛斯汀：这是非常有意思，你看，你们希望找个交通方便的房子，可以满足了这个条件，你们又不满意。 菲尔：苛斯汀，我们真的很失败，不过如果他们更喜欢他们自己的房子，那么我们是不能成功的。 卡伦：这不是最漂亮的房子。你进来的时候不会大叫“哇”！这个房子没有特色。 罗素：我想你是对的，但它是很实用的房子。它有我们想要的空间。 卡伦：但是这里的窗外没有美景。

11′26″ ～ 16′03″	同期　采访 解说	环节四：第一个家庭的选择 根据第一组家庭的要求为他们选了一套距离学校很近的并且在62.5万以内的房子，苛斯汀·爱乐谱为第一组家庭介绍房屋，但是妻子认为离父母家太远了，所以拒绝。
16′04″ ～ 28′19″	解说　同期	环节五：第二个家庭的选择 根据要求为第二组家庭选择了风景更好的第二套和第三套房子，妻子更喜欢浪漫的第二套房子，但是丈夫以不实用为理由希望选择第三套房子。最后两人商量的结果是尊重妻子的选择，最终选择购买节目组为他们选择的第二套房子。
30′16″ ～ 40′09″	解说　同期	环节六：带第一个家庭参观为他们选择的第二、三套房子 第一组家庭一致喜欢第二套房子，但是因为第二套房子超出他们的预算5万英镑，所以他们左右为难。最终在主持人的协商下，房主愿意降价，最终第一组家庭如愿以偿地买下了第二套房子。

40′10″～ 45′56″	解说　同期 采访	环节七：两年半之后，节目组重新采访第二个家庭 第二个家庭用了两年半的时间，重修装修了房子，改善了住房条件，而且还提升了房子的价格，不过他们也付出了艰辛的劳动，所有的改造都是他们自己动手。在几个星期之后，他们将搬入新房子。
45′57″～ 59′05″	解说　同期 采访	环节八：两年半之后，采访搬入新房的第一组家庭 搬入新房的第一组家庭，生活得愉快美满，他们也都认为购买这套住房是一个明智的投资。

节目特色

短短的45分钟节目却跟踪拍摄了两年半的时间，节目组做到了不仅为每期家庭寻找合适的住房，并且保证无论是两年、五年还是更长的时间，每期的家庭对房子都是满意的。这样负责的精神是很值得中国的电视工作者学习的，他们并不急于求成而是真正地对观众负责，对每期的嘉宾家庭负责。

节目中，节目主持人态度和蔼亲切，幽默诙谐，并没有高高在上的感觉，而是像个普通人，从普通人的角度为嘉宾家庭考虑，甚至为了嘉宾家庭的利益，而和房主砍价。

节目不仅仅定位于帮每期的嘉宾家庭找房子，也同样传达了一种积极向上的，关心家庭的思想，也同样有很强的社会意义。

制作公司简介

《选房看地点》是IWC Media的代表作品之一。这个公司成立于2004年，目前有专职员工35名，是苏格兰地区最大的独立公司，在伦敦和苏格兰分别设有办公地点。2005年加盟Zodiak。该公司以制作智力夺奖节目著称，主要给发现频道、历史频道、地理频道提供节目。其他作品有：为英国第五频道制作的节目《与罗伯逊·格林钓鱼》，为BBC 2套制作的节目《泰瑞·布兰切特患上了老年痴呆症》，为第四频道制作的节目《真实的查尔斯·达尔文》。该公司与布塞耶制作公司和幸运日制作公司保持了紧密的合作关系。

地址及联系方式

NEUILLY-SUR-SEINE
Immeuble Le France
115-121
Avenue Charles de Gaulle
92200 Neuilly Sur Seine
France
T：+33 (0) 1 53 10 70 21
F：+33 (0) 1 53 10 94 50
contactus@zodiakmedia.com

LONDON
Gloucester Building
Kensington Village
Avonmore Road
London W14 8RF
United Kingdom
T：+44 (0)20 7013 4000
F：+44 (0)20 7013 4012
contactus@zodiakmedia.com

知识链接：认识一下Zodiak Media这个托拉斯

Zodiak Media是一个大的传媒集团，包括来自全球的有实力的45个制作公司，涉及19个国家，在伦敦、莫斯科、洛杉矶、米兰，斯德哥尔摩均开设有办事机构。该集团提供各种节目样式，如娱乐类、真实类、戏剧类，儿童类；拥有3000名全职员工。2011年制作超过5000小时的节目，年收入超过80亿美元。娱乐类代表节目有：《秘密百万富翁》(Secret Millionaire)（在英国制作了9季；9个国家购买了模式；在ABC频道拥有12.7百万观众）；《如果你能就唱歌》（Sing If You Can）；《跳舞吧》（Just Dance）是在印度很流行的一个节目，在五大电视网同时播出；《铁杆典当》（Hardcore Pawn）——美国真实频道播出了6季，深受欢迎。

联系方式

Glasgow
St George's Studios
93–97 George's Road
Glasgow
G3 6JA
+44(0)141 353 3222
22mailglasgow@iwcmedia.co.uk
London
Network House
1 Ariel Way
London
W12 7SL
+44(0)207 013 425
Press Enquiries
+44(0)207 013 4259
NGIPress Enquiries +44(0) 207 013 4259
press@zodiakmedia.com

相关链接

http：//en.wikipedia.org/wiki/Location，_Location，_Location
http：//www.channel4.com/programmes/location-location-location
http：//www.iwcmedia.co.uk/
http：//www.zodiakmedia.com/
http：//www.zodiakmedia.com/our-companies/uk-belgium-netherlands/companies/iwc.php

节目名称

买还是不买（To Buy or Not to Buy）

节目基本情况

播出机构：BBC1、BBC2
官方网站：http：//www.bbc.co.uk/programmes/b006mgw8/series
播出频次：周二、周五14：30
开播时间：2003年
节目时长：30分钟/45分钟

节目介绍

该节目的主要宗旨是帮助参与者找到一所房子，并且可以在决定是否购买前实地考察检验。这个节目跟《选房看地点》节目的共同点是，同样介绍购房者以及他们关于理想房子的构想，包括地段、特点、价格，第二，向参与者分别挑选一个合适的房子；两个节目的不同点是，这个节目让参与者实地评估房产，说出不足，并猜测价格。简单的看房购房节目因为增加了猜价格环节而多了点娱乐色彩，在具有服务性、实用性的同时多了轻松的娱乐性，是一个成功的节目样式。

文本分析

时间（分钟）	形式	内容
节目开始～2′00″	解说	环节一：介绍即将去看房的地方 莱塞斯特郡是一个令人满意的地方，可爱的村庄，人们在那里可以享受开放的农村美景，离都市拉芙堡稍远。
2′00″～2′37″	解说　同期	环节二：潜在购房者夫妇山迪和托比的基本情况介绍 他们都在拉芙堡大学工作。 他们在寻找一个能够容纳他们23只宠物的房子。
2′37″～5′13″	同期　对话 解说	环节三：主持人采访参与购房者他们需要一座“动物园”式的房子 宠物需要什么？很大的空间，附近有足够散步的地方。 为什么要搬家？无足够散步遛狗的空间，影响邻居。 何种风格的房子？古老风格，大房间，大花园。 多少间卧室？4间，最好有室外的小房子。 厨房、做饭重要吗？是的。 自己装修还是已经装修好的？愿意自己装修。 购房地段？ 拉芙堡附近的村庄，方便工作。 期望房价？35万英镑以下。
5′13″～7′58″	同期　对话 解说	环节四：详细介绍莱塞斯特郡房市现状 这个地方因乡村散步而闻名，在英格兰中部、国家森林的中心，占地200平方英里，18%树木覆盖。12世纪的矿山、遗弃的煤场、古老的建筑和现代建筑风车的统一。 两位主持人也分别咨询了中介公司和一些乡村大房子的居民，体验乡村生活，最后各自找到三个较适合的房子作为备选房。
7′58″～13′18″	同期　对话 解说	环节四：实地考察1号房 优点：离夫妇工作地较近，空间大，地板好。 不足：浴缸太小，花园不够想象中的大。 价格：35万英镑。
13′18″～18′41″	同期　解说	环节五：实地考察2号房 优点：包括两座居住的房子，不会打扰邻居， 花园非常大，视野开阔。 不足：没有室内的餐厅，卧室不大，地下室不暖和。 价格：29.995万英镑。

18′41″～ 24′59″	同期　解说	环节六：实地考察3号房 优点：满足购房者房间、花园空间大的要求。 不足：房屋、家具比较破旧，需要很多装修，厨房只有一个旧炊具，地板上有蜘蛛。 价格：34.5万英镑。
24′59″～ 27′36″	解说　同期	环节七：公布最心仪的房以及是否购买 夫妇最终选择1号房进行深层体验。 最终购买1号房。 并阐述不购买3号因为价格太高。
27′36″～ 28′05″	同期	结尾部分 总结本期节目主要内容，呼吁潜在购房者联系节目组，报名参加节目录制。

节目特色

风趣幽默的主持人带着想买房的一家人实地考察，能让观众切实感受到一些房屋的魅力。房价的猜测，以及最终参与购房者是否决定买房，使节目保持了悬疑性。

总观我国目前活跃在电视屏幕的房产类节目，无外乎是二类软广告，是对楼盘的简单的平铺直叙的介绍和宣传。然而房子又是我国目前最热门的一个民生话题，可否借鉴英国的房产类节目的制作模式，在枯燥简单的介绍背后加上一点购房者的意愿和情感在里面，让一个生硬的房产介绍节目更有可看性呢？比方，加入猜房价的环节，加入潜在购房者跟着主持人一起去看房的环节，等等。

相关链接

http：//www.bbc.co.uk/programmes/b006mgw8/series
http：//en.wikipedia.org/wiki/To_buy_or_not_to_buy
http：//digiguide.tv/programme/To+Buy+or+Not+to+Buy/Consumer/376148/

节目名称

大设计（Grand Designs）

节目基本情况

播出机构：4oD
官方网站：http：//www.channel4.com/4homes/on-tv/grand-designs/
播出频次：周播19：55
开播时间：1999年4月29日
节目时长：60分钟

节目介绍

《大设计》主要介绍一些不寻常的房子建造计划。每一集形式类似，在节目最开始，主持人麦克劳德会与要求建房子的客户见面，就房子建造讨论方案，做出电脑虚拟效果图，尔后就是整个建筑计划开始。往往实施过程中出现各种问题、障碍和误工，工程往往会超出预算。最后房子完工，客户住进新房子，麦克劳德会给出专业的意见等。如果房子未能在拍摄周期内完成，那么，最后完工后会在另外一集中被再次提及。房子建造计划形式多样，既有地下房子，也有水塔改造成住宅，各式各样，而这些建造计划的共同点都是些不寻常、奇特的房子建造。

文本分析

案例：第五季 第九集

时间（分秒）	形式	内容
节目开始～2′	同期　现场采访	环节一：主持人介绍本集内容 4年前吉姆开始房子建造方案，建造在群山环绕、滩涂水绕的美丽山区。现在回去看看他们的房子和生活如何。
2′～4′	同期　解说	环节二：工程方案讨论 吉姆是商人，和妻子茜蒙有两个女儿。他们买下7英亩的土地准备建造大房子，要与周遭环境和谐一致是件不容易的事情。他们设想房子建在水边，并且延伸到水面，有很多玻璃，可以看到房子外围360度全景。
4′～8′30″	同期　解说	环节三：展示模拟设计图 房子形状要求规则，传统的，需要使用传统的建筑材料，房子要呈现传统的整体风格。房子内部、客厅采用透明玻璃，墙壁嵌入透明玻璃可以看到休息室，旁边则是玻璃隔开的厨房。再往里面走则是客厅和另外一个起居室，室内有火炉。走上玻璃楼梯就可以来到二楼，二楼有4间卧室，其中3间有独立卫生间。主人房还有桑拿室。从主人房的窗户向外看出去就是水面（房间就建在水面上）。房子建造预算是50万英镑。预算很大一部分要用来雇佣各种专家完成这个复杂的建造方案。 吉姆已经做好准备雇佣建筑师、工程师等专业人士，希望7个月内完工，但是为了保证质量也可以延工。
8′30″～11′	同期　解说	环节四：阐述建设过程中碰到的困难 最大的问题在于如何在水面上建房子。幸好湖是人造的，水位能够调控，可以将水抽干。 但是房子建造处位于群山中间，长年累月使得这里像海绵一样吸尽了水，土层结构不牢固。打桩机要将木桩打入20米深处。

11′～39′	同期　采访 解说	环节五：记录建设工程的过程 吉姆每天都在工地监工。艾兰是建造负责人，是个十足的完美主义者，他使用精确仪器保证建造结构质量。第一层基本结构花了两个星期来搭建，远超出一般建造时间。 吉姆苛求质量，所以不计较时间和成本。吉姆与他的建筑团队是极佳的搭配，吉姆是十足的完美主义者，在生活的各个方面都要求尽善尽美，时常处于极大压力之中，因而健康状况不佳。吉姆一家已经卖掉原来的房子，住进了一间小平房。 房子不完全是木质建筑，钢柱用以固定房子结构以及支撑玻璃。 临近7个月工期，房子也只有个空架子，现在才开始砌砖、装屋顶。 吉姆打算出售现在居住的平房，所以他们需要11月底入住，只剩下9个星期，工期要加快。 为了使屋内宽敞明亮，吉姆投入2万英镑用于照明系统。他们重新买所有的家具。 玻璃楼梯也装上了。一天工作12小时，一周7天赶工，房子最后在圣诞节前完工。
39′～40′	解说	环节六：展示完工后的豪宅 屋子完工，屋外景色非常漂亮。屋内透明玻璃可以看到外面四季变化景色。
40′～49′	解说	环节七：两年后再次探访这个豪宅 两年后探访吉姆，房子变化不大，还是非常漂亮。家庭新增一名小成员。吉姆健康状况有所改善。

节目特色

该节目尝试在房地产节目中寻求突破，试图从这个领域中寻找新亮点，以异于寻常的房产建造做话题，全程拍摄建造过程，吸引了观众眼球，满足受众好奇心理。

节目内容多样化，既有荒野水榭旁的豪华小屋建造，也有水塔改造计划，可谓层出不穷。

相关链接

http：//en.wikipedia.org/wiki/Grand_Designs

http：//www.channel4.com/programmes/grand-designs

Planning TV

全民参与的拍卖类节目

节目名称

扫荡便宜货（Bargain Hunt）

节目基本情况

播出机构：BBC1
官方网站：http：//www.bbc.co.uk/programmes/b006nb9z
播出频次：周播12：15
开播时间：2000年3月13日
节目时长：45分钟

节目介绍

这个节目自2000年开播以来，在节目模式和长度方面有过频繁的变动，长度以45分钟的为主，也有30分钟和60分钟的版本。两队非专业的选手被分成红队和蓝队（每一队都会有一个古董专家作为参谋），每队两名队员。节目要求在一个小时内，在只有300英镑购买经费的限制下，参赛队去古玩市场买下自己认为最有价值的古董；然后，古董被拍卖行进行估价并拍卖，当两队的商品被卖出后，主持人会比较卖出价格和他们当初买这件商品时的价格，如果最终显示的是盈利了，那一队将会获得盈利部分现金奖励，如果是亏损就将一无所获。

早期节目是大卫·迪肯森主持，购物资金是200英镑；后来主持人换成蒂姆·渥那考特，购物资金上涨为300英镑，并增加了“交换”环节——两队有机会拿自己买的古董跟主持人提供的古董做个交

换，也可以不交换。这个交换规则自2007年后有所调整，“交换”变成了“红包”——就是每个队伍依然可以拿剩下的钱去跟主持人买“红包古董”，但是购买的古董也被拿去拍卖，拍卖所得的钱可能增加队伍的总金额，也可能减少队伍的总金额。

文本分析

时长（分钟）	形式	内容
节目开始～1′35″	解说 同期	环节一：介绍比赛规则及上期回顾 主持人蒂姆·渥那考特简单介绍比赛规则，回顾上期的内容。
1′35″～5′10″	解说　同期	环节二：介绍参赛队伍 主持人采访了两队的参赛选手，询问了他们是如何认识，了解了他们的职业和他们参赛的想法。
5′10″～5′50″	现场采访 同期	环节三：分发比赛资金 主持人向两队队员分别发放300英镑采购古董的基金，比赛正式开始。

5′50″～6′	同期 现场采访	环节四：寻找古董，记录双方购买第一件古董的过程 两队的参赛选手分别在古董专家的带领下去淘货。
6′～8′	同期　解说	红队的第一件商品：买了一幅画。
8′～9′55″	同期　解说	蓝队没有买到合适的东西。
9′55″～11′40″		主持人发表自己对宝贝的见解。
11′40″～12′49″	同期　解说	环节五：记录双方第二轮淘宝买古董的过程 红队第二件商品：是一幅画。
12′50″～14′50″	同期　解说	蓝队淘到的商品：一件陶瓷。
14′50″～17′	同期　解说	环节六：记录双方第三轮买古董的过程 红队的第三件商品，6把咖啡勺。

17′～20′30″		蓝队的商品：一次性购买了银鸟和4个银盘。

20′30″～21′27″	现场采访 解说	环节七：双方展示各自的宝物并评估价格 红队展示自己淘到的三件商品并汇报了价格，分享了购买过程的感受。
21′27″～22′30″	现场采访	蓝队向主持人展示自己淘到的三件商品并汇报了价格，分享了购买过程的感受。
22′30″～26′30″	现场采访 解说	环节八：双方被带领着去参观博物馆 在主持人的带领下，观众可以跟随主持人参观博物馆，主持人还会详细介绍一些珍贵的宝物。
26′30″～34′50″	现场采访 解说	环节九：请专家给古董估价并拍卖 主持人和拍卖行专家一起讨论每一件商品的价值。
34′50″～41′40″	解说 现场采访	在拍卖行将两队购买的商品一起拍卖。
41′10″～44′	现场采访 解说	环节十：宣布比赛结果 主持人再次和两队参赛选手和各自陪伴的古董专家站在一起，宣布了两队最终的成绩，并对双方队员的表现进行了点评。

节目特色

像很多的英国本土节目一样，这个有一定专业要求的节目《扫荡便宜货》也启用了有专业背景的主持人。第一任主持人大卫·迪肯森和现任主持人蒂娜·渥那考特都对古董的挑选很在行，对于选手们挑选的商品他能给出很专业的评价，使得整个节目都很有专业水准，其权威性也能得到观众的认可，自然而然关注度就很高。

其次，本节目为了从枯燥的鉴宝、考古等专业中跳出来， 增加娱乐性，因而设置了两队参加竞争的环节，限定在一定时间内、一定使用节目组提供的金额让两队选手参加角逐，增加了悬念；节目还增加了拍卖竞价的环节，让观众在看节目的时候，也有代入感，会根据自己的判断给出一个心理价位。

尽管节目的参加人员都是非专业的，节目组为每个队伍配备了一名专家，这样避免了节目因为参加人员的专业性不够而使得节目品质下降。

国内同类节目对比分析

目前，我国制作有一定水准的鉴宝类节目主要有中央一套的《寻宝》节目，中央二套播出的《一槌定音》节目，以及北京卫视制作的《天下收藏》。《寻宝》节目时长为每期50分钟。《寻宝》节目具有权威的专家资源，涵盖陶瓷、书画、玉器、青铜、杂项等文化收藏领域。该节目最明显的特征就是活动加节目，每期节目都会在当地有个落地海选过程，选秀的主角不是人，而是古玩等器皿。这个环节为广大收藏爱好者现场免费鉴定，提高了公众对艺术品的鉴赏品位，也扩大了节目的影响力。该节目的节目形式是以演播室为主，配合场外部分VCR。现场设置有专家席、观众席，观众有权投票判断宝物的真假。现场设置有大屏，播放制作好的古玩片段，随机叫停，屏幕上停住的宝物主人就被选中来推介自己的宝物，最后由观众投票选出“最具文化价值”奖项。 这个节目号称是： 草根收藏者的舞台。

北京卫视在晚间黄金时间21：35分推出了《天下收藏》。这个节目也是以演播室为主，360 度全景演播室将整个收藏界浓缩为一个“圈”——面对 360 度全景摄像机，藏宝人、明星嘉宾、国内外知名鉴定与收藏家汇聚一起，共同就“宝物”的收藏与鉴赏展开论战。现场观众参与猜宝物的真假。每期节目中相同的环节循环三轮。这个节目的娱乐性和形式感都比较足，场内观众的互动通过辨别真假环节充分展现出来。

中央二套推出的鉴宝类节目《一槌定音》的形式感更强，每场5件顶级艺术真品隆重登场，待价而沽；每场26位夺宝人凭借自己对艺术品投资的眼光和实力在现场展开激烈的“夺宝”行动。《一槌定音》以“寻找最具眼光的艺术品投资者”为主线，通过模拟交易的过程，把艺术品的文化内涵、市场价值、投资趋势等相关知识传递给观众。而“最具眼光”的夺宝人将会坐上钻石夺宝席，获得“海外艺术之旅”大奖。

仔细分析国内目前反响不错的这几个鉴宝类节目，都非常注重了专业性与娱乐性的结合，也充分注重了与观众的互动。与英国的鉴宝类节目相比较，英国的节目似乎更加开放，他们的主要表现场景不是在室内，而是在室外。像这个《扫荡便宜货》就注重展现在市场上寻找宝贝的过程。而我们国内的节目都是静态展示这个宝物可能是谁家里珍藏多年的了。其次，我们的节目里经常拿真假宝物来说事，英国的这类节目似乎更把鉴宝当做娱乐来做，评估师一般评估古董的价值，鲜有假货出现在节目中，相反，节目中会穿插古董修复等环节，向观众展示修复过程和修复细节。 英国的节目在追求娱乐性的同时也讲究展示节目的专业性。

主持人蒂姆·渥那考特介绍

出生于1953年的蒂姆是英国有名的古玩家，他毕业于美术和装饰艺术硕士专业，本人是皇家特许测量师协会、拍卖和估价师协会的会员，父亲和爷爷都是当地有名的拍卖师。他在苏富比拍卖行工作了25年，曾经担任过该组织的主席职务，蒂姆曾经的梦想就是做个有名的拍卖师。2003年起主持《扫荡便宜货》、《古玩公路秀》声名大震，成立以自己名字命名的协会，为很多公益事业募集资金而举办拍卖活动。

相关链接

http：//www.tvguide.co.uk/reviews.asp?title=Bargain%20Hunt&

http：//www.dooyoo.co.uk/tv-programs/bargain-hunt/1464629/

http：//en.wikipedia.org/wiki/Bargain_Hunt

节目名称

卖了它！（Flog It！）

节目基本情况

播出机构：BBC2
官方网站：http：//www.bbc.co.uk/programmes/b006mk0g
播出频次：周五15：45
开播时间：2009年2月13日
节目时长：45分钟

节目介绍

每期节目，节目组都会选取英国的一个城市，鼓励那个城市居民将自己收藏的、并不了解其价值的宝贝，拿出来参加节目，节目中的专家将为这些宝贝估价。在每期的节目中，会邀请一些收藏界的专家为市民的收藏品鉴定，如果收藏品是有价值的并且有市场需求的，那么节目组会组织拍卖会，帮助市民卖出自己的收藏品。

文本分析

案例：第六季 巴克斯顿 专集

时长（分钟）	形式	内容
节目开始～2′	解说	环节一：主持人介绍本期节目主要内容 本期节目来到巴克斯顿。巴克斯顿位于匹克地区，这里是音乐的故乡，它还有英格兰最美丽的风景。1863年，威廉卡文迪什，当时德比郡的中尉，为巴克斯顿的人预留了一块地，使用它的唯一的条件是为花园或游乐场地。这绝对是令人愉快的，即使是寒冷，冰雪覆盖的早晨。早上9：30开始现场直播，现场已经有很多市民在排队了。直播是在气势磅礴、壮丽的亭花园里举行。
2′～12′	解说　同期	环节二：专家为4件收藏品做鉴定、估价 第一个藏品是一辆70年前购买的齿轮小车，第二个收藏品是一个陶瓷的小人像，第三个收藏品是一个系列的有一百年历史的幽默卡片，第四个收藏品是一个银质的腰带扣。这4件藏品都被送往了拍卖处。
12′～21′	解说　同期	环节三：对上述4件藏品进行拍卖 在拍卖行，对上面的4件藏品进行拍卖，鉴定专家现场估价和讲解，4件藏品均卖得合适的价钱。

21′～26′	解说　同期	环节四：介绍当地的巴巴格乐队 采访1985年就加入乐队的乐队指挥。乐队历史悠久，最早的排练场是红狮酒吧，在1890年搬到现在的排练厅，排练厅设备齐全，并且有大量的乐谱。乐队获奖无数，但是早先乐队并没有女性，后来随着社会的发展，女性走出了家庭，乐队也开始吸纳女性。

26′～36′	解说　同期	环节五：专家为另外4件收藏品鉴定 第一件藏品是一个几十年前的墙角架，第二件藏品是一个水彩画和铅笔画，第三件藏品是一个10岁小朋友收藏的银质酒壶，第四件藏品是两个动物造型的雕像。这4件藏品都被送往了拍卖处。
36′～45′	解说　同期	环节六：对上述4件藏品进行拍卖 对上面的4件藏品进行拍卖，鉴定专家现场估价和讲解，4件藏品均卖得合适的价钱。

节目特色

这个节目是个典型的公路秀节目，每期节目到一个不同的城市录制，录制现场往往就在户外，展示宝物的同时也展示了当地的自然风光面貌。跟《古玩公路秀》不同的是，《卖了它！》还给市民提供卖掉自己藏品的机会。

《卖了它！》节目鼓励市民带着自己的收藏品参加秀宝物活动，活动门槛低，只要是自己喜欢的、不知道其价值的收藏品均可参加活动，节目生动有趣，贴近普通市民的生活。其次，节目挑选的鉴宝专家都平易近人，和蔼可亲，为参加节目的市民耐心讲解。第三，节目是采取边走边做的形式，每到一个城市，会穿插介绍当地历史文化，增加了节目的趣味性和知识性。第四，在为市民的收藏品进行估价之后，还帮助市民将收藏品拍卖，并成交成功，具有实用性。

相关链接

http：//www.bbc.co.uk/programmes/b006mk0g
http：//en.wikipedia.org/wiki/Flog_It!
http：//flogitexperts.tumblr.com/

节目名称

抢拍房子

（Homes Under the Hammer）

节目基本情况

播出机构：BBC1
官方网站：http：//www.bbc.co.uk/programmes/b006v5kb
播出频次：周一至周五早上10：00
开播时间：2003年5月
节目时长：30分钟/60分钟

节目介绍

《抢拍房子》从2003年至今已播出14季，是BBC1最卖座的日间节目之一。节目每一集会跟踪介绍三处即将被拍卖的房产。一位主持人会先在现场介绍房子情况，包括房子给人的直接感受、暗藏缺陷和独特之处，其后一名地产经纪会就房子给出意见。拍卖会随后进行，房子最终被拍走。主持人会与成功竞拍者见面，访问他们将如何重新装潢改造房子。节目之后会再次回到被拍卖的房子，拍摄改造后的情况，并与改造前相比较。地产经纪亦

会就改造后的情况给出房子出售以及出租的价格。除了普通的居民住宅，商业用房产也是节目跟踪拍摄的对象。

文本分析

案例：第十四季 第二十三集

时间（分钟）	形式	内容
节目开始～1′30″	解说　主持	节目提要 参加拍卖会是快速买到心宜房子的一个好方法。有钱就可以马上买到。 今天节目介绍的待拍房子有三处。我们会跟踪报道谁拍到房子以及出价。
1′30″～12′30″	现场主持 解说	拍卖的第一处房产：克努威房产 男主持人介绍：克努威是著名的宾利车产地。该维多利亚风格的房子外墙看上去还不错，过去属于教会所有，所以内部不知道怎么样呢。一进门见到的是前厅，客厅较大，但能闻到一股霉味，墙纸都因潮湿而脱离，买了以后可能需要重新刷墙。厨房看上去情况还不错，没有大问题，需要稍事收拾一下。房子的外部活动空间就比较有限。有一条宽1米的过道，使得房子之间贴得不会那么近，还算不错。后院状况不佳，旁边有一个过去用作假日兴趣班的小房间。需要注意的是，新业主需要出资建围墙隔开房子和教堂，周日不能够动工以免影响教堂礼拜。有一间套房，以及两间要通过其中一间才能到达另外一间的小房间。价格为6万英镑。 当地地产经纪介绍：房子由教会所建造，房子适合与教会有联系的人。如果是出租，建议租金为450英镑。如果再售，估价为7.5万英镑。 拍卖会情况：房子最后6.6万英镑被一对父子拍走。购买因为位置适合，价格便宜，他们打算重新装修后再出租。

12′30″～22′30″	解说 现场主持	拍卖的第二处房产：洛宾路房产 女主持人介绍：房子外表看上去不错。24万英镑。拨开堆积着的宣传单，可以看到地板瓷砖非常漂亮。起居室非常对某些人的口味，天花板样式典雅，窗户是老式风格的，看上去不需要更换，可以节省支出。起居室里还有漂亮的大理石壁炉，6乘12的雕花图案精美。在房子的后部是饭厅，有一扇通向后院的门。后门可以通向厨房，厨房需要修整。二楼是三间卧室和一个洗手间。其中两间卧室非常小，冲凉房和洗手间分开，都不大。主人房则又大又亮，同样有一个非常漂亮的雕花壁炉。这个大房间可以隔开做两间卧室。 拍卖会情况：28.75万英镑被地产投资者拍得，他住在不远处一个一模一样的房子。1985年开始投资房产。现在的房子就是将大房间改造成两间宽敞的卧室。
20′30″～29′30″	现场主持 解说	回顾第一处房产 男主持人介绍：10个月过去了，看看第一处克努威房产改造情况。前门是一扇白色的门，起居室墙被粉刷一新，墙壁重新整理过，厨房添置了全新的电器。二楼改变不大。本来计划重新装潢时间为6个月，由于施工时间和资金等问题，工期延长。 地产经纪意见是，房子改造得不错，不需要穿过卧室去洗手间；房租估价为450~475英镑或500英镑一个月。出售估计为9.5万到10万英镑或9.9万英镑。
29′30″～41′	现场主持 解说	第三处房产：商铺 男主持人介绍：地下层商铺。2万到2.5万英镑。房子不大，有厨房、洗手间；有一个大窗户，地板和墙壁状况不错。过去是非洲手工艺品商店。在决定购买之前应该对附近的商户种类和情况做调查。商铺只有18平方米。 地产经纪意见：地理位置优越，距离伦敦半小时车程，商业活动频繁。重新装修过后会不错。 拍卖会情况：铺位最后2.6万英镑被拍走。
41′～51′	现场主持 解说	回顾第二处房产 女主持人介绍：三个月后第一次回去看没有大的变化。五年后第二次回去，阁楼被改造，楼下层重新装修。改造后厨房使屋子看上去十分宽敞明亮。楼上层同样非常漂亮。其中一间卧室做成了书房。 地产经纪意见：非常好，装修得也很不错，在地产市场会受欢迎。厨房改造非常得当。出售估计为5万到7.5万英镑，出租估价为1700英镑或2000~2200英镑。

51′～57′	现场主持 解说	回顾第三处房产 男主持人介绍：外部装修鲜艳夺目，加勒比海风情。内墙被打通，与旁边本来的商铺相通。墙壁刷了黄色。装修工程只在周日商铺停止营业时候开始。 地产经纪意见：商铺面积小，将两个商铺打通是个不错的主意。出租估计为2500英镑一年或3000英镑一年。业主已经以1500英镑一年出租。出售估计为2.6万英镑。

节目特色

1. 节目紧贴英国社会热点，随着英国房价不断攀升，节目不仅关注了房价问题，更为观众提供了更多购买房产时需要注意的信息，包括房子原有装潢、房子格局可变程度等等。

2. 节目内容结构清晰，一集节目聚焦三处房产，并且跟踪了解买家拍得房子后对房子的改造情况，条分缕析。

3. 房子改造前后的差别对比，可以为观众对装潢改造提供非常有趣有用的信息。

相关链接

http：//www.bbc.co.uk/iplayer/search?q=Homes%20Under%20the%20Hammer
http：//en.wikipedia.org/wiki/Homes_Under_the_Hammer
http：//www.facebook.com/pages/Homes-Under-the-Hammer/106122602752387
www.bbc.co.uk/programmes/b006v5kb

Planning TV

真人秀式的时尚类节目

节目名称

肥胖年轻人（Too Fat Too Young）

节目基本情况

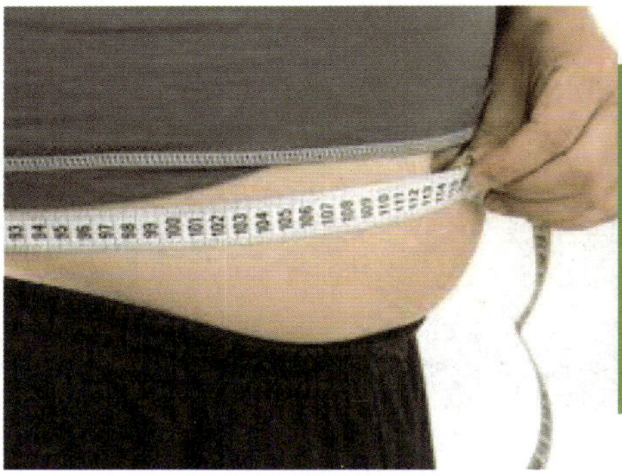

播出机构：Channel 4
官方网址：http：//www.channel4.com/programmes/gok-wan-too-fat-too-young/4od
播出频次：周二 晚 21：00
首播时间：2009年1月27日
节目时长：49分钟

节目介绍

《肥胖年轻人》探究英国孩子超重的问题。节目展示了主持人古克·温自己曾经肥胖的经历，希望通过节目来帮助这些肥胖的青少年。该节目于2009年1月27日在第四频道首播。

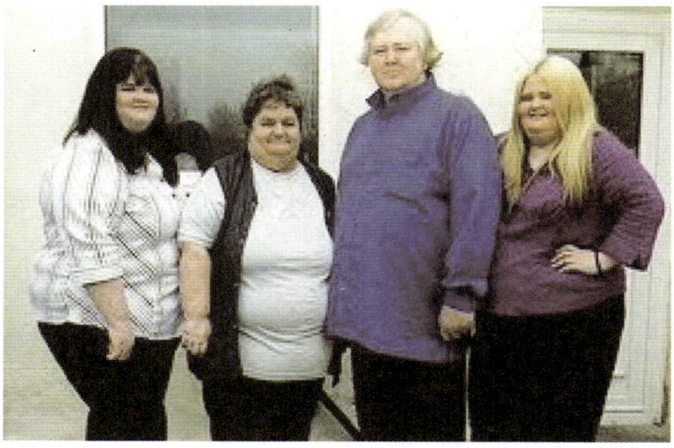

古克·温曾是《裸出好身材》的造型师，帮助女性提高身形，并帮助她们热爱自己的皮肤。他对肥胖青少年的同情是感同身受的：青少年时期，他暴饮暴食，体重严重超重，快乐也因此远离自己。之后，古克成功地改变了自己的身材，他赢得了自己与食物上瘾的斗争。

在《肥胖年轻人》中，古克和那些被食物上瘾所严重影响的青少年们谈话并探讨了英国青少年的肥胖危机的可怕程度。他与专家见面，发现在这个复杂问题背后的原因，并发现了这个问题是为什么以及怎么样在英国增长得如此迅速。

文本分析

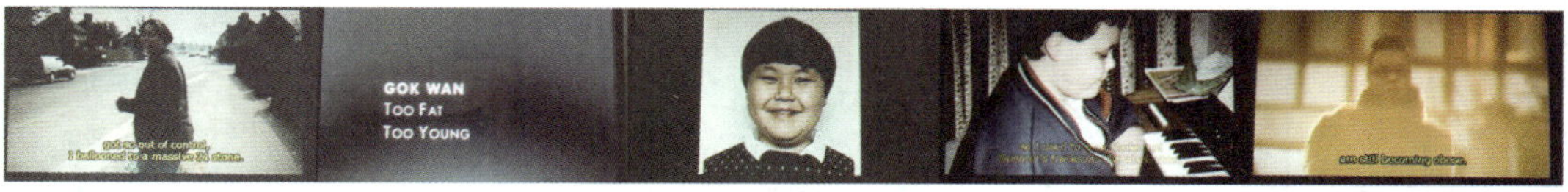

时间（分钟）	形式	内容
节目开始～1′06″	解说	片头：选取片中的重要片段对本期节目内容作简要的介绍 同期： 古克·温：靠。我以前太胖了。 解说： 现在，我希望可以找出我年少的时候完全无法控制饮食，导致我膨胀到惊人的21英石的原因。 同期： 专家：你对吃本来就上瘾吗？ 古克·温：没错。 解说： 通过发现是什么导致我过度饮食，我希望能了解为什么现在比以前有更多肥胖的孩子。 同期： 白衣母亲：就像毒瘾一样，她需要吃东西。 黑衣胖男孩：我不想变得更胖，因为那样我就不能动了。 解说： 第一次，我将面对那些我一直试图永远埋葬的记忆。 同期： 古克·温：我本以为我绝不会再感受这种空虚，感受这种孤立，感觉自己是个胖子正在瘦人的身体里坐着。我从来没有想过它会是这种感觉。 节目标题出现　古克·温 太胖，太年轻

1′07″～4′27″	同期　解说	古克重返曾经的校园，回忆自己是一个胖子时痛苦的生活。 解说： 像很多肥胖的青少年一样，我在年幼的时候就开始变胖得很厉害。到我11岁的时候，在学校里，我的体型已经逐渐给我带来了一些问题。 我那时的记忆已经非常模糊了。我故意把它们封锁起来。很多记忆都是从莱斯特——我曾经就读的中等学校开始。 同期： —嗨。 —嗨。 同期： 古克·吐温：我没法穿校服，我穿不下校服，所以我一直都穿玛莎百货的运动服。 当然，可怕的餐厅，这是一切发生的地方。 噢，我的天，你们还是用着同样的桌子。那让我觉得很难受。所有的记忆都回来了。恶魔！ 我想这么多年，我所做的就是我已经把所有的东西都从我七八年的生命里取出来了，因为我太讨厌这儿的生活了。对我来说，那是可怕的，是欺负、是挑衅，是与众不同。我太讨厌这儿了。唯一让我能从容过剩下的生命的方法就是忘记它。 噢，该死的地狱，这个已经换了。那是第一天，我记得那个老师说到这个我非常难受，我想要糊弄过去，但我记得那个老师说："今天下午你来上体育课。"于是我非常沮丧，我弄湿了自己，然后就不得不回家了。 我很害怕上体育课。我很害怕别人看到我穿着运动服，或是在浴室或在更衣室里看到我的样子。我能记得我把自己弄得完全湿透了坐在接待室里，我妈妈不得不在午餐时间来接我。我都忘了那些。它实际上真的让我很心烦。它是怪异的，它是如此不可思议。 这回答了很多问题。你知道，有我成年生活中的恐惧，还可能是我做现在这份工作的部分原因，我现在很擅长做我的工作了，那是因为我真诚地相信，每个人都应该自己感觉良好。因为那时，我的意思是，去理解一个在那个年纪的孩子，我本来10岁或11岁，我想，因为害怕自己在别人面前始终不变而弄湿自己……我是说，这是些乱七八糟的事情。我的意思是，那太糟糕了，我真的很悲伤。这是一个非常奇怪的感觉。我很长时间都没有这种感觉了。

		解说： 我少年时的肥胖导致了大量的孤立感和孤独感。对于今天的一些肥胖青少年来说，这只是一个他们将要面对的一小部分。青少年的肥胖会导致糖尿病、心脏病和癌症。 我想找出为什么，尽管已经有警告了，五分之一的青少年仍然在持续变得肥胖。

4′28″～ 9′20″	采访　解说	与15岁的超重男孩乔交流 解说： 小学的时候，乔的体重就开始给他带来各种问题。到了12岁，他已经22英石了，不得不每天早早离开学校来避免不断的嘘声。而现在只有15岁，乔的体重已经有30英石了。他对外面世界的恐惧是如此沉重，甚至日常生活，像坐公交车，都令他充满恐惧。 同期： 乔：这确实需要花费大量的精力。 古克·温：乘上公交车还有类似的东西需要花费大量的体力？ 乔：嗯，身体上和精神上。 古克·温：就是这样，因为人们都在注视你，凝视着你或是类似的情况。而当人们看着你，凝视着你的时候，你有何反应？ 乔：呃……愤怒居多。这就像如果我要和每一个说过我的人争论，我会一直都在与别人争论。我就像……就像一旦我拳打了一个人，我会转身用肘部打另一个人。 古克·温：没错，没错。这是一个非常棘手的情况，因为他们没有权利这样做，但如果你确实报复了，某种程度上来说，这会使你变得和他们一样坏，这就是困难所在，不是吗？ 乔：是的，你只是必须要克服这种情况。 古克·温：没错。 解说： 乔很少冒险出去。当我们步入繁忙的城市街道，我可以看到这对他来说是多么的创伤。 同期： 古克·温：在这儿你已经看起来真的不舒服了。你是怎么想的？你感觉怎么样？ 乔：就是你知道的……人群…… 古克·温：只是你周围的人群？

		乔：我不喜欢这样。 古克·温：你还好吗？ 乔：是的，我很好。我还活着。 古克·温：这很难。这是非常艰难的，因为我觉得很多人甚至都不考虑这些，不是吗？你看上去很不安，乔。 乔：不，我不是难过。只是我觉得我不得不提防着。我觉得……很不舒服，但我会没事的。 解说： 但是我们一上车，很明显乔的不舒服是多么强烈。乔的恐惧意味着他正错过所有普通青少年的日常活动。并且医生已经警告了，到了30英石，他的体重可能会危及生命。 古克·温：你害怕会变的更胖吗？ 乔：是的。 古克·温：对此你感觉怎么样？你害怕什么？ 乔：这就像是哪里都疼。我有非常严重的背痛，腿痛，踝关节疼痛。等我下班回家……不是上班，是上学之类的回到家，我只是觉得我的四肢简直要爆炸了。我不想变得更胖，因为我将无法移动。嗯，这就是我个人的想法。 古克·温：好的，所以你害怕因为你的体型而变成足不出户吗？因为有些人可能会说，如果他们真的感到害怕，他们不希望变成这样，为什么他们不能停止吃东西？为什么他们不能得到一些帮助？ 乔：我和我的妈妈一直都在节食，但似乎毫无效果。 古克·温：现在你认为你可以做什么来帮助自己呢？下一步要做的是什么呢？ 乔：有两个手术。有一个是基本的胃束带手术，一个在你膨胀的胃周围的束带；还有一个胃绕道手术，就是切掉一点你的胃，切掉一点你的肠，然后把肠接到你变小的胃上。 古克·温：这只是让所有的东西变得更小？ 乔：是的。 古克·温：手术有一个很大的风险，你知道，对于15岁的年纪来说，这是一个更大的风险。你为什么决定去，而不走吃得少、锻炼更多的路线？ 乔：呃……我不……我已经尝试了很长一段时间。努力减肥，但它不奏效。我知道人们会说，“为什么它没有用？”但它只是……我不认为我能够做到。我想这是我的……生命的最后机会。 反正这就是我想的。但我需要……我需要做……我需要做手术，如果它没有成效，我不知道我还能做些什么。 古克·温：是的。

9′21″～ 11′03″	同期　解说	古克重回长大的地方莱斯特，试图找出少时肥胖的原因 解说： 我回到莱斯特，这个我长大的地方，试图找出作为一个孩子的我，为什么要与肥胖作那么多斗争的原因。 我希望这可以帮助我理解，为什么我们这个民族正变得越来越胖。 同期： 古克·温：我想回到这里，开始我的旅程，因为你知道，我生命的前11年就是在这个时期度过的。而且你知道，我就是在这条路上接受教育。你知道，在这个地方，作为胖人，而且中国人和同性恋在这里的日子很艰苦，这是艰难的，它真的是成长的很辛苦的地方。 我记得在灌木丛里吃东西——坐着，蹲着，吃东西！肥胖的笨蛋！ 这真是奇怪，因为那里的绿色让我想起了篝火晚会——带皮土豆和溢出罐头的西红柿汤。这里让我想起了把食物偷运出房子，然后在灌木丛中把它们吃掉。这就像在一个地方中心的一大菜单。这是极不协调的事情。 我之所以为立即做这部影片而觉得紧张，是因为我不想突然发现，那是我父母过度喂食我的错。我爱我的父母，他们给我一个奇妙的童年，但他们也的确曾在我生命中的某些阶段过度喂养我，我不希望他们对此事负责，因为我那么爱他们。我也害怕，我即将解开的东西，那将……我会唤醒这么多那些我已经选择忘记的记忆，那些我将会发现我自己正处在一个真的非常脆弱而可怕的位置的记忆。

11′04″～ 15′30″	解说　同期	因为过于肥胖甚至想尝试自杀的艾莉莎的故事 解说： 当时，在那些香味背后，我超重，被欺负，痛苦不堪。越是被欺负，我变得越不高兴，我就越想吃得更多。而我看到现在很多青少年出现相同的重复的循环。对一些人来说，这变得难以忍受。

		艾莉莎在8岁时第一次开始变胖。到了12岁，她已经30英石了。像我一样，还有外面这么多的青少年，艾莉莎被人欺负，但这对她有那么大的伤害以至于她考虑要结束她的生命。 同期： 艾莉莎：他们开始骂我，像是“胖子”之类的，只是些讨厌的东西，然后它就像在科学中常用于获取本生燃烧器，他们喜欢尝试点着，用火烧我的头发梢。一个女孩从我的头向下浇化学药剂，你知道，他们是腐蚀性化学物质。她把它们从我的头顶一浇而下。因此，这让我定住了，它燃烧了，非常可怕。它持续了很长一段时间，所以我不再去上学。 古克·温：当你不再去上学的时候你多大了？ 艾莉莎：我不超过12岁半，我过去常告诉我的妈妈我要上学，我已经准备好要去学校了，像平常一样准备好，但我只是坐在我们本地的公园里或是去城里，只是走来走去。 古克·温：好的。你一年半都独自一人？周围没有人在吗？ 艾莉莎：是的，我失去了和所有朋友的联系，因为被欺负的经历让我相信，他们把我放在如此低的位置，他们让我相信所有我所相信的，我生命中真实的东西，都是虚假的，我的朋友们不是我真正的朋友，他们让我相信，我的妈妈讨厌我，没有人想要我。而我只是时而独自坐在公园里，只是哭泣，只是希望这些情况就这样消失，因为我无法应付它了。 古克·温：即使你知道因为你的外表，你多数时间都被折磨，你的身体上，为什么你认为你不能停止吃东西呢？ 艾莉莎：我真的不知道。我过去常坐着，并告诉自己这是遗传，因为这里没有一个瘦的……男性在我们家，我的家人中也没有一个瘦弱的女人。我过去常说这是我的遗传，但当我的年龄不断增长，我对此感到愤慨。我曾经重达，没有撒谎，我曾经重达30英石。我曾经是非常胖。 也许我不能减肥成功的最大原因是因为我很懒惰。我不喜欢做运动。 同期： 古克·温：这是所有的一切都开始转好的地方。是这样的。 艾莉莎：是啊，这是我来寻求帮助的地方。 解说： 当莱斯特教育服务中心最终临危受命时，艾莉莎的生命已经接近边缘。在她经常逃学和自杀的时候，他们送她到特殊学校，给她辅导。 同期： 工作人员：我们要做的就是努力构建青少年自尊。当你被欺负，

		被推来搡去的时候，你不相信你会成就什么，不相信你会擅长什么，而只是变得越来越复杂。 古克·温：我不能想明白的是，14岁的年纪，你知道，艾莉莎在考虑要自杀，这太可怕了。我甚至无法表达出我的感受。 艾莉莎：我受不了去上学的日子。我不能这么做。我实际上不能自己去那儿。我会呕吐，我会生病……但我妈妈会收到来信说如果我没有去学校的话就会对此采取相关措施了，所以我觉得我的妈妈为了我要遇到麻烦了，所以我想，如果我试图自杀，或是结束我的生命，那么我的妈妈就不会身陷麻烦之中，我也不用再面对学校了。 **同期：** 艾莉莎的妈妈：我会上法庭，或是坐牢，如果这意味着可以救我女儿的性命。因为所有你想要做的就是让他们继续和你一起，并保证他们的安全。但是，如果没有这一点，她可能今天就不会在这里了。 艾莉莎：学校的“焦虑项目”救了我。如果不是因为他们把我从学校带出来，用每一种方式尽可能地拯救我，我不认为我今天会在这里。 **同期：** 古克·温：我从艾莉莎那儿得出的结论，对我来说已经非常清楚的是，孩子们正受到严重低自尊的影响，它引起暴饮暴食，它导致了肥胖，这也就产生了被欺负的情况。照这种势头，这个雪球越来越大，越来越大，它会产生绝对可怕的影响。 **解说：** 在某种程度上，艾莉莎的故事与我很相似。我到了17岁，已经20英石了，从一所学校退学，但是在这里，英国莱斯特大学旧址上开始了我的表演艺术课程…… **同期：** 古克·温：我刚来的时候是什么样子？你还记得吗？ 利兹·瓦伦蒂（表演艺术老师）：你很难相处。你难以与他人沟通。 你确实做了他们要求你做的，但有时你也引起了一些争斗。 古克·温：我记得我一直很生气，我记得自己一直在生气，我还记得我的做法颇具侵略性，因为我一直被欺负，很沮丧。作为17岁的孩子我所能最先做的就是站在这儿，我用愤怒和侵略来确保人们不会伤害我——这是一种自卫。

		利兹·瓦伦蒂：但渐渐地，你开始对课程变得积极。你开始认识到，你可以相信这里的人，实际上我们就在你的身边，我们想帮助你。 古克·温：这是一个沉重的体重问题，这是一个巨大的体重问题，因为我从来没觉得自己有吸引力或是被接受或是成功的或是任何我想要的感觉。

15′31″～ 18′28″	解说　同期	古克来到莱斯特大学观看自己肥胖时期的表演视频。 解说： 多年来，我已经成功地抛弃了几乎所有我肥胖时期的照片。但在这里，在这所大学里，他们仍然存有我的体重达到一个空前高涨时期的视频。在如此封闭之后，我希望观看这些视频来帮助我面对我身上发生的事以及为什么会出现这种情况的原因。 同期： 利兹·瓦伦蒂：这将会很有趣，不是吗？我有些担心。 古克·温：好的，我们现在要看什么？ 利兹·瓦伦蒂：嗯，这很长一段时间没人看了，但我们来看看“野外的洗衣妇”。 古克·温：我的口音。我无话可说了。 利兹·瓦伦蒂：嘿，跳舞。 古克·温：哦，天哪，看我。 利兹·瓦伦蒂：你还记得吗？ 古克·温：这感觉很奇怪，因为我不记得什么能支撑那样的体重。我记不起来那么胖是什么感觉。靠，我那个时候太胖了。 解说： 视频真正证实的就是在舞台上表演，如何给了我从外部的问题中逃离出来的完美的位置。在接下来的三年里，我继续和我的体重斗争。我还是肥胖，仍然暴饮暴食。事实上，我不能停止吃东西，它就像一种上瘾。即使是现在，我仍然有可怕的渴望。这是我十几岁时候的暴饮暴食，对食物的痴迷的根源？对于今天的青少年来说，快餐爆炸式地发展，诱惑无处不在。有没有食物上瘾这样的事物存在？如果是这样的话，食物上瘾是否对青少年的肥胖产生了一定的影响？作为一个青少年，我是不是只是对食物上瘾了？或者只是因为太贪心了？

18′29″～ 21′41″	同期　解说	古克到伦敦一家治疗食物上瘾的私人诊所与医生交流。 解说： 在伦敦的这家私人诊所，食物上瘾就像酗酒成瘾一样处理，有小组会议和一个包括12个步骤的程序。首先，有一些调查性的问题需要回答。“与有人陪伴相比，通常我更喜欢一个人吃东西。”是的。“我发现，吃饱往往与决定何时停止进食无关。” 同期： 拉菲尔医生：做完了吗? 古克·温：嗯，非常全面。我正在思考。 拉菲尔医生：是的。那么，调查问卷的目的要明确。因此，我们不得不问的问题要具体看待上瘾的行为。食物中的成瘾物质是糖和白面粉。因为一旦你提炼了纤维，外皮和所有它的其他部分，你让它变成了一种药，那种药说着：“更多，更多，更多。” 古克·温：那么，我已经做的完问卷了，诊断是什么样的，医生? 拉菲尔医生：这份诊断是古克的。这就是你。 不是太好，也不是太坏。这就是你的状态。现在，对于你是否有上瘾的特性这个问题，你怎么看? 古克·温：肯定有。100%。 拉菲尔医生：现在，你有没有注意到，我实际上并没有给你答案。 古克·温：没有，我已经知道了。 拉菲尔医生：问卷确认了你所知道的事。那么，我们就已经有了使我们能够继续进行的良好的基础。 古克·温：没错。我们是个正变得越来越胖的国家。我们能做些什么来帮助孩子们让他们不再陷入困境? 拉菲尔医生：归根结底，这不是责怪别人的问题。每个人都归咎于政府，每个人都指责电视和媒体，每个人都要求我们要有些措施来“修整”我们自己。这不是哪方面的问题，这几乎就是在说：“对于我的行为我是有责任的。我为我的感觉负责。”

		同期： 古克·温：我承认我有瘾，我有令人难以置信的上瘾的个性，我工作得太努力，我抽烟太多。你知道，所有人都和食物有关系，所有人都知道食品。但是你知道吗？我已经把这种瘾变成了知识，我认为，因为我理解了为什么我做这些，怎么做，还有什么时候做，这就让我可以控制它。现在，每一次，它回来了，恶魔来了，我意识到，也许我正在看着我在吃太多的什么东西，而这通常发生在我生命中事情发展得不是太好的时候。同样，我还是在用食物奖励自己，通过请周围的其他人吃东西来奖励自己，因为这让我感觉很好。因为我自己这么做已经有20年了，我了解这是段艰辛的道路。你不必这样做了。如果你教育孩子，只要你明白你怎么做，你就可以控制它，我认为这非常重要。

21′42″～30′16″	解说　同期	用手术减肥的方法以及实践了这种方法的玛丽亚的故事 解说： 我拍摄这部影片来坚决地反对把手术作为修正我们身体上我们不喜欢的部分的方式。 越来越多绝望中的年轻人现在转向外科医生动刀来对付他们的肥胖。吸脂的人数正在上升，而在极端情况下，医生们正建议青少年进行胃束带手术。 从她还是个小孩开始，玛丽亚就一直与她的体重作斗争。到了她初中的第一年，她吃东西非常容易上瘾，她的体重达到惊人的25英石。为了终结她吃东西上瘾的循环，玛丽亚开始拜访肥胖诊所。用尽了所有其他可选择的方法后，医生建议她考虑手术，一年前，英国国民健康保险制度给她装了胃束带。我担心的是，这些都是大型手术，而且是在青少年们仍然很脆弱的时候进行。玛丽亚装胃束带的时候只有17岁。 同期： 古克·温：哦，你的房间，粉色系。 玛丽亚：我喜欢粉色。 古克·温：你喜爱粉色，这非常女孩子气。 玛丽亚：我只是觉得很孤独，然后孤单的时候我就吃东西，但后来我意识到，吃让我变得越来越胖，所以我还是会很孤独，但那是我不能不吃了，因为它使我快乐。

		古克·温：这是一个不断转动的恶性循环。那么，你吃什么样的食物，你一天吃多少？ 玛丽亚：任何东西！每一样东西。不夸张地说。 古克·温：所以，典型的一天，告诉我典型的一整天，从起床到睡觉。 玛丽亚：嗯，通常，我的早餐是3份豆吐司。 古克·温：所以就是三片有豆子的面包，是的，好的。 玛丽亚：然后我会带午餐到学校，是一个三明治，薯片，饮料，一些巧克力，然后我也会带些零食，通常是薯片。我回家后，如果我的妈妈正在做晚餐，晚饭前我会吃一个三明治，因为我不想等了，如果、如果要等费很长时间，我会再吃一块三明治，然后当我吃晚饭时，我会吃很多很多。有时还有第二顿、第三顿。 古克·温：所以一天就是这些？ 玛丽亚：不仅仅是。 古克·温：好的。 玛丽亚：我会吃更多的面包，或三明治，薯片…… 古克·温：更多的三明治，两片夹了东西的面包片？对，好吧。一些薯片……你认为你与食物的关系像什么？ 玛丽亚：它是我的朋友。吃东西让我很高兴。如果我没吃东西的话，那么，我就不会跟你说话，因为我会生气、暴躁……我会可怕。我只是不想……再在这里了。它让我到了那种状态。我只是觉得……我不应该在这里，真的。 古克·温：你说的“这里”是什么？活着？ 玛丽亚：是的。 古克·温：你曾试图结束你的生命吗？ 玛丽亚：是的，嗯，不算……我自我伤害过，但是我从未真正试过。 古克·温：好的，自我伤害使你不再吃那么多了吗？ 玛丽亚：没有，只是那时候感觉很好。 **解说：** 玛丽亚对吃东西上瘾完全打乱她的生活。就像它对于我一样。而推动这种难以抗拒的冲动的是低自尊。这是不是青少年肥胖的关键所在呢？ **解说：** 作为一个青少年，长年的暴饮暴食后，我的体重达到了21英石。遇到17岁的玛丽亚和她的妈妈琳达，这让我了解到暴饮暴食上瘾的循环是多么的混乱。就像玛丽亚，我觉得世界是与我对立的。但一年前玛丽亚的暴饮暴食变得如此失控，她的体重

		达到25英石。试图控制这种情况，医生现在已经为她装了胃束带。 **同期：** 古克·温：什么让玛丽亚认识到她对她的身体非常不满意？ 琳达：很艰难，很辛苦。你知道，我能感受她的一切，并试图做一些事情来纠正它，但我只是不能做到，因为……我知道她吃东西是因为她很孤独和压抑，无法做任何事情，所以，你知道，我就支持她，告诉她，她是多么美丽，并尝试着通过哪种方式建立她的信心。 古克·温：有一些人看这部影片后会转过身就说：“嗯，你知道吗，如果一个孩子已经发胖了那么就请不要给孩子吃这么多，只是对孩子说，‘不行，你不可以吃食物，你可以吃些水果，你也得开始控制自己的饮食了。’” 琳达：是啊，那已经很足够了，但我过去常常像正常的孩子一样给她吃饭，但它仍然开始慢慢积累，然后，她吃过饭以后，开始等待更多的食物。然后，她会得到食物，她感到十分……如果我不给她食物，她会对我喊叫，摔门，就像上瘾了。 古克·温：当你做这些的时候你多大？ 琳达：嗯，从很小的年纪开始，9岁、10岁吧。 古克·温：哇！所以当你不给玛丽亚食物的时候，她会紧张。 琳达：她会变得非常邪恶，这只是，正如我所说，像是药物成瘾。她需要恢复，有时我会让步，因为，你知道，我只是不知道该怎么做。我尝试了所有方法，营养师，他们会说：“哦，水果和沙拉。”但我无法说服他们，她不会吃这些东西。你知道我们会谈论它，我对她说：“你为什么需要那么多的食物？”她总是一句：“嗯，我饿了！” 古克·温：是的，你真的认为她只是饿了？这不是饥饿，那它是什么呢？ 玛丽亚：我只是想吃东西。 古克·温：所以这就像上瘾，我的意思是你吃东西不是只是为了存活下来或只是感觉饱，它只是一种安慰，不是吗？ **解说：** 目前，胃束带的确似乎已经控制了玛丽亚的饮食。她轻了3英石。但是，这就是我们解决青少年肥胖的方法吗，它是否太极

		端？第二天，玛丽亚按计划去见给她装胃束带的外科医生，她同意让我坐在里面。 **同期：** 古克·温：好吧，所以你装了胃束带，然后它基本上就是这样的。它是怎么起作用的？ 贾斯丁·摩根先生(外科医生)：让我告诉你这是怎么组装到一起的。 你有一个小袋子或是胃在这里，胃束带就在那下面，然后这是胃的其他部分，它们连接着肠的其他部分。所以，束带被安置在胃的周围，它是个小金属，我们称之为一个端口。我们在她的胃壁的左边装了一个这个。这时，胃箍是空的。 那么，玛丽亚，把你的手指放到那里。好了，现在，我们只是把一些液体注入胃箍中，你可以感觉到它开始挤在你的手指。如果我们注入过量的水，你将完全无法咽下。显然，不是这样的思路。如果我们从下面填满它，你会吃得太多而无法减肥。因此，我们需要正确地调整，然后你会发现，你可以很容易就减肥。 古克·温：所以我说这些，如果我以前把那个装到了我的胃上，我那时25英石，我还是不得不对我的生活方式做出极大的改变，因为如果我只是吃火星巧克力棒仍然可能会增肥。 贾斯丁·摩根先生：你说的没错。 古克·温：所以只是通过安装胃束带，它也不会使你变得苗条？ 贾斯丁·摩根先生：这不是魔法棒。对我来说，胃束带很重要的一点，是它使你处于控制之中。它阻止你暴饮暴食，它阻止你大吃特吃并把这个重量加到你身上。 **解说：** 我与我的体重作斗争的时候，外科手术从来都不是我的选择。然而这也许，对于像玛丽亚和乔一样的青少年来说，当所有的其他方法都失败了，外科手术是唯一的解决方法， **同期：** 玛丽亚：如果我以前没有做这个手术，我现在就不会在这了，吃过多的东西可能已经征服了我，我可能已经死了。 乔：我已经尝试了很久，但是它不起作用，我不认为我可以做到，我想这是我生命中最后的机会。

30′17″～32′50″	同期	古克回忆自己减肥的经历以及减肥前后的心理感受 解说： 看到这些孩子迫使我去面对一些我自己心中的恶魔。即使像我一样努力地尝试，我永远也无法阻挡我曾经是什么样的。“肥胖的古克”将永远都是我的一部分。但我从来没有经历过像他们正在经历的事情。 同期： 古克·温：我几乎想要报复。我觉得有件事情一定要解决，你知道，我不希望人们因为他们的模样儿受到困扰。我不希望年轻人因为无法穿上合适尺码的牛仔裤，或是因为他们发现由于空间的限制坐公交很困难而选择结束他们的生命。我讨厌所有那些记忆。我再也不想要那样的感觉了。而且我不希望这些孩子们也有这样的感受。 这比我曾经想象中的样子更加困难。我曾经想我也许将要，访问一些过去，流下一些眼泪。你知道，遇见一些胖人然后谈论蛋糕，就会是这些吧。我的意思是这些就是我脑海里的东西。但没有办法，我以为我会觉得很空虚，感觉被孤立，就像我是一个胖人在瘦的人的身体里坐着一样。我从来没有想到它会是这样的感觉。 解说： 减肥之前，我已经20英石了。我在伦敦的戏剧学校上学，但是体重20英石的我无法融入这里。我休学了，在一个疯狂的节食后，在短短8个月内轻了9英石。 同期： 古克·温：事实上，减肥的决定来之不易。 这很难，我真的很害怕的，在减肥结束的时候我还是同样的一个人吗？我还认识自己吗？人们会不会用不同的方式对待我？人们会怎样对待我？因此，当我减肥成功后，这是令人兴奋的，因为身体感觉很不同。这是，我可以融入了，你知道，我……我可以走进一个房间，没有人注意到我走。我成了有着相同颜色砖块的长城中的一块砖。 同期： 化妆师：很棒。 古克·温：谢谢。 解说： 拥有了新的身体，事情完全改变了。 同期： 古克·温：非常感谢，女孩儿们。

		解说： 我与我的体重作斗争的时候，外科手术从来都不是我的选择。然而这也许，对于像玛丽亚和乔一样的青少年来说，当所有的其他方法都失败了，外科手术是唯一的解决方法。 解说： 现在，我很大一部分的工作是试图让别人对自己的身体感觉良好。只有当我减肥成功了以后，我才意识到当你胖的时候，世界是多么地孤立你。 而制作这部影片让我知道今天的肥胖青少年不得不应付多少东西。生活在这里，在康沃尔郡，是一些用一生的经验去处理因为你的体型，世界如何看待你和嘲笑你这个问题的人们。

32′51″～ 36′16″	采访　同期	古克采访乐于保持肥胖状态的搞笑艺人顿恩 同期： 顿恩：我承认我此刻像鲸鱼的一样胖。但我得到了合适理由：严格的阿特金斯饮食：用猪油，内脏，猪油，糖浆，猪油，还是猪油。 同期： 顿恩：胖起来有点像年纪大了一样给了人们一些权利，你可以嘲笑胖人，如果他们在表演喜剧。我敢肯定人们看我表演喜剧的时候有一种安慰和束缚的感觉，因为他们认为，哦，看她，哦，你看她有个奇怪的身材，但是她能嘲弄她自己。 古克·温：是的，自嘲。 顿恩：但那可以的。对我来说，作为一个开创者那样没问题，但紧接着你不得不再深入一步。 古克·温：是的。所以顿恩，你觉得肥胖什么时候开始成了一种问题？什么时候它是个问题？ 顿恩：对我来说，我认为，关于肥胖最重要就是对你自我感觉如何一定要诚实。而我认为这是对大多数人最困难的事情，要真正面对你身体里的关于如何看待自己的身体的恶魔。 因为如果有人的确不喜欢自己胖，我不主张他们仍然保持肥胖。因为你可以改变它，正如你曾经做的。如果你想，你可以彻底改变它，而我在结婚的时候就曾经有过那样的时期，我相信我不能是个胖新娘。于是，我实行了一个真正的节食计划，从大概20英石左右，到结婚日下降到了12英石。

		古克·温：你当时节食了多久？ 顿恩：那很恐怖。大约6个月。 古克·温：所以，我的意思是像我之前的一样。 顿恩：一样的，所以我迫不及待地要变回来，古克，那不是我原来的样子了。我无法理解瘦的身体，我不能理解它是怎么移动的，是怎么运作的，我不能理解我为什么要这么做。 古克·温：没错。激发我制作这部影片的，就是你的孩子开始变得如此有形体意识，并已经开始厌恶自己的身体的事实。 顿恩：我承认。我的意思是，我有一个与她的身体真正战斗着的孩子。她有我这样的妈妈对她来说很奇怪，因为，你知道，我胖如球形并且毫不介意。她不希望胖成那样，那行，对我来说那没问题。但你为了让一切正常就必须让自己挨饿是不对的，必须有过渡的东西。如果你减肥的最后变成了零号，那么另一个结局，如果我们把两个结果都算进来，就会有一个可怕的中间地段，那仍然应该可以接受。或着你变成了那样，或是不要在最后变成大象一样巨大的东西，即使你到了这样的某种程度，那是可以接受的，但一切别的东西并非如此。这就是我们把这一切都搞砸了！

36′17″～ 41′43″	同期　采访	古克亲身体验调查肥胖与基因的关系 解说： 迄今为止，科学家已经发现8个与肥胖有关的遗传变异。其中最突出已经变得以“胖子基因”而为人所知晓。对公众的DNA测试只为了研究而进行。但如何帮助我找到我肥胖的根源，他们已经答应给我做一个测试。 同期： 古克·温：努兹，你只是在找一种基因，我说的对吗？ 努兹：今天我们要寻找FDO变体，它是最先被发现的并且是我们所知的有最大影响的变体。 古克·温：好的。所以我们正在寻找大的基因，大的肥胖基因。 努兹：没错。 古克·温：好的，让我们把它找出来。 古克·温：你取了多少品脱？ 努兹：没有那么多，只是一点点。好的，锋利的针。

		古克·温：你的动作非常温柔。 努兹：谢谢，20年的经验了。 古克·温：因此，就是这个。它相当可怕的，我告诉你为什么，努兹，这是因为如果我发现我有肥胖基因，如果我想保持这个体型我的余生都要去节食了。它像个无期徒刑。如果我发现我没有肥胖的基因，它基本上意味着我保持了相当长的时间的愚蠢的食物量。明白我的意思吗？它是……它几乎是，这是……我对我自己做了那些，从很年轻的年纪开始，我让我自己吃那么多以至于我变成了一些成年人的两倍胖。我也没什么别的来责备的，我基本上是吃得很幸福。这就是我所害怕的。 解说： 一个星期后，我的DNA测试结果出来了。 同期： 古克·温：告诉我，我们从我的血液里发现了什么？ 努兹：好的，这就是你的。你是属于没有危险的副本这一组。 古克·温：所以，是没有危险的副本？ 努兹：没有危险的基因遗传。 古克·温：所以这意味着什么？这意味着从基因方面来说我本不该这么胖的，我基本上只是吃得太多了。 努兹：也不尽然，因为我们只是测量了一种肥胖基因，而还有更多的基因，也许你携带其他肥胖的基因变种的风险副本。因此，它可能仍然是，你从基因上很容易变得肥胖，但是这不是因为FDO基因变种。 古克·温：是的，所以这是最普通的并且是我们现在所知的最活跃的一种。 努兹：现在来说。 同期： 古克·温：所以基因，至少现在来说，对我来说不是原因。让我迷惑的是基因是否能解释肥胖人群的大量增加。 以你现在预期的观点，从你个人诚实的观点来看，为什么我们民族正变得越来越胖？ 斯蒂芬：我们正变得越来越胖，是因为相比于我们千百万年的进化，真的在过去50年来，第一次，我们有了几乎无限获得食物的机会。还有，还是我们在百万年进化中的第一次，身体上外出并且靠体力劳动来获取食物的需要的减少。我们大多数人从事着被约束在办公桌前的工作，贯穿我们的整个工作和家庭生活，我们大多数人很容易就可以吃到零食。 因此，在这种环境中，我们中任何从基因上更容易变胖的人变胖几乎是不可避免的。而且，只有规模较小的基因上总是偏向

		于保持瘦的人们，他们将能够抵抗这种环境。遗传学不是关于为什么过去的50年里我们不断变胖的解释。这显然是环境决定的。 **同期：** 古克·温:我很混乱，这真是难以置信。当我最初开始制作这部影片时，我觉得回答为什么以前我很胖的原因非常容易，那是因为我吃得太多了并且没有做足够的运动。突然之间，就像一个洋葱开始去皮，然后洋葱正变得越来越大，而不是越来越小。我们谈论育儿技巧，我们谈论遗传学上数百万英镑的研究，我们讨论孩子们正被欺负如此严重以至于在12岁的时候他们正严肃地思考要结束他们的生命。这真是个复杂的问题。

41′44″～44′44″	采访　同期	**古克前往布里斯托尔医院的肥胖门诊了解控制肥胖的方法** **解说：** 在试图发现什么是导致青少年肥胖爆发的关键的过程中，我还是觉得我只是在做表面文章。遗传学，上瘾，社会问题和缺乏自尊都有一定的作用。在这里，在布里斯托尔医院的肥胖门诊，他们相信它也跟家庭文化的问题有关，特别是家庭膳食。 **同期：** 朱利安·谢尔顿（教授）：如果有人问我：“你将如何来做些什么？”这将是家庭成员坐下来吃饭，吃煮熟的新鲜食物，有大量的蔬菜，并阻止儿童看电视和边看电视边吃东西。真正的控制是烹饪适当的新鲜食品，还有和家人坐在一起说话，减缓每个人的进食速度，所以这将是一个良好的控制信息。 **同期：** 把你的盘子放在秤上。 **解说：** 谢尔顿教授利用新技术来让肥胖儿童减缓他们的饮食。 压力计计算出从你的身高和体重来说你应该吃多快。 **同期：** 古克·温：你吃饭要花多久？ 胖女孩：我通常要13分钟。 古克·温：13分钟吃完饭。那是，那是很长的一段时间，不是吗？这仅花费我2分钟，可能这是我的误区。 朱利安·谢尔顿：我们发现我们治疗的一些青少年，他们吃东西的

		速度非常快。通过减缓吃的速度，我们希望他们可能开始更快有饱腹感。吃饭需要时间。他们应该花时间。 古克·温：所以现在规划师让你基本控制饮食速度，是我们说的这样吗？ 胖女孩：就是这样。 古克·温：你认为这帮助你减肥了吗？ 胖女孩：是的。很有效。 古克·温：这儿有一张你的照片，这就是你在加入这个计划以前的样子。好吧，我能看看吗？哦，首先是华丽的服装。当你第一次来见朱利安和其他人时你多重？ 胖女孩：大概有16英石。 古克·温：16英石。你现在多重？ 胖女孩：只有14英石多。 古克·温：哦，祝贺你。 **解说：** 正如我，这些青少年中的许多人一旦他们自我感觉良好，他们就开始注意他们的体重。对于我，这是关键。 **同期：** 朱利安·谢尔顿：我想提高那些想改善自己体重的人们的自信是非常重要的。因为他们的自尊是他们做出改变的障碍。如果他们不想在众人面前换装，他们就不会做运动，他们不想在吃东西的时候被注视着，有很多青少年甚至不喜欢在吃的时候被看着。因为他们觉得，这样很不舒服。 因此，提高他们的自尊是提高他们减肥能力的一个组成部分，而且，有趣的是，如果他们能变轻一点，你会看到他们的自尊像火箭一样上升，这两件事情相辅相成。提高他们的自尊，他们会减肥。他们的自尊的提高了，他们减肥更有效了。 古克·温：没错。

44′45″～46′59″	同期　解说	自尊在肥胖的青少年减肥过程中的重要性以及在增强孩子自尊心的“治愈”组织的见闻。 解说： 我相信自卑是我暴饮暴食的根源。但我很幸运能继续前进。如果我们可以开始教孩子们珍惜自己，他们将开始重视自己的身体。很多组织，如“治愈”，在全国各地有200个团体，正致力于帮助暴饮暴食儿童提高自尊。

		同期： 我想你是真的很棒。 解说： 他们是快乐的小孩，难怪他们想了解健康食品及运动的重要性。而且，对于谢尔顿这些超重的孩子，他们在恢复破碎的信心方面取得了巨大的进步。 同期： 短发女士：有些孩子三个星期不和我们说话。他们和自己的棒球帽以及外套相处几个星期。然后有的时候他们突然明白了，我想这是因为他们与年纪相仿的年轻人在一起，他们得到了经验，我认为这就对他们有好处。 古克·温：正是如此。 同期： 古克·温：所以减肥对你多重要？ 胖女孩二：嗯，我想减掉相当多的重量，因为我想增加更多的信心，这样我能像在学校里抬头挺胸的人那样，因为我只是，我只是想要忽略了它，我只是……让我们笑话的事情，我不应该这样做。 古克·温：人们做哪些事？ 胖女孩：他们……叫我的外号。一些戳我、推我类似的事情。 同期： 古克·温：所以“闪耀”教了你什么，在你学到的所有东西里？ 黑T恤胖女孩：自助，我能相信自己，我能减肥，我能变得自信。 古克·温：你多大了？ 黑T恤胖女孩：10岁。 同期： 古克·温：这对我来说是绝对的幸福。都是关于他们仅仅是在一起，得到快乐。而我认为这绝对是令人兴奋。 短发女士：我也这么认为。 古克·温：你对此感到骄傲吗？ 短发女士：实际上，我热泪盈眶。这让所有的付出都变得很值得。 解说： 这些孩子已经开始减肥，因为他们的自尊开始增强。 如果我那时就有先见之明的话，也许它会把我从所有那些十几岁的苦难岁月里拯救出来。

		很显然我还是很痴迷食物。你知道吗？这可能永远都不会改变。对于如何遏止青少年肥胖有一个很容易的答案，但我已经找到了使我的饮食始终在控制之中的方式，并且，最后，简单总结下来，我尽量开始努力学习喜欢自己。

47′00″～47′55″	同期　解说	再次讲述自己的亲身感受，并以吃东西的画面为结束节目 同期： 古克·温：我希望我的生活永远不会到那个阶段，那个我吃得那么多所以我从中找到了安慰，然后食物又变成了我的敌人的阶段，这就是我以前肥胖时候的状态。你知道……我现在喜欢我自己。 想要一些吗？

节目特色

《肥胖年轻人》的主持人古克·温是英国著名时尚师，他在节目中透露自己年轻时候的伤痛往事——以前是个不折不扣的胖子，这种现身说法让节目更具吸引力与说服力。

像大多数的真人秀节目一样，这个节目也喜欢使用主持人第一人称来叙述故事，这就使节目很有代入感，观众很容易就在此叙述方式的引导下融入节目，思考节目探讨的问题。

这个节目将目光投向了英国青少年肥胖这个具有社会意义的问题。通过对青少年肥胖这一问题的关注，以及对背后原因的探索，对解决方法的寻找，升华了节目主题，具有了一定积极的社会意义。

不过，该节目在探讨肥胖青少年的问题时总体基调较为沉重和悲观，并且没有为渴望减肥又无计可施的肥胖人群提供有效的解决方法。只引起社会关注而未提出行之有效的解决方案。主持人过多强调自己年轻时“吃”的经历，部分英国观众认为节目对肥胖问题的探讨变成了对中国食品的电视展览。

主持人介绍

出生于1974年的古克·温，本来是一个时尚造型师，为名流提供着装建议以及为国际时尚杂志供稿。他出生于英格兰的莱斯特，妈妈是英国人，爸爸是中国人。古克·温的父

亲16岁就跟随他自己的父母从香港移民到英国。

少年时期的古克·温由于他的混血出身、过于肥胖、同性恋倾向而与众不同。他最重的时候体重达到了133公斤。他爱好表演艺术，参加过戏剧表演培训，但是过胖的身材让他严重感到生活受到了影响，他觉得很不开心，20岁的时候毅然决定减肥并成功减肥。

之后的10年，古克·温与很多名流工作在一起，为不少国际品牌的时尚杂志写文章。2006年，英国第四频道邀请他主持时尚节目《完美裸露》（How to Look Good Naked），古克·温因此名气更大。2007年4月，他出版了一本书《完美裸露：为你自己量身购置服装，展现完美的自己！》（How to Look Good Naked：Shop For Your Shape and Look Amazing!）。2007年，古克·温又制作了一档新节目《新鲍尔·欧格瑞得秀》（The New Paul O'Grady Show），在节目中他说服名人喜剧家鲍尔·欧格瑞得裸体出镜。2008年，古克·温推出自己名字命名的节目《古克·温时尚秀》，并出版另一本书《如何穿衣：为任何场合准备你的完全造型指导》（How to Dress：Your Complete Style Guide for Every Occasion）。2009年，古克·温主持一个新节目《肥胖年轻人》，现身说法鼓励英国的过胖青少年建立健康的饮食习惯。

相关链接

http：//en.wikipedia.org/wiki/Gok_Wan

http：//www.channel4.com/programmes/gok-wan-too-fat-too-young/4od

http：//www.divxturka.net/documentaries/132193-channel-4-gok-wan-too-fat-too-young-2009-a.html

节目名称

完美裸露（How to Look Good Naked）

节目基本情况

播出机构：Channel 4

官方网站：http：//www.channel4.com/programmes/how-to-look-good-naked

播出频次：每星期一集

开播时间：2006年6月27日

节目时长：30分钟、60分钟

收视数据：

553，000/7.4% (2010.7)

600，000/7% (2009.11)

300，000/9% (2008.4)

300，000/11% (2007.5)

400，000/15% (2006.6)

节目介绍

《完美裸露》是英国第四频道始播于2006年的一档真人秀节目，节目中主持人古克•温鼓励那些对自己身材不自信的女性和男性，通过修身、着装等手段让他们拥有能展现在摄像机前的自信身材。与一般大变身类节目不同的是，这部真人秀从来不鼓励整形手术或者减肥等有害身心的美容手段。

这个节目的核心理念是女性要改变思想，建立自我尊重。节目采取了很多大胆的手段来展示人体之美，其中包括：在公共场所展示女性的半裸超大照片（比如挂在高楼的一侧或货车的一边），并向路过的人询问他们的感想；主持人古克·温烧掉女性的内衣，并用一些更惹人爱的东西代替它（比如收腰裤）；参加节目的女性拍摄全裸艺术摄影。在令人感动的节目尾声，参与女性将以全新的面貌走向她的亲友。在最近的节目中，温用了更多的令人震惊的小伎俩来鼓励女性热爱她们的身体并感到自己很性感。温曾让女性在伦敦商店橱窗中展示身姿，让一个半裸女性出现在定制的报纸《全裸新闻》的头版头条，并在伦敦的繁华大街上分发。这个节目共制作了 6 季：第一季：共8集，每集30分钟，于2006年6月27日开播；第二季：共8集，每集60分钟，于2007年5月1日开播；第三季：共21集，每集60分钟，于2007年11月14日开播；第四季：7集（每集30分钟）+6集修订版（每集60分钟），于2008年4月8日开播；第五季：18集，每集60分钟，于2009年9月29日开播；第六季：3集特别篇，每集60分钟，于2010年1月19日开播。

文本分析

案例：第六季 第一集

时间（分钟）	形式	内容
节目开始～ 7′35″	解说　同期	环节一：介绍本季参加者的特点：都是残疾人士 展示参加者翠西·沃伦的概况；翠西进入一个有三面镜子的房间，与主持人一起观察自己的身体；介绍翠西的残疾生活，并介绍与翠西类似的坐在轮椅上的残疾人。
7′35″～ 9′50″	解说　同期	环节二：翠西不满自己的身材 翠西脱掉衣服，在镜子前面进一步审视自己的身体。翠西表现得很失落，主持人向她保证她会变得与众不同，为其建立信心。
11′00～ 14′20″	解说　同期	环节三：向公众展示 翠西半裸的海报被悬挂在她的家乡街头显眼的位置。主持人采访一些路过的市民，询问他们对翠西身体的看法。借助他人之口帮助翠西发现自己身体中的闪光点。

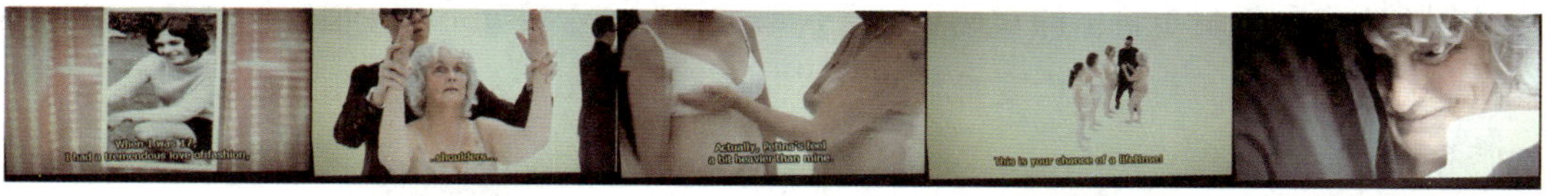

时间（分钟）	形式	内容
14′20″～ 16′40″	解说　同期	环节四：拍摄翠西的衣橱，了解她的着装习惯，找出缺陷 通过小纪录片，了解翠西的日常衣物搭配方式。主持人将翠西的衣橱和全部衣物带到公众场合，逐件让翠西说出自己选择衣服的观念，使其了解到应该更谨慎地对待衣着的选择。

16′ 40″ ～19′	解说	环节五：介绍两位虽然身为残疾人，却是潮流的引领者的女性 通过采访，了解她们是如何积极对待自己的形象的。 并用调查，显示残疾人士希望在主流广告中见到残疾人做的形象展示。
19′ ～24′	解说　同期	环节六：主持人对翠西进行时尚着装的交流指导 翠西与主持人行走在城市中心，令翠西不再在人群中表现出不自信。 他们坐在街边，观察身边的时尚人群，了解翠西对时尚的态度。 介绍残疾人明星，讲述她如何在轮椅上依然保持美丽和自信。

24′ ～27′ 11″	同期　采访 解说	环节七：主持人帮助翠西设计适合她的着装
27′ 50″ ～32′	解说　同期 采访	环节八：主持人带着翠西去挑选衣物 翠西为自己选购自己新形象的衣物。 翠西找不到自己喜欢的衣服，主持人教给她时尚的眼光。 主持人继续为翠西设计衣物搭配。
32′ ～34′		环节九：主持人走进好莱威皇家大学，解答学生关于的时尚问题

34′ ～39′	同期　解说	环节十：为翠西拍摄全裸写真 凸显她身体隐藏的魅力，并为她建立自信。
39′ ～41′ 50″	解说	环节十一：两位残疾人女性在商店橱窗做人体模特，令路人发现她们美丽的一面 两位女性残疾人来到奥美广告公司，将与公司发起一项残疾人的广告运动（下周待续）。

43′～47′	解说　同期	环节十二：亮相前的准备 翠西与主持人、形象设计师等为其T台秀做准备。
47′～节目结束	解说　同期	环节十三：大变身 翠西走上T台，向千万观众展现她的改变：包括换装秀、全裸登场。

节目特色

1. 健康为中心的时尚

该节目最大的特点在于所有的改变都是健康的。节目不赞成通过盲目的减肥、整形手术达到惊人的改变效果，而是更多地采用内在提升，教导人们通过简单的搭配、健康生活态度来展现自身的魅力。作为节目的重点“裸露”，节目特别强调身形的美丽。不管体态如何，主持人都能帮助观众发觉其中的美。

2. 重视情感，树立自信

节目中的改变需要参与者的自信才能成功。在更多的情况下真正改变的不是其外观，而是其对自己的态度。主持人向参与者展示他人对其的正面评价，彰显参与者自己都未意识到的优点。节目还插入与参与者情况相似的成功者的片段，帮其树立信心。参与者情感的改变、信心的建立，都是这套节目吸引观众的地方。

3. 丰富的节目环节

“进入镜室”、“公共场所展现写真”、“打开衣橱”、“拍摄裸照”……都是节目组为帮助参与者逐步建立信心的步骤。同时也很具有娱乐、趣味性。

节目还收录时尚讲座、时尚运动等短小的插入栏目，满足观众的实用性需求。

4. 专业、亲和的主持人

古克·温不愧是该节目主持人的不二人选。他活泼热情，从来不掩饰自己的情感，真心待人，把每位参与者叫做“闺蜜”，能够迅速使参与者释放自己的感情，从而达到更好的节目效果。温更深谙时尚之道，他的时尚建议总能切中观众所需，带来最贴心的帮助。

相关链接

http：//en.wikipedia.org/wiki/How_to_Look_Good_Naked

http：//www.amazon.co.uk/s/ref=nb_sb_noss?url=search-alias%3Daps&field-keywords=How+to+Look+Good+Naked

节目名称

高速档（Top Gear）

节目基本情况

播出机构：BBC2
官方网站：http：//www.bbc.co.uk/topgear/
播出频次：每周三10：00
开播时间：1977年
节目时长：60分钟

节目介绍

《高速档》是英国广播公司出品的一档汽车节目，早在1977年便开始播出，最初只是一档中规中矩的传统汽车节目。但自2002年以后，该节目就日益变得幽默并热闹非凡。现在，节目由三位主持人杰里米·克拉克森（Jeremy Clarkson）、詹姆斯·梅（James May）和理查德·哈蒙德（Richard Hammond）与一名试车手斯蒂格联合主持。《高速档》（香港亚洲电视国际台译名为《车迷大本营》，BBC中文网译名为《英国疯狂汽车秀》）是英国广播公司（BBC）制作的著名汽车节目。曾获得过英国电影电视艺术学院（BAFTA）奖、多项英国国家电视奖（NTA）以及艾美奖。被人们称为“世界上最疯狂的汽车电视节目”。截止到2011年6月，《高速档》共计播出16季，每季大约10集，每集约60分钟。现共约制作了140集。

《高速档》虽然是一个汽车节目，但它相对于平时我们在电视上看到的“汽车杂志”之类的广告或节目有着天壤之别。

思维跳跃的编导，好莱坞水平的专业摄影，匪夷所思的试车创意，还有那三个闻名世界的大嘴（主持人杰里米、理查德、詹姆斯）和一位从不说话的神秘试车手斯蒂格。观看《高速档》，你不仅是在看一个单纯的汽车节目，很多时候更像是在欣赏一部令你热血沸腾的大制作电影！

《高速档》在BBC 2台首播，此外BBC美国、澳大利亚特别广播服务也播出这一节目。由于其流行效应，《高速档》还在澳大利亚（开播于2008年9月29日，由沃伦·布朗、查理·杰克斯、斯蒂芬·比萨体主持）和俄罗斯落地（开播于2009年2月22日，由尼科拉·弗门科、米哈伊·彼得罗夫斯基、奥斯卡尔·古切拉主持），推出了在当地制作、使用当地主持人的《高速档》节目。全球观众超过4.5亿人。

《高速档》于1993年在英国本土推出纸本杂志月刊，迄今在全球30多个国家出版发行英文版。2003年10月，BBC授权万华媒体在中国大陆出版发行简体中文版《高速档汽车测试报告》月刊，从2008年开始，《高速档》开始在中国大陆评选年度最佳车型的活动。2008年9月，万华媒体在香港推出繁体中文版《高速档极速志》月刊。2008年10月，《高速档》电视节目开始在中国大陆部分电视台播出往期节目。

新《高速档》中有许多的元素：例如“明星开廉价车”(Star in a Reasonably-Priced Car)，“酷车墙”(Cool Wall)，“新闻”(the News)，“圈速排行榜”(Power Laps)等。每个单元都有其独特的魅力，当然，节目的重头戏仍然是每期必备的试车环节。

节目的拍摄地点在英国赛瑞附近一个名叫丹斯佛特公园的机场里。那里有一条自制的赛道用来在节目中测试各种车辆，从F1赛车到巨型农用拖拉机。而节目的内景拍摄是在那里的一座飞机修理仓库内完成的。

文本分析

案例：第十五季 第三集

时长（分钟）	形式	内容
节目开始～2′30″	解说　同期	环节一：介绍本期节目内容 介绍本次节目比较的三款车型马萨拉蒂、阿斯顿马丁和保时捷。
2′30″～10′10″	解说　同期 现场主持	环节二：三位主持人的驾车体验 三位主持人分别驾驶不同的车开始围绕伦敦来感受这三款车带来的体验，在驾驶的过程中他们会和观众分享驾驶带来的感受，很专业，让观众有身临其境的感受。三位主持人体验着在高速驾驶中带来的快感，这些顶级跑车带来的驾驶乐趣让三位主持人喜笑颜开。

10′10″～12′40″	解说　同期	环节三：专业赛车手试车 神秘试车手斯蒂格分别驾驶三辆不同的跑车行驶，比较三辆车的极限速度。

12′40″～17′49″	现场主持	环节四：三位主持人讨论试驾体验 三位主持人坐在沙发上，用幽默诙谐的语言讨论调侃三款车的优劣，从性能、外观等多方面去讨论。
17′50″～25′10″	现场采访 VCR	环节五：嘉宾出场，讲述自己的赛车经历 著名F1赛车手巴里切罗来到现场和主持人聊了聊自己的赛车职业。并播放巴里切罗驾车视频，他是所有嘉宾中开得最快的。
25′10″～36′10″	解说　同期 现场主持 VCR	环节六：介绍另两款跑车 首先介绍了这款雪佛兰跑车的性能、外观以及和这款车生产有关的历史。然后是一款奔驰的跑车，主持人特别介绍了其独特的AMG引擎。 主持人讨论这两款车型，并播放了试替哥驾驶两款车的视频。

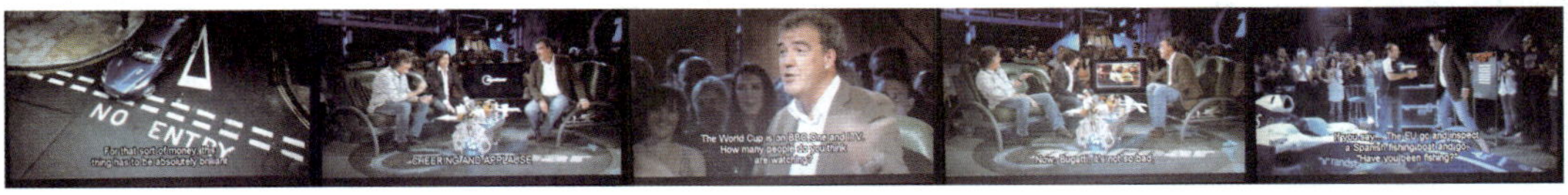

36′10″～43′10″	现场采访 VCR	环节七：《哈利·波特》中罗恩的扮演者来到现场 罗恩和主持人聊了聊演电影的感受。播放了他驾驶的视频，他的成绩也相当好。
43′10″～54′	解说　同期	环节八：主持人进行新一轮的速度比拼 他们三位主持人先是驾驶着这三辆车参加了一个婚礼，然后又到赛道上比拼速度。

54′～59′	现场主持 采访	环节九：节目最终对三款车型进行了总结性点评 新人来到现场，主持人给他们送出纪念品。

节目特色

《高速档》从一个老牌的传统汽车节目成功改版为在英国最受观众欢迎的时尚节目。该节目具有以下特色：

1. 内容火爆风趣

在这个汽车节目里，你不仅能看到世界上最棒最贵最快的车，也能看到主持人跟群众疯子般开汽车“踢”巨型足球玩，看到真枪实弹的特种部队扫射汽车，甚至跑车与阿帕奇武装直升机的殊死较量。

2. 幽默风趣的主持人

《高速档》有三位主持人：杰里米、理查德、詹姆斯和一位试车手试替哥。

杰里米是汽车节目的元老，混迹多年，经验丰富，是主角。基本上重量级的测试(如布加迪威龙）和嘉宾访谈都是由他负责。杰里米主持风格幽默轻松，现场笑声不断，其最大的特点就是“敢说”，对于烂车敢于批评，对于好车也不掩饰自己的喜爱。这种风格深得观众之心。理查德和詹姆斯是杰里米的好搭档，三人配合默契，有唱有和。

3. 极具创意

《高速档》对汽车评测使用了让人眼花缭乱、目不暇接的手段和方式。如《高速档》经典的汽车VS火车(轮船、飞机、自行车、滑板、人、狗)比赛，花样不断翻新，非常具有趣味性。

在以布加迪威龙这款车位表现主题的节目里，两个主持人分别从意大利小镇阿巴出发经法国到英国伦敦，杰里米驾驶布加迪威龙，一路高速行驶。理查德和詹姆斯驾驶摩托车到机场，开飞机到法国北部降落，换乘“欧洲之星”高速火车到伦敦，再转公交车到达目的地。汽车与飞机的竞赛，一路精彩刺激，非常好看。

4. 精心制作

节目当中一个汽车评测专题约15分钟，这短短15分钟的节目需要多少时间制作出来呢？

还以布加迪威龙为例，节目时长32分钟，拍摄了6天，制作了33天，每天16小时！经过长时间精心的制作，效果极具震撼。而拍摄时对镜头的运用，包括角度、变焦、运动都做得非常到位，当然剪辑的更棒。每一个小的专题单独拿出来都可以当一个15分钟的广告。

虽然《高速档》由于其独特的创意，不计成本的外景拍摄，专业精细的摄像剪辑技巧以及诙谐调侃的主持风格而得到了观众相当多的好评，同时也有不少针对其内容和主持人言行的批评。

专栏作家 A. A. 基尔说《高速档》“拥有扣人心弦、具有动感的剪辑，是采编技巧的伟大胜利”，而有的环境保护组织则指责《高速档》剧组破坏环境，比如在非洲特辑（第十季第四集）中开着3辆破旧车横穿博茨瓦纳的马卡迪卡迪干盐湖。

主持人介绍

杰里米·克拉克森（Jeremy Clarkson）

杰里米·克拉克森，全名为杰里米·查尔斯·罗伯特·克拉克森。生于1960年4月11日，英国媒体人、作家，对汽车及驾驶类题材具有深刻造诣。

他每周为《星期日泰晤士报》和《太阳报》撰写专栏，但他更广为人知的职业是在英国BBC2台电视节目《高速档》中担任主持。旧版TG的主持人之一。现在他坐上了TG的头把交椅，外号“杰森”。个子最高的他，说话讽刺且幽默，喜欢用极端的逻辑解释他的独到看法。

对于汽车，他追求马力至上。车技虽说看似不错，但是曾经被著名纽堡林赛道女试车手塞班·其米特取笑为“八成的无能 ”。不过赛道上他常常做出很炫的飘移来。

BBC对杰里米的评价是“一个完全不听取别人意见的人”。 确实，杰里米是出了名的固执己见、心直口快，乃至于口无遮拦。有一个英国的道路收费经济学家形容他是“异见分子论坛汽车长廊里的宣传高手”。

生于英国唐卡斯特的杰里米早年在莱普顿学校上学，而他则宣称自己是被开除出学校的。他的第一份工作是旅行销售员，替他的父母销售帕丁顿玩具熊。在此之后，他在《罗瑟勒姆广告人报》受训成为了一名记者。

尽管杰里米热衷开大马力快车，从他的驾照记录来看，他却基本没有违反过交通规则。然而，杰里米对驾驶速度的兴趣却时常溢于言表。在2005年11月刊登在《星期日泰晤士报》的专栏中，杰里米在谈及布加迪威龙时写道：“在最近驾驶布加迪威龙穿越欧洲的旅程中，我绝望地发现自己无法让这辆车跑到它的极速，因为当指针指向240英里时速的时候，公路已经被我用完了。”然后他又写道：“如果用布加迪威龙的车轮来衡量的话，法国的面积就像椰子那么小。你简直不能相信我是用多短的时间就穿过了这个国家。”

理查德·哈蒙德（Richard Hammond）

哈蒙德外号“鼹鼠”（Hamster），主要是因为他的五短身材。不过哈蒙德凭借他略显“忧郁”的眼神赢得了众多女性观众的芳心。

他是三个主持人中唯一拥有赛车驾照的，虽然他几乎从来都没有用过。除了对速度机器的痴迷，哈蒙德还是一位天生的越野车迷，据说他开口说话的第一个单词是“陆地”，接着是“罗孚”。在2006年哈蒙德试图使用一部装有喷气式引擎的汽车打破英国陆地速度的纪录，不幸的是，高速行进时右前轮突然爆胎，引发翻车事故。哈蒙德大脑严重受伤险些殒命。康复后的哈蒙德在2007年1月上映的第9季的《高速档》中和观众见面。

詹姆斯·梅（James May）

和另外两位铁杆的速度迷不同，詹姆斯的爱好是慢悠悠的英国豪华老爷车。也难怪他被称为“龟速船长”（Captain Slow）。喜欢条条框框，按部就班的詹姆斯，做什么事情都慢条斯理，加上他几乎出门就走丢的方向感，总能在《高速档》集体外出拍摄时爆料不断，让人哭笑不得。当然，可别小看他，他曾经在赛道上得到过传奇F1赛车手杰克·斯图尔特的真传，还将一辆布加迪威龙开到了417km/h的极速。

御用车手试替哥（The Stig）

TG“驯养”的神秘赛车手试替哥，没有人知道他的真实身份，也从未听他对镜头说过一句话。这位谜一样的TG成员却是一个驾驶技术极为精湛的高手。他的任务就是担当每集节目的试车员，驾驶每辆车在TG的自制赛道上做单圈成绩。此外，他还担任每期嘉宾的教练员。平时，也会客串一下TG其他的栏目，作为“不懂得害怕的中立者”或者“不怕死的特技演员”等。

第一季TG就开始出现了试替哥的身影，不过那时的试替哥全身穿着黑色的赛车服和头盔，直到第二季，派瑞·马克卡西（Perry McCarthy）公开承认了他就是试替哥的扮演者。第三季TG宣布黑试替哥在一次航母上做特技时刹车不及，冲进了大海。从此一个崭新的白试替

哥出现在了众人眼前。他的真实身份至今仍是个谜，试替哥的扮演者有过很多不同的人。此外，试替哥还有个膀大腰圆的美国表兄肥胖试替者（他在TG第九季的美国特辑中和观众见过面）、一个皮肤黝黑的非洲表兄Black试替哥(在第十季第四集中出场)、一个越南表哥（第十二季越南特辑时出现）、卡车司机表兄、绿试替哥、德国试替哥、红试替哥（越南特辑额外剪辑）、意大利试替哥和中国试替哥。

《高速档》与试替哥的扮演者有一个协议：如果扮演者让外界知道自己的身份，那么他将会被解雇。第一任试替哥——派瑞·马克卡西就是因此而遭到BBC的“封杀”。

其实，试替哥是节目的一个鲜明标识，它的主人绝对不仅仅只是某一位世界F1冠军。

相关链接

http：//www.tvguide.co.uk/reviews.asp?title=Top%20Gear&

http：//www.dooyoo.co.uk/tv-programs/top-gear/

Planning TV

活色生香的美食类节目

节目名称

名流大厨（Celebrity Master Chef）

节目基本情况

播出机构：BBC 1
官方网站：http：//www.bbc.co.uk/programmes/b007mtf0
播出频次：每周六 14：05
开播时间：2006年9月11日至2010年8月20日
共有五季
节目时长：30分钟/60分钟

节目背景介绍

《超级大厨》是一系列集合游戏、竞技、淘汰等元素的美食类真人秀节目，制作方分别推出四档因为参与者不同而风格不同的节目，分别是《我要做厨神》(Master Chef Goes Large)、《专业大厨》(Master Chef：The Professional)、《名流大厨》(Celebrity master Chef)和《少年大厨》(Junior Mater Chef)。

在《我要做厨神》的节目形式基础上，2006年BBC 1推出了新的系列节目《名流大厨》。节目每一集有三轮比赛环节，一共有24位参赛名人，完全按照《我要做厨神》的游戏规则来展开比赛：

《名流大厨》三个环节的比赛包括：

1. 创造力测试：参赛者必须在50分钟内创造出一道菜（在2009年之前规定40分钟），参赛者可以在给出的食材中自由选择，这是节目中的第一轮比赛并在6名参赛者晋级3名。

2. 压力测试：在一家午餐时间繁忙的饭店当班，有专业的厨师监督管理并给参赛者的表现进行评判。

3. 最终回合测试：在一小时内做两道主菜，参赛者自由决定菜单和所用的食材。

2010年，四分之一决赛的形式变成了选择测试：参赛者要在15分钟内做一道事先准备好的鱼类菜或者在评判者观看下的肉类菜。在这轮比赛中至少一名参赛者会被淘汰。

接下来的比赛中留下来的参赛者要在一小时之内做两道主菜。

第六周被称为“回归周”，是为那些有潜力的、但是在之前的比赛中被淘汰未晋级的参赛者准备的。

这周的比赛形式是不一样的，包括技能测试、味觉测试以及压力测试：

1. 技能测试：在25分钟内参赛者要做两道事先准备好的菜。一些参赛者在这一轮中可能会被淘汰。

2. 味觉测试：主持人琼（John）做一道用料复杂的菜让参赛者品尝后尽可能地列出食材。一些参赛者在这一轮中可能会被淘汰。

3. 压力测试：在一家午餐时间繁忙的饭店当班，有专业的厨师监督管理并给参赛者的表现进行评判。

留下来的参赛者有60分钟的时间做两道主菜，一名参赛者会晋级四分之一决赛。

回归的参赛者要在肉搏赛创造力比赛中，一小时之内做一道菜， 一名参赛者会晋级半决赛。

文本分析

案例：第五季 第二集 预赛中的一集（总长度 59：11）

时长（分钟）	形式	内容
01″～45″	解说　同期	预告片段，出片头：《名流大厨》 参加节目的名人对于比赛的心态和评判者对于比赛的简要概括：我们在寻找烹饪之星。参加节目的名人都自我声称对食物很有热情，但是他们真的会烹饪吗？比赛是紧张而残酷的。
45″～2′26″	解说　同期	名人们依次登场，从外景进入厨房 字幕介绍五位参加比赛的名人们的名字和身份，名人们则表达他们对待烹饪或比赛的态度。画外音解说：5名中只有两位能进入四分之一决赛。他们将面对一系列的挑战，测试他们的味觉、厨艺等。

2′26″～ 3′45″	解说　同期	第一轮比赛前的准备工作 两位评判者介绍了第一轮的比赛规则：从提供的食材中自行挑选，一小时的时间完成一道菜。名人们挑选食材，宣布烹饪开始。
3′45″～ 9′24″	解说　同期	第一轮的比赛中，依次介绍名人们在做的菜，用了哪些食材，并且他们解释来参加比赛或选择做着这道菜的原因等等。评判者和名人们之间有简单的交流。

9′24″～ 15′12″	解说　同期	进入评判时间，两位评判者依次尝试名人们做的食物 评判者按照客观的标准进行评价，对每道菜的评价各不相同，（名人们平时的名声在这里完全不起作用），指出做得好的地方同样也会毫不留情面的指出做的不好之处。
15′12″～ 17′57″	解说　同期	做出直接晋级第二天专业厨房的一位名人的选择 名人们暂时离开厨房，两位评判者再次评判讨论他们的菜肴，选择一位晋级第二轮专业厨房的名额，最后得出结论，宣布结果。

17′57″～ 23′34″	解说　同期	进入第二轮比赛时间：测试味觉 评判者做一道菜，名人们必须写出做这道菜用了哪些食材，从而测试他们的味觉能力。评判者知道名人们答题的情况但并不公布，名人们只能自我感觉。
23′34″～ 25′30″	解说　同期	进入第三轮比赛：15分钟的时间做出一道评判者指定的菜，名人们的做菜时间 最后一次让剩下的名人们展示他们的实力。难度提高，10分钟的时间，只有食材的提供但没有食谱，需要依靠名人们的天赋、以往经验、直觉等来完成任务。

25′ 30″ ～ 32′ 33″	解说　同期	评判时间，淘汰一位名人选手 名人们的情况各不相同，孰优孰劣，两位评判者根据他们从第一轮到第三轮的综合表现做出淘汰一名选手的决定。

32′ 33″ ～ 41′ 14″	解说　同期	进入第二天专业厨房的午餐服务时间 留下的4位名人来到饭店的专业厨房进行紧张的午餐服务时间，由那里的大厨布置各人任务以及评判他们的表现，还有客人们的评价。
41′ 14″ ～ 45′ 53″	解说　同期	名人们离开饭店赶回厨房再次进行最后一轮的比赛。 一小时的时间做两道菜，完全按照自己的想法自由来做。
45′ 53″ ～ 58′ 25″	解说　同期	评判时间：淘汰一名选手，剩下两位名人有资格进入四分之一决赛。 评判者一次品尝，根据每人做的两道菜来评判。 采访进入四分之一决赛的名人们的心情和淘汰者的心情。
58′ 25″ ～ 59′ 11″	音乐　字幕	出片尾

节目特色

《超级大厨》是非常值得国人学习的一档美食节目，该节目获得了英国电视届最高奖项——2010年度艾美奖。它融合了竞赛、娱乐、淘汰、美食、户外旅游观光、名人等多种元素，比赛场景离奇出新，比赛项目出其不意。真实的厨房是什么样的？大多数观众可能都没有机会看到，《超级大厨》把比赛现场搬到了各种各样的公众厨房——有在东方特快火车上的比拼，有去法国豪华参观的角逐，也有在野外就地扎寨做饭的竞争，有在贵族私立学校食堂的竞赛，也有为上千名工地建筑工人做午饭的比拼，等等。场地的变化多端，带来了视觉的冲击，满足了观众的新奇感。

该节目源远流长：最初版本开播于1990年，就是一个美食类竞赛节目。自2001年起，该节目被改头换面，2005年推出《我要做厨神》（Maserchef Goes Large），2008年推出《超级大厨》， 迄今为止，已经制作播出三个版本——超级大厨大众版、超级大厨职业版、超级大厨名人版。2010年还制作了超级大厨少年版，参赛选手全部是10～12岁的孩子。在改版后播出的第一季节目里，参赛选手全部是非职业的美食烹饪爱好者，每期节目中有三个候选人参赛，最后决出的三名选手竞争“超级大厨”的头衔。他们的任务是：在两小时之内做出三道主菜，他们可以选择任何的原材料，但是有个价格限制，日常烹饪调料和烹饪设备都尽量全面地提供给参赛者，此外，他们还可以多准备5种调料或器皿并带来使用。

这个节目的创新之处有三点：创新之一是：秀的成分大于厨艺的展示：这个节目展示了娱乐元素在美食节目中的魅力，厨艺的比拼是一个载体，而娱乐是其中的灵魂，节目花了三集的篇幅来让三位参赛者不停地去执行在现实生活中不可能遇到的任务。创新之二是：“大餐”的巧妙运用：常规的美食节目中，要么是展示一道菜的精致做法，请评委品尝；要么是美女演示一道菜的做法，字幕注明配方。这个节目中，为上百人乃至近千人制作午餐却成了比拼的重要项目，让观众看到了“大餐”的做法：超大铲子、超大锅，超大容器等等，非常具有新鲜感。创新之三是：改变制作菜肴的地方：常规思路是做饭无非是在饭店里、家里或者演播室内，但是这档节目出其不意，把制作菜肴的地方不仅仅局限在这些常规地方，还搬到了火车上、野外、奥运场馆的建筑工地上，等等。

本季节目突出了名人元素， 参加节目比赛的对象都是名人：不同于超级大厨一系列的其他节目，这节目的亮点之一在于参加的选手全部是名人，具有一定社会知名度与名望，比如说奥林匹克获奖运动员、演员、歌手、节目主持人、设计师，等等，他们在自己的专业领域中都获得了不俗的成绩，但是在烹饪这一陌生的领域他们的表现会如何？参加比赛的名人们都是对烹饪很有热情，但是他们的水平、经验却是有优劣、有差距的，这是能够吸引人们注意力的地方。

真实性是这个节目具有的第二个大看点：名人们在节目中完全表现出了自己真实的一面，他们毫不掩饰自己的情感与心情，做菜时争分夺秒、面对评判时忐忑不安、失败时伤心失落、通过时喜出望外、观众们可以清楚地感知到他们的心理活动。有些名人可能也展现出了不同于以往在公众视野中的形象，谈他们的生活，谈论与食物、烹饪有关的故事，非常有趣。此外，评判者们实话实说，毫不偏袒，很客观。

比赛环节的设置让整个比赛气氛非常紧张，节奏很快，很少让名人们有喘息的时间。一轮接一轮的比赛环节测试他们很多方面的能力，如创造性能力、味觉能力，在专业厨房中的抗压能力以及意志力等等，像是一场拉锯战，让观众能切实地体会到比赛的残酷和名人紧

张的心情。此外，各国、各种特色的美食也让观众们有了视觉上的享受，提供了一个了解名人私房菜和接触全世界不同的美食的机会，对于美食爱好者来说吸引力很大。

相关链接

http：//www.tinnedgoods.com/2010/08/23/celebrity-masterchef-bambi-the-walrus-and-the-finger-licking-pussycat/

http：//www.guardian.co.uk/lifeandstyle/celebrity-masterchef

http：//www.tvguide.co.uk/reviews.asp?title=Celebrity MasterChef&

节目名称

准备做饭（Ready Steady Cook）

节目基本情况

播出机构：BBC1、BBC4
官方网站：http：//www.bbc.co.uk/search/?q=Ready%20steady%20cook
播出频次：周六14：00
开播时间：1994年10月24日
节目时长：30分钟（1994–2000年）
45分钟（2000–2010年）

节目介绍

《准备做饭》是BBC的一档演播室美食游戏节目，节目历史悠久，1994年起就亮相屏幕，2000年经过改版，脱胎换骨后重新亮相。每期节目有两支参赛队伍并邀请两个普通人（但是现在经常是公众人物）来到演播室。每个人都被提供有价值5英镑的食材，这两队被命名为红色番茄队和绿色胡椒队。在2007年8月大改版后，参赛的两队人马通常被称为红厨房和绿厨房。在竞争者和节目主持人的帮助下，厨师们用之前所说的那些原料做几道菜。在竞赛者做菜的时候，主持人会问厨师一些关于这些食物的问题。由参与录制节目的现场观众投票选出最后的冠军。

这个节目的第一位主持人是费恩·布瑞顿(Fern Brittion)，2000年之后这个节目启用职业厨师恩斯莱·哈诺特(Ainsley Harriott)为节目主持人。节目长度从以前的30分钟延伸为45分钟。2006年9月，节目组出版相关书籍《十分钟快速烹饪》（Ready Steady Cook: The 10 Minute Cookbook），2009年9月，节目组再次出版新书《每日一菜》（《Ready Stead Cook 365》）

文本分析

时长（分钟）	形式	内容
节目开始～ 5′24″	解说 现场同期采访	环节一：介绍节目的参与人员 主持人介绍嘉宾、厨师；嘉宾介绍自己带来的食料包。

5′24″～ 10′54″	解说 现场同期	环节二：比赛开始，厨师讲述自己打算做的东西 两个厨师和嘉宾一起开始着手做菜。

10′55″～17′	解说 现场同期	环节三：比赛持续进行 主持人在两个队之间采访、帮忙，挖掘嘉宾的逸事，比如说和母亲之间的事，母亲怎么看待女儿，怎么评价女儿，怎么教育女儿的；女儿对妈妈的想法和小时候的趣事。
17′～19′11″		厨师也相应地见缝插针进行对自己食物做法和营养的说明。
19′11″～21′		嘉宾在食物的做法和小贴士上提问、提出建议。

21′02″～ 22′23″	解说 现场同期	环节四：评比 首先展示各个队的美食，然后由观众投票选出优胜队伍。

22′23″～ 23′28″	解说 现场同期	环节五：领奖 宣布优胜队伍，然后颁奖、询问奖金的用处等，结束节目。

节目特色

作为一个老牌的英国最经典、诞生历史最长、至今仍在制作播出的美食类节目《准备作饭》，具有美食+游戏比拼的特点，这个节目开创了在演播室内制作美食节目并加入竞赛元素的先河，后来被其他美食节目发扬光大。

参加节目的两名普通观众要在限定的食材和时间内做出让现场观众满意的菜肴并接受他们的评分，根据观众的意愿选出冠军。这些元素都是游戏节目常用的，然而这个节目却是最早使用的。如今这个节目模式已经被美国、澳大利亚等国家购买并推广，取得当地很好的收视效果。延伸产品包括有关书籍和光盘，网站内容建设丰富，互动性很强。

该节目还有一个特点，就是加入了公益性的元素，获胜一方会收到100英镑的现金奖励，参加节目的名人往往把奖金捐给慈善事业。

制作公司艾德蒙(Endemol) 介绍

艾德蒙创办于1994年，公司名字来源于两个创始人的名字合拼，一个名叫 乔普·范登·艾德，另一个名叫约翰·德蒙，是一个国际化的节目制作公司。该公司总部在荷兰，全球30个国家有分支机构或者加盟成员，比如，英国、美国、法国、墨西哥、西班牙、意大利、德国、巴西、印度、南非等。主要控制人是艾德蒙的联

合创始人John De Mol。公司的成名作品是《老大哥》（Big Brother），节目模式卖到全球一百多个国家；公司的另一个赚钱的创新节目模式《买还是不买》(Deal or No Deal)也受到全球一百多个国家追捧。该公司擅长开放成本低廉的节目模式，代表节目有《交换房间》(Changing Rooms)、《准备做饭》(Ready Steady Cook)、《国际运动王》(International King of Sports)、《恐怖元素》(Fear Factor)、《全部清盘》(Wipeout)、《陆军》(Ground Force)、《军校学员》(Space Cadets)等。

相关链接

http：//movie-tv-episode-database.com/Cookery/Ready-Steady-Cook-6378/
http：//en.wikipedia.org/wiki/ready-steady-cook
http：//en.wikipedia.org/wiki/Ready_Steady_Cook

节目名称

英国家庭烘焙大赛
（The Great British Bake Off）

节目基本情况

播出机构：BBC2首播、BBC1重播
官方网站：http：//www.bbc.co.uk/programmes / b00thy2x
播出频次：周播 20：00
开播时间：2010年8月17日
节目时长：60分钟，共6集
收视状况：
第一集：2，029，000/9.1% (2010.8.17)
第二集：2，627，000/11.3% (2010.8.24)
第三集：2，689，000/12.0% (2010.8.31)
第五集：2，738，000/11.6% (2010.9.14)
第六集：2，471，000/10.6% (2010.8.21)

节目介绍

《英国家庭烘焙大赛》是英国广播公司于2010年出品的一档厨艺大赛美食节目。

比赛的裁判是烹调作家玛丽·蓓瑞(Mary Berry)和专业烘焙师鲍尔·好莱坞(Paul Hollywood)，主持人是梅·基酌尔(Mel Giedroyc)和苏·柏金斯(Sue Perkins)。节目最开始由10位业余烘焙爱好者参与比赛，他们在之后每轮比赛中逐渐被淘汰。每期节目到不同的城市去录制，典型的公路秀模式。

节目内容包括在科茨沃尔德烤蛋糕，在苏格兰的斯康宫烤饼干，在桑威奇烤面包，在德贝郡制作布丁，在康沃尔郡的Mousehole制作派，以及在伦敦的富尔汉姆宫制作下午茶。

文本分析

案例：第一集

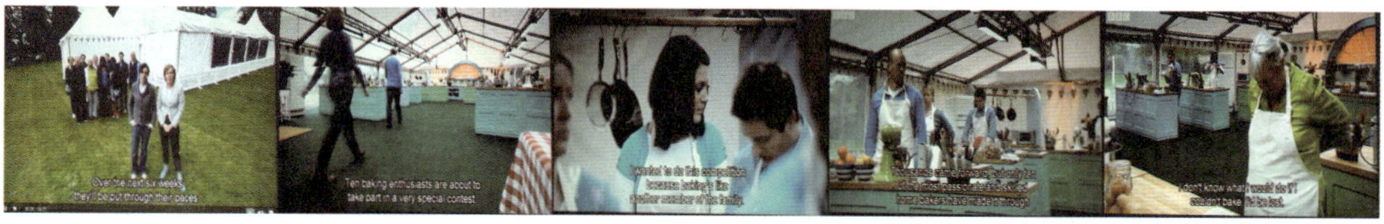

时长（分钟）	形式	内容
节目开场～ 4′15″	解说	环节一：节目内容介绍、主持人介绍、规则介绍、评委介绍

4′15″～ 9′42″	解说　同期声	环节二：第一轮比赛的规则及标准：自由烘焙开始 本轮测试参赛者的烘焙创造力，同时体现他们的个人风格。 参赛者有三个小时的时间，可以制作他们想做的任何蛋糕。

9′42″～ 13′47″		环节三：介绍关于烘焙的历史 主持人介绍蛋糕的魅力和英国人对其的喜爱。 主持人走访一些教授学者，介绍英国的蛋糕烘焙历史。

13′50″～ 25′50″		环节四：评委现场评价烘焙蛋糕 两位评委品尝选手的作品并作出评论。

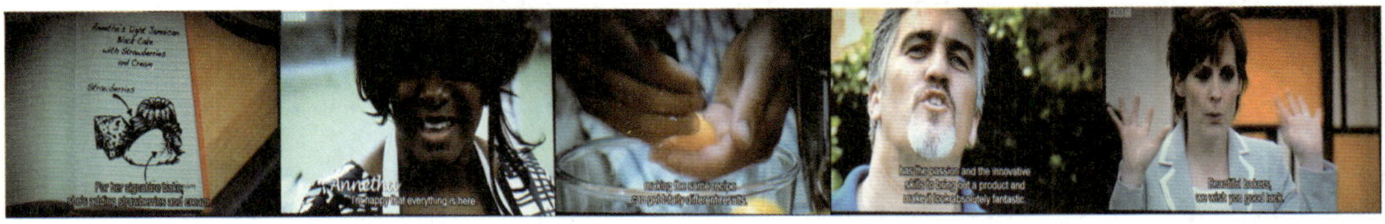

25′～27′30″	解说　同期	环节五：宣布比赛的第二轮规则及评比标准：命题烘焙 本轮能让评委直接地比较参赛者的烘焙能力。 本次命题是维多利亚三明治蛋糕。 每位参赛者将会得到完全一样的烘焙材料的清单，但是并未告诉他们如何搭配组合这些素材。参赛选手需要用他们的经验和能力将蛋糕完成。

27′30″～ 31′42″	解说　同期	环节六：选手开始第二轮比拼，节目插入相关烘焙历史知识介绍 继续介绍英国蛋糕烘焙历史。本部分聚焦于历史上烘焙者性别的变化趋势国。

31′42″～39′	解说　同期 现场采访	环节七：评委对第二轮命题烘焙作品进行评价打分 所有的蛋糕放在一起，评审将不知道蛋糕的作者是谁。

39′～43′30″	解说　同期 现场采访	环节八：最后一轮比赛，主题烘焙，选手们要创作出有特色的巧克力庆典蛋糕 虽然有着相同的题目，但是参赛选手要把自己的制作方法呈献给评委。蛋糕需要精心装点，适合特殊的节日场合。

43′30″～54′36″	解说	环节九：继续介绍英国的庆典蛋糕历史

54′36″～57′40″	解说　同期 现场采访	环节十：公布最后大赛结果 评委与主持人讨论参赛者作品、宣布淘汰者。 淘汰者和其他选手发表感言。

节目特色

1. 专业的主持人

两位主持人一位是烹饪指南作家，一位是专业烘焙师，她们的主持游刃有余，带领观众了解烘焙的技巧。她们充满激情，活跃于赛场之间，帮助选手释放紧张的压力，与评委和专家进行严谨的沟通，也能感染、打动观众。

2. 轻松的竞赛形式

比赛有三轮，每轮都有各自的特点，既能表现选手的个人烹饪特色，又能体现一定的客观、公平性。

比赛中的竞争成分较弱，为选手营造了一个轻松的烹调环境，对于观众来说这更是一场视觉和味觉盛宴。

3. 丰富的知识性和趣味性

节目中多次插入专访，请专业人士介绍烘焙的历史以及制作技巧，观众在观看中能更深地体会烘焙的神奇魅力。片中还有一些聚会的情景，令我们了解到英国人们对甜点和烘焙的执著。

4. 重视情感的描绘

节目注重选手的个人情感的表现，在节目开始的选手介绍中就细致地体现了选手对烘焙的喜

爱，展现他们的生活历程和喜欢烘焙的原因。在节目最后的淘汰环节，选手马克和雷亚得知无法继续他们的烘焙之旅时的独白，相信会使观众为他们感到惋惜。

5. 贴近草根人群

参赛选手来自英国各地，他们并非专业烘焙师，但他们都喜欢烘焙。只要对烘焙有热情，都可以报名参加。正是这种贴近观众的形式能够引起观众的共鸣。节目的报名方式简单多样，包括电话、电邮等。

6. 在特殊的地点比赛

每一次比赛选择的赛场都与该次比赛主题紧密相关的地方，比如在苏格兰的斯康宫烤司康饼干。周遭的风土人情以及独特的拍摄地点增加了节目的信息含量，也能感染选手和观众。

引进建议

专注于一类美食的做法是这档节目的特色，国内引进可以推出不同赛季，每季主题针对我国特定的菜系、烹饪方式或者食材等。同时保留业余爱好者参赛的模式，参赛者可以通过网络（如上传自己烹调的视频进行选拔）或者电话报名参加，并加强与观众的交流沟通。此外还需要富有知识趣味性，在节目中加入对这当期美食的相关文化背景的介绍。

相关链接

http：//en.wikipedia.org/wiki/The_Great_British_Bake_Off

http：//movie-tv-episode-database.com/Cookery/The-Great-British-Bake-Off-757038/

节目名称

超级英式菜单（Great British Menu）

节目基本情况

播出机构：BBC2
官方网站：http：//www.bbc.co.uk/program- mes/b0071y6r
播出频次：每星期五集，周一到周五18：30
开播时间：2006年
节目时长：29分钟

节目介绍

《超级英式菜单》是英国BBC2的一档真人秀色彩浓郁的厨艺节目。几位当前英国最出色的厨师为争取能够在一个有四道菜的正式宴会上烹调一道菜的机会而竞争。节目第一季争取的是为英国女王80岁生日宴会烹调一道菜。第二季是为英国驻法国大使生日宴会烹调一道菜。第三季是为伦敦一重要的宴会烹调一道菜。在第四季里，厨师们为获得为从阿富汗归来的士兵们烹调菜肴的机会而使出浑身解数。第五季是为威尔斯王储烹调菜肴。

文本分析

时间（分钟）	形式	内容
节目开始～6′	旁白　同期声 访问	环节一：介绍参赛者及比赛规则;介绍三位厨师要做的菜式 这周从中部来的三位厨师，威尔·郝伦、丹尼尔·克利夫和里查德·柏维里奇正在激烈地竞争。前冠军格里培·耐尔这几天来一直在为他们的努力评分，总分最低的厨师明天将会被送出厨房，因为只有两个人才能在周五与评委见面。厨师们用尽浑身解数在小型的食品制造商那里寻找各种食材，烹调出英式风味的菜肴。100名当地民众将会成为宴席里的客人，主人则是威尔士公主和康文公爵。 这周维缠·志维里尔烹调了两次宴席的菜肴，威尔·郝伦凭着11分暂时位于第二位。里查德·柏维里奇只落后1分。他们分别要做的菜式是烤羊排配芦笋尖、蚕豆和薄荷；羊肩肉配紫色西兰花、苞菜和胡萝卜；乳鸽、兔子肉配胡萝卜和脆蔬菜。

6′～14′	解说　同期声 采访	环节二：三位厨师烹调过程 威尔在把他的羊肉锤软，而丹则把他的羊肩肉放进水冷炉条中煮，里查德把鸽子肉和兔子肉切片，把它们弄成蔬菜的形状。丹和里查德有小矛盾。烹调过程。

14′～25′	解说　采访 同期声	环节三：厨师抓紧最后时间完成他们的菜肴 威尔的菜是一道精致版的烤羊肉配笋尖。丹尼尔的菜看起来更像是周日午餐，但是由两道菜组合而成。里查德就是像往常一样有创意，他的菜式就是一道鸽子肉和兔子肉的艺术品。但是最重要的是三名厨师怎么烹调这几道菜，因为正是他们的烹调方法和在烹调过程中对味道的把握决定了格里姆对他们的评分。

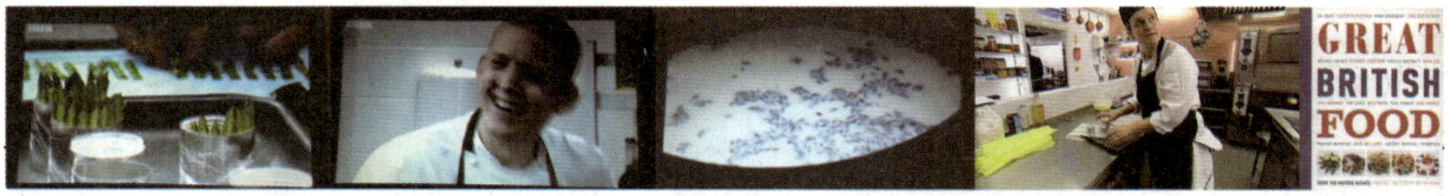

25′～30′	解说　采访	环节四：裁判评分点评 威尔的羊肉很好看，在外面煮久一点更好，事实上会有点难嚼。丹尼尔的羊肩肉，几乎是完美的。理查德，我想你还是在冒险，你的鸽子肉和兔子肉煮的不错，但是有点冷，可以更加热些。丹尼尔领先，理查德被淘汰。

节目特色

1. 本节目的最大特点是“奖品”的特殊性：获胜选手将有机会为一群特殊的人烹饪美食。比如，为女王烹调食物，为从阿富汗归来的士兵烹调食物，这些都跟当时的时势有紧密联系，能够极大地吸引观众注意。

2. 厨艺节目没有仅仅关注厨艺，还制造出多种具有戏剧张力的情节，增加了节目的可看性。

相关链接

http：//www.facebook.com/#!/pages/Great-British-Menu/108224535872286
http：//www.tvguide.co.uk/reviews.asp?title=Great%20British%20Menu&

节目名称

河边小舍（River Cottage Autunm）

节目基本情况

播出机构：Channel4
官方网站：http：//www.channel4.com/programmes/river-cottage/
播出频次：周播
节目时长：60分钟
开播时间：2008年

节目介绍

2008年，第四频道开始播出《河边小舍春季版》(River Cottage Spring)，紧接着又播出了《河边小舍秋季版》(River Cottage Autumn)，这一季讲述了哈格把自家种的蔬菜做出可口的食物。这一季也跟踪报道了一个布里斯托尔家庭尝试将大块的荆棘变成一个小农庄，就是现在知名的格莱姆波农场。从2009年开始，第四频道又陆续播放了另外五季《河边小舍》节目。

文本分析

案例：第六季 第十一集

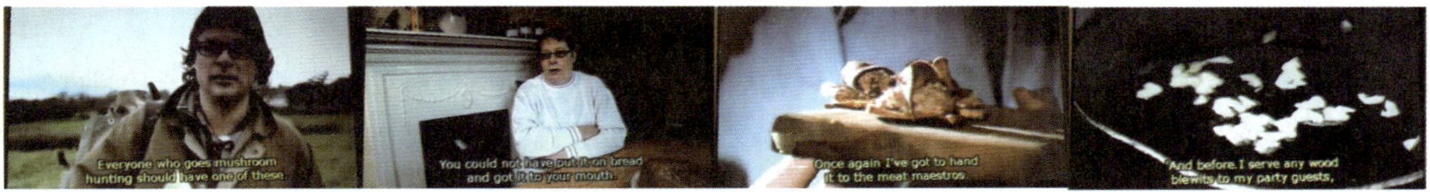

时长	形式	内容
节目开始～3′50″	解说	环节一：节目导入 为了答谢多年来朋友和邻居的帮助和支持，哈格决定举办一场派对让大家一起来玩耍，并享受美食。
3′50″～13′30″	解说　同期	环节二：学做第一道菜并品尝 向巴巴拉学习如何制作布丁，详细地介绍了制作的原料和方法。

13′～14′	解说　同期	环节三：制作第二道菜 哈格觉得这个宴会的菜式必须具备地方特色，而本地最著名的就是蘑菇了，他打算用蘑菇做一道特殊的菜肴。
14′～20′	解说　同期	环节四：学习挑选蘑菇，制作并品尝 在朋友约翰的帮助下，哈格学会了如何挑选蘑菇，并独自一人出去前往采集蘑菇。在宴会上请大家品尝蘑菇。 这道菜肴得到了朋友的好评，哈格也很自豪。

20′～24′	解说　同期	环节五：制作第三道菜 在雷和维克多的帮助下，用猪的各个部位做成了各式的菜肴，比如猪舌头、猪肉都做成了美味菜肴。
24′～26′	同期　解说	环节六：请朋友品尝美食，并制作了几份很具有纪念意义的礼物送给了曾经帮助过他的朋友。

节目特色解析

1. 主持人形象平易近人

哈格总是戴着廉价塑料框眼镜，穿着沾满泥巴的靴子和布满油渍的亚麻布夹克，他的一长头发似乎终年不洗一次，经常耷拉在眼前，甚至沾到他面前的盘子里。他的这种形象被英国观众所熟悉，甚至成为一位“反偶像的偶像”。人们认为他的不修边幅恰恰是真诚的表现。

2. 节目参与者身份

出现在节目中的其他参与者多数是主持人哈格的朋友和邻居，他们的出现和参与使得整个节目非常具有亲和力，而且他们总是教会或者帮助主持人完成各式各样的美食，让观众会觉得这些家常菜简单易学，很有居家的感觉。

3. 食物原材料原生态

主持人做的菜肴的原料基本上是自己种植的蔬菜或者自家饲养的家禽家畜，所以原料很环保，很符合现在绿色环保的理念，这是节目的亮点之一，也会给观众一种感觉——这位主持人介绍的菜谱很让人放心。

相关链接

http://www.rivercottage.net/
http://en.wikipedia.org/wiki/River-Cottage

节目名称

速成餐厅（Instant Restaurant）

节目基本情况

播出机构：BBC4
官方网站：http：//www.bbc.co.uk/programmes/b00r0tj5
播出频次：每天一集（周一至周五播出）
开播时间：2010年2月15日
节目时长：40分钟

节目介绍

节目中两位业余厨师针锋相对，他们将在自己家经营餐厅并相互竞争。该节目是一档由耐迪尔·苏瓦哈(Nadia Sawalha)主持的美食类真人秀节目，业余烹饪爱好者要用有限的200英镑预算发挥他们的烹调技艺和餐厅设计技术。他们每人会接待10位顾客，由顾客决定他们的晚餐值多少钱。如果能获得顾客的青睐，节目参与者就可能获得收益。

从传统的旁遮普料理到摩纳哥大餐，从传统的农家小食到经典法式盛宴，这些业余厨师们将把他们的烹饪热情付诸实践，并想办法顺便赚点钱。节目充满了惊异和紧张，但并不是每位参加者都能满载而归。

文本分析

案例：第19集

时长（分钟）	形　式	内　　容
节目开始～ 3′30″	解说　主持	环节一：介绍节目的游戏规则及选手 介绍节目形式：两位业余厨艺爱好者分别用限定的200英镑预算把自己家打造成餐厅，并想办法获得盈利。 主持人出场，介绍本集拍摄地，节目参加者索菲和鲍尔。 简要介绍节目的比赛规则。

3′30″～6′	解说	环节二：两位选手开始准备比赛各项事宜 参与者与其帮手开始着手烹调和改装餐厅。 索菲的预算是85英镑，鲍尔的预算是163英镑。 索菲与丈夫摆放餐具。

6′～7′20″	解说　同期 主持	环节三：食客们开始陆续来到选手家里 宾客开始拜访他们的家庭餐厅了，每家10位客人。 客人们谈论他们对选手家庭餐厅布置装修的感受。

7′20″～ 10′30″	同期　解说	环节四：两个家庭进入紧张的烹饪制作阶段 餐点制作。介绍两家准备的美食的特色。 记录他们烹调的过程。 索菲制作开胃海鲜汤。

10′30″～ 25′10″	同期　解说	环节五：食客们边吃边评价菜肴 品尝时间，顾客们品尝索菲的开胃菜。 鲍尔制作开胃菜，顾客品尝鲍尔的食物，并进行评价。 索菲制作主菜， 宾客品尝索菲的主菜，评价。
25′10″～ 28′40″		宾客评价索菲的丈夫的服务。
28′40″～ 30′10″		鲍尔制作主菜；鲍尔的主菜品尝环节。
30′20″～ 34′10″		索菲制作饭后甜点。
34′10″～ 35′20″		宾客品尝索菲的甜点。
35′20″～ 36′10″		鲍尔制作甜点。
36′10″～ 36′55″		客人们品尝鲍尔的甜点。

37′00″～ 40′00″	解说　同期 主持	环节六：结账时间 宾客们决定要为这顿晚餐支付多少钱。 宾客谈论总体的感受。 主持人与两位参加者交流感受，最终结算两位厨师各获得多少钱。

节目特色

1. 新颖的比赛方式

两位参与者将自己的家庭变成餐厅，并为陌生的宾客提供家庭特色料理，这种厨艺比赛形式令人眼前一亮。由于最终的结果取决于各位宾客的判断，竞争性质并不强烈但过程充满趣味。

2. 贴近观众，实用为先

两位参赛者都是业余厨艺爱好者，请来的帮手是自己的亲朋好友，招待的宾客也是普

通的群众，所以整个节目显得亲切、大众化。节目中展示的食物做法也都是每个家庭都能尝试制作的，具有一定实用价值。通过节目的展示，一些家族秘制的料理能被更多的人所了解，传播了丰富的烹饪文化。

3. 清晰的节目结构

节目的主要模式是：装扮餐厅——邀请客人——参与者A制作开胃菜——宾客品尝评论——B制作开胃菜——宾客评论——A制作主菜——宾客评论——B制作主菜——宾客评论——A制作饭后甜点——宾客评论——B制作饭后甜点——宾客评论——总结节目。将参与者的三次烹调和宾客评论交叉呈现，避免了传统的制作模式：品尝评论截然分开的二分结构，使观众注意力丧失的弊端，同时也令节目框架足够清晰。

4. 亲切的主持人

节目主持人耐迪尔·苏瓦哈充满激情，虽然露面不多，但是能很快将观众的兴趣拉入节目。她的旁白热情洋溢，时常对参加者的制作进行风趣的评论。主持人的讲解能使观众更清楚地了解食物的制作方法，同时也把节目的结构梳理得清晰易懂。

5. 网络互动

节目通过Facebook与观众互动，观众可以在该主页上讨论节目内容，也可以通过网络报名成为节目参赛者或者品尝的顾客。

引进建议

我国大部分普通人不可能住上像英国普通人那样的大房子，将自己家装扮成餐厅招待客人，这在中国可能性很小。可以保留业余爱好者做菜招待陌生人的形式，但将地点变为一些咖啡馆、饭店的厨房，让参加者在专业厨房里自己摸索并制作拿手的菜肴。参加者和顾客都可以通过网络、电话报名选拔的方式产生，增强节目的互动性。

相关链接

http：//www.facebook.com/group.php?gid=124723204973

http：//www.lifestylefood.com.au/shows/instant-restaurant/

节目名称

十英里菜单（Ten Mile Menu）

节目基本情况

播出机构：ITV1

官方网站：http：//www.itv.com/tenmilemenu/

播出频次：每周一至周五17：00

开播时间：2010年7月26日

节目时长：60分钟

节目介绍

该节目对两个队伍提出挑战，要求他们利用10英里半径范围内所能找到的材料来做出三道菜。每一个队伍都由一个专业厨师和一个名人组成。菜肴的好坏是由当地的一群对本地的食品感到非常自豪的人来评价的。这些由当地人组成的裁判会依据菜品的外观和味道来对其进行打分，最重要的是，对当地材料的利用程度是对两个队伍的三道菜进行打分的重要标准之一。分数高的一个队伍获得胜利。

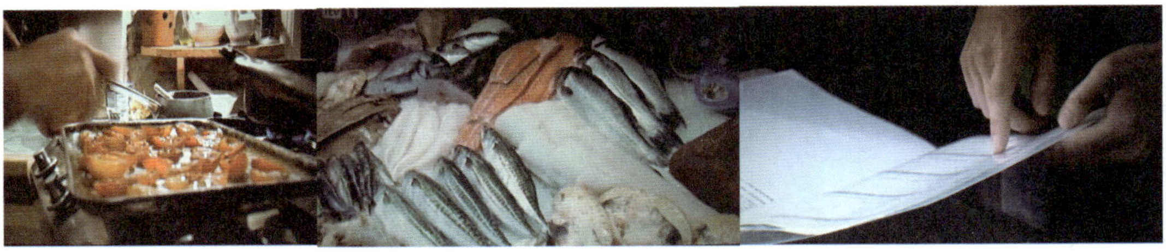

文本分析

时长（分钟）	形式	内容
节目开始～4′	解说　同期	环节一：介绍节目形式内容和规则，也配合节目参与者的陈诉介绍节目参赛者的情况 欢迎来到《十英里菜单》，节目让两个队伍挑战如何利用当地的材料来做出美好的食物。材料必须只能在10英里的范围内寻找。我们今天在夏浦敦·英奈特(SHEPTON MALLET)，这里不仅有很多美丽的建筑而且适宜奶牛生长（介绍当地环境和特产）。来见见今天的两个队伍。首先是绿队，职业厨师詹姆士和他的明星队友菲尔，詹姆士在开他自己的餐厅之前在学院完成了自己的学习过程，菲尔是前英格兰板球队运动员（介绍两个队员的情况）。詹姆士是怎么看待他的业余厨师队友的呢？（他很放松，在某些方面很在行。）（我就睁大眼睛努力学习，尽量做到最好。）现在是蓝队，职业厨师杰森和前田径队员科林，杰森之前是某高级餐厅的首席厨师，而科林是男子110米栏的世界冠军，也是我们请来跳舞的嘉宾。杰森是怎么看待他的队友的呢？（我本来以为他肯定会非常不擅长做菜，但是看着他的表现，我想，他还不错嘛。）（我是很乐意有所作为的。）每天，由一组当地人组成的团队要对两个队伍的表现进行评估。今天的裁判是来自板球俱乐部的女生们。今天结束的时候，她们会依据菜品的外观和味道来对其进行打分，最重要的标准是，对当地材料的利用程度。规则很简单：每个队伍都有一张对当地材料信息的总结手册，队员可以到他们想去的任何地方去买做饭所需要的材料，但是，去的地方必须保证在10英里的范围内。当队伍决定好在哪里买什么之后，要在那里贴上一个标志。这样另外一个队伍就不能在这里买材料了。现在他们还剩几分钟来商量细节。他们必须在下午6点前完成材料的收集并做出三个菜。现在他们出发了。

4′～10′	解说　同期	环节二：介绍和实拍寻找材料的过程，绿队先去了当地的超市，蓝队去了专卖巧克力的地方 绿队正在讨论第一个目的地。（我们先去农场商店，那里肯定能买到一些做菜的必需品而且也能找到当地的材料。）当绿队决定首先去商店的时候，蓝队决定首先去买巧克力。（人们都喜欢巧克力。而我们一定要去当地的巧克力工厂，再看看我们还能找到什么让人惊喜的材料。）绿队现在到了第一个农家商店了。（两人商量着买了一些材料，肉、草莓、巧克力、苹果等。然后在商店外面贴上了标志。）这样绿队完成了第一份采购，并用追踪器查看现在蓝队在哪里。（根据这个可以发现他们现在买巧克力去了。）蓝队来到詹姆士巧克力工厂，品尝和购买了一些当地产的巧克力并贴上了蓝队的标志。广告之后我们会看到两队去选苹果酒并发生一些有趣的事。

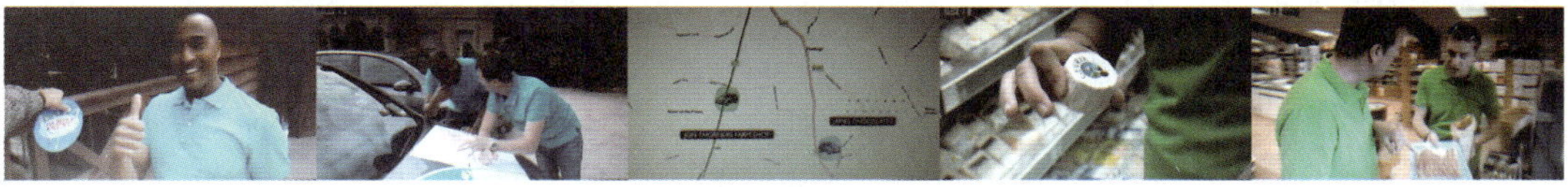

12′～18′	解说　同期	环节三：介绍和实拍寻找材料的过程。绿队先去买苹果酒，而蓝队决定去买蜂蜜酒 （他们买到了本地产的巧克力。）（是的，但是没关系，接下来我们应该去买苹果酒。这肯定是最具有当地特色的东西。）（实拍绿队两人在车上的讨论。）绿队的两人在找地方的时候，蓝队的两人在找当地的肉种。（他们有苹果酒、蜂蜜酒、餐酒等。我觉得蜂蜜酒更酷一些。）（我们的巧克力是偏甜的那种，因此得保证我们的配酒味道不那么重。）在蓝队讨论的时候，绿队到达了卖苹果酒的地方。两人对苹果酒进行了选择和品尝，并去看了看新鲜的苹果。蓝队也来到了买酒的地方。（有什么酒是带一点苹果酒的味道，也有一点蜂蜜酒的味道的？）（我得让他来尝酒，我得开车。）（我们要点儿蜂蜜酒，那你卖的苹果酒怎么样？）两人去看苹果酒酿造的机器。（很多顾客会选甜一点的，但如果你们是要用来做菜，你喝的那个不错了。）拿着买来的蜂蜜酒，科林好像想到了什么好主意。（乡村景色真是好。那个跑道看起来也不错。）（是吗，你想跑跑看？）两人放下酒开始在田间奔跑。

18′～22′	解说　同期	环节四：介绍和实拍寻找材料的过程。绿队想去买点蜂蜜，却发现那里已经被贴上了蓝队的标志。绿队之后去买奶酪，蓝队去了商店 （我们为啥不买点蜂蜜？）噢，天啊，那会不会跟蓝队到一个地方了？（啊哦，已经被蓝队抢占先机。）与此同时蓝队的杰森正在教科林觅食的乐趣。（两人摘了些花准备做菜用。）绿队来到奶酪商店买奶酪。两人对不同的奶酪进行了品尝和比较，决定了要买的奶酪，贴上绿队的标志。同时，蓝队到达他们的最后一个目的地，买了一些豆子、鹿肉、奶酪、胡萝卜、苹果等。广告之后两个队伍就完成采购，要开始正式的做菜对决了。

23′～23′34″	解说　同期	环节五：对广告之前的节目进行提要总结 实拍制作过程。 两队在介绍各自的材料之后开始烹饪各自的菜品。职业厨师一直详细地讲解制作的方法。 对今天的裁判进行介绍。 两队在裁判开始试吃菜品之前要对菜品进行描述。 今天的队伍在夏浦敦·英奈特寻找材料，我们在当地的学校中选择了今天的裁判。蓝队的杰森和科林，会先展示他们的材料。 蓝队先介绍了自己买到的材料，之后绿队也介绍了自己买到的材料。绿队先对肉进行了加工，而蓝队首先制作的是甜品。详细地介绍制作的过程和方法。厨师们在食堂忙碌的时候，来见见我们今天的裁判，来自于夏浦敦·英奈特的女高中生。她们期待着些什么食品呢？（苹果酒、苹果酒、奶酪等，我等不及要尝尝他们所做的食物了。）两队中职业厨师详细地向队友讲解制作的方法和过程。到了品尝的时候了，但是两队队员要首先向裁判描绘他们各自要呈出的菜品。（我们是蓝队，我们会用当地的奶酪、蔬菜、蜂蜜酒、巧克力做出一些美丽的食品。）（我们是绿队，我们的菜品是无与伦比的，希望你们能吃得愉快。）

35′～50′	解说　同期	环节六：评论和过程实拍。裁判依次品尝两队的菜品后以开胃菜，主菜，甜点分别打分，并最终计算总成绩的方法决定两队的分数。最终蓝队获胜 详细讲解蓝队的开胃菜制作过程。画外音对蓝队的开胃菜进行了描述。裁判们在品尝之后给出了各自的评论。（颜色很好看，味道也不错。跟豆子搭起来很不错。）回到厨房，绿队正在准备他们的开胃菜，详细讲解绿队的开胃菜制作过程。画外音对绿队的开胃菜进行了描述。裁判们在品尝之后给出了各自的评论。（奶酪很软，苹果酒的味道也不错。）之后蓝队制作和呈现了鹿肉作为主菜。画外音对蓝队的主菜的材料，样子进行了描述。裁判们在品尝之后给出了各自的评论。（肉很多汁。）绿队用肉、豆芽、豆子、包菜等做了主菜。画外音对绿队的主菜的材料，样子进行了描述。裁判们在品尝之后给出了各自的评论。（很美味，看起来也很好。）之后两队也详细制作了甜点。现在裁判们对两队今天的表现进行打分。（很感谢两个队伍 今天的努力。开胃菜部分，蓝队获得37分，绿队获得42分；主菜部分，蓝队35分， 绿队44分；甜点部分，蓝队49分，绿队30分。也就是说，蓝队获胜。）

50′～60′	解说　同期	环节七：宣布比赛结果 蓝队的杰森和科林获得了今天的胜利。两个队伍今天都得到了欢乐。但这是一个比赛，总会有赢的一方和输的一方。 我们就是甜点失败了。 我知道，2比1，我们还是算赢了。 我们胜利了，干杯！

节目特色

以物理空间为游戏规则之一是这个美食节目的独特创新之处。

1. 这不仅是一个教人做菜的美食节目，而是在美食的制作中融入了当地文化和游戏情节。通过对当地10英里半径范围内材料的寻找也是对当地文化的探寻，很有意义。

2. 厨师与名人的组合能够同时吸引美食和明星的受众群。同时厨师向队友讲解做菜的过程其实也是向观众讲解菜肴的制作过程，这比直接对着镜头向观众教授食物的做法更自然。

3. 画外音的评论风趣幽默，不时地调侃使得节目充满了趣味性。

4. 裁判选用当地人，能够增加观众与节目的互动；而且，以采用多少当地特有的食材作为评判的重要标准也突出了地域性，成为节目的显著特色之一。

5. 官网上及时贴出当集节目所呈现菜品的材料和做法，很有美食节目的示教意义。

本土化引进建议

1.当下中国的美食节目大都是厨师直接向观众讲授食物的做法或者职业厨师之间的比拼。《十英里菜单》将明星和专业厨师同时融入到节目中，很有新意。同时在限定材料选择范围内做出食品也能够展现当地的文化，很有引进意义。

2. 相比于蓝与绿的颜色对比，中国人对红与绿的对比更加敏感。因此引进中可以对两队的颜色进行改变。

相关链接

http：//www.itv.com/tenmilemenu/

http：//eattheearth.wordpress.com/2010/07/31/a-huge-boob-on-itvs-ten-mile-menu/

http：//www.suite101.com/content/cooking-competition-ten-mile-menu-on-itv1-and-itv-hd-a266214

http：//www.itv.com/lifestyle/food/tenmilemenu/recipes/queenofpuddingswithrhubarbandginger/default.html

节目名称

与我共进晚餐（Come Dine With Me）

节目基本情况

播出机构：Channel 4
官方网站：http：//www.channel4.com/programmes/come-dine-with-me
播出频次：日播
开播时间：2005年1月10日
节目时长：30分钟/60分钟

节目介绍

《与我共进晚餐》是一个以美食为媒介的真人秀电视节目。每期节目中将有四到五个普通人（他们彼此之间互相不认识）参加，要求参与者是非职业厨师。节目要求每个人为其他参与者准备一顿晚餐，并邀请他们到自己的家中享用，然后每个竞争者评论主人的表现（包括对烹饪水平以及待客之道的评价）并打分，得分最高者可赢得1000英镑的奖金。 喜剧演员大卫·兰姆提供了一个犀利的讽刺的独特配音，喜剧元素被添加到这个节目中。

文本分析

时间（分钟）	形式	内容
2′～4′	解说　同期	环节一：介绍了参加今天节目的4位选手 第一位选手那蒂是一位喜爱各种天使的女性，她很热爱烹调。第二位选手马克(Mark)是名热爱打猎的男性，对美食有较高的要求。第三名选手萨拉(Sarah)是名企业的领导人，是名外向奔放热爱运动的女性。第四位选手艾米得(Imelda)则是名菲律宾裔人士，对生活比较挑剔。
4′～6′	解说　同期	环节二：展示第一名选手那蒂准备食物的过程 分别是一道蔬果沙拉，以大虾和鱼为原料的主食以及自己创作的一道甜点。

6′～7′		广告
7′～14′	解说　同期	环节三：马克、萨拉和艾米得来到了那蒂家，共进晚餐并评分 参观了那蒂家，并进行了简单的餐前的交流。 4位选手共进了晚餐，每道餐点品尝完后，镜头都会单独地切换到每位选手，询问他们对这道餐点的看法以及对其他选手的看法。显然其他3位选手对那蒂的食品不是那么地赞赏。在晚餐结束后，准备食物的选手会被询问在她看来，其他选手会给她打什么样的分数，以及他们对食物的具体看法。那蒂得了18分。
14′～26′	解说　同期	环节四：艾米得准备晚餐的过程。大家在她家享用晚餐并打分 主食是用咖喱烹制的，点心是类似于中国春卷的食物，而餐后甜点则是一道神秘的食物。其他的选手都会被告知餐点的名字，并询问在他们看来会是什么样的餐点。在艾米得家享用美食的过程，大家对她第一道餐点用苹果完成的天鹅造型很感兴趣，认为她做的第二道咖喱有点辣。甜点，是菲律宾特色的冰沙，味道也不错。艾米得总共得了23分。

26′～37′	解说　同期	环节五：第三位选手萨拉准备食物，大家在她家享用美食 开胃餐品是以西红柿为主的馅料炸制而成，主菜则是幕思萨卡(mousssaka)，一道具有浓郁希腊特色的菜品，由肉馅及面粉烘制而成。最后的甜点则也是类似于中国春卷的食物。萨拉的食物受到了大家一致的好评，分数也达到了25分。在进餐过程中，由于马克的不恰当的言论，使那蒂情绪有点失控。
37′～45′	解说　同期	环节六：第四位选手马克为大家制作晚餐，大家享用并评分 为大家准备的开胃菜是他自己用柠檬和鲜牛奶制成的奶酪并在油锅里炸制而成，而主食则是一道煎制的鹿肉，最后的甜品则是以草莓为原料制成的布丁。最后得到了23分。
45′～47′		环节七：4人的4天晚餐总评分大比拼，第三位选手获得冠军 萨拉赢得了1000英镑的大奖。

节目特色

这个节目一度是英国电视节目收视率的冠军。节目模式简单易操作，4个陌生人分别为其他3个人制作一顿晚餐，要让晚餐既好吃，又让吃者留下深刻的印象，其他3人为制作晚餐的人打分，最后分高者得到1000英镑的奖励。因此参赛者们在绞尽脑汁做好每道菜的同时，也琢磨着怎么给对方“乐子”——有的穿着怪异，有的在家里举行小型乐队表演，有的则把自己家里独特的装饰展示给其他选手看。这个美食节目含有很大的真人秀成分，参与节目的普通人不仅仅要做出好吃的菜，更重要的是要展现自己独特的个性，吸引其他人的注意，留下深刻印象，从而获得高分。节目虽然强调的是征集普通人参与，但是其实制作人在选择普通人的时候有意识地把选择有特色有个性的参与者当做一个标准，而且倾向于把个性反差大的4个人组合在一个节目里，增加他们之间的碰撞，产生戏剧性效果，把一个个有特点的普通人的家居生活展示给观众。

作者认为，这个节目的之所以能特别受到欢迎，是因为英国人很爱热闹，但是平时又比较少机会去互相串串门子，这个节目则让陌生人之间有机会去互相走访，免费吃吃美食，大家再合法“偷窥”一下他人的私生活，感觉很妙。

这个节目也曾经制作过名人参与的特别节目，但是曝光出名人假借他们的房子去做晚餐，而非在自己的家的丑闻。

国内曾经有电视台想买进这个节目模式，但是在市场调研阶段就搁置了购买计划。调研结果认为，中国人不喜欢在家里宴请客人，而且，中国人的家庭居住条件不能跟英国人的相比，很多普通人家庭住房空间狭窄，不适合拍摄。

特别的声音——解说员大卫·兰姆

大卫·兰姆出生于1969年1月，是英国一位演员和配音员，由于为《与我共进晚餐》(Come Dine with Me)配音而声名大振。他也在其他的BBC节目中出面主持，而特别是一些喜剧节目，目前他还为BBC儿童频道的游戏节目《可怕的历史》（Horrible Histories）担任配音员。兰姆在1998年为英国情景喜剧《你如何想我》（How Do You Want Me）扮演一个名叫巴斯特的同性恋流浪汉而首度被人关注。20世纪末到2000年初，他在多部喜剧作品中出演角色，比如：《像我们一样的人们》（People Like Us）、《嬉皮士》（Hippies）、《阿姆斯特朗和米勒》(Armstrong and Miller)、《吸烟室》（The Smoking Room）、《在殡仪馆的乐趣》（Fun at the Funeral Parlour）、《东伦敦人》(EastEnders)。

相关链接

http：//www.lifestylefood.com.au/shows/come-dine-with-me/en.wikipedia.org/wiki/Come_Dine_With_Me

节目名称

高登的印度美食之旅（Gordon’s Great Escape）

节目基本情况

播出机构：Channel4
官方网站：http：//www.channel4.com/programmes/gordons-great-escape/
播出频次：2010年1月18日至20日连续三个晚上播放
开播时间：2010年1月18日
节目时长：60分钟

节目介绍

《高登的印度美食之旅》是由厨师高登·拉姆齐主持的一档电视节目。这个系列讲述的是高登在第一次访问印度时，对印度的烹饪传统的学习。该节目于2010年1月18日至20日，在第四频道作为“印度的冬天”推广的一部分播出。

文本分析

案例：第一季 第一集

时长	形式	内容
节目开始～4′	解说	环节一：节目导入 介绍到印度的原因，探寻美食的做法。

4′～8′45″	主持　解说 同期	环节二：高登抵达印度新德里，决定具体行程 通过品尝美食，听取当地人意见，最终决定如何学艺。

8′45″～15′	解说　同期 主持	环节三：开始第一堂课 火车上开始学习如何制作咖喱，从切洋葱开始做起。

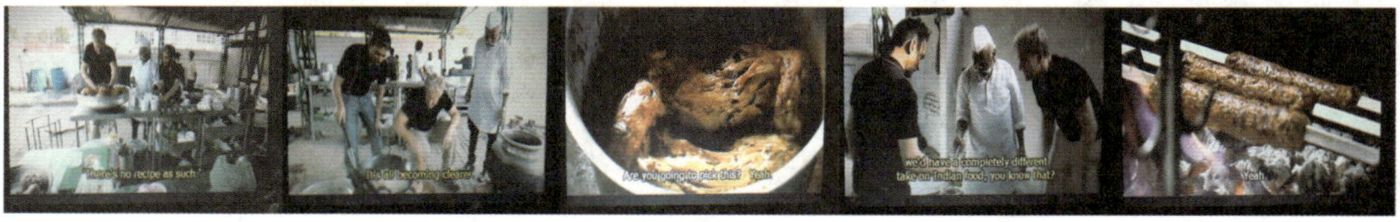

15′～23′	同期　主持	环节四：抵达劳克劳（Lucknow）学习做正宗的印度比尔亚尼菜 跟着正在为婚礼准备菜肴的大厨做菜，完成了一道主菜。

23′～25′	解说　主持 同期	环节五：做开胃菜 和大厨的儿子在婚礼地点入口做开胃菜迎接来宾。

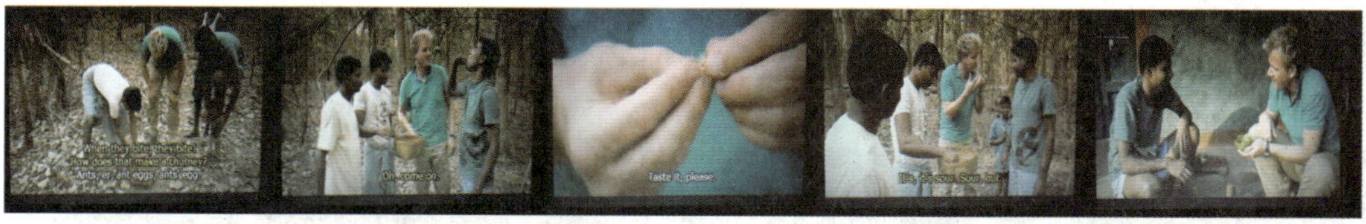

25′～29′24″	解说　同期	环节六：上菜，婚宴开始 高登的独白，讲述了这次学习的感受。

29′25″～33′	解说　同期	环节七：高登到另一个城市去 高登乘飞机前往巴斯达去学习另外的美食的做法。

33′～41′20″	同期　主持 解说	环节八：高登开始学习制作印度菜“查特里”，进入丛林 在丛林里寻找制作食物的原材料，并且高登自己亲自爬上树获取原材料。 用鸡蛋、蚂蚁，还有小鸡制作印度菜“查特里”，用树叶包上，放在火上烤。

41′20″～46′	主持　解说	环节九：高登离开巴斯达前往拉贾斯坦邦 高登再次谈及了这次学习印度菜“查特里”的感受，并乘车前往目的地。对要前往的沙漠进行了简单的介绍。

46′～54′	主持　解说	环节十：高登开车前往沙漠，为沙漠晚宴做准备，学做烤全羊 高登坐上保佐的车一起前往50公里以外的沙漠。 高登在保佐的指导下一步一步地开始学做烤羊、做酱、加调料、混合，最终用薄饼包起来。

节目特色

1. 主持形式轻松

整个节目以主持人高登的亲身经历为视角，讲述了主持人在印度学习美食的经历。由于主持人本身的形象很好，使得节目很容易让人接受。这个节目与一般的美食类节目不一样，带有一些探险性质，能够吸引观众跟随着主持人的脚步不停地向前。主持人事事亲躬，会让观众觉得很亲切。锦上添花的是主持人的语言很幽默诙谐，不时能使人轻松一笑。

2. 节目内容神秘新颖

印度本来就是一个很神秘的国度，其美食自然而然也笼罩上了一层神秘的色彩。而且主持人走访的是一些很具有印度民间特色的地方，请教的是一些很有文化底蕴的厨师，让观众在了解印度美食的同时也对印度的文化有了一定的了解。美食既具有强烈的印度特色，比如说各种咖喱，但又并不是人人都会的配方，自然就吸引观众了。

3. 互动性强

这是美食类节目必须具备的特点，观众在感受主持人的美食之旅时，也和主持人一起学习如何制作美味的印度菜肴。由于主持人在制作食物时每一个过程都介绍得很详细，所以观众学起来也会比较容易。

引进建议

1. 节目形式值得借鉴，由于国内目前的大多数美食类节目都是室内的，像这种走出室外的形式将会使观众眼前一亮，而且略带探险性质，能激发观众持续关注的兴趣。

2. 中国的美食遍布大江南北，从内容上我们可以以介绍中国各地的特色菜肴为主。

3. 注重菜式的可模仿性，此节目之所以受欢迎就是由于主持人每到一地都会亲身去学习如何制作菜肴，观众在观看的过程中也能够学习其具体制作方法，而不仅仅是知道哪儿有美食。

节目名称

美味的黛哈小姐（The Delicious Miss Dahl）

节目基本情况

播出机构：BBC 2、BBC HD、BBC 1

官方网站：http：//www.bbc.co.uk/programmes/b00rs7c9

播出频次：周播，20：30

播出时间：2010年3月23日至2010年4月27日

节目时长：30分钟 共6集

收视状况：

第1集：2，414，000/9.9 % (2010.3.23)

第2集：1，900，000/? % (2010.3.30)

第3集：1，812，000/7.5% (2010.4.6)

第4集：1，654，000/7.0% (2010.4.13)

第5集：1，417，000/5.9% (2010.4.21)

第6集：1，396，000/6.1% (2010.4.28)

节目介绍

令人愉快的索菲·黛哈在《美味的黛哈小姐》这部6集的烹饪节目中带给观众她高超的厨艺，并将她讲故事的才能和新鲜诱人的菜谱融入其中。

最初因国际模特事业而闻名的索菲已经将她的注意力转向写作，现在的她已经是一位畅销小说家和对食物、烹调有着极大热情的专栏作家。

对于索菲来说，食物和情感是紧密联系在一起的。因此节目的每一集都有一条情感线索贯穿始终，如浪漫、乡愁或者逃避等。以食物为中心，她重新回忆起那些在心中珍藏的地点，表达隐藏在菜谱背后的个人的情感引起观众共鸣。

从她孩提时玩耍的苏塞克斯郡的沙滩，到镌刻着永恒爱情的都市秘密墓地，索菲将那些令她燃起对食物热爱的瞬间娓娓道来。索菲精灵古怪又独特的烹调方法令这档节目成为一场盛宴：质朴、风趣，更重要的是它直通你的内心。

文本分析

案例：第五集《逃离尘世》(Escapism)

时长（分钟）	形式	内容
节目开始~1′13″	解说	环节一：一段动画介绍黛哈小姐对食物的感情

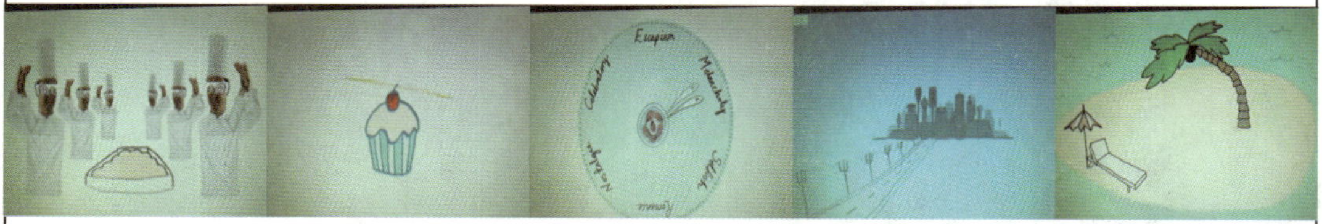

1′13″~1′45″	解说	环节二：介绍本集主题 逃离尘世（Escapism）

1′45″~8′10″	主持　同期 解说	环节三：黛哈小姐教观众制作蛤蜊浓汤 黛哈小姐回忆十一二岁时遭遇飓风的趣事。

8′30″～13′20″	主持 同期	环节四：黛哈小姐制作墨西哥早午餐 墨西哥的周六早午餐：黑豆油炸玉米粉饼。

13′20″～14′15″	解说	环节五：插入一小段抒情意味浓厚的视频

14′14″～19′10″	主持　同期	环节六：黛哈小姐制作希腊的周日午餐：鱿鱼沙拉 黛哈小姐一边制作特色午餐，一边回忆15岁在希腊吃的一次午餐。

19′15″～节目结束	同期　主持	环节七：黛哈小姐制作印度风味的周日晚餐：木豆料理 黛哈小姐一边制作这个印度晚餐，一边回忆并讲述对印度的向往；描绘她曾经去过的印度织物店。

节目特色

1. 注重情感

每一期节目都有一条情感线索贯穿始终，包括犒劳自己、浪漫、思乡、忧郁、逃避和庆祝。每一道菜肴都能令观众带着这些情感回忆过去。主持人索菲·黛哈是一个极具天赋的讲故事的人，她在烹调的间隙缓缓讲述她生活中值得怀念的瞬间，甚至能令观众感同身

受。美味的食物和丰富的情感体验能够牢牢地抓住观众的心。

节目的菜谱可以说是一个全面的情感解决方案，当观众在生活中的特殊场合遇到了情感问题，这些料理将起到重要作用。

2. 动画、音乐的运用

节目的片头、分栏插入都是通过动画的形式展现，配合黛哈柔和的旁白，将观众带入一个轻松、自我的私人世界。片中的音乐也十分应景，更能触动观众情感。

3. 厨房之外

节目不仅仅在厨房拍摄，还常插入黛哈小姐在户外品尝自己的料理、或者重访充满回忆的地方的片段，具有很强的观赏价值。另外黛哈小姐自己写作的散文诗辅以美妙的音乐和画面使整个节目更显精致。

4. 精巧而实用的节目结构

每期节目只有30分钟，但在这30分钟里往往能呈现出四五种料理的烹调方法。每种食物的做法简单易学，观众都能轻易尝试。节目的剪辑恰到好处，没有令人恼火的等待或者空白，一切都井然有序。黛哈小姐时不时会介绍一些烹饪小知识，简洁而实用。观众还可以在节目网站找到每期的烹饪菜谱，自己慢慢尝试。

引进建议

1. 国内的《美女私房菜》受到观众的一定好评，但是跟《美味的黛哈小姐》比起来就少了那么些人情味。本套电视节目可以作为《美女私房菜》节目的升级参考，借鉴本节目的拍摄方式，主持人可以多讲述一些值得回味的记忆。加入更多的情感元素，而不仅仅局限于厨艺的传授。打造出一个魅力型的美女主持并将这种专题式烹调“散文”引进国内，相信更能打动观众。

2. 主持人的选择要得体，要显得高雅但又不清高，主持人需要平易近人才能获得更多观众的喜欢。她需要阅历丰富，能够在节目中跟观众分享心路历程，最重要的是她还要有一手好厨艺。

3. 每集节目按内容来分，有一个具有独创性的主题，介绍几种解决不同情感问题或者有不同功能的料理。

4. 注意线上互动，提前在官网发布下期节目所需的食材，并在节目之后放上详细的制作方法。

相关链接

http：//www.bbc.co.uk/food/programmes/b00rs7c9
http：//www.bbc.co.uk/food/chefs/sophie_dahl
http：//en.wikipedia.org/wiki/Sophie_Dahl
http：//www.lifestylefood.com.au/shows/the-delicious-miss-dahl/

充满童趣的儿童类节目

Planning TV

节目名称

芭莎和贝利的游戏秀（Basil and Barney’s Game Show）

节目基本情况

播出机构：CBBC
官方网站：http：//www.bbc.co.uk/programmes/b00jzxg9
播出频次：每周日19:00
开播时间：2009年9月3日
节目时长：30分钟

节目介绍

《芭莎和贝利的游戏秀》是由一只叫芭莎的小松鼠娃娃和贝利主持的一档儿童游戏节目。里面充满着幽默风格，还有不同的参赛队伍参加到有趣的游戏中来，角逐丰富的奖品。这档节目充满欢笑和乐趣，还有各种紧张的游戏和惩罚。

文本分析

背景介绍：

节目中有4个游戏环节，第一个是科林问答，由松鼠提出问题让科林回答，主要是向小朋友普及知识的。

第二个环节开始是比赛环节，三个参赛队伍要过三关，胜者得到奖品，末位淘汰。第一个游戏是推双层床，上下各一个人，由下床的人推出，推出最远者胜出，而如果超过了界限就入水。有两轮，第二轮比赛，如果没有推过400厘米，不计成绩，但不能超过700厘米，中间部分计算成绩，没有过400厘米的巴尼要把他们推下水，超过700厘米会直接掉下水。

第三个游戏是小蜜蜂运蜂蜜的游戏。一个队员要摇动把手，推动传送带上的桶，另一个队员负责在桶里倒黏稠的泥浆，传送带会自动将水倒入管子中，先达线的队伍获胜。

第四个游戏是宇宙中的野人。在迷宫中收集野人的蛋，蛋被藏在不同的角落中，它们代表不同的奖品：魔方、书、艺术套组、DVD，LCD鱼缸……如果收集到三只蓝色的蛋，一扇门就会被开启，可以获得奖品。但是，野人在游戏的过程中会拿着网兜来抓你，如果你拿到了一只红色的蛋，野人会在10分钟内被释放出来，如果拿到第二只红色的蛋，野人就会自由走动。

案例：第三季 第十五集

时长（分钟）	形式	内容
3′	现场主持 解说	环节一：问答环节 第一个环节，科林的问题是：说出五个奥运项目。科林趁机向小朋友介绍奥运会知识。

13′	现场主持 解说	环节二：比赛环节。三个参赛队伍要过三关，胜者得到奖品，末位淘汰 推床游戏。推得越远分数越高，分两轮比赛。

7′	现场主持 解说	环节三：小蜜蜂运蜂蜜的游戏 一个队员要摇动把手，推动传送带上的桶，另一个队员负责往桶里倒黏稠的泥浆，传送带会自动将水倒入管子中，先达线的队伍获胜。

7′	现场主持 解说	环节四：宇宙中的野人 在迷宫中收集野人的蛋。如果收集到三只蓝色的蛋，一扇门就会被开启，可以获得奖品。

节目特色

1. 这档儿童游戏节目既好玩又有教育意义。节目没有很浓的说教，而是运用游戏的方式、主持人用调侃幽默的主持表现方式传递知识。在问答环节传授知识，在游戏环节锻炼小朋友的自信、协调能力等等。

2. 游戏新颖有趣，紧张刺激，很适合儿童。

3. 丰富的奖品吸引小朋友踊跃报名参加。

4. 小松鼠的角色设置很有趣，避免了完全由大人主持和操控的固有模式，受到小朋友的欢迎。

5. 官方网站上推出相关的小游戏，有动作类的、益智类的、自然科学类的、音乐美术类等等，有趣的同时寓教于乐。网站上还能搜到很多学习资源，很多教学视频、书籍、音乐等。

本土化建议

中国的儿童节目形式比较刻板，英国的儿童节目里没有很强的说教，而是寓教于乐。类似的游戏节目在我国电视上也有，但主体不是儿童，中国的儿童节目中可以尝试加入喜剧元素，将游戏娱乐跟知识竞答结合在一起，做到既有吸引力又有知识性。也可以邀请到小朋友喜欢的名人嘉宾参与到节目中来。这些都值得我们学习的。

相关链接

http：//channelography.rattlecentral.com/programmes/b00stlm7

节目名称

逃离蝎子岛（Escape From Scorpion Island）

节目基本情况

播出机构：BBC 1、BBC 2
官方网站：http：//www.bbc.co.uk/cbbc/scorpionisland/
开播时间：2007年9月3日
节目时长：第一季每集25分钟；第二季和第三季每集60分钟；第四季开始每集30分钟

节目介绍

《逃离蝎子岛》是一档儿童探险真人秀节目，来自英国和澳大利亚的10个11岁至13岁的孩子来到一个异国岛屿上，采用小组的方式应对挑战并对抗，在孤立无援的情况下，学会克服艰险，团结协作，力争勇敢征服这个岛屿，并学习如何逃离出去。包括为了生存而钓鱼等基本生存挑战，还有设计的项目，例如添加争夺，要求参赛者选择阶梯在高空攀爬；又例如步步为营，要求参赛者在半空中将塔上的木棍清除同时不得推翻塔；除了这些直接竞技类的比赛，还有其他的规则和活动，例如选择小组领导、交换小组成员等。

文本分析

案例：第四季 第九集

时间（分钟）	形式	内容
节目开始～1′	解说	本集故事梗概 莎雅面临严峻挑战。

1′～5′	解说	介绍参赛队伍及挑战背景；各位参赛者所代表的力量 这个岛一直不为人所知，由五座蝎子石头组成。传说5位探险者尝试征服蝎子岛，这些探险者都有过人的品质，征服蝎子岛的能力、勇气、力量、速度、平衡力和耐力。然而这个岛屿因为这些不速之客而愤怒，将他们变成了石头，他们从此就再也回不去了。这次10位参赛者要在岛上展示出这些品质。他们能够成功吗？还是会失败最终被变成石头？我们拭目以待。

5′～9′	解说　同期	火岛组选出力量队长 斯避得被当选为队长。 斯避得力量代表布来顿和沙亚将会对阵。

9′～23′	解说　同期	两队对阵 小插曲，布来顿受伤无法上阵，由队员麦克代阵；挑战者要通过不稳定的轨道车跨越过去。他们要跨过河谷，收集4个球，回来，然后扔进指定篮子。他们要确保距离，并且不超过红色区域。在最后回到平台之前他们要来回两次，投进一球得一分，最早完成的还可以有两分加分，得分最多者就胜利。最后麦克获胜。比赛过程峰回路转，针锋相对。

23′～24′	解说　同期	再次回放比赛全程

24′～25′	现场主持	主持人统计分数
25′～27′	现场主持	主持人宣布本期节目结束

节目特色

1. 这个节目具有强烈的真实感，同时结合了生态、旅游等热门因素，游戏设计利用自然环境的险要形势。

2. 放弃和淘汰的机制让项目具有较强的紧张感。

3. 以儿童为参与对象，一方面吸引儿童的注意，也能适应以家庭为单位的观众一起观看的需要，父母可以通过陪儿童观看节目，指出勇敢、团队协作等具有教育意义的内容。

4. 参赛者来自英国、澳大利亚，具有不同的文化背景。

5. 一季节目中，每一集的地点和人物是固定出现的，即使因为淘汰等方式减少队员，但是每个队员以及队伍的发展具有连续性，能够吸引观众连续观看。

6. 产品具有延伸效应，在节目的官网上有游戏的界面，可以带入到“勇闯蝎子岛”的状态中，为自己支持的队伍加分。

相关链接

http：//tvforkids.wordpress.com/2010/10/15/review-escape-from-scorpion-island-s4/

http：//reviews.media-culture.org.au/modules.php?name=News&file=article&sid=2966

http：//www.zhongman.com/Authorized/BrandCenter/Brand/20100316/10354148356.html

节目名称

恐怖历史（Horrible History）

节目基本情况

播出机构：BBC1、CBBC
官方网站：http：//www.bbc.co.uk/cbbc/horriblehistories
播出频次：第一季每周一集；第二季改为日播
开播时间：2009年4月16日
节目时长：30分钟

背景分析

《恐怖历史》是一部根据泰瑞·德尔瑞(Terry Deary)同名故事书系列改编的真人情景剧（2001年曾经在BBC少儿频道制作播出过动画版）。该真人情景剧目前已播出两季。第一季共13集，自2009年4月16日到7月9日分别在英国BBC旗下儿童频道CBBC和BBC1播出；第二季也是13集，播出时间为从2010年5月31日至7月27日。2010年12月17日还推出了圣诞特别节。

节目介绍

本节目作为一档儿童节目，改编自同名故事集《恐怖历史》。每集30分钟的情景剧均以原著绘本为基础，在CBBC频道播出后获得一致好评。该情景剧所选取的故事大多是诡异奇特的历史事件，以幽默诙谐甚至夸张的方式呈现出来（例如在第二季第七集中，把当下

BBC一档选秀节目的形式放在当时维多利亚时代的大背景下，从而更形象地表现出历史故事，幽默有趣）。每一集都以几个历史小故事串联组合起来。整个节目囊括了整个英格兰发展的历史前后，涉及都铎斯图亚尔等王朝更替，希腊人、罗马人、埃及人等各个时期的入侵战争等等。整个节目被冠以“恐怖”的色彩，同时与娱乐相结合，在吸引孩子们的兴趣的同时，揭示和再现历史事实，达到寓教于乐的目的。

本节目多次获得儿童最喜爱的电视节目、最佳喜剧剧本等大奖，也深受各个年龄段的观众的喜爱。

文本分析

案例：第二季 第七集

时长（分钟）	形式	内容
30″～4′27″	解说	黑暗的中世纪 中世纪骑士之间的争斗的故事、圣女贞德的故事 （第33秒开始）片头曲 解说： 都铎可怕，乔治高贵； 斯图亚特邪恶谄媚，维多利亚卑鄙可畏。 战争哀鸿遍野，厮杀穷凶极恶。城堡肃杀阴森，骑士一身是胆。 恐怖之情难以名状。凯尔特人砍头割喉，古埃及人无恶不为； 北欧海盗邪恶狠毒，残酷暴戾罪行累累。惩处责罚自古便有。 古罗马等级森严，冷酷腐朽；穴居人野蛮残暴进化不全； 古代希腊引人入胜，智者圣贤善思明辨；中世纪黑暗肮脏，混沌一片。 血腥可怕的故事，由我们讲述，而生动活泼的主持，由你，健谈鼠来担当。 让历史自此不再神秘。欢迎收看《恐怖历史》。 （第1分6秒）画面：“黑暗的中世纪”。 解说： 在中世纪，你一定不会愿意和一个骑士发生争斗。哦，千万不要！ 但是，即使你拒绝斗争，事情仍旧会很糟糕。 哦，我都不忍心看了！ （第1分18秒）画面：法国。 1100年。

		（第1分21秒）同期声： 骑士1：（法国口音）你，农民，告诉我你的主人在哪里？ 农民1：什么？ 骑士1：你的主人，骑士大人，他在哪里？ 骑士2：我在这里。 骑士1：把你的土地和城堡统统给我。 骑士2：哦，你想让我给你我的土地和城堡？绝不可能。 骑士1：快把它们交出来，否则的话。 骑士2：否则如何？我在这儿呢，你能把我怎么样？ 骑士1：我可以这么干…… 农民1：啊…… 骑士2：哦！天啊！那是我的农民！ 骑士1：也许我够不到你，但是我可以够得到你的财产。 农民2：哦！ 骑士2：啊！快住手！他这样只有一条腿，怎么去耕种我的田地？ 骑士1：他再也不能啦，但是你仍然得付给他赡养费。 骑士2：天啊，真不敢相信！ 骑士1：现在，给我你的田地和城堡，否则我把他们全变成这样。 农民3：对啊，快交出你的城堡吧！ 骑士1：多谢！ 农民3：小意思。 骑士2：决不。 骑士1：胳膊还是腿？ 农民3：胳膊吧，我想。 骑士1：那么抱歉了。 农民3：不要……哦！ 骑士1：现在你该给我田地和城堡了吧！ 骑士2：显然不可能。 骑士1：好吧，那么明天这个时候再会。 骑士2：什么？ 骑士1：如果你不把它们给我，那么我明天会回来继续的。 骑士2：儿子，你太顽固了。 骑士1：我是遗传你啊，爸爸。对了，顺道向妈妈问好。 骑士2：我会的，再会。孩子们，我告诉你们—— 真不知道该拿他们怎么办。 （第2分41秒）画面：他气喘嘘嘘。 解说： 老鼠：在1100年时代的法国，父子之间这样的争斗真的出现过。难以置信！ 不过这还远没有圣女贞德的故事来的匪夷所思难以置信。她带领法国军队与英国对抗，而那个时候的她只有14岁。是的，14岁而已！ 贞德说她是受一个天使的指引。 想象一下吧！

		我在试图想象，我在试图想象…… 我在试图想象！ （第3分3秒）第二段落开始 同期： 天使：琼·达克。（备注：圣女贞德的本名） 贞德：啊？ 天使：你是琼·达克吗？ 贞德：是。 天使：我是天使圣米迦勒，上帝派我来找你。 贞德：换个说法吧。 天使：我是说真的。你被选中带领法国军队去抵抗英国入侵者。 贞德：哎呀，你一定是搞混了。 天使：你为什么这么说？ 贞德：因为我只是一个没什么文化的农民，我是个女孩子，并且我只有14岁。 我是说，清扫卫生、织补衣物什么的，我可以做。但是领导军队，恐怕做不来呀。 天使：可是上帝就是这么说的呀，我还记在我的手上了呢。 贞德：你确定你要找的是我而不是隔壁的约翰·达克吗？ 约翰：有人叫我吗？ 贞德：约翰，你是不是在期盼着上帝来召唤你带领法国对抗英国从而赢得荣誉？ 约翰：是这样的。 天使：不不，上面明确写着“琼”。 约翰：哦……好吧。 贞德：抱歉，约翰，我叫错了。 约翰：没关系，如果需要我帮忙的话就叫我，我就在隔壁。 贞德：保持冷静。 天使：抱歉伙计。 贞德：所以……呃……我该做些什么呢？ 天使：在上帝的指引下，聚集兵力，展望未来，带领法国军队取得胜利，保卫国王重归王位。 贞德：就像清扫一样打败他们！ 天使：我敢说就是这样的。 贞德：好的。哦……我走了那么谁来负责织补村民们的袜子呢？ 天使：我保证能想到解决办法的。 约翰：啊！这难道真的是上帝的旨意吗？我是说，看看这些…… （第4分37秒）画面 解说： 老鼠：所以说，虽然约翰·达克又傻又笨，但是琼·达克可是货真价实的，1429年在奥尔良的战役中，贞德带领军队打败英军。 不幸的是，最终她被英军俘虏。英军称她为女巫，并把她烧死在火刑柱上。 好残忍啊，但是，这就是残酷的历史呀。

4′28″～8′16″		海盗的故事 介绍以内德船长和他的海盗们的为首的诡计和残忍的虐人手段 画面："卑鄙的海盗" 同期声： 主持人：欢迎收看"丰盛大餐等你来"节目。 让我们热烈欢迎臭名远扬的海盗——内德·洛船长。 海盗船长：哦。 主持人：欢迎回来。 内德船长，所以你今天要为我们带来什么呢？腌制咸肉？海鲜饼干？ 海盗船长：不不不不不。我只选用最新鲜的原料。我喜欢尚有温度的鲜肉。 主持：好的，那么就让我们看看你的海盗战利品里都有些什么吧。 画面：（掌声） 同期： 船长：来啦，新鲜出炉。 主持人：呃，通常我们的节目不允许携带助手的呀。 船长：助手？他们才不是助手，他们是原料。 画面：观众惊叹。 同期： 船长：不准再瑟瑟发抖，你们这些下贱的东西。 这个是个西班牙囚犯，我打算把他的心挖出来。 接着我要把这个法国人活生生地烧熟。 最后，我要把这个水手的耳朵割下来，再撒上少许盐，再请他自己好好享用。 我但愿你们都不是素食者。 （第6分9秒）画面提示板："内德·洛真的干过这些事" 同期： 主持人：呃，我想你是打算吃了他们。 船长：我才不会吃了他们。 主持人：不？ 船长：老实告诉你，我真是被你激怒了，你以为我是什么人。我做这些只不过为了玩玩。 （第6分23秒）画面字幕："他哈哈大笑" "她跟着紧张地笑起来" 开饭啦！ （第6分33秒）画面

		解说： 船长：现在你明白为什么没有人愿意落到一个海盗手上了。 所以当我们出海的时候，我们得运用一些漂亮的伎俩。 （第6分43秒）画面字幕：“他奸笑起来” （第6分44秒）第三段 同期： 海盗1：快点啦，小伙子们，看起来这里有个女士啊。 你好啊尊贵的夫人！ 是我先发现她的。 众海盗：哦！ 海盗2：我宁愿用眼罩把我的健全的一只眼给遮住，就像这样。 海盗1：太可怕了。 船长：是我呀，你们的船长！ 海盗1：果然是！真见鬼。 海盗2：船长，说真的，你到底在干什么？ 船长：这是我设计的截获商船的全新计划，如果让他们以为我们都是女人，他们就永远不会怀疑我们其实是海盗了。我们可以正大光明稳稳当当地驶近他们的船只，跳上去，把他们统统杀光，然后霸占他们全部的财产。 全部：啊！！！ 船长：你们的装束服装都在这里。 海盗们：哦，不要。 船长：怎么回事？ 海盗1：这样的话，我们看上去岂不是很……女人？ 船长：那么好，谁有更好的主意，举手说说看。 我是说举起手，杰克。 （第7分35秒）画面字幕：“他们哄堂大笑” 同期： 船长：哦，杰克有个提议。 杰克：不如我们把海盗旗降下来，代之以丧旗。 海盗1：嗯，船只通常会帮助其他遇难船只的。 船长：可是，如果他们从他们的望远镜中看到海盗，他们早就会逃之夭夭啦。 杰克：为什么我们不使我们自己看上去好像都被杀死了一样呢？啊！嗯？ 我们可以躺在甲板上，用红色染料覆盖全身，假装我们被屠杀了。当水手们登上我们的船时，我们突然死而复生，拔出短剑，接着就…… 解说字幕：他模仿切和刺的声音 他们全都死光光！ 啊哈哈哈哈！ 同期： 海盗2：好主意，杰克，来咱们击一掌。 杰克：说实在的，为什么要那样做？

		海盗2：抱歉。 船长：那么就把红色染料拿出来吧，杰克。 杰克：哦，嗯……我没有带。 船长：你说什么？ 杰克：我说我没有带红色染料。 船长：他没有带任何染料。回到计划A上来。 女士们，把这些裙子穿上。 海盗1：粉红色的好棒。 海盗2：我要粉红色的，那是我的幸运色。 杰克：别这样…… 海盗1：哦……

8′17″～13′26″	舞台剧 解说 同期	维多利亚时代人的故事 龙穴节目在维多利亚时代选拔创新发明 表现维多利亚时代的发明的舞台剧 （第8分46秒）画面：卑陋的维多利亚时代人 解说： 你知道吗？我们维多利亚时代的人是极富发明天赋的呢。 但是有的时候，老方法也不失为最好的方法。 早安。 （第9分钟）画面： 解说字幕："维多利亚时代龙穴节目" 解说： 这是维多利亚时代的龙穴节目。 这是维多利亚时代，一个商业和工业迅猛发展的年代。 在这样一个时代，很多伟大的发明被……被发明家发明了出来。 那么，今晚的选手们能否说服评审主席团对他们的发明创造给予资金支持？ 首先出场的选手是，纳撒尼尔·图温克先生。 同期： 纳撒尼尔：先生们，还有女士。请允许我向你们介绍一台我所发明的极其有效的装置，我称它为全自动洗碗机。这台装置将连续数小时全自动清洗碗碟而不需要调整或照看。 男评委2：啊！棒极了，是的，通过。

		女评委、男评委2：通过。 通过。 **解说：** **同期：**下一位优秀的发明者是埃德温娜·格鲁巴克特夫人。 埃德温娜：先生们和夫人，我希望可以用我的绝妙发明为你们奉上一个黄金投资机遇，那就是，全自动土豆收割机。 男评委：好极了。 男评委1、女评委：通过。 **解说：** 对于选手们来说，到现在为止今天真是走运的一天。 下面让我们来看看切斯特顿·怀德白利是否也能够一举成功。 **同期：** 切斯特顿：女士和先生们，我发明了一样我自以为可以改变世界的东西，我管它叫做真空吸尘器。 女评委：但是它到底能干吗呢？ 切斯特顿：它在吸…… 男评委1：哦，我的天啊，真是蠢极了。 **解说：** 主席团不是很中意。 **同期：** 切斯特顿：不要紧。 **解说：** 切斯特顿能使他们回心转意吗？ **同期：** 切斯特顿：你也可以用这个来代替。 **解说字幕：**“感兴趣的赞叹声” **同期：** 男评委1：这才像话嘛，嗯，我通过。 女评委、男评委1：我通过。通过，是的。 **解说：** 小鼠：维多利亚时代的人让儿童做各种糟糕的活计。不过他们也发明了许许多多技术。比如电、火车、轮船、汽车、收音机……哦，我的天哪，听听这个…… **同期：** 男歌手：这是维多利亚女王执政时代。一个声名狼藉的时代。 不过我们也确确实实发明了很多新鲜玩意儿。 这样的发明实在是太多了，我就不要一一细数，以免你们觉得无聊。 女歌手：这真的是我们创造的时代吗？ 男歌手：我只想说，快点让我们加快节奏…… **解释字幕：**他清了清嗓子 我们发明了…… 这场音乐剧。 **同期：** 女歌手：仅此而已？

		男歌手：哦……一个叫亨利·贝塞麦的家伙发明了转炉炼钢法，从而致使后人发明了汽车，发明了石化轮胎和单车，从而满足了人们的需要。 由沥青修筑铺成的固定结实的公路也应运而生。 女：你被雇佣了。 一起：哦~ 沥青，钢铁 汽车，橡胶轮胎， 如此高涨的发明的热情和潜能。 还有很多很多等待发掘。 维多利亚时代人的脑子加班加点地创造主意。 我们发明了灯泡。 真不错！鼓掌！ 打印机和收音机，从此新闻信息传天下，你好。 一对电话发明之后便广为使用，你好！ 我们的发明从未间断， 总是有新的灯丝问世， 最新款的冲水厕所， 电影让人捧腹，闪光灯照相机方便好用， 多好的照片啊，多好的照片啊。 真空吸尘器、厕纸、邮箱和邮票， 阿司匹林、麻醉剂、门锁和电灯， 缝纫机、X光、连环画、筒装冰激凌。 我们发明了这所有的种种。 哦哦哦。 保持住，还有很多。 火车、铁路、大桥甚至地铁， 汽船、手推车还有消毒剂。 维多利亚时代诞生了第一个传承的品牌。 抱抱熊？ 那是出现于1902年的品牌——那时候维多利亚女王已经仙逝啦。 哦哦哦。 气压计是新鲜玩意儿， 铁皮轮船酷毕了， 多么伟大的发明。 多谢。貌似我们差不多说完了。 就只剩一件小事没有提拉， 我们还发明了威力无穷的炸药。

13′27″～16′29″	解说 同期	撒克逊人的故事 列举撒克逊人发明的词语 撒克逊人的祈祷手势 展示两个撒克逊人之间的对话 （第13分54秒）画面：“轰动一时的撒克逊人” （第13分56秒）画面： 同期声解说：“我们从撒克逊人那里得来的词汇” 同期： 奔跑的人： “恶臭” “恶心” “疾病” “肮脏” “污秽” “肥皂” 男人1：嗯，这貌似是个好主意。 男人2：哦，他真是太臭了。 男人1：好吧。 （第14分26秒）画面： 解说： 正确还是错误。 在撒克逊人的时代，肥皂是用羊油和草灰混合制成的。 答案是：正确。 他们有时候还用牛油来提炼。 （同期字幕）： 用肥皂并不是撒克逊人清洗的唯一途径。 同期： 妈妈：不，亲爱的，别碰它，它掉到屎上啦。别担心，妈妈知道该怎么做。 解说： 新撒克逊人手画十字来做祈祷，现在的清洁方法变得越来越强大啦。 妈妈：好啦。它又变得干净清洁啦，现在你可以吃啦。 解说： 保护你和你的家人。 同期： 儿子：你确定吗？ 妈妈：是的，亲爱的，我已经为它做过手画十字的祈祷啦。 解说： “撒克逊人的手画十字可以将家庭细菌统统……杀死。” “警告，精神祈祷根本不可能杀死任何细菌。吃屎真是蠢极了。” （第15分16秒）解说：妈妈 好吧，所以说手画十字其实根本不能奏效。难怪在撒克逊人时代我们会有许许多多的疾病。

		(第15分26秒) 同期： 爱德温：你好，英格柏，最近怎么样？ 英格柏：还不错。是的，不抱怨，不抱怨。 我看你还被这该死的麦角中毒折磨的不轻呢。 爱德温：是啊，我猜我一定是吃了染上麦角病毒的面包了。我感觉我的胳膊和大腿好像着火了一样。我忍不住要不停地抽搐。 你还好吧？我看你身上还是有跳蚤嘛。 英格柏：是啊，爱德温，我怎么也抖不掉他们。 爱德温：你有没有试试洗个澡？ 英格柏：我试过了呀，一年前才我洗过一次。而且我还试过了新撒克逊疗法。把我所有有跳蚤的衣服都所在一个密闭的盒子里。 爱德温：我听说过那个，是用以闷死跳蚤的对吧。管用吗？ 英格柏：你觉得呢？ 爱德温：或许你可以试试穿穿新衣服什么的。 英格柏：我穿着新的内衣啊，可是一点用都没有。 爱德温：什么做的啊？ 英格柏：荨麻！ 爱德温：啊！ 不管怎么样，见到你可真高兴啊，伙计。希望跳蚤能早日清除。 英格柏：是啊，我希望你的羊角疯能早点好。 爱德温：嗯，我会好起来的。如果真的是什么严重的话，有些东西就会掉落下来的。 那么再见了，伙计。 英格柏：再会。 爱德温：保重。 英格柏：爱德温？我想你落下东西啦。 小鼠：羊角病真的会导致坏疽，那意味着身体上的某个部位有可能会脱落哦。 检查一下胳膊，检查一下大腿，尾巴…… 尾巴，你在哪？尾巴！尾巴！尾巴！ 哦，你在这儿！ 哈哈哈，小尾巴。谢天谢地。

16′30″～22′14″	解说 同期 模拟 新闻报道 记者现场 报道	斯图亚特人的故事 （第16分55秒）画面：“虚伪狡猾的斯图亚特王朝” 同期： 女主播：大家好，欢迎收看当时新闻。 当时是何时？时间回溯到17世纪，当时大不列颠内部因为是否废除君主制建立议会制纷争不断。

		要了解更多细节，让我们把下面的时间交给鲍勃，他将为我们带来关于内战的报道。鲍勃。 鲍勃：谢谢，山姆。现在时间是1625年，我希望你穿着得体，因为国王陛下马上就要驾到啦。 是的，这是国王查尔斯一世，自登基之日起他就麻烦缠身。 很大一部分原因是，按照英国教会他本应该是一名新教徒，但他总是做一些很天主教的事情，例如娶了一个天主教徒为妻，像一个天主教徒一样祈祷，穿着印有“我爱天主教”的T恤衫，当然最后一条是开玩笑的。 查理的行为激怒了很多人，尤其是伦敦的议会。 所以查理命令解散议会大约10年的时间，让他一个人统治着玩。 但是时隔不久，首先是苏格兰人，受够了他们这位专横狂热的天主教迷国王，他们发动了一场战争反对他。 紧接着是爱尔兰人受够了，英格兰人总是侵占他们的土地，又发动了一场战争反对他。 战争的花费是极其昂贵的，所以查理重新召回了议会，希望从他们那里拿钱。 他们说：“不行，难道你忘了你曾经试图解散我们吗？” 他们给了他一张清单，上面列有他的种种恶行。 谈谈接踵而来的麻烦吧。在随后的两年里，国家分成了两派，有部分人站在了查理这边，比如保皇党，而另一部分则站在议会一边，那就是圆颅党。 直到1642年，在诺丁汉，内战爆发了。 这是怎样一场战争啊，事实上如果我们来看看战争年表的话，我们可以发现在第一场主要战役中，没有一方取得真正胜利，多么愚蠢啊，这是一场不分胜负的比赛。 但是在伦敦发生的第二回合，圆颅党取得了绝对胜利。接上来就是一场西方世界里对保皇党的扼杀。 ………… 但是国王的运气没能持续。他被马斯顿荒原战役的致命一击彻底扼杀了，并且在纳瑟比被歼灭殆尽。 事实上他表现得如此之糟糕? 但是查理有了一个主意，他和苏格兰人民签订了停战协议，协议称如果他们能帮助他抵抗圆颅党就停止与苏格兰的纷争。这真是个聪明的主意。 不过那并没有奏效，苏格兰人直接把他交到了议会的手上。所以，圆颅党胜，保皇党败，这就是最终的结果。 但是好景不长！时隔不久，圆颅党的领袖，奥利弗·克伦威尔让人痛痒难当，就像穿了荨麻内衣一样。所以苏格兰人最终和查理结成联盟来推翻克伦威尔。 是的，这就是内战的第二回合。在这一回合中，苏格兰人和保皇党站在同一阵营，他们不可能输的，我们大概都是这么想的。克伦威尔击败了他们，宣告了内战的结束，而查理也被推上了绞刑架，从而也带来了国王制的终结。

		现在，随着战争的结束，克伦威尔大权独揽。他不再对保皇党尖酸刻薄，反而对其他人如此。他把英国变成了严肃的清教徒的领地。那就意味着禁绝一切滑稽有趣的东西，包括体育运动、剧院还有圣诞节。他竭尽所能去禁止这些，变得无聊透顶，一直到死。 之后他的儿子理查德即位，他软弱无能，不久之后英国人民就想着赶清教徒下台。随即，疯狂的国王就回来了。是的，查尔斯王子在人民的欢呼中光荣归来，成为国王查尔斯二世，垄断制度从而卷土重来。而正是复辟给我们带来了很多的乐趣，比如失而复得的喜剧，失而复得的流行文化和家具艺术，包括这珍贵的桃花心木梳妆台。 我听到了750英镑的要价，750英镑拍卖这个梳妆台。750英镑一次，800英镑，有人出800英镑，900英镑，后面的那位出价950，我看到了1000英镑，1000英镑一次，1000英镑两次，成交！1000英镑，这个漂亮的梳妆台卖给这位漂亮的女士了。 剩下时间交给你了，山姆。 **解说：** 小鼠：英国内战中最重要的一场战役是马斯顿荒原战役，但是当时发生了什么，实在是一言难尽。让我们看一看前方记者迈克·皮博迪发回的现场报道，从而更清楚地了解当时情况到底如何。迈克。 **同期：** 迈克：我现在位于约克西端的马斯顿荒原。这里被公认为整个英国内战当中最野蛮最血腥的战役之一。 我希望能够赶上王军统帅鲁伯特王子，他现在正在带领他的保皇党军队准备……晚餐。 王子：有什么事吗，老兄？ 迈克：您好王子殿下。我是迈克·皮博迪，HHTV频道的记者。王子殿下，我不能不注意到你实际上并没有在为战斗做准备工作啊。 王子：当然没有。现在已经7点了，离天亮只有一小时了。根本来不及为战斗做准备，但是足够准备美餐一顿的啦。 所以我下令让整个皇军放下武器，吃个晚饭。来坐下吧，加入我们。来点野鸡肉吗？ 公爵：不，我是个公爵。 **字幕：**他们大笑 **同期：** 王子：野鸡，农民——明白了？ 迈克：是的，棒极了。但问题是，成千上万的圆颅党敌军正向这里涌来，他们现在就在荒原的那一端。难道您一点都不担心吗？ 王子：哦，是的，我担心急了，我就要死了……渴死了！快把酒递给我，老男人！ 向国王致敬。国王！ 迈克：如果圆颅党突然发起进攻该怎么办？

		公爵：等一下，我想我听到了什么声音。 （他打了个嗝） （他们大笑） 王子：你这个蠢货。今天没人会发动一场大规模战争的。现在没人会像斯图尔特时代人那样行事了。 公爵：如果他们现在就发起进攻，我们就……呃。 （他们尖叫） 同期： 迈克：好的好的。听着，我有一个切黄油的刀，我随时会使用它，所以乖乖退后。 这是HHTV频道记者迈克·皮博迪在马斯顿荒原为您发回的、日出时分圆颅党进攻的现场报道。真希望他是在别的什么地方。 你，给我退后，不然的话，我就对你不客气了，我可没有在开玩笑。

22′ 15″ ～27′ 35″	解说 同期 动画	凯尔特人的故事 通过动画的形式来介绍由于战争而产生的发明 通过交换妻子体验生活的游戏来展示凯尔特人和罗马人的差别 （第22分36秒）画面：“砍头割喉的凯尔特人” （22分41秒）解说： 当罗马人入侵英国时，他们在东英格兰遇到了麻烦。那里的土地潮湿，多沼泽。非常非常的潮湿，非常非常的多沼泽。 随后一个罗马将军想出了一个聪明的解决办法——为什么不用用高跷呢？ 他的主意非常聪明。高跷防止了罗马人沾湿身子。但是仍然有个小问题——凯尔特人发现站在高跷上的罗马人很容易被砍倒。罗马人像多米诺骨牌一样被砍倒了，凯尔特人从而轻而易举地把他们消灭了。 同期： 罗马将军：啊。我想，啊。 凯尔特人：别再回来了！（他清了清嗓子） 真抱歉。很不幸的是，有很多罗马人真的最终定居在了英国。他们跟我们凯尔特人差别迥异。 （第23分38秒）解说： 欢迎来到凯尔特特别节目“历史大换妻”。这是凯尔特先生和夫人。他们的家族在英国已经生活了有好几个世纪了。他们将和他们的新邻居进行友好换妻交流活动，他们就是罗马人。他们来自意大利，近期征服英国。那么这两种风格迥异的文化将会相处如何呢？ 同期： 罗马夫人：你好，我是罗马夫人，你一定就是凯尔特先生吧。 凯尔特先生：你好，罗马夫人。

		罗马夫人：多么可爱的马厩啊。 凯尔特先生：马厩？不不，这是我家。我还没来的及将它装饰一下呢。我刚打算把这些装饰品都挂上去。 （她尖叫起来） 作为战利品的敌人头颅。我在想把这个挂在这儿。你觉得怎么样？呃。哦…… 嗨？她去哪儿了？ 罗马夫人：我们罗马人用石头和水泥建造我们自己的别墅。我问了那个毛人凯尔特人用什么建造他们的房屋墙壁。他说只是枝条木棍和动物粪便。呃！ **解说：** 那么凯尔特夫人在罗马别墅里感觉如何呢？ **同期：** 凯尔特夫人：你好……哦！抱歉，抱歉！ 这就是蓄这样又长又美的凯尔特式头发要付出的代价。我是盖尔蒂亚。 罗马先生：你有点迟到了，不是吗？今天我的第一件事情就是等着你。 凯尔特夫人：但是这确实是第一件事情啊！ 罗马先生：可是现在都已经夜幕降临了。 凯尔特夫人：但对于我们凯尔特人来说，夜幕降临才是新一天的开始啊。 罗马先生：我明白了！我恐怕你已经错过晚饭了。真是遗憾。我还准备了油炸鱼丸呢。不过还是请吃个苹果吧！ 凯尔特夫人：我的天啊，那是什么东西？！ 罗马先生：这是水果啊，你吃吧，很好吃的，是我们从意大利带来的。 凯尔特夫人：好吃极了！ 罗马先生：看来我们有了一个好的开始啊。 (他们笑起来) **解说：** 那么在凯尔特人的小屋里，晚餐是否能顺利进行呢？ **同期：** 凯尔特先生：你不饿吗？ 罗马夫人：是的，我一点胃口都没有。我想要上床睡觉了。可以劳烦你告诉我卧室在哪儿吗？ （他大笑起来） 凯尔特先生：卧室？那可是个极好的。 我们在地上铺了一块狼皮来保暖，你就不会觉得冷了。 罗马夫人：哦。我的脚割伤了。 什么？是……是他的牙…… 凯尔特先生：哦，可真脏啊。我们马上用凯尔特上乘良方来把伤口处理一下。 （他吹起口哨） 过来，宝贝！狗狗的舔舐会让伤口马上愈合的！ （犬吠声）

		（他吹口哨） 在这儿，宝贝！它在哪儿呢？过来啊，宝贝！（他轻轻笑起来）在哪里……嗨？ 解说： 那么在奢华的罗马别墅里住宿条件又如何呢？ 同期： 罗马先生：今天晚上你就在客房就寝。 凯尔特夫人：在地板上？ 罗马先生：当然是在床上！ 凯尔特夫人：床上？ 罗马先生：你会很暖和的，我已经让仆人把中央暖炉加热了。早晨起来，你可以洗一个舒服的热水澡。 凯尔特夫人：热水澡？！ 罗马先生：或者如果你愿意的话，你也可以去花园里在马赛克浴缸里泡泡澡。然后仆人们会来帮你梳妆打扮的。 凯尔特夫人：哦！我想我会彻彻底底的爱上这里的。 这些罗马水果真是好吃极了！苹果，梨子，李子……太可口了！他们甚至还带了新的动物来英国。他们真是可爱极了。哦，看！这里有一只！过来，猫咪猫咪！过来这边，猫咪……哦！ 解说： 友好换妻体验生活活动就这样结束了。很明显并不是每一个人对自己的经历很满意的。 同期： 罗马夫人：我真是度过了最糟糕的一段时间。你们凯尔特人——你们吃的像动物一样，你们睡在地上，你们用动物粪便做小屋，用人头来装饰，你们是野蛮人。 同期： 罗马先生：好了，亲爱的，没必要那么粗鲁。 罗马夫人：不，马克思！真是抱歉，我希望你能马上带我回罗马。我想念那里宜人的天气，友好的邻居，还有那文明…… 凯尔特先生：啊，对了！你们滚回你们的罗马吧，你们这些蠢货！你们或许不欣赏我们的肮脏的小屋，但是对我们来说，这是家！ 罗马先生：你如果再这么对我夫人说话，我就要发火了。 凯尔特先生：滚出去，老兄！ 罗马先生：粗俗。 凯尔特先生：走吧，亲爱的。我们回家吧。 凯尔特夫人：你们能带我一起走吗？哦！ （第3分49秒）歌曲 难以置信的故事，骇人听闻的行径， 我们把全部吓人的真相都呈现在你眼前。 解说： 小鼠：想要和我一起穿越时光吗？ 那么请观看可怕的历史，恐怖财富。登录CBBC网站点击《恐怖历史》节目。 希望你喜欢《恐怖历史》。

节目特色

1. 故事的选取：选取了一些奇异诡谲的历史故事，并渲染上“恐怖的气氛”，吸引人的眼球。

2. 节目的形式：部分故事片段采取一些当下BBC节目的形式而放到历史事件发生的时期，新颖有趣，幽默诙谐。还有歌曲等形式，形式丰富多样。

3. 充分运用幽默的因素：对话诙谐幽默。比如开头的第一个故事，两个中世纪骑士之间的争斗，临近结束时，年长的骑士说：“你怎么这么固执啊？”年轻的回应道：“我是遗传了你啊，爸爸。”我们这才知道原来争斗双方竟然是父子。对话诙谐幽默，不禁使观众会心一笑。

4. 穿插动画的片度，增加趣味性。虽然该节目是真人剧，但是其中也穿插了一部分动画的短片故事，例如在最后一个故事“砍头割喉的凯尔特人”中，就采用了动画的形式，增加了节目的趣味性，使得更加贴合主要观众群——青少年儿童的兴趣。

5. 每集的歌曲非常有特色，其歌曲内容与节目的内容紧密相关，相当于一个小的预告和总结。从歌曲形式上看富有节奏和韵律，十分动感。

相关链接

http：//movie.douban.com/subject/5213462/

节目名称

忍者技巧指南
（Wu-How:The Ninja How to Guide）

节目基本情况

播出机构：BBC3
官方网站：http：//www.bbc.co.uk/programmes/b00t0c98
播出频次：每周五晚20：30
开播时间：2010年8月13日
节目时长：30分钟

节目介绍

节目以一系列诙谐的方法教会你如何以忍者的方式完成许多日常的工作，生活上的每一方面都有身着不同颜色衣服的忍者负责指导。教授技巧的有灰忍者（负责高科技技术）、黑忍者（负责生存技巧）、蓝忍者（负责风格）、粉红忍者（负责家庭事务）、红忍者（负责工艺品）和棕色忍者（负责DIY）。

他们在所有的事情上都会给观众建议，从怎么在节目中做一道有美食家水准的菜肴到怎么让一辆有着老式斜度的自行车脱胎换骨，忍者们用他们丰富的知识带给观众生动有趣又富有刺激性的建议。他们的方式不是单方面的宣教，让观众一味地接受，而是那些珍贵的小智慧，会让观众自己也动手实践，从而渐渐变成专家。

文本分析

案例：第一季 第二集

时长（分钟）	形式	内容
节目开始～17″	解说	出片头：Wu-how：The ninja guide to pretty much everything “笨蛋推动世界的发展。”这句台词引出忍者教你生活技巧的节目主题。

18″～1′46″	解说	依次简单介绍每位不同颜色的忍者负责的方面，从“灰忍者”教授高科技方面的知识开始。

1′47″～3′09″	解说 真人出演，忍者以搞笑的肢体语言在旁出现	教授内容：怎么制作动画片，先列出需要的材料，然后一步一步解释，共有7个步骤，最后就能在电脑上欣赏你的作品。
3′10″～4′35″	解说 真人出演，忍者以搞笑的肢体语言在旁出现	“灰忍者”教授第二项内容：怎么制作一块写预算或者沟通用的白板，列出所需材料后分4个步骤教授并且演示如何使用。
4′46″～5′42″	真人出演，忍者以搞笑的肢体语言在旁出现，解说	“灰忍者”教授第三项内容：怎么穿着手套使用触屏智能机：列出所需材料根据3个步骤教授，问题就解决了。
5′43″～6′45″	真人出演，忍者以搞笑的肢体语言在旁出现，解说	“灰忍者”教授第四项内容：怎么修好有划痕或抓痕的CD或者DVD，先列出所需材料再简单几个步骤就修复好了。

6′46″～8′51″	真人出演，忍者以搞笑的肢体语言在旁出现，解说	负责DIY内容的“棕忍者”上场，共教4项内容，第一项：怎么建造一所室外电影院，列出所需材料共有5个步骤完成。
8′52″～9′42″	真人出演，忍者以搞笑的肢体语言在旁出现，解说	“棕忍者”教授第二项内容：忍者教授清理的3个小技巧。
9′43″～10′41″	真人出演，忍者以搞笑的肢体语言在旁出现，解说	“棕忍者”教授第三项内容：怎么挂一幅很重的画，一共5个步骤并提醒其中的注意事项。
10′42″～12′03″	真人出演，忍者以搞笑的肢体语言在旁出现，解说	“棕忍者”教授第四项内容：怎么制作你自己的平地人字拖鞋，列出所需材料共有4项步骤，一双拖鞋就完成了。

12′04″～13′51″	真人出演，忍者以搞笑的肢体语言在旁出现，解说	教授生存技巧的“黑忍者”登场，共教授4项内容，第一项：怎么让你的演讲精彩、成功，一共有5个小技巧。
13′51″～14′56″	一男一女忍者出演，解说	“黑忍者”教授第二项内容：怎么像忍者一样接吻，提出一些步骤和技巧。
14′57″～15′46″	真人出演，忍者以搞笑的肢体语言在旁出现，解说	“黑忍者”教授第三项内容：怎么在你工作的时候锻炼肌肉，共提出6点建议。
15′47″～16′48″	忍者出演，解说	“黑忍者”教授第四项内容：怎么像忍者一样安排你的工作，共提出5点建议。

16′49″～18′47″	真人出演，忍者以搞笑的肢体语言在旁出现，解说	教授家务事的“粉红忍者”出场，第一项内容：怎么做寿司，分步骤演示并告诉大家沾什么调料。

18′48″～19′45″	真人出演，忍者以搞笑的肢体语言在旁出现，画外音解说	“粉红忍者”教授第二项内容：怎么锋利一把刀子，共有4个步骤并提出注意点。
19′46″～21′07″	真人出演，忍者以搞笑的肢体语言在旁出现，画外音解说	“粉红忍者”教授第三项内容：怎么通水槽，列出所需材料，4个步骤层层递进，不行的话就采取下一步。
21′08″～21′56″	真人出演，忍者以搞笑的肢体语言在旁出现，画外音解说	“粉红忍者”教授第四项内容：怎么把CD上很黏的东西去掉，列出所需材料，简单两步就解决了并提出步骤中的注意点。

21′57″～23′52″	真人出演，忍者以搞笑的肢体语言在旁出现，画外音解说	教授“嫁接”工作的“红忍者”上场，教授第一项内容：怎么拍出清晰的好照片，列出所需的材料并分步骤演示。
23′53″～25′33″	真人出演，忍者以搞笑的肢体语言在旁出现，画外音解说	“红忍者”教授第二项内容：怎么利用塑料袋制作一个有设计感的环保袋，列出所需材料分步骤演示并提出注意事项。
25′34″～26′29″	真人出演，忍者以搞笑的肢体语言在旁出现，画外音解说	“红忍者”教授第三项内容：怎么玩三角铁，分4个步骤教授。
26′30″～27′58″	真人出演，忍者以搞笑的肢体语言在旁出现，画外音解说	“红忍者”教授第四项内容：怎么做枝状吊灯，列出所需材料并分步骤演示。
27′59″～28′38″	解说	本期节目结束。

节目特色

1. 形式新颖：介绍生活技巧的实用类节目也不少，但是《忍者技巧指南》这档节目非常创新，设计出不同的忍者形象负责教授不同方面的生活技巧，特色鲜明，让人耳目一新，也扩大了受众群，让不只是家庭妇女任何人都会有兴趣观看。

2. 非常实用：节目中教授的技巧非常实用，涉及生活、学习或者工作上的方方面面，非常全面，大多都是简单易行的，给观众带去了很多帮助。

3. 风格诙谐有趣：这是很多观众喜欢该节目的重要原因之一，节目走的是搞笑诙谐的路线，无论是忍者的扮演者还是负责演示的演员表情、动作都很丰富，很到位，忍者更是常常用夸张的肢体语言来逗趣，还有配音情感也到位，效果出众，让观众感受到了忍者的热情和节目的幽默感，给观众带来欢笑。

4. 内容丰富：每期节目都会出现4位忍者来教授技巧，每位忍者教授大约4个技巧，这样加起来每期节目有16个技巧的传达，内容很丰富，节奏也很快。

可借鉴处

除了节目内容之外，其实这档节目带给我们最大的收获就是告诉我们节目必须做得有特色。虽然国内也有教授生活技巧的节目，但是风格不够鲜明，形式不够新颖，没有大的卖点。《忍者技巧指南》以不同风格的忍者作为卖点，节目走诙谐幽默路线，这一点完全可以被国内同仁在研发的节目时采用。

相关链接

http：//www.ninjavideoforum.net/showthread.php?16218-Wu-How-The-Ninja-How-To-Guide-(BBC3)

http：//www.youtube.com/watch?v=mnfsj9oiueQ

http：//forum.rpg.net/showthread.php?531344-Wu-How-the-Ninja-How-To-Guide

节目名称

巧手先生（Mister Maker）

节目基本情况

播出机构：Cbeebies 频道（为6岁以下的学前儿童设置的频道）
官方网站：http：//www.bbc.co.uk/cbeebies/mister-maker/
播出频次：每周四15：30
开播时间：2007年
节目时长：20分钟

节目介绍

《巧手先生》是一档为学前儿童设计的手工制作节目。同时在多个国家地区播出，节目过程中包括动画和实时场景。节目目前已经播出三季，第一季为巧手先生，第二季为巧手先生在家做东西，第三季为巧手先生来到小镇。

巧手先生是一位现实中的人物，他从身边的事物中寻找灵感制作东西，并通过有趣和富有想象力的方式教孩子们手工。他生活在自己的艺术室里，把那些看起来平平无常的东西弄的栩栩如生。

文本分析

案例：第一季 第十八集

时长（分钟）	形式	内容
节目开始～4′26″	解说　主持	巧手先生做些有趣的事情然后想到要做什么。 用橡皮泥做一个坐落在阳光沙滩上的沙堡。
4′26″～6′16″	解说　主持	唤醒各种形状。 挑出其中一种图片，并找图中共出现了多少这种图形，用图形形成了一个吉他。

6′16″～9′29″	解说　主持	一分钟制作时间。 巧手先生在一分钟内做出一些东西。用汤匙做一只“汤匙昆虫”。
9′29″～10′43″	解说　主持	穿着彩色服装的孩子摆出图案，让巧手先生猜。孩子们拼成了一列火车。

10′43″～12′59″	解说　主持	用框架把它裱起来。巧手先生做些好看的饰品，甚至在完成后，可以被裱起来。巧手先生用干扁豆、去皮的豌豆和大米做成了恐龙图。
12′59″～20′00″	解说　主持	用空瓶子做一个“瓶子怪物撞柱游戏”。

节目特色

1. 主持人搞笑幽默，富有喜感，经常做些滑稽的事情，让人捧腹一笑。

2. 在制作过程中融动画和现实于一体，对于喜欢想象和丰富的画面的孩子来说极富吸引力。

3. 节目模块清晰。板块的设置利于孩子认识颜色，认识形状，提高动手能力。

4. 节目中动手制作内容有的利用废旧物品，有的利用简单的工具，操作简单易行，便于儿童学习，而且节目中对于难以完成的工作做了提醒，需要大人的从旁协助，保证了安全性。

5. 官方网站设置很精美，卡通形象符合儿童的审美趣味。网页也分为成人版、儿童版。

相关链接

http：//www.bbc.co.uk/cbeebies/mistermaker/

http：//www.tudiscoverykids.com/programacion/

节目名称

司机丹的火车故事（Driver Dan's Story Train）

节目基本情况

播出机构：BBC 1
官方网站：http：//www.bbc.co.uk/cbeebies/driverdansstorytrain/
播出频次：日播
开播时间：2010年1月
节目时长：11分钟

节目介绍

这是一部3D动画，原创者是瑞贝卡·艾格（Rebecca Elgar），由2454（TWOFOUR54）广播公司和3线（3LINE）媒体公司联合出品。总制作数达到了104集。该节目在BBC幼儿频道以及美国的ABC2和PBS台播出。

文本分析

背景介绍《司机丹的火车故事》讲述了一个友好小组的冒险故事。丹驱动火车和其神奇的书到一个令人兴奋的激动的地方，沿途收集任务和故事标题前往故事角，那里的朋友聚在一起听司机丹讲故事。故事通过想象的方式进行再现，鼓励孩子们对书本和讲故事感兴趣。司机丹开着一辆货车，一路上会碰到不同的小动物，和最后要讲的故事有所关系。

在路上载满了需要一同去故事角的小朋友后，故事列车便在故事角停下，开始翻开故事书，讲一个故事。

时长	形式	内容
	开火车 讲故事	解说： 同期声： 这是司机丹的故事火车。 司机丹：大家好！ 孩子们：司机丹好！ 音乐： 我们的朋友，我们将要看什么？ 我们的朋友，你们认为接下来会怎么样？ 上车，和我们一起旅行。大家一起登上这个故事火车。 同期声： 司机丹：推克，你有没有看见有个人？我看不见他是谁，你能吗？ 小鸟推克：我可以看见一个轮子，也许他是车子加速时发出的呜呜声。但是那听起来又不像是车子加速时发出的呜呜声。他不是车子加速是发出的呜呜声，是托乐。 司机丹：是的，是托乐，我们过去跟他打个招呼吧！ 乌龟布莱斯：Boo！ 大象托乐：啊！ 司机丹：我确定我刚刚看见布莱斯让托乐跳了起来。（走向托乐）你需要什么帮助吗，托乐？ 大象托乐：是的，麻烦你了，司机丹。 司机丹：托乐，我刚刚不是看见布莱斯了吗？ 大象托乐：是的，是她让我跳了起来。 司机丹：她是怎么做的？我们总能够听到她在哪里，因为她的铃声。你知道布莱斯 是怎么做的？ 孩子们：司机丹，在你后面！小心！ 乌龟布莱斯：Boo！ 司机丹和大象托乐：啊！ 乌龟布莱斯：哈哈！我让你跳起来了，对吧，司机丹？ 司机丹：是的，确实。 乌龟布莱斯：还有，你没有听见我的铃声吧！我把它套了一个袜子，弄成静音了！看见了没？那就是你为什么没听见我来了的原因。 司机丹：那很聪明，布莱斯！ (小鸟推克吱吱地叫！) 大象托乐：有人能帮我吗？（司机丹去帮他） 乌龟布莱斯：我也让你跳了，托乐，对吧？两次呢！ （终于把大象托乐拖了出来） 司机丹：好了！

		大象托乐：谢谢！布莱斯肯定又藏起来了，她这一整天都在让我跳起来。 司机丹：这也跳了太多次了！ 大象托乐：我希望我也能让她跳一跳，这样她就会知道这是什么感觉了？但我并不擅长这个。 司机丹：你认为布莱斯是不是又藏在那棵树的后面了呢？ 大象托乐：也许。 司机丹：布莱斯，你想和我们一起去故事角吗？ （乌龟布莱斯跳了出来） 大象托乐和司机丹：啊！ 乌龟布莱斯：是的，走吧！哈哈！又让你们跳了一次。 司机丹：是的，你很厉害，布莱斯。我们要先去接另一个人。（对大象托乐说）你知道的，他们也许会帮助你让布莱斯跳起来。 大象托乐：谢谢，司机丹像布莱斯一样，偷偷地，一定会很有趣。 司机丹：是的，最好的就是偷偷地，你要像布莱斯一样地安静。给你的轮子上上一点油。 大象托乐：哦，原来如此。这就是我原来为什么不可以的原因。（悄悄对司机丹说）现在我和布莱斯一样安静了，谢谢你，丹。 司机丹：好了，推克，我准备好了。你准备好了吗？那么，我们出发吧！ 孩子们：大家一起登上故事火车吧！ 乌龟布莱斯：全都登上。

		所有乘客上车后，司机开始讲述故事 司机丹：你能猜到下一个旅客会是谁吗？ 孩子A：那些是什么？他们看起来像是糖。 B：他们很漂亮。 C：我知道，他是绵羊。 D：是的，那是他们的马车。 司机丹：（下车）这就是我说的美好的猜想！你好，Number one。 绵羊Number one：咩~ 司机丹：我在想你是否会愿意去故事角。（羊叫）让我们把你也带上吧！ 乌龟布莱斯：看我的，我要把Number one也弄得跳起来。 司机丹：那也许并不是一个好主意，布莱斯。 大象托乐：她很擅长偷偷地去，我也要练习一下。 司机丹：看到了吗？像她那样，慢慢地移动。 大象托乐：哦，是的。 司机丹：但是，最重要的事情是当没有任何人注意的时候制造一声噪音。看！ 乌龟布莱斯：Boo！ 绵羊Number one：啊！ （乌龟布莱斯咯咯笑了起来） 乌龟布莱斯：我让你跳起来了，Number one。

解说：
连续有四只羊跳了出来“咩”了一声，让乌龟布莱斯连跳了四下，这时乌龟布莱斯的铃铛也响了。羊们都笑了出来。
同期声：
大象托乐：好极了！5只伟大的羊的惊喜！（突然，朝着乌龟布莱斯“Boo”了一声。）
乌龟布莱斯：啊！
大象托乐：我让你跳起来了！我让你跳起来了！
乌龟布莱斯：噢！他们都非常擅长突然出现吓人！
司机丹：你看上去对此感到不是很高兴。
乌龟布莱斯：总是被吓可不是一件美好的事情。我想我让你跳了太多次了，是不是，托乐？我很抱歉。
大象托乐：谢谢，布莱斯。但是现在我也学会了如何静悄悄地、偷偷地，我们可以每天都玩这个游戏。
（布莱斯大笑）
乌龟布莱斯：我今天已经跳的够多的了，你呢，托乐，没有更多的惊喜了？司机丹，现在我们可以去故事角了吗？
（绵羊叫）
司机丹：好主意，布莱斯。我们走吧！快走吧，绵羊们，故事角的时间要到了。
司机丹：我们已经很清楚了吗，推克？
（号角高声鸣叫）
司机丹：看上去我们已经准备得很好了，你准备好了吗？我们出发吧！
孩子们：大家一起登上故事火车吧！我喜欢一个故事！我希望它能让我跳起来！但是不要太过激动紧张，不，不要太过激动紧张。
司机丹：我们到了，故事角。谁想要听个故事？

司机的故事让大家觉得很好玩
大象托乐：是的，司机丹，请吧！这会是一个让我们跳起来的故事吗？
乌龟布莱斯：事实上，我再也不喜欢那些激动而紧张的事物了。
司机丹：（轻轻笑了）让我们来看看，嗯……我想……啊！我知道这本。大家都坐好了准备听故事了吗？
大象托乐：好了，丹。
乌龟布莱斯：好了，我们等着啦！
司机丹：那么大家呢？舒舒服服地坐好了？准备好听故事了？
孩子们：准备好了，丹。
司机丹：这个故事叫做“在水洞里”，是大卫·英格曼写的，还有鲍拉·波里斯画的插图。水洞底里，一切都很安静。乌龟经过了，他是去水边准备喝水，突然，他听见了“Boo”，突然发出的响声使得乌龟缩到了他的壳里。“让你跳了起来，我做的不错吧！”鳄鱼说。
大象托乐：我希望有一个人能够让鳄鱼也跳起来。

		司机丹：水洞底里，一切都很安静。鳄鱼也想喝水了。他张开了他的嘴，大大地吞了一口，突然，他听见…… 所有人：Boo! (大家都咯咯地笑) 司机丹："啊！"伴随着他的微笑消失，鳄鱼叫了。"我让你跳了起来了，啊，多好。"河马说。水洞底里，一切都很安静。河马也渴了，因此当她用桨溅出了水的时候，突然，她听见…… 所有人：Boo! (大家都咯咯地笑) 司机丹：把河马吓到了泥里。"把你弄得跳了起来，我多么棒啊！"长颈鹿说。水洞底里，一起都很安静，长颈鹿也渴了。她把脖子弯得很低很低，为了能够喝到很多的水。突然，她听到…… 所有人：Boo! (大家都咯咯地笑) 司机丹："啊！"长颈鹿叫道，同时，她的腿瘫倒到了地上。"我让你跳了起来了！哦，哦，太棒了！"水洞底里，一切都很安静，所有的朋友都在水洞的周围，喝水。故事结束了，你们怎么想的? 所有人：Boo!（大家都咯咯地笑）

节目特色

1. 有时候这个故事火车通过人物（或一对或一组字符）相互作用来满足其他的人物或字符。

2. 故事讲完以后会出现听故事的孩子们，通过表演的方式再现刚刚讲的故事。

3. 每个故事都生动有趣，不像国产动画片那样充满指导性的刻板教育。

节目形式新颖，结合了歌唱互动的方式，用火车车厢装载着一群动画人物（动物们），一起驶向故事角。

节目名称

妮娜和她的神经元
（Nina and the Neurons）

节目基本情况

播出平台：CBBC（英国广播公司儿童频道）
官方网站：http：//www.bbc.co.uk/cbeebies/nina/
播出频次：每周一到周五16：25～16：40
开播时间：2007年2月26日
节目时长：15分钟

节目介绍

《妮娜和她的神经元》是面向4到6岁儿童的一档儿童节目，旨在让孩子们了解基本的科学程序和知识。主持人妮娜通过她大脑中的神经元（5个代表感觉器官的动画人物）来帮助她解答科学问题的神经学家。节目已经播出了五季。第一季为25集，第二季为25集，第三季为11集，第四季为25集，第五季为25集。

这档节目为学前儿童准备，节目先让孩子根据现实生活中遇到的不懂问题在节目中提问，然后妮娜使用实验的方法对之进行解答，让孩子们在操作实践中了解科学、认识自然。除了妮娜外，还有5个感官，他们分别是触觉（Felix）；听觉（Belle）；视觉（Luke）；嗅觉（Olly）；味觉（Bud）。

文本分析

案例：第二季 第二十集

妮娜要通过实验和动用各种感官为大家解答为什么下雨的时候要穿雨靴。

时长（分钟）	形式	内容
节目开始～3′	现场主持	通过讲演和实验，妮娜为现场的孩子们讲述重力 妮娜在现场投下一个纸片显示重力的存在；倒杯子里面的水，卡片却不掉下，因为有空气压住了卡片使得杯子上的卡片没有掉下来。
3′～5′30″	解说	妮娜解答伊柏拉罕的问题：为什么下雨的时候他要穿雨靴 妮娜听到警铃声音，知道有人求助；伊柏拉罕在大屏幕上出现，提出自己的问题；妮娜寻找她的神经元求助，各个卡通感官出现争相接受求助；妮娜走出实验室去寻找问题原因。

5′30″～11′	解说　同期	妮娜来到提问者家中了解情况 妮娜来到伊柏拉罕家，了解伊柏拉罕提问的原因；妮娜让孩子们穿上他的鞋体验比较雨靴为什么会让脚不湿；妮娜让伊柏拉罕作蜡笔画，通过蜡防水试验说明蜡防水。
11′～12′30″	解说　现场主持	妮娜回到实验室做实验解释伊柏拉罕的问题 妮娜回到实验室用橡胶试验解释鞋子由橡胶做成，所以防水。

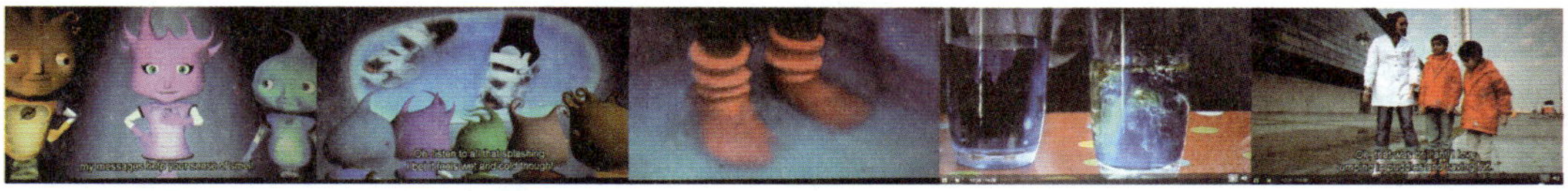

12′30″～13′15″	解说　现场主持	妮娜和孩子们到室外踩水，实践雨靴防水

13′15″～结束	解说　现场主持	妮娜与她的神经元们讨论今天感知到了什么，学到了什么 5种器官分别说了自己从今天的提问解答过程中学到的东西，妮娜回顾节目的大致过程。

节目特色

1. 五个感官角色人物的设置可爱形象，把大脑中的所思所想所感都通过动画之间的对话，以及妮娜与感官间的对话形象表现出来，充满趣味。

2. 节目主持人亲切可亲，了解科学常识，并细心解读有的时候甚至很棘手的科学问题，使科学程序和知识易懂可感，实践性强。

3. 解决问题手段多样，尽可能应用各种方法，锻炼儿童思维，拓展知识。

4. 有儿童提出普遍性的问题，然后主持人与之一起在实验中解决，培养儿童勤问、好奇、实践精神。

5. 网站设置非常卡通，充分调动孩子的感官，提高动手能力。

本土化建议

1. 应该选择一位有亲和力的主持人，她了解基础科学知识，并且懂得如何把简单的知识应用于易懂的实验。

2. 节目前期要积累一定的儿童观众，并积极鼓励他们进行提问；实验室里面孩子们要与主持人积极配合，并做好内景的转换。

相关链接

http：//en.wikipedia.org/wiki/Nina_and_the_Neurons

花样百出的娱乐节目

Planning TV

节目名称

101个挑战（101 Challenges）

节目基本情况

播出机构：Channel 4
官方网站：http：//www.channel4.com/programmes/101-challenges
播出频次：周播，13：00
开播时间：2008年11月29日
节目时长：37分钟

节目介绍

节目主持兼主角是两兄弟，李和琳斯。他们来自苏格兰的一个小渔村，要用一年的时间在亚洲的各个角落里完成101个挑战。两兄弟在亚洲各个国家地区完成由网民在网上为他们设置的各个挑战，并且要用一年的时间来完成。挑战的内容各式各样，如有要在1分钟之内穿上20条内裤等等。观众网民设定挑战要满足三条原则：不可以违法；不可以非道德；不可以导致死亡（可以受伤）。挑战的内容其实跟所在的地方联系不是特别大，所在地点更多是增加节目观众文化猎奇的需要。观众设定的内容大多数较严苛甚至对两位主角产生较大的身体伤害。

文本分析

案例：第一季 第六集

时长（分钟）	形式	内容
节目开始～2′	解说　同期	主持人介绍节目背景及本期节目内容 李和琳斯放弃工作和正常生活，开始人生中最重要的一次旅途，花一整年时间来探索亚洲。然而这不是一个简单的旅程，因为他们有任务。他们所去的地方和所做的事情都由世界各地的人通过网络来决定。他们要在12个月里完成101个挑战。这些挑战可以是任何东西，但要满足以下三个简单条件：挑战不能够违法、不道德以及导致死亡。
2′～4′	同期　解说	环节一：主持人进行第一个挑战：逗蛇 李和琳斯在耍蛇人的指导下尝试逗蛇，但是最后因为太害怕，一直尖叫，而放弃，挑战失败。
4′～7′	同期　解说	环节二：主持人进行第二个挑战：开印度小客车 琳斯尝试开印度小客车驶出新德里市区，但是因为难度太大，尝试一段路程以后还是交由导游来驾驶。
7′～10′	同期　解说	环节三：主持人进行第三个挑战：限时穿上最多的内裤 琳斯一分钟穿了13条，李一分钟穿了16条。两人都没有打破纪录。路人围观喝彩。
10′～13′	同期　解说	环节四：主持人进行第四个挑战：穿纸尿布相扑 李使用了有争议性的技术，将琳斯两次推出了相扑圈。
13′～17′	同期　解说	环节五：主持人进行第五个挑战：限时喝完100杯印度饮品 两人一边喝一边吐，吐满了一个水桶。
17′～19′	同期　解说	环节六：主持人进行第六个挑战：与当地小学生手牵手围大圈 与当地小学生手牵手，围成了一个大圈。

19′～24′	同期　解说	环节七：主持人进行第七个挑战：登珠穆朗玛峰 节目高潮挑战。二人经历各种挑战和困难，也有许多趣事，最后到达驻扎营。
24′～26′	同期　解说	环节八：主持人进行第八个挑战：指挥交通 在指挥交通的同时，模仿拍摄了一个薄荷糖的广告，趣味十足。
26′～30′	同期　解说	环节九：主持人进行第九个挑战：走火路 两人先后走过炽热的火炭路，围观的印度人喝彩哄笑。

30′～35′	同期　解说	环节十：主持人进行第十个挑战：板球 两人玩板球，但是玩不来，糗态连连。
35′～43′	同期　解说	环节十一：主持人进行第十一个挑战：在宝莱坞电影里跑龙套 在电影里充当龙套。
43′～47′	主持　同期	主持人回顾整个节目（此集为最后一集） 两人回顾一路上的点点滴滴，尝试了88个挑战，并完成了绝大部分。

节目特色

1. 节目摄制跨度时间长达一年，涉及亚洲各个国家地区，满足英国观众，对亚洲文化猎奇的观感需要。

2. 挑战项目由网民设定，增加了观众互动。

3. 挑战内容各异，富有特色，趣味性强。

相关链接

http：//www.facebook.com/group.php?gid=18745153664#!/group.php?gid=18745153664&v= wall
http：//gzdaily.dayoo.com/html/2009-02/24/content_479878.htm
http：//www.e4.com/101challenges/mission.html

节目名称

全部清盘（Total Wipeout）

节目基本情况

播出机构：BBC 1

官方网站：http：//www.bbc.co.uk/programmes/b00gmmv8

http：//www.totalwipeout.co.uk/

开播时间：2009年1月3日

节目时长：60分钟

节目介绍

《全部清盘》是由理查得·哈蒙德和阿曼达·布莱姆主持的一档游戏节目，于2009年1月3日首播，播出频次为每周一次。20位参赛者在一系列的挑战中为了赢得1万英镑而竞争。这些挑战都是在一个大型的游泳池或是泥土里进行，通常也包括一些参赛者必须通关的有难度环节。这是一个障碍挑战比赛，每周有20名候选人彼此竞争，以赢得周冠军并赢得1万英镑的奖励。大挑战由理查得·哈蒙德主持，他在参赛者参与挑战的时候进行点评。他也在摄影棚里为节目提供一些其他的链接活动。尽管大部分的镜头都拍摄于阿根廷，哈蒙德在英国的摄影棚里录制他的那一部分。另一方面，阿曼达·布莱姆在节目进行期间采访参赛者。第一季包括八集，播出时间从2009年1月3日到3月21日，大挑战的颁奖于4月4日播出。第二季包括12集，除了原有的8个常规节目以外，还增加了一个3个特殊节目和第二次的大挑战颁奖。这一季首播于2009年7月4日，在2010年1月9日结束。是BBC圣诞节目的部分。第三季的第一集在2010年1月30日在BBC1播出，其余的几集从2010年4月3日开始播出，包括8集。理查得·哈蒙德和阿曼达·布莱姆继续各代表一个队伍，这一季的回合被重新设计了，引进了新挑战区的环节。 第四季开始于2011年1月8日，包括一系列的新环节。这一季的1至7集播出时间为2011年1月8日至2月19日。

文本分析

时长（分钟）	形式	内容
节目开场～1′04″	解说	节目内容介绍、主持人介绍、环节介绍

1′04″～29′30″	解说　同期 现场主持	环节一：预选赛，首先由主持人介绍第一环节的基本规则 外拍实景，外拍主持人阿曼达，各位选手参加第一轮预远赛比赛的情况，其中穿插主持人的评论和介绍，还有最新选手排名情况。 这个环节中，20名参赛者尝试着以尽量短的时间通过一些障碍物；8位最长时间的通关者将会被淘汰，而前12位则会进入下一环节。预选赛包括了大球等环节。

29′30″～37′25″	解说　同期 现场主持	环节二：主持人介绍第二环节的基本规则 外拍实景，外拍主持人阿曼达，各位选手参加比赛的情况，其中穿插主持人的评论和介绍，还有最新选手排名情况。 剩下的12名参赛者站在高约3米的垫子上，垫子在水上，同时一个自动的类似手臂的机器会做圆周运动。参赛者必须跳过它，而这个机器会在每一个旋转之后以更快的速度运转。游戏不断进行直到只剩下一位参赛者，这位胜利者不是最后的胜利者。6位参赛者第一个掉下去的会被淘汰，其余的则可以继续留下进入下一环节。

37′25″～ 47′40″	解说　同期 现场主持	环节三：主持人介绍基本规则 外拍实景，外拍主持人阿曼达，各位选手参加比赛的情况，其中穿插主持人的评论和介绍，还有最新选手排名情况，以及换环节后选手采访。 本环节包括了三个环节，每个环节淘汰一名选手，最后只剩下3名选手进入最后的比赛，这轮比赛考查的主要是选手的平衡能力，在经过40秒钟快速旋转之后，看谁能最先穿越障碍物，到达目的地。

47′40″～ 60′	解说　同期 现场主持	环节四：决赛地带，主持人介绍基本规则 外拍实景，外拍主持人阿曼达，各位选手参加比赛的情况，其中穿插主持人的评论和介绍，还有最新选手排名情况。决赛地带是整场比赛的最后一个环节，剩下来的3名参赛者将在世界上最困难的障碍物中竞争，以他们最快的速度通关。以最快速度通关的参赛者将会赢得1万英镑的奖金。这一关由6个障碍物组成。

节目特色解析

室外活动和室内点评的结合，室外活动激烈而刺激，室内主持人的点评非常幽默。

节目环节的设置非常新颖、具有挑战性。

相关链接

http：//www.tv.com/total-wipeout From TV.com

http：//en.wikipedia.org/wiki/Total_Wipeout

节目名称

101个离开游戏的方法（101 Ways to Leave A Game Show）

节目基本情况

播出机构：BBC 1
官方网站：http：//www.bbc.co.uk/programmes/b00t3z58
http：//www.ukgameshows.com/ukgs/101_Ways_to_Leave_a_Gameshow
播出频次：每周六晚上开播
开播时间：2010年7月10日～2010年8月28日
节目时长：60分钟

背景分析

《101个离开游戏的方法》是艾德蒙集团为BBC制作的一档智力竞赛节目，该节目由斯蒂夫·琼斯和妮蒙主持。该节目的形式是8位竞争者参赛，回答常识性问题，回答正确的一位最终会获得1万英镑。选错答案的参赛者会被通过不同的方式淘汰出局，淘汰方式一般和大水池有关。

文本分析

案例：第六季 第一集

时长（分钟）	形式	内容
节目开场～04′16″	演播室	环节一：选手介绍、淘汰方式介绍 各个选手用一两句话介绍自己的姓名，年龄，职业等。一般每集节目有8个选手参加。 在第一轮比赛之前，一开始妮蒙就会展示淘汰选手的方式。这些淘汰方式是从方式清单中的1～100项之间挑选出来的。
04′16″～09′58″	演播室	环节二：选择阶段：主持人会提出一个问题，给出8个答案，其中7个是正确的，1个是错误的，选手必须最终每人拥有一个答案 这一轮之后进入选择阶段，参赛者必须在单子上给出的几个答案中选择一个。如果选择的答案和其他人不同，参赛者就直接去出口等候。当一个以上的选手挑选了相同的答案时，将要开始抢答，抢答正确的人获得他们最初挑选的那个答案。其余的参赛者必须在剩下的答案中挑一个。所有参赛者都选好自己答案后，选择阶段就结束了。

09′58″～22′54″	室外演播室	环节三：淘汰环节 所有的参赛者都为淘汰做好准备以后，主持人斯蒂夫先揭示哪些答案是正确的，最后揭示哪个答案是错的，然后选错的那个人就会被淘汰掉。在前四轮中的任何一个环节，如果听到了蜂鸣器响起，紧急出口环节就被启动了。 一名选手被以惨烈的方式淘汰（从高塔上抛出去落到冰冷的水池中）。 到此一轮结束。
	室外演播室	重复以上过程，每轮通过不同的问题以不同的方式淘汰一人，直到剩下3个人参加最后一轮。
	室外演播室	环节四：宣布最后结果，胜者获得万元大奖 在最后一轮中，游戏变化不大，大家还是必须找到正确的答案。最后一轮总是使用第101种方法——“活动门”（3个人站在玻璃平台上，淘汰者从活板门掉到表面泼油被点燃了熊熊烈火的水中）。 最后主持人宣布胜利者，告诉大家她即将获得1万英镑。

节目特色

1. 101个方法的创意

智力节目很多，回答常识性问题来赢得大额奖金的智力竞赛节目也很常见，但是本节目最为出彩的地方就是新颖的游戏——失败者将以有创意而又悲惨的方式离开游戏（一共有101个）。下表是部分整蛊的项目：

No.	名称	方法
1	命运之球 Balls of Doom	参赛者跟一个钢球被绑在一起，悬挂在一个坡道上，俯瞰水池。失败者被推下坡道，滑进水池。
2	击打入水池 Punch Dunk	参赛者背水站立，答题错误者将被职业拳击手击打进入水池。 （画上示意图）
3	平躺进水池 Dunk and Disorderly	参赛者躺在水池边，答题错者要求头朝下进水池。 （画上示意图）
4	直立进水池 Take the Plunge	参赛者平躺在木板上，当主持人即将揭晓错误答案的时候，剩下的参赛者所躺在的木板将被斜着升高，使得参赛者双脚悬空。选择错误答案者被工作人员松掉绑着的绳子，被直接送进水池里。 （画上示意图）
5	倒立进水池 The Hang	参赛者平躺在木板上，当主持人即将揭晓错误答案的时候，剩下的参赛者所躺在的木板将被斜着升高，参赛者被头朝下倒挂。选择错误答案者被工作人员松掉绑着的绳子，头朝下冲进水池。
6	自由落体 Free Fall	参赛者被放置在悬空80英尺的一个四方平台上。回答错误者脚底下的平台会突然开裂，参赛者被垂直坠落到水池里。
7	倒垃圾 Rubbish Dump	参赛者被安排坐在一个带轮子的垃圾桶里面，垃圾桶停放在坡道上，面朝着水池。回答错误者随着垃圾车被推进水池。
8	坐自行车进水池 Saddle Sore	参赛者被绑在一辆自行车座位上，自行车安置在坡道上，朝着水池。回答错误者随着自行车被推入池。
9	超市粉碎机 Supermarket Smash	参赛者被安排坐在一辆超市使用的购物车里。购物车被安置在斜坡上，回答错误者随着购物车被推入水池。

10	中靶了 Bang on Target	参赛者跪在板子上，回答错误者被提升穿过一面墙，墙上标有明显的靶子标记。
11	菜刀拉 Chopper Pull	参赛者被绑在一个直升机下面，悬空吊着，回答错误者被突然降落到地面。
12	人造毁灭球体 Human Wrecking Ball	参赛者站在一个“非出口”标志旁边，这个标志放置在一个建筑的高处，选择错误答案的选手被高速拉向这个标志，将这个标志粉碎。
13	邪恶的铁砧板 Evil Anvil	所有的选手被绑在铁板子上面，回答错误者被紧随其后的选手推开。
14	被撕裂 Rip Off	参赛者被固定在一个大板子上，回答错误者被逐渐变斜的板子甩出去。
15	摩托车入水池 Scoot Shoot	参赛者站在一辆摩托车上，车子正对着水池，回答错误者将随着摩托车被送入水池。
16	紧粘住你的座位 Glued to your Seat	参赛者悬空坐在离地100英尺的座位上，回答错误者被倾斜着滑入水池。
17	翻转沉船 Flipping Wreck	参赛者坐在汽车内。选择错误答案者，他所坐的汽车将加速，下冲，翻转。
18	致命荡漾 Deadly Dangle	参赛者平躺在一个平台上。回答错误者，其躺着的平台开裂，选手被送入一个Z字形的通道，最终被送入水池。
19	混凝土靴子 Concrete Boots	参赛者被绑在一块水泥块上，回答错误者被连同水泥块沉入水池，他们将想办法自己把这个水泥块解开。
20	人工发射 Human Fling	参赛者被固定在 一个弹射器的尾部。回答错误者将被当做子弹一样被发射，被扔进水池。
21	巨大锤子 Big Hammer	参赛者被放置在一个平台的边缘以及一个爆破锤子，回答错误者被从身后击打入水池.
22	爆破 The Cracker	参赛者坐在高处的一个小车内，回答错误者被推入水池。
23	大拉链 The Big Zipper	参赛者站在高台上，面朝水池。他们被一个大拉链系紧，回答错误者被拖入水池。
24	四轮潜水 4-Wheel Dive	参赛者坐在车内，回答错误者被随同车子拽入水池。
25	火箭雪橇 Rocket Sledge	参赛者坐在“火箭”上，回答错误者被随着“火箭”送入水池。

26	棒击入水 Mace Off	参赛者被置放在平台边上，回答错误者被仿制的中世纪的狼牙棒击打入水。
27	大屠杀 Total Carnage	参赛者站在水池高处的汽车车顶，回答错误者被随着扔进水池。
28	人造大炮 The Human Cannon	参赛者躺在大炮内，回答错误者被像炮弹一样发射进水池。
29	生拉硬拽 The Drag	参赛者被安置在一个铁笼子里，水平放置在地上，与一个汽车相连接。回答错误者被这个加速的汽车快速牵引。
30	被发射的座椅 Ejector Seat	参赛者被绑在一个座位上，座位连接着轨道，回答错误者被发射出去，旋转着进入既定轨道，滑入水中。
31	扶手椅大决战 Armchair Armageddon	参赛者坐在一个扶手椅子上，回答错误者被向后翻转，落入水池。
32	斯蒂夫的大靴子 Steve's Big Boot	参赛者站在平台边上，回答错误者被身穿巨大靴子的斯蒂夫踢进水池。
33	陷阱门 The Trap Door	参赛者站在水池上方的玻璃门里面，回答错误者被垂直甩入水池中。

2. 幽默诙谐的主持方式

和国内大部分智力问答节目不同，在该节目中，主持人喜欢和参赛者开各种玩笑，气氛活泼。在节目的淘汰阶段，主持人可以制造紧张氛围，配合节奏明显的音乐，能够很好地感染观众情绪。

制作公司介绍

该节目是由艾德蒙（Endemol）集团为BBC制作的。这个节目是在阿根廷距离本维斯35公里的南布宜诺斯艾利斯拍摄的。这是因为节目由于安全性问题而被禁止在欧洲拍摄。一般来说，室外录制节目的情况随处可见，与众不同的是，节目组在演播厅出口之上拥有这一座100英尺（30米）高的塔。通常，节目有三个高度可以调节拍摄，以便配合“101种离开的方式”。有些被淘汰的选手会降落在塔下方一个废弃的飞机跑道上，但是大部分会被扔进下面的大水池里。

艾德蒙公司是世界上最大的独立影视制作公司，在全球31个国家设有80多个分支机构。从事节目模式的研发以及全球范围内的销售。代表作品有《老大哥》、《恐怖元素》、《成交不成交》、《爱在荒野》、《无得分》、《快乐离婚》等。该公司号称拥有2300多种节目模式，涵盖娱乐类、真人秀类、动画片、电视剧等类型。

节目发行销售联系方式

Iris Boelhouwer 创意运作部经理（阿姆斯特丹办公室）
Phone：+31 20 893 9428
Ana Langenberg模式销售部主任（伦敦办公室）负责拉丁美洲、西班牙、葡萄牙地区
Latin America，Spain，PortugalPhone：+44 20 893 9959
Ingrid Akkerman 模式销售部高级经理 （阿姆斯特丹办公室）负责亚洲、斯坎蒂亚威娜、德国、希腊、瑞士和土耳其等国家
• Phone：+31 20 893 9481

日常联系方式

Endemol Corporate Communications
Shepherds Building Central
Charecroft Way
Shepherds Bush
London W14 0EE
United Kingdom
T：+44 (0)870 333 1700

相关链接

维基百科页面：http：//en.wikipedia.org/wiki/Shooting_Stars
评论：http：//www.guardian.co.uk/tv-and-radio/2010/jul/12/101-ways-to-leave-a-gameshow
http：//www.mirror.co.uk/tv-entertainment/columnists/kevin-osullivan/2010/07/11/101-ways-to-be-dull-115875-22404069/
http：//www.endemol.com/
http：//www.endemoldistribution.com/content/about-formats.aspx

节目名称

零分至上（Pointless）

节目基本情况

播出机构：BBC2
官方网站：http：//www.bbc.co.uk/programmes/b00rhg2r
播出频次：周一至周五每日16：30
开播时间：2009年8月24日
节目时长：45分钟

节目介绍

本节目的最大创意之处是选择了新颖的计算输赢的方法：节目制作者们逆向思维，不是得分最多的成为大赢家，而是得分最少的选手。计算分数多少的游戏规则也相当合理：现场有100个观众同时参与答题，每个观众的答案算作1分。比方说，某选手选择的答案，在场的观众中有60人也选择了，则该选手的分数为60分；如果有20个观众选择了与选手一致的答案，则该选手的分数为20分。因此，越多观众选择了同选手一样的答案，则意味着该选手的分数越高，那么就说明他获得的成绩越差。所以这个节目出现了一个“怪现象”：得分高的选手满脸沮丧，而得分低的选手则喜形于色。这种反着来的游戏规则，让电视机前的观众也觉得非常有趣。

文本分析

案例：第三季 第二集

时间（分钟）	形式	内容
节目开始～2′	演播室	介绍参赛者 安妮和林子之前表现非常不错。斯蒂芬和艾斯迪在三年前一次大学滑雪旅行认识。海伦和克瑞丝以前是邮局的同事。丹恩和安迪上次也参加了节目，比现场我们的竞争争对手差一点点，第一轮赛就出局了。理查得是顾问。100名观众已经事先回答了我们的问题，这里是《零分至上》，而我们将寻找最冷门的答案，那些他们没能想到的答案，给出答案的观众人越少，得到的分数就越低，你们赢的机会也就越大，有机会得到我们的累积奖金，参赛者需要尽可能得到低分，要尽力找到100名观众没有给出的《零分至上》的答案，每成功一次将有250镑累积到参赛者的奖金。上次没人得到累积奖金，所以这次奖金在此基础上还应增加1000镑，那么，今天的奖金将从2000镑开始累计。

2′～19′	演播室	第一轮 每位参赛者都必须给出一个答案，并且不能与搭档商量，本轮结束后得分最高的一组将被淘汰。 你们要十分小心，因为给出错误答案的人，将会得到最高的100分。好了，今天的第一个题目分类是：单词。请和你的搭档来决定谁先答题，先答题的选手请走向记分牌。我们已经让100名观众在100秒内说出尽量多的以“angle”结尾的单词，参赛选手的答案分别是： 林子：Mangle。 斯蒂芬：Wangle。 克瑞丝：strangle。 安迪：Wrangle。 丹恩：Dangle。 海伦：Quadrangle 安妮：Spangle。 得分最高被淘汰的组是丹恩和安迪。

19′～29′	演播室	第二轮 只有两组有机会进入“争锋相对”环节。所以本轮结束将有一组被淘汰，你们需要保证你们不是那组。这一轮的题目分类是：超级英雄和他们的现实身份。有6个英雄人物，挑选说出其中一个的真实身份。挑的那个英雄人物越冷门，观众能答出的人越少，则得分越低。安妮：我选择彼特·帕克，他是蜘蛛侠。艾斯迪：选择斯科特·萨姆，他是独眼巨人。克瑞丝：选择克拉克·肯特，他就是超人。克瑞丝：戴安娜女王，是神奇女侠。海伦：布鲁特·班纳是绿巨人。斯蒂芬：选择斯蒂夫·罗格丝，他是“海洋之王”。

29′～35′	演播室	第三轮 安妮和林子，斯蒂芬和艾斯迪进入了“正面交锋”环节。 问题1：以德文作为官方语言的欧盟国家。丝蒂芬：我们决定回答瑞士。林子：我们认为是奥地利。问题2：杜兰乐队的成员。安妮和林子：琼·泰勒。斯蒂芬和艾斯迪给出的答案是西蒙·李柏。

35′～44′	演播室	第四轮 安妮和林子进入了决赛，有机会赢得2000镑奖金。 只需要找到一个答案，这个答案是没人能想到的。今天还没有出现答案，你们要做的就是找到一个。首先，请从三个选项中选择一个类别。选项有：电影明星、大学、化学。林子选了电影明星。问题：哈里森·福特的电影。可以给出三个可能的答案，三个中必须有一个是现场观众没有想到的。林子：《夺宝奇兵之魔域传奇》、《夺宝奇兵之尼罗河上的珠宝》，接下来是《逃亡者》。前两个答案错误。挑战失败。

节目特色

1. 主题为知识竞赛，要求参赛者答出别人想不到的生僻的答案，具有知识性。
2. 参赛者都有娱乐化的表现，能和主持人之间进行调侃式对话。
3. 参赛者以两人小组参赛，需要配合。

4. 每位参赛者有两次冲击大奖的机会，能够吸引更多的参赛者，也提供参赛者和主持人之间的对话材料。

5. 分数越低，越能进入决赛（分数按参赛者给出的答案，被100个人中的多少说出过计算），和一般的益智类节目在形式上不同，抓人眼球。

6. 基本没有智力竞赛的成分，属于知识类，知道就是知道，不知道就是不知道。

7. 观众可以自己想答案，产生满足感。

8. 分数可能会反转，或者某一题答得太好了，那么另一题可以不认真答题，直接放弃，拿100分（答题错误），还能进入下一轮，让人惊喜。

相关链接

http：//bbs.wiibbs.com/read.php?tid=45462

http：//cms41503.jsbc.com/rdcenter/dreamworker/jmms/329943.shtml

http：//www.digitalspy.co.uk/forums/showthread.php?t=1111577

http：//www.facebook.com/pages/Pointless-TV-Show-BBC2/109304865764129

节目名称

最弱环节（Weakest Link）

节目基本情况

播出机构：BBC4　2008年2月11日起在BBC 1播出
官方网站：http：//www.bbc.co.uk/programmes/b006mgvw
播出频次：周播 15：25
开播时间：2000年8月14日
节目时长：45分钟
收视状况：1，641，000/12.2%（2011.3）
整体收视率一直在15%至20%左右波动

节目介绍

《最弱环节》是一档最早在BBC4台播出的演播室益智游戏类节目。最原始的英国版通过BBC娱乐频道在世界范围内播出，节目的形式被授权给世界各国电视台，很多国家都制作播出了自己的淘汰最弱环节系列节目（该节目的中国版在南京电视台播出，名字叫“汰弱留强·智者为王”）。和原始的英国版相似，在各个版本的该节目中的主持人大多都穿着黑色或暗色服装，并表现得很严厉。

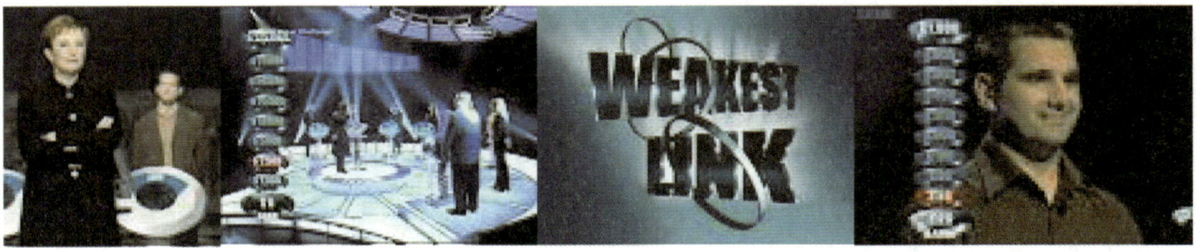

文本分析

案例：十周年特辑，第五集

时长（分钟）	形式	内容
节目开场～30″	演播室	主持人简要介绍游戏形式，介绍本次参赛选手特点：男扮女装
30″～2′10″	演播室	选手介绍 选手一句话介绍自己。
2′10″～2′30″	演播室	游戏规则介绍 主持人简单介绍游戏规则和淘汰制度。

2′30″～5′30″	演播室	第一轮 节目最原始的形式是一队参赛者轮流回答常识性问题。每轮的目标是在时间限制内连续正确回答问题，形成“链条”，从而赢得数量不断增加的团队资金。如果答错，“链条”就被打破，累积的奖金就会消失。不过，一位参赛选手可以在被问到问题前喊“存钱”，就可以把累积的奖金保存下来，从而从零开始新的一轮累计。大多数版本中，每轮持续3分钟，每轮最开始都会用该国的语言来说：“让我们淘汰最弱环节！”(Let’s play The Weakest Link!) 没有存的奖金会在每轮结束时清零，如果在时限到之前队伍已经存下了本轮的最高奖金，那么该轮游戏会提前结束。如果在主持人问问题的时候时间到了，该问题作废；但如果在时限到的瞬间主持人问完了题目，不管参赛者能否正确回答，主持人都会直接公布正确答案。 第一轮时限是3分钟。

5′50″～10′	演播室	淘汰投票 每一轮最后，参赛者必须投票选出一名参赛者出局。节目旁白通过统计，告诉电视观众谁是该轮最强选手和最弱选手。但是参赛者自身并不被告知这一信息。投票需要同时出示选择结果。每轮投票后，主持人通常会询问一些选手投票的想法。不管是否与统计数据相符，得票最多的选手会被叫做最弱的一环并淘汰出局。（如果出现得票数相等的情况，本轮最强的选手拥有最后的决定权）被淘汰的选手离开舞台的画面被称做“耻辱之路”。
10′～10′30″	演播室	被淘汰者自白 一段短小的被淘汰者的采访会在下一轮开始前插入播出。
10′30″～40′	演播室	第二轮～第七轮 这一轮从前一轮最强的人开始回答。 以上的环节重复至第七轮，每轮限时依次递减10秒钟。

40′～节目结束	演播室	最后两轮 当只剩两名参赛者时，他们将一起面对最后一轮正常游戏，时长1′30″。规则与之前一样，但在本轮结束后，所有已存的钱将会翻倍，而且该局没有淘汰。之后游戏进入一个一对一的环节。 在一对一环节中，两位选手需要各回答五道问题。上一轮最强的人可以决定谁先回答。最后答正确数量最多的人将赢得整场游戏。如果出现平局，则进入决胜局，选手轮流回答问题，直到分出胜负。获胜的参赛者带走所有累积的奖金，而失败的选手则会空手而归。

节目特色

1. 引人入胜的游戏规则

节目的游戏规则可谓颇有创意，突破了传统常识竞猜节目的框架，将参赛选手组成一队，为获得奖金他们既要相互合作，还要互相竞争，在选择淘汰对象的时候还有一定的策略性。这些创新都是该节目长盛不衰并风靡全球的魅力。另外BBC在授权他国使用该节目创意时是不允许别国更改游戏规则的。

2. 紧张的节目氛围

比赛从一开始就紧张刺激，游戏的环节快速激烈，不给选手丝毫喘息机会，也使观众全身心投入节目中。

3. 强势的主持风格

主持人的极端强势是本节目另一显著特点，主持人身着黑衣，表现得冷漠、不近人情甚至有时冷嘲热讽，但选手如何面对这样的高强压力也会使观众乐在其中。

4. 具有特色的参赛选手

如果节目太过严肃观众是不会认可的，因此节目在挑选参赛选手时则往往会选用那些幽默风趣并有特色的。比如十周年特辑第五集里所有的选手都是女装男性，她们的举手投足无不风趣幽默，能极大吸引观众注意力，产生话题性。

5. 巧妙的奖金控制制度

节目给出的奖金非常丰盛，但是想要完全拿到则非常困难。本节目采用了一套严谨却有挑战性的奖金分配制度，连续答对奖金累计，答错奖金归零，如果想要规避风险就要选择“存钱”，但累计的奖金会因此减少。每轮还有最高奖金限额，且最后只有一人能拿到奖金。因此报名参赛的人络绎不绝，但节目组的奖金支出却并不多。

相关链接

http：//en.wikipedia.org/wiki/Weakest_link

节目名称

找关联（Only Connect）

节目基本情况

播出机构：BBC4
官方网站：www.bbc.co.uk/onlyconnect/
播出频次：每星期一集，20：30
开播时间：2008年9月15日
节目时长：30分钟

节目介绍

节目名称“找关联”（Only Connect）出自福斯特1910年出版的小说《霍华德庄园》的序。现共有四季节目，第一季15集，从2008年9月15日到2008年12月22日；第二季8集从2009年7月13日到2009年8月31日；第三季15集从2010年1月4日到2010年4月12日；第四季16集从2010年9月6日到2010年12月27日。

节目介绍

节目有两支参赛队伍。每支队伍由3人组成。游戏有3轮，第一轮叫“联系”

(Connections)，参赛队伍要在给出的4个貌似毫无关系的线索里找出它们之间的联系。线索一个一个地出来，越快找到“联系”得分越高。第二轮叫“顺序”(Sequences)，线索也是一个一个地出来，并且是按照一定的顺序排列的，参赛者要填充第四个线索是什么。同样，线索一个一个地出来，越快填出第四个线索是什么，得分越高。第三轮叫“联系墙”（Connection Walls），给出12个线索，参赛者要求按照潜在的联系将线索分成3组，每组4个线索。最后如果还能说出每组线索之间的联系，则能够获得加分。第四轮叫“填词”(Missing Vowels)。只给出答案（词组，单词，名言都有可能）的英文辅音字母，要求参赛者填充元音找出答案。四轮下来得分最高者胜出，并进入下一轮节目比赛。

文本分析

案例：第三季 第十二集 赌博队对阵保龄球队

时间（分钟）	形式	内容
节目开始～2′	演播室	介绍两组参赛队伍组员。赌博队和保龄球队 《找关联》，挑战非一般困难。不仅因为棘手或者难缠甚至不可能，但是来到四分之一决赛，我们的参赛者已经向我们证明了他们的才能。如果现在是维多利亚时代，他们的光辉形象会被搬上舞台，让人们敬仰。然而在21世纪，让我们来好好地围观这些怪物们，我是说，比较崇拜地围观（笑）。我右边的是赌徒队，瑞恩，法律系毕业生，爱泡宾戈游戏厅；杰斯，化学系毕业生，喜欢旅游，看情景剧和三国杀以及他们的队长，比利，板球裁判，做过赛马庄家，喜欢赌马。
2′～10′	演播室	第一轮比赛：说出联系 在第一轮，两支队伍将要说出4个提示之间的联系。按照惯例，在没看完4个提示之前说出答案会有加分。两支队伍轮流回答，各选3组题。赌博队此轮有5分，保龄球队有3分。

10′～17′	演播室	第二轮比赛：根据序列说出第四个项目 看前三个提示，按照逻辑马上推出第四个提示，前三个提示依次显示，越快则得分越高。两支队伍轮流回答，各选3组题。赌博队此轮有15分，保龄球队有5分。
17′～25′		第三轮比赛：联系墙 要将16个随意排放的词语按逻辑分成4组。赌博队有19分，保龄球队有15分。
25′～30′		第四轮比赛：补充音节 把一些耳熟能详的词语勾掉一下元音，动一下辅音，你们要把原来的名字或者短语重新找出来。赌博队27分，保龄球队21分。

节目特色

1. 第三轮的“联系墙”游戏同样提供在官方网上供观众互动。

2. 有“冠军赛”、“有儿童赛”“大学生对战”等专场。

3. 主持人落落大方，说话干脆利落又不失幽默，主持风格一点不拖泥带水，符合益智游戏要求的冷静迅速理智的风格特点。

4. 网站及时更新先前节目中出现的名词解释以排除观众疑惑。

相关链接

http：//www.guardian.co.uk/media/2010/sep/07/tv-ratings-daybreak-viewing-figures

http：//www.dooyoo.co.uk/tv-programs/only-connect/

http：//www.tvguide.co.uk/reviews.asp?title=Only%20Connect&

http：//www.dooyoo.co.uk/tv-programs/only-connect/

节目名称

聪明王（Eggheads）

节目基本情况

播出机构：BBC 1（2003年11月10日至2004年12月16日）；BBC 2（2005年5月23日至今）；BBC HD（2010年4月1日至今）

官方网站：http：//www.bbc.co.uk/programmes/b006z736

播出频次：每星期五集（周一至周五）

开播时间：2003年11月10日

节目时长：30分钟

背景分析

《聪明王》是BBC的一个益智节目，由12码制作公司制作。共有11季节目，从2003年11月10日开播截止2011年2月18日已经播放出812集。节目至今仍在播放。由德蒙特·莫奈根（Dermot Murnaghan）主持。

节目介绍

游戏有5轮，前4轮都是特殊领域问题，第五轮是一般知识问题。在前4轮，挑战队伍要选出一名成员来与聪明王对阵。挑战者可以选择是先回答问题还是后回答问题。双方都会被问3道问题，问题中包含选择题。如果3道问题下来都没有分出胜负则进入加时赛。只要回答不出问题马上算输。每一轮都胜出的参赛者最终进入最后一轮。最后一轮是一对一比赛。如果最后一轮是聪明王赢得，奖金会继续增加而挑战者分文不得。反之，他们将获得所有的奖金。每一次挑战者挑战失败都会为下一次比赛增加1000欧元的奖金。

在18集“学者”的问答比赛中，伦敦大学的游戏社担当了挑战者的角色。每一期比赛的奖金都有100英镑现金作为奖励，但是前17期都没有挑战者成功挑战“学者”，因此如果他们成功的话，他们将会赢得1.8万英镑。这一期里专注于不同科学领域的参赛者们挑战了娱乐、科学、地理和历史的问题。第一名挑战者是别称大炮的盖瑞，对的是聪明王中的CJ，他回答错误两题之后闯关失败；第二名挑战者是挑战团队的队长娜塔莉，她以二比三的劣势输给了达芙妮；第三名闯关的是查理，身为团队中较为熟悉地理的他竟然也连错两题，输给了聪明王；第四名闯关的是罗拉，她回答的是历史的问题，差一题就和聪明王平齐了。在决赛，萨姆代表挑战者应对所有的“学者”回答普通常识的问题，但是辜负了大家的期待，没有闯关成功。主持人又以“谁能击败‘学者’”的话语结束了当晚的游戏。

文本分析

案例：第九集 第六季

时间（分钟）	形式	内容
节目开始～3′	演播室	介绍聪明王和挑战者；跟挑战者聊天 召集5名比赛挑战者。他们会面对可能是英国最厉害的问答比赛团队。5位学生或专业人员挑战者组成挑战队伍。打败聪明王，他们会获得1.8万英镑奖金。
3′～9′	演播室	第一轮比赛，娱乐类问题 聪明王组员讨论决定由CJ来应战。挑战组则由盖瑞来挑战。问题：(轮流回答一个问题，三盘两胜) 1. 谁在1963的电影《大逃亡》中扮演酷乐王船长？斯蒂芬·麦克魁恩、理查得·德克博还是道格拉·普莱斯？ 2. 2005年哪位板球队员和搭档丽丽·考贝拉在电视节目《来跳舞》的第三系列中获胜？丹瑞恩·高夫、安卓·福利卓夫还是麦克·沃恩？ 3. 哪一部美国电视情景喜剧改编自霍克斯德伯一家的故事？《宇宙秀》、《与孩子们联姻》或者《不同的根》？ 4. 谁写了曼里克斯唱的这两首歌《我是信者》和《小小的你，小小的我》？是安吉拉贝格·卓姆倍迪克，牛·戴梦得还是瑞安迪·纽曼？ 最后CJ获胜，盖瑞不能继续比赛。

9′～13′	演播室	第二轮比赛：科学类问题 娜塔莉挑战，博士德伐迎战。 娜塔莉挑战失败。
13′～17′	演播室	第三轮比赛：地理类问题 查理挑战，凯文迎战。 查理挑战失败。

17′～24′		第四轮比赛：历史类问题 罗拉挑战，朱蒂斯应战。 罗拉挑战失败。

24′～30′	演播室	决赛：常识类问题 萨姆挑战。 萨姆挑战失败。 聪明王继续保持连胜。

节目特色

Egghead，中文是知识分子、饱学之士、理论家的意思。节目以挑战者挑战学术大家的方式进行，是对权威发起的挑战，极大满足节目受众挑战权威、打破常规的刺激心理。在传统知识问答节目形式的基础上引入“Egghead”这一极富对抗性的元素，大大增加了节目的新颖性和可看性。节目问题更是涉及政治、文学、饮食、历史、地理、自然科学、音乐、电影艺术、电视艺术、运动九个领域，知识面之广满足观众的求知欲。

相关链接

http：//en.wikipedia.org/wiki/Eggheads_(TV_series)

节目名称

倒数（Count Down）

节目基本情况

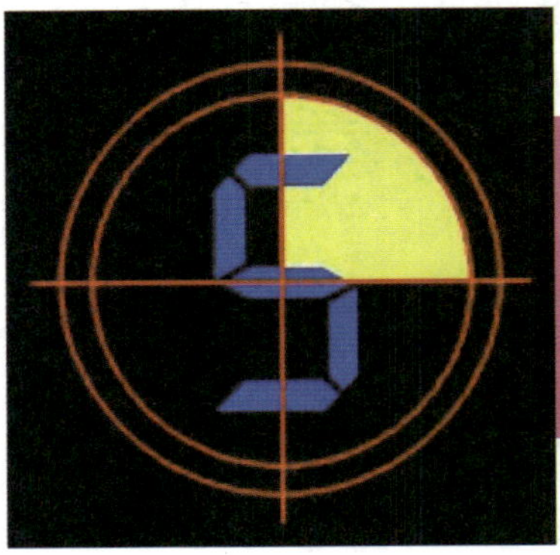

播出机构：Channel 4
官方网站：http：//www.channel4.com/programmes/countdown
播出频次：周播 22：00
开播时间：2007年
节目时长：37分钟

节目介绍

节目从2007年第一季开始播放，直至现在，节目共有4季，分别是2007年、2009年、2010年以及2011年。从2009年第二季开始更换主持人直至今。

两位参赛者通过几轮游戏一分高下。一名参赛者随机选择几个辅音和元音（辅音和元音的数量由参赛者决定，但总字母数量为9个），随后30秒倒数，两位参赛者尽量使用最多的字母来组成一个英文单词。使用最多字母数字的则胜出该盘，使用了多少个字母就得多少分，两者平手则同时得分。其后换另外一名参赛者选字母，如此类推。第二轮则由一名参赛者选出几个大数字（大于10）和小数字（小于等于10），大数字和小数字的数量由参赛者决定，但是总数量为6个，其后小主持人亮出一个结果数字，两位参赛者要使用刚才选择的6个数字进行加减乘数来最终得到结果数字，越接近则为胜，平手则同时得分。第三轮为一组混乱的字母，两位参赛者要重新排列该混乱字母组，找出一个有意义的单词。三轮下来，分数较高者可以继续留在舞台上，迎接下一位挑战者。

文本分析

2010年8月27日

时间（分钟）	形式	内容
节目开始～4′	演播室	主持人宣读一位观众来信中的笑话；与小主持人寒暄；介绍两位参赛者；介绍嘉宾
4′～11′	演播室	第一轮比赛：选字母，使用最多数量的字母组合单词为赢；嘉宾给出更加广泛的答案 彼得先挑选字母；而后大卫；如此二者为一轮，进行了两轮。
11′～12′	演播室	第二轮比赛：选数字，进行加减乘除运算后最接近目标数字为赢

12′～13′	演播室	第三轮比赛：选字母
13′～16′		比赛进行一局
16′～22′	演播室	第四轮比赛：选数字

27′～31′	演播室	第五轮比赛：选字母
31′～34′	演播室	第六轮比赛：选数字
34′～36′	演播室	主持人结束语 跟参赛者、嘉宾、小主持人聊天

节目特色

1. 字母排列组合游戏，考验参赛者和电视观众的智力。
2. 数字加减乘除游戏，考验参赛者和电视观众的智力。
3. 题目有难度但是又限度，观众能够在电视机前参与到节目思考之中。

相关链接

http：//www.dooyoo.co.uk/tv–programs/countdown/
http：//www.guardian.co.uk/media/2009/jan/13/countdown–tv–ratings

节目名称

大师（Mastermind）

节目基本情况

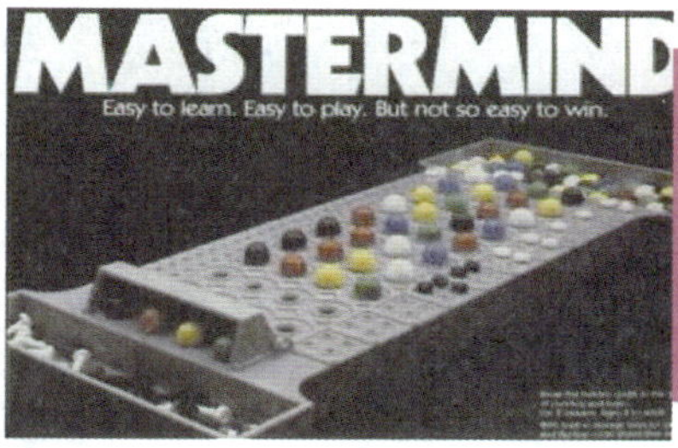

播出机构：BBC 2
官方网络：www.bbc.co.uk/programmes/boo6mk/s
播出频次：周播
开播时间：2010年8月20日
节目时长：30分钟

节目介绍

每期节目中，会有4位选手参加比赛，回答问题的选手将坐到一个黑色的椅子上，由主持人提问，选手可以选择放弃某题，但是放弃会倒扣分数。经过激烈的竞争，最终决出胜利者。第一轮是自由选择阶段，选手可以选择自己擅长的一类节目，然后回答主持人提出的相关问题。第一轮比赛结束之后，落后的两名选手进入PK阶段，规则同上，限时两分半钟，放弃或者答错扣分，答对加分，最后根据分数，淘汰一名选手。最后进入抢答阶段，主持人提出问题之后，剩余的3名选手抢答，最后根据分数决出当场的胜利者。每一年度有96名选手参加，每场的冠军进入下一轮，如此往复，最终决出年度总冠军，冠军不仅可以获得大师的称号，还可以获得一个冠军奖杯。

文本分析

案例：第二季 第一集

时长	形式	内容
	演播室	主持人介绍游戏规则和参赛选手 第一位选手李·巴尼特，他是情景喜剧公司的财务总监，并且热衷于政治。第二位选手布赖恩·多尔蒂，是来自朴茨茅斯的邮递员，出生于显赫的瑞士数学家家庭。第三位选手安德鲁·蒂尔，是波尔顿军区的管理者，对军事史了如指掌。第四位选手詹姆斯，已经从伦敦退休，希望回答关于高楚牧人、潘帕斯草原和与足球有关的问题。两轮问题之后，将会产生全国的智多星。 约翰·赫弗里斯是本节目的主持人。今年将有96名选手接受挑战，争夺智多星冠军的宝座，当然也将获得这个炙手可得的奖杯。要做到这一点，他们必须在第一轮预赛就获得晋级的机会。在每一个阶段，他们会回答关于不同学科的问题。因此，与以往一样，我们可以预期的主题广阔，不拘一格，有时甚至是古怪的组合。今年，为了使比赛难度加大，在预赛中，竞争者将面临两分半钟的常识考问。

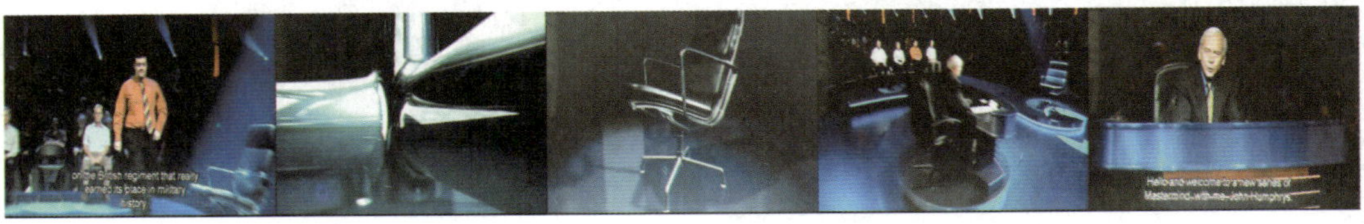

		4位选手参加第一轮自选题目的问答环节 每个选手自己选择自己擅长的一类题目回答，在规定的时间内，答对加分，答错或者不答扣分，最后的比赛结果是：并列第三的是安德鲁·蒂尔和詹姆斯，他们获得了13分。并列第一的是李·巴尼特和布赖恩·多尔蒂，他们获得了16分。

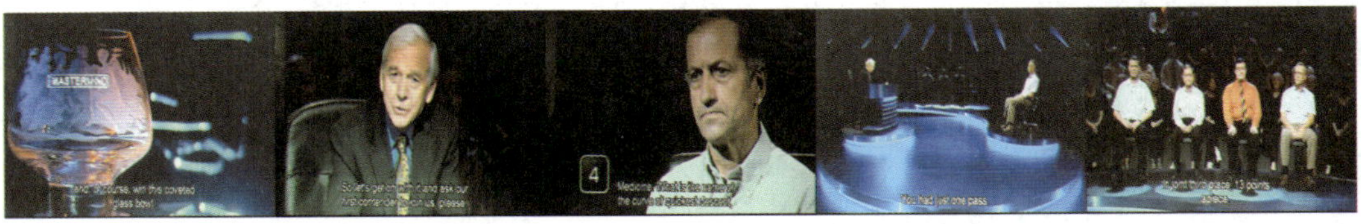

		两名并列第三的选手进入一般常识问答阶段 在规定的时间内，两位并列第三的选手回答无范围的题目，规则同上，分数较低的一名选手淘汰。

节目特色

1. 这个节目和中国的《开心辞典》、《幸运52》相比，较为严肃，但是严肃又很好地切合了智力问答这个节目的主题，因此这个严谨的娱乐节目在同样严谨的英国人中间反而很有影响力。同时节目中千古不变的黑椅子也成为该节目的标志。该节目的严肃的风格不仅没有影响它的娱乐性，反而使它在众多的娱乐节目中独树一帜。

2. 节目中的问题还涉及到了电视台所播放的电视剧，这不仅可以在侧面宣传了电视剧，并且鼓励了更多希望参加该节目的观众观看热播的电视剧，另一方面也迎合了电视剧迷们，同时也鼓励了电视剧迷们来观看甚至参加《大师》节目。

3. 在第一轮中每个选手所回答的问题范围是可以自由选择的，这样比较人性化，也能更好地发挥每个选手的水平。

相关链接

http://en.wikipedia.org/wiki/Mastermind-(TV–serles)

http://www.tvrage.com/Mastermind-UK

节目名称

相当有趣（Quite Interesting）

节目基本情况

播出机构：BBC 2 (2003–2008； 2011)
BBC 1 (2009–2011)
BBC HD (2010； 2011)
BBC 1、BBC HD (2010–2011)
官方网站：http：//www.qi.com/
播出频次：每周三次（周二，周三，周五）
开播时间：2003年至今（已播出8季，108集）
节目时长：30分钟（特别版播映45分钟）

节目介绍

《QI》（也称为“相当有趣”）是一档英国喜剧电视问答游戏节目，它是由琼·洛耶得发起并同艾伦·戴维斯制作。由斯蒂芬·佛赖主持。2008年底它才第一次在BBC4频道播出并在BBC2频道重播。QI 在BBC 4和UKTV G2（现在的Dave台）获得了最高收视率。2008年年底，在节目的F系列于BBC1台亮相之后，BBC2台重播了节目的加长版（名为QI XL）。G系列——最长的一个系列是在2009年10月份于BBC1台播出的，共16集。H系列于2010年5月开始拍摄，2010年9月17日正式播出（BBC2将于第二天重播QI XL）。I系列——该节目的第九季在2011年3月回归BBC2台。

文本分析

案例：F系列第六集 伪装和诡计

节目规则为：主持人围绕一个话题提问（本期话题是“伪装和诡计”），嘉宾回答。

时长（分钟）	形式	内容
节目开始～16′11″	演播室	环节一：问答环节 节目有4个参与者：3个流动名额和1个常规名额，艾伦·戴维斯总是可以拥有主持人旁边的位置。除了一期以“占卜”为主题的节目之外，戴维斯在每一期节目都出现。 问题有时是带有误导性的或者非常难回答的。提供在一个主持人认为“明显错误”的答案会引起闪光灯疯狂闪烁，屏幕显示以及主持人戏剧性的哀嚎。 事实上，这些问题大多是非常模糊，不太可能会有正确答案的。为了弥补这一点，不仅正确答案能够得分，有趣的答案也能够得分（哪怕听起来荒谬无比）。相反，普通人认为正常真实的答案会被扣分，节目组认为这样的答案“不仅是错误的，而且很明显是悲哀的”。此外，如果用已经广为流传的笑话回答问题也会被扣分。 为了满足制作组的要求，几乎没有人能够在没有提示的情况下给出正确答案。这个节目不是为了鼓励大家将兴趣转向得分，而是鼓励嘉宾进行一些和多进行一些轻浮的讨论和由主题延展开来的有趣思路，分享自己的生活幽默轶事。 每个小组成员有一个蜂鸣器，4个蜂鸣器往往围绕一个主题设定声音。它们通常在环节开始的时候响起，但是偶尔会有一些变化发生。戴维斯的蜂鸣器通常颠覆前3个建立的主题，以达到滑稽的效果。

16′11″～22′27″	演播室	环节二："常识性错误"环节 在一个广泛的"常识讨论会中"，最后一轮是题外话，并要求讨论"常识性错误"。问题看似简单，但人们通常以为正确的答案都是错误的。 由于答案经常出错，尤其是戴维斯，出错的题目数量众多，通常产生在这一轮，小组成员们失分最多。

22′27″～节目结束	演播室	环节三："额外的冒险"环节 有时候，小组成员在游戏过程中将得到一个额外的任务机会，任务完成得最好的成员将会得到加分。在往期节目中，这些任务包括绘画比赛（其中约翰绘画呈现出特定的天赋）；或者在展示的图片中寻找一些奇怪的东西，如松鼠或墨鱼等。

节目特色

《贝拉在线》节目的英国电视节目编导艾利·欧苏利文认为："自从2003年BBC出现了游戏节目QI（'相当有趣'的首字母缩写）之后，整个国家都为之疯狂。这个游戏的主旨是汇集一批知名人士，展示他们的智慧和知识。获得正确的答案并不是节目的目的，事实上节目中的大部分时间他们都没在讨论问题本身，节目的目的是让观众了解一个有意思的话题。"这段评价很贴切地指出了这个节目的核心创新点：不是越答对越好，而是越有意思越好。细细分析这个节目，主要在以下两方面有可圈点之处：

1. 主持人以及嘉宾的选择到位

作为一个脱口秀节目，QI没有吸引眼球的表演，也没有设计巧妙的情节，主持人和嘉宾的互动必须撑足场面，随时保持良好的氛围来抓住观众。毫无疑问，斯蒂芬·佛赖和艾伦·戴维斯这对博学和搞笑结合的搭档让节目熠熠生辉。他们尽一切能事来调侃，颠覆人们固有的知识，言谈举止都非常符合节目的定位与要求，十分具有个人魅力。其中，斯蒂芬·佛赖还参演过著名电影《V字仇杀队》（他在电影中同样饰演一位幽默的节目主持人，不知是不是导演有意为之），为广大观众所熟知和热爱。

2. 黑色幽默的节目风格吸引眼球

节目带有典型的英国黑色幽默风格，肆无忌惮地对民俗、政治、文化等知识进行加工和嘲笑。大部分节目内容都在普及有趣但极少有人知道的偏门知识，引起了观众的兴趣。其他3个选手每周都不同，阵容常常包括喜剧演员和电视节目主持人，比如琼·布莱得、杰瑞美·克拉克斯、杰米·卡尔或者克里夫·安德森，但其实无论嘉宾是谁，节目氛围总是很欢乐。

获奖情况

2006年，佛赖获得了玫瑰奖的“最佳游戏节目主持人”称号。英国喜剧节目指南的观众在Comedy.co.uk Awards平台上把《QI》赞扬为2006年和2007年的“英国最佳电视秀/讽刺类节目”。2008年，《QI》获得某学会颁布的娱乐节目奖。2008年和2009年，《QI》赢得“电视斗牛奖”的“最佳小组，问答游戏或聊天秀”的奖项。

相关链接

http：//en.wikipedia.org/wiki/QI

http：//www.comedy.co.uk/guide/tv/qi/interview/

节目名称

您现在收看的是（You Have Been Watching）

节目基本情况

播出机构：Channel 4
官方网站：http：//www.channel4.com/programmes/you-have-been-watching
播出频次：周播，周二
开播时间：开播于2009年7月7日
第一季：2009年7月7日—8月25日
第二季：2010年4月15日—8月4日
节目时长：45分钟

节目介绍

这是由查理·布鲁克主持的一档关于他所擅长的尖锐评析的电视节目，他会同一些非常有趣的嘉宾一起作节目。这些嘉宾要求回答由主持人所出的关于这周电视节目的小测试，并参加一些相关的游戏。每个星期布鲁克都会同三位嘉宾组成的座谈小组一起测试的聚焦点是有关电视的内容问题。在录播之前，嘉宾们会看不同电视节目的不同片段。他们会被要求提一些改进结构的假设，批判性地讨论，或是回答对于所看内容的测试小问题。关注那些在英国和世界范围内的质量参差不齐的节目，揭露一些名为娱乐节目质量却很差的节目。

文本分析

2010年4月15日播出

本次节目的嘉宾是大卫·拜迪尔（获胜者）、凯文·布瑞奇、丽莎·塔巴克。选择评论的几个节目是电视剧《神秘博士》（Doctor Who）、《斯巴达克斯：血与沙》（Spartacus: Blood and Sand），流行的美食栏目《大厨》（MasterChef）、《杰米·奥利费的食物革命》（Jamie Oliver's Food Revolution）和《美味的黛哈小姐》（The Delicious Miss Dahl）。

时间（分钟）	形式	内容
节目开始～2′	演播室	主持人介绍节目、本期嘉宾以及本期节目的基本内容
2′～3′22″	演播室+VCR	环节一：这一环节的问题与讨论都将围绕《神秘博士》这个节目进行一段有关于《神秘博士》的介绍VCR
3′22″～5′56″	演播室+VCR	嘉宾和主持人之间的互动，针对VCR有关于《神秘博士》的内容进行讨论。
5′56″～6′22″	演播室+VCR	播放一段短的VCR。
6′22″～8′55″	演播室+VCR	针对VCR中“遗忘”的内容，嘉宾和主持人分别根据自身的经历讨论类似于“自己有没有想要遗忘的经历”，“如果你拥有时光机器能够穿越的话，你想要做什么？”
8′55″～10′46″	演播室+VCR	采取一问一答的形式，主持人提出问题，嘉宾回答。
10′46″～11′07″	VCR	播放另一段短的VCR。
11′07″～12′36″	演播室	嘉宾回答问题。
12′36″～13′25″	演播室+VCR	播放VCR，公布上一个问题的答案。
13：25～13：58	演播室	主持人公布这一轮的胜出者是大卫。

13′58″～14′55″	演播室 +VCR	环节二：烹饪节目讨论环节 串场，进入下一环节，这一环节将讨论烹饪节目。 首先由丽莎选择一个烹饪节目《美味的黛哈小姐》。
14′55″～19′30″	演播室 +VCR	一段有关于《美味的黛哈小姐》节目的VCR。 嘉宾和主持人有关于这个节目展开讨论。 会不断插入节目的VCR。 主持人提出问题，嘉宾们做出回答。 主持人会公布答案，并由另一个嘉宾选择下一个烹饪节目。 大卫选择《杰米·奥利弗的食物革命》。
19′30″～22′51″	演播室 +VCR	一段有关于《杰米·奥利弗的食物革命》节目的VCR。 嘉宾和主持人有关于这个节目展开讨论。 会不断插入节目的VCR。 主持人提出问题，嘉宾们做出回答。 主持人会公布答案，并由另一个嘉宾选择下一个烹饪节目。 凯文选择《大厨》。
22′51″～26′40″	演播室 +VCR	一段关于《大厨》节目的VCR。 现场测试，为每位嘉宾准备一道菜，尝过之后分别给出他们的批评意见 最后胜出者为丽莎。 主持人介绍接下来环节将要讨论的关于暴力、血腥和色情的节目。 《斯巴达克斯：血与沙》。

26′40″～32′15″	演播室 +VCR	环节三： 一段有关于介绍这个节目《斯巴达克斯：血与沙》的VCR。 嘉宾和主持人有关于这个节目展开讨论。 会不断插入节目的VCR。 主持人提出问题，嘉宾们做出回答。 这一环节胜出的是大卫。

32′15″～节目结束	演播室 +VCR	环节四：抢答环节 主持人针对一些最近发生的有关电视节目的问题，嘉宾抢答。 最后总的胜出者为大卫。 节目结束，主持人介绍下一期的嘉宾。

节目特色

1. 集娱乐搞笑、电视资讯、益智竞猜和脱口秀为一体的节目。

2. 主持人的幽默与犀利，这得益于主持人查理独特的个人魅力和已有的名声，成为这个节目的亮点之一。

3. 电视节目的点评回顾和嘉宾小组讨论的结合，使整个节目不仅有趣，而且也有一定的深度。

4. 节目形式丰富多样，在每观看完一个视频之后，讨论和测试的形式都会根据不同的情况而发生不同的变化。

5. 嘉宾和主持人讨论的内容以观看的电视节目为讨论的中心而发散开来，面广而且有趣幽默。

相关链接

http：//en.wikipedia.org/wiki/You_Have_Been_Watching

节目名称

我会对你说谎吗？（Would I Lie to You?）

节目基本情况

播出机构：BBC1
官方网站：www.bbc.co.uk/programmes/b007r3n8
播出频次：周播
开播时间：2007年6月16日
节目时长：30分钟
节目类型：娱乐/游戏秀

节目介绍

《我会对你说谎吗？》是由罗伯·布莱顿接档安格斯·戴顿主持的一档竞赛类节目。节目中两个队伍会分别向对方呈现不寻常的事实或者自身的让人尴尬的故事。这些故事中有真的也有假的。而队员的任务就是辨别哪些是真的，哪些是假的。在每集节目中，会有两个明星嘉宾以两个队伍的队长身份参加。他们将和另外两个队友一起，欺骗和蒙蔽对方，使他们将真实的当做虚假的，而把虚假的当做真实的。节目会呈现许多让人难以相信的事实，也会提供许多很容易被人相信而事实上虚假的事件。而两个队伍在相互蒙蔽的过

程中也会揭露一些明星的八卦。《我会对你说谎么？》表面上是一个对参与者的说谎能力的测试，但是更多的是考验参与者们能否有趣地说出让人信服的胡话。毕竟，和很多好的综艺节目一样，这个节目的初衷也是为了让观众发笑。节目分为四个环节。第一个环节中，队伍的参赛者讲述一个发生在自己身上的事，另一个队伍会猜测这个事件是否真实。第二个环节中，节目会陈述一个关于名人的事，两个队伍要辨别这件事是否真实。第三个环节中，会有一个神秘嘉宾被带到节目现场。一个队伍会对其进行介绍，说明他们之间的关系。但是只有一个人知道这位嘉宾到底是谁。嘉宾不能说话，但是可以质问对方的队员。很多情况下一个队伍中的两个说谎的队员会很快发现自己掉入了自己挖的陷阱中。最后一个环节跟第一个环节类似，只是会有时间的限制。

文本分析

时长（分钟）	形式	内容
节目开始～1′	演播室	主持人开场，介绍节目形式和参与嘉宾 欢迎来到《我会对你说谎吗？》这是一个奖励最会说谎的人的节目。在今晚的大卫队伍中，会有一个传奇性的人物，想要成为娱乐界最有名的（或者最不有名的）滑稽演员的若里，还有从来没有见过男人穿夹克的，来自纽卡索尔的喜剧演员莎拉。在李的队伍里，有一个一直在学习双关语的喜剧演员居里安，一个来自加德佛特的滑稽演员郝利，虽然她是在条件艰苦的那个区域成长的。

1′～12′	演播室	进入第一个环节的比拼。主持人介绍规则后两个队伍开始第一环节的较量 现在进行第一个环节“猜有关自己所经历的事情的真假”。在这个环节中，队伍的参赛者会从他们面前的卡片中读出一个故事，为了使挑战更加困难，他们之前并没有看过这些卡片。而对方队伍要辨别他们所读出的这些事的真假。居里安首先开始：“在我的花园里面有一个真人大小的我骑着独角兽的雕像。”大卫一方针对这个雕像的材质、获得途径、原因等进行质问。居里安分别进行回答。最终

		大卫一队认为这个事情是真实的，但居里安证实这是一个谎言。接着是若里："我曾经参加了一个自我提高的课程，关于怎样长高。"李队伍针对这个课程的时间、内容、方式等进行问询，最终认为这是真实的。若里证明了这是真实的。接下来是萨拉："我曾经在Asda超市的往返公车上呆了一整天，只是为了混时间。"李队质疑了时间和理由，并开了很多队员的玩笑之后认为这是真实的。而萨拉也证实这是真事儿。第一环节中，大卫队领先。

12′～21′	演播室	进入第二个环节的比拼。主持人介绍规则后两个队伍开始第二环节的较量 下一环节叫"……这人和我是什么关系"，在这一环节中，一个神秘的客人会被带到节目当中，这个客人跟我们当中的一个人有着亲密的关系，在这个周，大卫队的每个人都将声称这个人和他有着密切的关系，而由李队的人来判断谁在说真话，现在欢迎这个周的神秘客人鲍尔。若里说鲍尔是他在家旁边的高尔夫沙坑里发现的被绑住并塞住嘴的人，大卫说这是他的司机，莎拉说这是她的报纸经销商。而李队针对鲍尔的情况对对方的三人一一质问，过程中队员们时常蹦出一些很有趣的言论，并最终李猜测鲍尔是莎拉的报纸经销商，而李队的另外两人都认为鲍尔是大卫的司机，而事实上鲍尔是大卫的司机。因此大卫获得2分，李队获得4分。

21′～28′	演播室	进入第三个环节的比拼。主持人介绍规则后，两个队伍开始第三环节的较量 最后一个环节叫"快速测谎"，队员们不仅通过嘴巴说谎，重点是，有时间的限制。比赛的规则跟第一个环节差不多。大卫队由于暂时落后，因此由他们先开始。故事包括："我小的时候曾经跟一个画着脸的水桶一起玩棋盘游戏。"这是一个谎言。"上周我去商店买了4个蜡烛。"这也是一个谎言。而由于时间的限制，节目只能进行到这里。大卫队获胜。而本周节目的个人冠军是若里。

节目特色

1. 有观众认为名人队长都很风趣，而且在蒙蔽对方时都发挥了很大的作用。

2. 这个节目最有趣的部分在于在节目过程中，总会揭露一些观众喜爱的演员的花边新闻。而观众对于明星的生活总是充满兴趣的。

本土化引进建议

1. 节目表面是一个竞赛节目，而实际上是脱口秀，观众通过两个队伍中的喜剧演员不时地调侃和事件本身的有趣来获得欢乐和笑声，因此找到很有表现力和表达能力强的嘉宾很重要。

2. 作为谎言而讲述的故事要尽可能真实，才能充满悬念感。

3. 主持人的选择要幽默风趣的同时又不能喧宾夺主。

相关链接

http：//en.wikipedia.org/wiki/Would_I_Lie_to_You%3F_(TV_series)
http：//www.comedy.co.uk/guide/tv/would_i_lie_to_you/
http：//www.comedy.co.uk/guide/tv/would_i_lie_to_you/about
http：//www.comedy.co.uk/guide/tv/would_i_lie_to_you/press/

节目名称

乔恩·斯图尔特每日秀（The Daily Show With Jon Stewart）

节目基本情况

播出机构：Channel 4
官方网站：http：//www.thedailyshow.com/
播出频次：周一至周四
开播时间：1996年7月22日
节目时长：22分钟

节目介绍

《乔恩·斯图尔特每日秀》是一档原创于英国的深夜讽刺电视节目，后来该节目在美国本土播放后也深受欢迎。该节目制作出更多的强烈关注政治和国家媒体的系列。

该节目别出心裁的地方在于，它把自己描绘成一个假新闻节目、讽刺喜剧。它的内容有最近的新闻故事、政治人物，尤其是媒体机构。这个节目通常以一个很长的有关最近新闻的独白开始，经常采用荒唐或幽默夸张的方式，由一个记者之类的小人物展示出来。最后部分是致力于一个名人访谈，嘉宾从演员、音乐家、散文作家到政治家，不一而足。

文本分析

时长（分钟）	形式	内容
2′～3′52″	解说	NBC女主播黑人歧视事件 事件背景。 事件开始于美国，开始于一个单词：黑鬼。这是一个无论种族、职业年龄，人们都会称呼的词。是一个让人敏感的词。
3′52″～5′44″	解说	事情发生的具体语境 劳拉在她的个人播音时对回答别人提问的时候，频繁使用了这个词。呼入的是一个黑人女性，她白人丈夫的朋友总是用侮辱性的词语叫她，她打电话问怎么办。
5′44″～7′40″	解说 同期	劳拉的辞职 劳拉的回答触犯了种族平等。 随后引起了巨大反响。 然后，回应大众反映的是，劳拉的辞职。

7′40″～8′	解说 同期	劳拉辞职自述 劳拉辞职的自述：我做了再也不从事播音的决定。我想要弄清楚自己到底在想什么。我想要在别人不生气的前提下知道什么是有用的。 她认为自己要用辞职来加强对大众的说服力。
8′01″～8′21″	解说 同期	乔恩的解说 用辞职强加给观众观点太过荒谬。
8′22″～8′40″	解说 同期	劳拉的反对者的观点 这样离开不公平。

8′41″～12′30″	解说 同期	N词和R词之争 R词：黑鬼比退休还有侵犯性。 N词：退休比较有侵犯性。 R词和N词争论黑鬼这个词的现代意义。
13′37″～14′30″	解说 同期	第二轮 被褥虫子的广告争议。 事件背景。 介绍到处都是被褥虫子。 剧院、肯尼迪剧院、维多利亚的秘密（著名女装商店的名字），到处都是被褥虫子。
14′31″～15′26″	解说 同期	虫子专家 被褥虫子专家的收藏癖。 他们专门收藏，并不排斥，并且用自己的血液喂养虫子。

15′27″～17′10″	解说 同期	香水广告 用被褥虫子做题材的香水广告。乔恩表示广告非常恶心，看后很恐慌。
17′10″～23′	解说 同期	广告制作者的解释 布赖恩·威廉斯，广告制作商的解释：对于广告血腥、不文雅的质疑，我说，你们看到“二战”的场面会难受吗？这是一种广告效果的实现形式。

节目特色

1. 独白的主持人表演形式。
2. 结合时事，幽默的嘲讽风格。

相关链接

http：//talkshows.about.com/od/jonstewart/gr/JonStewart.htm
http：//en.wikipedia.org/wiki/The_daily_show

Planning TV

无处不秀的真人秀类节目

节目名称

世界约会大赛

（World Series of Dating）

节目基本情况

播出机构：BBC3
官方网络：www.bbc.co.uk/programmes/poopq212
播出频次：周播，星期一
首播时间：2012年 3月 26日
节目长度：30分钟

节目简介

《世界约会大赛》是一档英国BBC3套播出的快速约会真人秀节目。一些年轻男子要角逐最佳约会者称号，他们通过与4位性格大不同的女性当场约会来展开比赛，约会时间最长的一位获胜。节目由罗伯·瑞格、汤姆·皮赖斯、泰勒·祖奇等主持。本特里·考努担任咨询师角色。

第一季共制作了8期，分别在3月26日、4月2日、4月9日、4月 16日、4月 23日、4月 30日、5月 8 日，5月8 日（首播，12日复播）播出。

文本分析

时间（分钟）	形式	内容
节目开始~1′30″	解说 现场主持	开场白及比赛规则介绍 主持人名叫詹姆斯·切特里·泰伯特今天嘉宾主持人是美国《世界约会大赛》五次冠军得主多里·麦克马斯。多利·麦克马斯一开场就开詹姆斯的玩笑。 参加比赛的男士们要使出浑身解数取悦约会的女士，否则将会被约会的女士淘汰。约会时间最长的男士获得胜利。

1′30″ ~ 2′30″	解说 现场主持	介绍参加约会的女士 参加约会的女士：1. 瑞贝卡，21岁，理想类型为成熟男士；2. 劳尔，22岁，平时喜欢跟朋友出去玩；3. 斑比，23岁，美丽动人，可以用舌头碰到自己的鼻尖；4. 露西，22岁，富有英国优雅气质。

2′30~4′	主持 解说	介绍参加约会的男士： 参加约会的男士：1. 克瑞斯，24岁，自称长得像贝克汉姆； 2.格雷格，22岁，学生；3. 盖瑞，25岁； 4. 安托尼，25岁。 介绍“裁判”：本特里。裁判宣布比赛开始。

4′~26′	主持 解说 同期声	约会开始 4对男女同时开始约会。4对男女在同一摄影棚内开始约会。 1. 克瑞斯和贝卡：克瑞斯对着镜头与贝卡前男友打招呼，开了不恰当玩笑，遭贝卡淘汰。 2. 安托尼和班比：班比要求安托尼念情诗以示真心。安托尼一直称班比为“mate（哥们儿）”，被班比淘汰。

4′～26′	主持 解说 同期声	3. 劳尔和盖瑞：劳尔认为盖瑞只谈论自己的事情并且有些婆妈所以将他淘汰了。 4. 格雷格和露西：格雷格是城市规划专业在读硕士，露西问格雷格如果现在让他规划一座城市，他会怎么命名这座城市。格雷格回答说“露西城”。巧妙的回答使他们的约会十分顺利。但是后来因为开了很蹩脚的玩笑被露西淘汰。 5. 盖瑞重新归来，与瑞贝卡约会：瑞贝卡提出Heartstopper要求，对盖瑞提出“了解对方知多少”挑战。挑战要回答问题有：你正在约会的女士名字是什么？她眼睛的颜色是？她的胸围大小？虽然他最后一个问题没有回答对，但是仍然留下来了。瑞贝卡问盖瑞最近遇到什么好的女士，盖瑞回答说淘汰前约会的那位女士还不错，被瑞贝卡淘汰。 6. 克瑞斯重新归来，与班比约会：他们一起吃饭后甜品冰淇淋时，班比说曾经穿得像个冰淇淋一样，克瑞斯开玩笑说他想舔一下，被班比淘汰。 7. 安托尼重新归来，与露西约会。 8. 格雷格重新归来，与瑞贝卡约会。

26′～28′	主持 解说 同期	约会结束，“裁判”介绍赛果 格雷格以59,400分获得冠军，安托尼以55,800屈居亚军，克瑞斯以42,600位列季军，盖瑞以35,400获得第四名。加上之前一集以25,000获得第五名的瑞奇和以23,400获得第六名的爱恩。 主持人总结本集约会：男士约会跟极限运动一样刺激，女士则要尽量表现得奇奇怪怪。

节目特色分析

这个节目的最大创新之处在于把体育节目中的元素巧妙嫁接到娱乐节目当中来，把男女约会当做了一场特殊的赛事来对待。相对应地，节目的主持人都角色化为与体育节目播报有关系的人物：罗伯·瑞格扮演美国老牌记者多利·麦克马斯的角色，汤姆·皮赖斯扮演英国记者詹姆斯·切特里·泰伯特，两人配合默契，现场点评每对约会者的表现，就像体育主持人解说赛事一般颇有架势，让人啼笑皆非。喜剧女演员则扮演场外采访记者，对失败的约会男生即兴进行采访，也是极尽搞笑之能事。

这个节目给我们的启示是：不同类型节目的嫁接会产生意想不到的结果，比方，新闻与娱乐节目的成功嫁接节目《你现在收看的是》，就是把新闻素材当做了娱乐的元素，以追求娱乐效果为最大诉求，取得了成功。

相关链接

http：//en.wikipedia.org/wiki/World_Series_of_Dating

http：//www.bbc.co.uk/programmes/p00pq212

节目名称

公主微服相亲记（The Undercover Princesses）

节目基本情况

播出机构：BBC 3
官方网站：http：//www.bbc.co.uk/programmes/b00rdvyj
播出频次：周播，周日21：00
开播时间：2010年3月7日
节目时长：60分钟

节目介绍

《公主微服相亲记》是在BBC3播出的一档真人秀节目。节目组将来自不同文化背景的3位公主（分别来自德国、乌干达、印度）请到了英国，并让她们合住在乡间别墅因格特斯敦，在那儿她们初次体验普通人的生活。3位公主被分别安排到美发沙龙、西餐厅和运动服装店工作，由此开始融入当地社会生活，并尝试与中意的小伙子认识约会。

这3位公主一起住在艾克塞斯小镇上，最基本的目标就是她们在英国寻找真爱的旅程。同时，节目展现3位公主脱离熟悉的环境，在完全陌生的国度里逐渐学会独立生活，并结下了深厚的友谊。

文本分析

案例：第二季 第三集

时间（分钟）	形式	内容
节目开始～1′30″	解说　同期	节目前情提要，对此集内容作简要介绍
1′31″～1′51″	解说	精心设计的开场动画与精美的以书的封面为表现形式的节目标题

1′52″～3′46″	解说　同期	介绍前两集中三位公主的约会情况 解说： 公主寻觅意中人的时间越来越少，她们昨天透过烧烤会结交更多异性。 同期： 嘉碧：早安。 阿丽雅：早安。 嘉碧：你们认为烧烤会怎么样？可知道哪部分最好吃？ 阿丽雅：是…… 嘉碧：艾利特， 占士和列智一起玩扭扭乐。我眼界大开。 解说： 为避免所托非人，误交附凤攀龙之辈。3位公主扮作平民，阿丽雅公主沿用自己的名字，泽妮娅化名嘉碧。在寻觅如意郎君的过程中，希拉公主化名仙度拉。 同期： 仙度拉：要饮料不？ 男子一：好的。 解说： 嘉碧成功与男士约会，一是发型师艾利特，工作时认真。另一个人是消防员占士。 同期： 占士：加油！ 嘉碧：他随和好动，非常棒。

		解说： 但在烧烤会上还有一人吸引了她。 同期： 男子二：很高兴认识你。 嘉碧：保重。我会再找你，再见。 解说： 害羞的阿丽雅只和一名男士约会过。 同期： 男子三：天气不大好。 解说： 她仍未习惯西方约会文化。 同期： 阿丽雅：在我的家乡，并不是女方主动认识男方的，因此我不敢行动。
3′47″～6′03″	解说　同期	仙度拉与保罗外出野餐约会 解说： 奇妙的是，要求很高的仙度拉在超级市场邂逅了篮球运动员保罗。 同期： 保罗：你和我一样爱吃蘑菇？ 解说： 遇上了黑马人选。 同期： 保罗：我认识了我的玩伴。 仙度拉：如果每次约会都这样，太棒了！ 解说： 今天仙度拉和保罗第二次约会。 同期： 仙度拉：4位男士中目前他排第一位，他的各种因素都胜过了其他人。 仙度拉：啊，保罗。 保罗：仙度拉，你好吗？ 仙度拉：很好。 解说： 保罗带仙度拉去野餐。到周末，公主便要邀男伙伴儿回国，这是仙度拉审视保罗的另一机会。 同期： 仙度拉：这是蓝乳酪？我还以为是蓝色的。我没吃过，加了辣椒，对吗？谢谢，我非常喜欢吃辣椒。味道很好，你想戏弄我，特地加入辣椒，但我是辣椒狂。谢谢，保罗。

		保罗：不用客气。 仙度拉：很可口，你见到我不开心吗？ 保罗：我开心死了。 仙度拉：我也很开心，可以再见到你。 采访： 仙度拉：他和我亲嘴，我很害羞。我对保罗的认识与日俱增，每次见面都不想他走。很漂亮！ 同期： 保罗：倘若有机会和她在一起，我一定会把握。

6′04″～7′09″	解说　同期	嘉碧为阿丽雅在网上填写征友信息 解说： 这边仙度拉与保罗情花绽放，那边害羞的阿丽雅依然四大皆空。嘉碧认为可以在上网找找看，于是就代阿丽雅写网页。 同期： 嘉碧：阿丽雅美丽动人，聪明勇敢，她是我的好朋友。上网找异性比去酒吧酒廊好，这个方法好得多，这个方法好得多，希望成功。 嘉碧：不要害羞，要有自信。 阿丽雅：谢谢。 嘉碧：不用客气。
7′10″～8′50″	解说　同期	仙度拉与保罗去酒吧进行第二次约会

8′51″～10′01″	解说　同期	嘉碧和阿丽雅等待外出未归的仙度拉，仙度拉带着保罗回来了
10′02″～12′19″	解说　同期	嘉碧与艾利特到动物园约会 解说： 为了可以在周末决定带谁回国，嘉碧今天安排了两个约会，晚一点儿在烧烤会上认识的列智，现在先去见艾利特。 采访： 嘉碧：我好想多和艾利特相处，因我一定要选一个人。我暂时不想邀请异性来我家。

		解说： 艾利特知道嘉碧喜欢小动物，于是带她去动物园讨芳心喜悦。 同期： 嘉碧：那是我见过最可爱的动物。 艾利特：考拉呢？园内有两只考拉的。 嘉碧：我想要一只。它多么可爱啊！去看大一些的猴子。 艾利特：好。 嘉碧：再见，小猴子。蜘蛛猴，你好。 艾利特：很棒，我喜欢小猴子。它们的屁股最难看。 嘉碧：可不是。 艾利特：看，他撒尿。 嘉碧：什么？我的天！ 动物园里的一女士：它们很漂亮。 嘉碧：你好。 艾利特：我的天。 嘉碧：你好，它很漂亮。 动物园里的一女士：你也要会一会吗？ 艾利特：好吧。 动物园里的一女士：来吧，它不会伤害你。 艾利特：她能，我也能。它挠我。 嘉碧：是，它闻你的手。 艾利特：和嘉碧一起很开心，她很棒，我们今天很开心。

12′20″～12′45″	解说　同期	嘉碧约会结束归家，与阿丽雅和仙度拉讨论艾利特和他的礼物 解说： 为了让嘉碧记住今天，艾利特送她一件纪念品。 同期： 嘉碧：它的名字是猴子艾利特。 艾利特：猴子艾利特。 嘉碧：猴子艾利，男人送给我最可爱的礼物。 艾利特：真的？ 嘉碧：是。世上最棒的猴子。他纯品可爱，平易近人，我很开心。今天很开心。我们看过可爱的猴子。 阿丽雅：你好！ 嘉碧：你们猜是谁送的？

		阿丽雅：猴子朋友。 嘉碧：是，猴子朋友。 仙度拉：艾利特。 嘉碧：对！这猴子多可爱。 仙度拉：你对他有感觉？ 嘉碧：我不知道，我对他当然有感觉，但不知道是友谊还是爱情。 阿丽雅：好啊，他很细心。
12′46″～14′29″	解说　同期	**嘉碧与仙度拉帮助阿丽雅练习约会** **解说：** 嘉碧与仙度拉情场得意，阿丽雅依然无着落。网上觅偶无果，也没有其他门路。 **采访：** 阿丽雅：我感到有一点压力，但又不能随便主动结识异性。 **解说：** 寻偶之旅还有3天就要告终回国，嘉碧和仙度拉帮助害羞的阿丽雅安排闪电约会。 **同期：** 仙度拉：男人走过来，不是你采取主动，他们一口气介绍自己。 阿丽雅：像我们这样坐在一起？ **解说：** 嘉碧示范整个过程。 **同期：** 仙度拉：你好。 嘉碧：你好，我叫嘉碧。我喜欢吃东西，我喜欢玫瑰花。 仙度拉：你喝不喝酒？ 嘉碧：喝。 仙度拉：抽不抽烟？ 嘉碧：抽。 仙度拉：有没有女朋友？ 嘉碧：有。 仙度拉：再见，下一个！ 阿丽雅：我没参加过闪电约会，交谈几句，我应付得来，你比我在行，一，二，三。 嘉碧：谁找到了爱？ 仙度拉：我！如果我和保罗结婚…… 阿丽雅：你会邀请我们吗？ 仙度拉：我当然会邀请你们。 阿丽雅：我们做女嫔相。 仙度拉：好。

14′30″～19′03″	解说　同期	嘉碧与列智见面，仙度拉和阿丽雅外出闪电约会 解说： 仙度拉选定保罗为乘龙快婿，嘉碧期待今晚另一个约会。 同期： 嘉碧：我约会列智，他是男子汉。 仙度拉：列智未约会已很有趣。 解说： 二女希望阿丽雅闪电约会有收获。 同期： 仙度拉：祝闪电约会成功。 嘉碧：对！ 嘉碧：阿丽雅，我的化妆品。 解说： 还有3天，3位公主要争取时间。 同期： 嘉碧：再见。 解说： 嘉碧出发去会列智，仙度拉和阿丽雅准备去闪电约会。 同期： 列智：你好。 嘉碧：你好。 列智：你好吗？ 嘉碧：见到你真好。 列智：你很漂亮。 嘉碧：谢谢。 解说： 嘉碧和列智很早就来到这清静餐厅。 同期： 嘉碧：什么是安康鱼？ 列智：是一种鱼。 嘉碧：像猴子？ 列智：不，不像猴子，它叫安康鱼。 解说： 列智不知道嘉碧是公主，一开始便施尽其埃郡男孩的魅力。 同期：

		列智：我懂得一句德语，很老套，但有用。 嘉碧：是吗？ 列智：我爱你，我只懂一句。 嘉碧：很窝心！
19′30″～31′59″	解说　同期	嘉碧与列智外出打网球，仙度拉与保罗约会，阿丽雅昨日的意中人失约，她再次去与其他人见面，结果依旧不尽如人意。 解说： 列智对嘉碧说“我爱你”，仙度拉帮阿丽雅找意中人。 同期： 一陌生男子：你好吗？ 阿丽雅：很好。 陌生男子：好，好，好，你来自何处。 阿丽雅：古吉拉特。 陌生男子：古吉拉特，来英国很久？ 阿丽雅：两星期。 陌生男子：两星期，想念印度吗？ 阿丽雅：我想念那儿的菜肴。 陌生男子：那儿的菜蔬非常新鲜。 阿丽雅：是的。 陌生男子：没有农药。 陌生男子：我叫史特夫。 仙度拉：史特夫？ 陌生男子：是，史特夫。 仙度拉：仙度拉。 史特夫：仙度拉，我拼字差，你教我拼。我可以随便写吗？ 仙度拉：Cindere... 史特夫：Cindere... 阿丽雅：印度菜在英国非常盛行。 史特夫：是，英国第二大外卖菜。阿丽雅，很高兴认识你。 阿丽雅：彼此彼此，谢谢。 采访： 阿丽雅：大大不行，不是我喜欢的类型，他太粗糙了。

33′32″～34′22″	解说　同期	第二天即将向意中人表露身份，3位公主的感受 解说： 在英国扮了3个星期平民，3位公主明天就要揭露身份，她们担心她们选定的对象无法接受。 同期： 阿丽雅：马克是我唯一可以带回印度的男人，我表露身份后，不知道他会怎么样。 嘉碧：平民生活要结束了，明天结果就会出来。这是这段旅行另一个刺激的时刻。因为，说出真相是最艰难的。 仙度拉：我让他以为我是个普通人，是个平凡的女人。我不知道该如何是好，但不得不去做。 解说： 公主今天必须表露真正身份，并邀请对象前往她们的王国，希望爱情开花结果，本来四大皆空的阿丽雅，和马克约会两次。 同期： 阿丽雅：马克，我有事找你，若你有空回我短信，谢谢，保重。 我好想马上告诉他我是谁。 解说： 情场上一直吃得开的嘉碧，有两个选择：艾利特和列智。 同期： 嘉碧：我名叫泽妮娅·嘉碧拉，萨克森公主，我是公主。 解说： 而仙度拉爱保罗爱得头昏脑胀。 同期： 仙度拉：不好了，我本来能做到的，但今天错漏百出，因为我非常紧张，我很怕说出真相，纸包不住火，必须告诉保罗，但我非常紧张，不知他会有何反应。 嘉碧：我很喜欢你的裙子，前面这可爱小动物是什么？是猫吗？ 仙度拉：不，是幼崽。 嘉碧：什么动物？ 仙度拉：幼豹。 嘉碧：是猫。 仙度拉：不是猫。 嘉碧：叫声是什么样的。需要帮忙吗？ 仙度拉：不是猴子，你喜欢猴子。

		嘉碧：是猴子？ 仙度拉：不是猴子。 嘉碧：你紧张吗？ 仙度拉：非常紧张，你呢？ 嘉碧：没你这么紧张。 仙度拉：我怕伤了对方的心，所以我很紧张，是真的。 嘉碧：我为你开心。 仙度拉：你要为我祷告。 阿丽雅：马克没回我短信。也许已开始上课忙着，他还没回复。 解说： 马克没回音，24小时后便要回印度，阿丽雅也许没人带回本国。 同期： 阿丽雅：我们来找真爱，但我一向相信命运。是我的，自然会来，虽然在英国找不到如意郎君，但结交了好朋友。 解说： 现在，公主要向对象揭露身份了。 同期： 嘉碧：我非常紧张。内心七上八下的，希望他喜欢公主和喜欢嘉碧一样。 解说： 马克一直没回音，阿丽雅于是向好朋友表明身份，她们是她来了埃郡后第一周结识的。

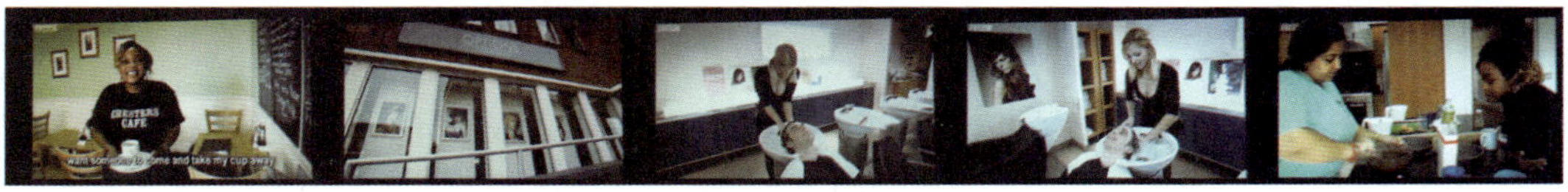

34′23″～45′25″	解说　同期	3位公主向意中人与朋友表露身份并邀请他们到自己的国家 解说： 同期： 阿丽雅朋友：喝一些，很可口。 另一朋友：第一次？ 朋友：喜欢吗？ 阿丽雅：你们好。 另一些朋友：你好吗？ 阿丽雅：我很好。 朋友：看！你非常漂亮。这服装太美了。 阿丽雅：我想告诉你一件事。 朋友：什么事？快说。我很紧张。 阿丽雅：准备好了吗？已准备好。我的名字是阿丽雅，我是阿丽雅公主。

		朋友：公主？阿丽雅公主？ 阿丽雅：我是印度的巴拉西诺的阿丽雅公主。 朋友：哪儿？很有派头。 完全出乎意料，我们十分诧异，如果我一早知道她是公主，我在她面前会紧张不安，还好一直相处融洽，毫无芥蒂。现在知道很好，不，一早知道更好。 你住在宫殿里？ **解说：** 阿丽雅找不到合适男人带回家，于是给爱玛一个惊喜。 **同期：** 阿丽雅：我来英国找如意郎君，期间我交了一些好朋友，我有神秘礼物给你，我邀请你去印度。 朋友：好啊！！ 阿丽雅：我邀请你去印度体验我的文化，我的生活。 朋友：我没去过印度。 阿丽雅：来做一回公主吧。 朋友：谢谢，很棒。 阿丽雅：你来？ 朋友：她邀我去印度，在皇宫过几天宫廷生活，大为诧异。 阿丽雅：我很开心结交了这些好朋友，他们欣赏我为人，不是贪图富贵。 **解说：** 列智还是艾利特，考虑了一星期，嘉碧终于决定了。 **同期：** 艾利特：见到你真好。 嘉碧：坐下。 艾利特：好的。 嘉碧：我有一件事要告诉你。 艾利特：好。 嘉碧：我的名字不是嘉碧。 艾利特：不是吗？好的。 嘉碧：我名叫泽妮娅·嘉碧拉，萨克森公主兼女公爵。 艾利特：什么？ 嘉碧：我是公主，我很紧张。 艾利特：我也很紧张。 嘉碧：你觉得怎样？ 艾利特：完全出乎意料。 嘉碧：是的。 艾利特：我很诧异。你依然是嘉碧。

		嘉碧：是的，在你心中。 艾利特：只在我心中。 嘉碧：只在你心中，你愿不愿意来德国看看我的世界？ 艾利特：我愿意。 嘉碧：你愿意？ 艾利特：我愿意。 嘉碧：依然是猴子朋友。 艾利特：猴子朋友，太棒了。 坦白说，我脑海一片空白，一切都停顿了，心跳停顿了。 嘉碧：他接受我是泽妮娅公主，他也说我在他心中永远是嘉碧，他看到我里面的嘉碧，会不会发展成爱情，现在未知。 艾利特：我知道之前我们非常投机，也许会有所发展，但我们南辕北辙。 嘉碧：他会来德国，我非常、非常开心，可以让他体验我的世界。 **同期：** 嘉碧：我挽着你。 艾利特：我挽你。 嘉碧：我选你，我挽着你，我爱你。 艾利特：太棒了，我爱你。我的天！ **解说：** 最重要时刻，仙度拉向保罗表露她公主的身份。 **同期：** 保罗：很漂亮。 仙度拉：谢谢。你认识的我是仙度拉，平凡女子，其实我试验你是否真心爱我，我是希拉仙度俪雅公主，布干达王国的公主，你在想什么？我依然爱你，我说过了，对不起，我对你撒谎了。 保罗：无论今早，昨日，前日。我都爱你不变。 仙度拉：太感动了。 保罗：爱不讲虚构，爱是关怀，关怀就是爱，其他对我完全不重要。 **解说：** 保罗接受仙度拉是公主，但她不可以要嫁就嫁，二人的将来仍是未知之数。 **同期：** 仙度拉：保罗你说过视我为未来妻子，但我邀请你去我国家，我的婚事不由我做主，有些人要见你，得他们批准，得他们批准才行。

		保罗：这是我人生中最重要一仗。 仙度拉：如果他们不批准又如何？ 保罗：我会使他们批准。我爱上仙度拉，我爱她本人，不是她的家财名位，那些对我并不重要。 仙度拉：我很心甜。 保罗：我说我非常爱你，但不希望你为我背弃传统和部族。 仙度拉：看这双鞋，我应该这样慢慢走。 阿丽雅、嘉碧：保罗怎样说？ 仙度拉：他大为诧异，他说：我爱你不是因为你是公主。 嘉碧：没错，非常感人。 仙度拉：我爱的是你，你永远是我心中的公主。 嘉碧：没错！ 仙度拉：后来我说婚事不由我做主，要得一些人批准才行，他说：神让我们相遇，交给神吧。 嘉碧：对，对，试一试。 阿丽雅：期间你也有所学习。 仙度拉：我再也找不到一个男人比保罗好，即使以为我出身贫寒也照样爱我，若家人不许我嫁他，我便终生不嫁，因再也找不到一个真心爱我的男人，要么嫁保罗，要么终身不嫁。

45′26″～49′32″	解说　同期	两位公主收拾行装离开英国 解说： 公主今天离开英国返家去，准备此旅程的最后阶段。 阿丽雅：我在印度有仆人和亲人代劳，今日我第一次凡事亲力亲为，终于打包好了，行李箱会爆开。 解说：泽妮娅公主微服后认识了艾利特，并结交了一些真朋友。 嘉碧：我会很想念她们，我依依不舍，这是我第一次交上真心待我的朋友。 解说：虽然阿丽雅找不到如意郎君，但此行改变了她一生。 阿丽雅：我来到后自信心加强了，以前我缺乏自信，这是一大收获。 解说： 坠入爱河的希拉公主也要回家，与保罗暂别。

		同期： 仙度拉：很难受，不过我应付得来，我不想去想……要离开保罗。 嘉碧：我会为你和保罗祷告，有情人终成眷属。 仙度拉：你们要来参加婚礼。 嘉碧：一定来。我爱你们，永不会忘记这段日子，我爱你们。 阿丽雅、仙度拉：我们爱你！ 嘉碧：我们不仅是朋友，我们情同姐妹，与姐妹分离不易，与朋友分离不易。 仙度拉：再见。 阿丽雅：再见。衷心祝福你和保罗。 仙度拉：我爱你。 阿丽雅：我也爱你。每一刻都很特别，我会怀念每个片段，每张脸孔，我们是好朋友，希望友谊永固。 **解说：** 希拉公主最后离开，保罗送行来了。 **同期：** 保罗：我的天！现在最难的是说再见，保重。 仙度拉：我爱你。 保罗：我也爱你。路上平安。保重。 仙度拉：我担心家人反映，不知他们怎样看他，我担心他们不接纳他，到时我应怎么做?他会怎样做? 保罗：部族有自己的族亲和传统，前面艰难重重。 仙度拉：我不想失去他，也不想失去家人，我需要家人，也需要保罗，我夹在中间心乱如麻。
49′33″～50′21″		片尾。

节目特色

1. 节目的拍摄对象是公主，为节目增加童话色彩

本节目的主人公是3位公主，公主隐姓埋名寻找真爱，这样的故事似乎是只有在电影小说里才会出现的情节。而这样浪漫的故事在这里成为电视节目里真实发生的故事，无疑会引起人们极大的观看兴趣。而公主追求真爱的故事也为节目增添了浪漫的童话色彩，很容易吸引观众的眼球。而以真人秀的形式记录公主寻找真爱的过程也使得节目极具故事性，现实中的事情在情节发展上的未知性很容易就能吊起观众的胃口，能够实现观众强烈的参与感与互动感，一直观看下去。

2. 邀请来自三种不同文化的公主参加节目，增加节目异域色彩

节目中的3位公主分别来自欧洲、非洲、亚洲，来自有着不同文化和风俗习惯的地区。在节目中，她们各异的生活习惯、交友习惯、着装习惯，都为节目增加了神秘多元的异域色彩，而其中通过各位公主对真爱追求的过程也展现了不同地区各具特色的民族文化，丰富了节目内容。节目中的异域文化色彩也成为吸引收视的一大亮点。

3. 拍摄场景精心选择，服饰造型精美

不管是节目选择的小镇，公主们暂住的房子，还是她们约会的地点，这些拍摄场景在镜头中都有着或美丽或繁华的表现，给人以丰富的视觉享受。节目中，公主们为了寻找真爱精心打扮，非常吸引人。特别是在最后向选中的人表明自己公主身份时公主们的服饰与造型，极富文化特色的精美装扮使得节目的童话色彩更浓，也增强了节目的视觉吸引力。

4. 为节目专门设计的开场动画，精美而富有童话感

简要介绍节目内容的固定片头后，就是一段专门为节目设计的3位公主的开场动画，动画制作精美，使节目一开场就充满了梦幻的童话色彩。

5. 公主身份存疑，在互联网上掀起热烈讨论

节目播出后，乌干达王国公主的身份受到了观众们以及来自乌干达的网友的强烈质疑。于是，网络上掀起了关于《卧底公主》中的公主们身份真实性的热烈讨论，讨论中进一步扩大了节目的知名度与影响。但由于真人秀主人公身份存在作假嫌疑，BBC3的声誉在这场网络讨论中也受到了一定的影响。

相关链接

http：//en.wikipedia.org/wiki/Undercover_Princesses

节目名称

晚餐约会（Dinner Date）

节目基本情况

播出机构：ITV1
官方网站：http：//www.itv.com/beontv/dinnerdate/default.html
播出频次：每周一至周五12：30
开播时间：2010年8月9日
节目时长：45分钟

节目介绍

《晚餐约会》是ITV1播出的一档娱乐游戏秀节目，将准备晚餐与约会结合起来。节目给一位幸运儿提供一个寻找真爱的机会。每集节目开始时，一个单身的男士或女士会得到5个菜单，每个菜单都蕴藏着各自对约会的渴望，并期望留下好印象。他们将从菜单提供的内容中来确定自己的喜好并选择3个晚餐约会的对象，用3个晚上的时间和菜单背后的人见面，并分别去他们家中共进晚餐。最后，晚餐客人选择3位晚餐的准备者当中的一位出去共享浪漫晚餐和美好约会，3个人都为此做好准备，但最终有两人必须独自留在家里。

文本分析

2010年8月 23日播出

时长（分钟）	形式	内容
节目开始～1′	解说　同期	这里是《晚餐约会》(Dinner Date)节目，在这里，人们通过食物来寻找真爱，一个幸运儿将在享受3次特别的晚餐的同时获得一个收获浪漫约会的机会，（还有免费的食物，太棒了）
1′～2′35″	解说　同期	**介绍本期的男嘉宾的情况，包括自身情况，心仪异性，感情状况以及在食物方面的偏好** 今天的男嘉宾是29岁的马修，(我的朋友都用3个词来形容我，大块头，黑，吵闹。但我希望人们说我是一个温柔的大块头，我希望人们喜欢我。）即使是温柔的大块头也是需要爱情的。那么什么类型的女士是马修希望遇见的呢？（我很喜欢自信的，让我觉得自在的女士，我希望我们是两个独立的人，但是在一起的时候，人们能够说我们很合适，我们能够陪伴对方。）尽管马修是一个出版公司的经理，但是去年他都跟他父母一起住，马修去年都是单身，度过30岁生日的方法是一直工作、工作、工作。（我喜欢尝试新的食物，想体验一些新鲜的，让人兴奋的特别事情。）
2′35″～6′40″	解说　同期声	**通过依次介绍菜单来介绍本期的5个女嘉宾的基本情况。男嘉宾在菜单的介绍过程中发表对其中菜式的看法，并最终在5份菜单中选择3份以确定约会对象** 我们会向马修提供5份分别由5个女士制作的菜单，马修要通过这些菜单来决定他要和这些菜单背后的哪3位女士一起共进晚餐。 第一份菜单来自24岁的杰西米，里面有甜酱烧龙虾，配鸡蛋面、爱尔兰奶油巧克力芝士蛋糕等菜式。（很有趣，我不是非常喜欢海鲜，但是非常喜欢奶酪蛋糕。） 第二份菜单来自27岁的凯瑟琳，里面有熟食拼盘，内有意大利面包片、经典西西里柠檬：奶油葡萄酒等菜式。（这也许听起来不大好，但是我看到这份菜单的一个反应就是：很基础。） 第三份菜单来自28岁的莎娜，里面有青辣椒烧金枪鱼、法式苹果馅饼配香草冰淇淋等菜式。明智的决定，但马修会想要尝试么？（摇头，鱼类是很主要的标志，我应该不会尝试这个。）

		第四份菜单来自25岁的思欧班，里面有水果风味的热带色拉、烤大蕉配朗姆酒冰淇淋等菜式。（我喜欢我妈妈做的烤宽面条，味道好极了。这好像已经把做好的食物放进了我的嘴里，而我已经在品尝它了。） 第五份菜单来自28岁的露西，里面有扇贝配西红柿、大橄榄，米布丁配香草冰淇淋和爱尔兰奶油利口酒等菜式。是不是在匆忙当中做的？（真的很不错，每次看到米布丁总会让我想到学校时光。）马修会选择他喜欢的食物，还是会尝试他没有吃过的食物呢？ 他最终选择了第二份、第四份和第五份菜单。我们希望他做了个正确的决定。
6′40″～10′20″	解说　同期	介绍女嘉宾的基本情况、凯瑟琳做晚餐的过程、准备与马修的见面 （我大概单身了两年，和不同的人约会），凯瑟琳做饭的过程，方法。（这就是为这场浪漫的约会准备的晚餐。）这都24年了，你还在做这个。不过凯瑟琳还有特别的地方。（我以前约会过的人教会我怎么用吉他和钢琴。）马修在学习吉他，音乐会成为他们爱的桥梁么？（这是我第一次完全的相亲，我不知道他叫什么，做什么工作，做不做饭等等，总之就是什么都不知道，这让我有点儿紧张。）过会儿马修就要到了，但甜品还没做好。不过甜品很简单，只是需要一些奶油、饼干。做好之后凯瑟琳正好能换衣妆扮。而这是马修这么多年的第一次约会，他有什么感觉呢。（我试着不去想这件事，但是不管用，我很紧张。）

12′30″～13′	解说　同期	前情回顾片断 这里是《晚餐约会》节目，在这里，人们通过食物来寻找真爱，29岁的出版社经理马修会去3个女士家里享受晚餐和约会，（我以前没做过这些，但是我很兴奋很期待。）在本周结束的时候马修要选择其中一位他想继续约会的女士去高级餐厅进餐。

13′05″～20′30″	解说　同期	马修与凯瑟琳见面，节目记录两人约会的过程。约会结束后凯瑟琳给了马修三颗星中的两个 马修与凯瑟琳见面，对年龄，发生在自己身上的趣事，爱吃的食物，音乐等互相了解，在约会的间隙对两人进行采访，呈现各自的第一印象。画外音偶尔对两人的现场进行点评和调侃，如，“恭维在哪里都有用的；哇，谁知道奶油土豆泥也这么有趣呢？”其中马修之前说过自己不是很喜欢吃鱼，但是他把凯瑟琳准备的鱼类晚餐都吃完了。结束之后男女嘉宾互相评价。（凯瑟琳非常好，人很温和。）

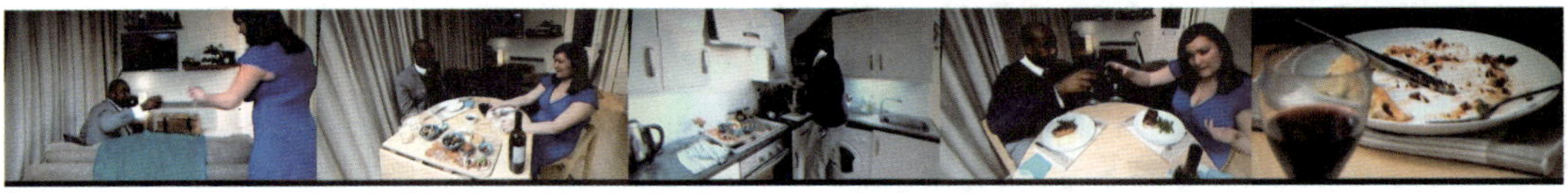

20′35″～25′05″	解说　同期	二号女嘉宾思欧班的采访以及介绍女嘉宾的基本情况、思欧班做晚餐的过程、与马修的见面前 思欧班单身3个月了，希望她辛辣的食物能够成功。（我不是个好厨师。但我希望你能喜欢这个食物。）边做晚餐边介绍制作的方法。她在期望着谁来吃晚餐呢？（我对……很迷恋，那个很有名的994，天啊，如果他能来，我就太激动了。）不好意思，他是不大有机会来的。马修又是怎么想的呢？（我太激动了，这是这么多菜单中我最期待的一个，我希望她也能像菜单一样，也是个有趣的人。）
25′05″～28′08″ 28′08″～34′30″	解说　同期	马修与思欧班见面，两人约会的过程。约会结束后思欧班给了马修三颗星中的一个 马修与思欧班见面，通过访谈各自说出自己的第一印象，思欧班做饭，做烤宽面条的时候还忘记放盐，画外音进行调侃。两人大多是针对食物进行聊天。（这跟我预想中的约会不太一样，但是迄今为止进行的不错。）现在思欧班进厨房了，又把马修一个人留在了厅里。我觉得她是在高兴马修离开了而不是约会进行的不错。（三颗星中我会给马修一颗，因为我觉得我们之间没有什么感觉。他不是我的菜。）（这顿晚餐中总有一些不自在的安静时刻，也许这让我明白了我跟思欧班是不同的人。）思欧班给了马修一颗星，也许还只是为了感谢他来了。

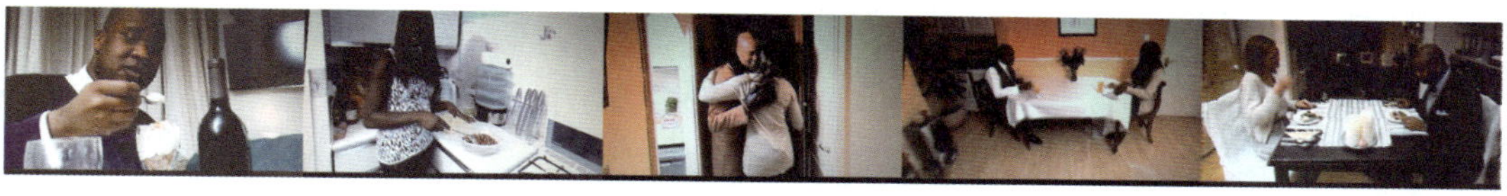

34′30″～37′45″	解说　同期	对三号女嘉宾露西的采访以及介绍女嘉宾的基本情况、露西做晚餐的过程、准备与马修的见面 第二天就该轮到28岁的露西来做饭了。（我觉得我的菜单能够吸引男人们是因为它不是什么实验性的新菜式，而是能够让人想起家里的味道。）露西要为马修做扇贝，而她已经有十年没有做这道菜了。（我觉得男人们会喜欢这道菜，因为会让他们想到母亲的味道。）露西已经单身两年了，那么她在期待着什么样的男人来吃晚饭呢？（他看过了菜单并选择了它，说明他可能比较喜欢家庭式的食物，但是当然了我是绝对不喜欢“妈妈的乖小孩”这样的男人的。）马修现在跟父母住在一起，那他还是“妈妈的乖小孩”么？现在已经结束了两个约会而正在赶往第三个约会的马修现在有什么感觉呢？（我感觉有点儿累了。不过有免费的食物吃还是很棒的。我想我最终还是会享受这场约会的。）
37′45″～42′55″	解说　同期	马修与露西班见面，约会结束后露西给了马修三颗星中的两个 两人见面，马修带了红酒。（做得不错，第二次记得带上礼物。）（实际上我现在跟我父母住在一起。）这就是露西害怕的一件事，这男人跟父母住在一起。不过她没法发现实际上是他父母和他一起住。那么，第一印象呢？（她看起来很不错，很热情，打招呼的时候笑容满面，我很喜欢。我觉得她完全就是我喜欢的那一类人。）（完全不是我想象中的人，很温柔很绅士，笑容也不错。但真的完全不是我预料中会来的人。）两人边吃晚餐边聊天，途中露西在做饭的时候马修还到厨房帮忙。（我非常高兴我选择了露西的菜单，我来这里是因为我想遇见能够触动我心的人，我觉得事情进行的不错。）马修非常喜欢露西所做的菜，那么他对这场约会又是怎么想的呢？（露西太可爱了，非常吸引我，这个夜晚非常美好。）（我会给马修两颗星，他人非常好，非常绅士，很友好。）

42′55″～45′15″	解说　同期	3次约会结束后进入马修选择的时间。短片回顾之前的节目内容并对接下来的节目内容进行预告 马修已经完成了3场约会，每一个约会对象都为他准备了特别的晚餐。幸运的人啊，现在该由他来决定哪一个可爱的女士能够跟他在高级餐厅进行第二次约会了。分别简要介绍了3场约会的进行情况，并交叉呈现了马修与3个对象的互相评价。画外音也进行评论，比如在说到第二个约会对象时，“希望马修可不要选择只礼貌性地给了他一颗星的思欧班，不然那可真会是个漫长的难熬之夜。”接下来3个女士中只有一个女士能够跟马修共进第二次晚餐，另外两个人就不得不自己在家一个人吃了。
42′15″～48′55″	解说　采访 同期声	马修的选择和两人最终的约会情况，配合着另外两个女士独自在家吃饭的情形 3个女士都为约会做好准备，并都表示了对第二次约会的期待。而3个女士的家里都响起了敲门声。最终思欧班和露西的门前都只有放着食物的餐盘，而凯瑟琳获得跟马修进行第二次约会的机会。简略地呈现了两人约会的过程和思欧班、露西在家一个人吃晚餐的情形。在节目最后，用字幕说明一个月后思欧班和露西还是单身，而马修和凯瑟琳仍在约会。

节目特色

1. 美食和约会都是人们有兴趣的话题，而节目最大的特色就是将晚餐和相亲结合起来。通过菜单来表现一个人的性格和两个人可能的契合程度，非常新颖，但也让人承认其合理性。

2. 画面中一直只有相亲的男女嘉宾，并没有出现工作人员，这让这几场约会显得很逼真很纯粹，而节目一直萦绕着恰当的解说不时地与男女嘉宾进行对话和对约会进程进行评论，使得节目内容丰富，不单调。

3. 画外音的评论风趣幽默，不时地调侃使得节目充满了趣味性。

4. 节目播出时间只有45分钟，但是节目会在一个月内跟踪两人的情况并向观众报告结果，使得节目当中的情感显得很真诚，也很美好。“让人不想单身了”。

本土化引进建议

1. 相亲类节目是当下热点，而通过食物传情的方式在国内还很少有，非常值得引进，能够保证在把握当下相亲热潮的同时也能有所创新。

2. 食物很有卖点和吸引力，菜单应当比较重视中国特色的食物。

3. 感情寻找应当是让人幸福的，相亲类节目要让观众觉得真诚，嘉宾选择时要严格把关。

相关链接

http：//forums.digitalspy.co.uk/showthread.php?t=1335343

http：//www.youtube.com/watch?v=lxZ7OvkmO5c

http：//feeltiptop.com/ITV%20%22dinner%20date%22/

节目名称

街头速配（Street Mate）

节目基本情况

播出机构：Channel 4
官方网站：http：//www.channel4.com/programmes/streetmate
开播时间：从1998年10月30日到2001年3月9日，共播出了三季。它于2007年9月27日重返荧幕，转到ITV2播出

节目介绍

这个节目的想法是，主持人首先要从行人中挑选一个符合条件的男性或者女性，然后通过他们的帮助，寻找另一半符合条件的同性或异性的人来约会。然后回来报告约会是否成功。

戴维娜到全国不同的地方寻找单身的人，为他们提供约会机会。当她找到合适的人的时候，他们在全镇寻找本地的，如果他/她认为他们已经找到他们想要约会的对象，戴维娜会上前问他们是否是单身，是否愿意接受这个约会。如果他们答应了，那事情就太棒了，他们会在第二天晚上约会。如果他们不答应，那么戴维娜她们再去寻找其他的对象。

文本分析

案例：第三季 第四集

时长（分钟）	形式	内容
	主持人采访 解说	节目开场
	同期　解说	第一对年轻人的配对经过 第一步：街头寻找对象（先确定一方，再由这一方提出要求寻找另一方）。 第二步：大致介绍双方的情况、背景，朋友对双方的评价，以及互评。 第三步：第一次约会，之后互相评价。 第四步：六个星期后，采访双方，了解彼此的想法和双方关系的发展情况。
	解说　同期	第二对年轻人的配对经过 第一步：街头寻找对象（先确定一方，再由这一方提出要求寻找另一方）。 第二步：大致介绍双方的情况、背景，朋友对双方的评价，以及互评。 第三步：第一次约会，之后互相评价。 第四步：六个星期后，采访双方，了解彼此的想法和双方关系的发展情况。
	解说　同期	节目成功配对，情侣回顾与现状 以前节目中出现的成功配对和现在幸福生活的状况。

节目特色解析

配对节目是一个很好的题材，而且它形式内容都非常新颖，突破了一般的约会类节目的形式。

1. 地点选择在室外，每一期节目都在不同的地方，是每一期都有新鲜感。

2. 参与者的选择是临时性的，没有预先安排好，这使得约会多了一份浪漫色彩。

3. 在第一次约会之后，给予了双方足够的时间去了解彼此，进一步发展彼此的关系，节目的时间战线拉得很长。

4. 主持人扮演着一个极其重要的角色，戴维娜幽默大方，能够很好地调节双方的情绪与关系，使整个节目进行的更加流畅。

节目名称

贵公子乔恩（Joe Millionaire UK）

节目基本情况

播出机构：Channel 4
官方网站：http：//www.channel4.com/programmes/joe-millionaire-uk
开播时间：2004年1月31日
节目时长：45分钟

节目介绍

真人秀相亲节目《贵公子乔恩》讲述的是一个穷小子将被包装成百万富翁，并与14名美女约会的故事。在第一季中，一个年轻的保镖多姆想要寻找真爱，但是他的职业身份使得很多女士不会在意他。节目将他塑造为一个有钱的花花公子，以得知钱和有钱人所象征的形象地位能否让多姆寻找到他梦想中的女孩。同时，14个女孩会飞到伊比沙岛，住在“他的”豪华别墅中，看她们中谁可以赢得这位百万富翁的心。虽然他并不是。

文本分析

案例：第一季　第六集

时长（分钟）	形式	内容
节目开始～2′	解说　同期	**介绍节目大致内容，并对之前的节目进行总结** 欢迎来到《百万富翁乔恩》，多姆有雄心、有魅力、有能力，而且单身。14个美女被邀请到他在伊比沙岛的豪华别墅当中。而多姆希望在这14个美女中找到真爱。经过一段时间的相处和抉择之后，有两个女孩被留了下来，阿曼达和简，而这两个女孩还不知道的是，这是一个彻底的谎言。多姆实际上是一家俱乐部的门卫，（我不太确定她们会更在乎我的钱还是我这个人。但是我希望她们是喜欢我这个人。）（在这一集中）终于两个女孩从多姆那儿得到了钱，而多姆也从她们那儿得到了享受。但最终，真相马上被揭开了。（真相就是我并不是个百万富翁。）

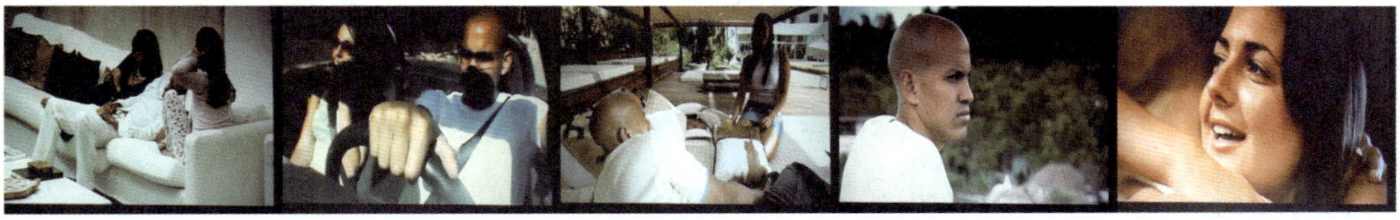

2′～6′	解说　同期	**介绍节目进程。介绍现在还留在别墅中的两个女孩** 今天星期五，到宣布真相只有3天了。我们的百万富翁还在跟他的两个女孩庆祝着。在多姆最终决定选择哪个女孩之前，他还能分别与两个女孩约会一天。（为什么阿曼达能留下来是因为她跟我有很多共同点。）（两人聊天过程实拍）（我觉得他是一个很好的男朋友人选，因为我喜欢的人一定要有雄心，要对自己的未来有明确的目标，而他就是这样的人。）但是也不是什么事情都是她愿意尝试的。（对海鲜、游泳的态度。)那么，其他女孩对阿曼达能否留下来持什么态度呢？（我觉得有一个女孩简直毫无异义能够留到最后，那就是阿曼达。）而另一个女孩简创造了许多记录。她是唯一一个敢尝试贝壳的女孩。而且这还不是她唯一想要获胜的领域。（当我们一起游泳的时候，我希望我是第一个进入他视线的。）她最先提起了多姆的前女友，跟多姆在海滩上牵手。而多姆曾说在那个美丽的环境下很想吻她。而也有女孩认为多姆跟简绝对是天生一对。（他们俩在一起太美好了！）斯蒂芬会不会是对的呢？

6′～13′ 14′～20′	解说　同期	介绍节目进程，实拍现场进程状况。节目进入尾声，而多姆在最终选择一个女孩之前还可以与她们约会一天。拍摄多姆与两个女孩约会的进程 距离最终的选择只有3天了，而在这之前多姆还可以分别跟两个女孩约会一天。工作人员告诉他们要给两个女孩现金，而由她们来策划这场约会。简的约会在明天，今天是阿曼达决定的一天。阿曼达首先去准备约会。她知道多姆很喜欢利物浦球队，而且今天在电视上会有比赛的直播。（阿曼达打电话给餐厅。）两人约会过程。（路边有电视的饭店。）（我知道他喜欢那个，但是也因此他太关注比赛，我们也没怎么说话。）接下来两人去游海，享受美好的晚餐。看起来进行的不错。（多姆让我很放松。）他们俩回到别墅已经半夜了。那么去睡觉吧。但是去谁那睡？（阿曼达主动去跟多姆道了10分钟的晚安。并说，跟我到车里去吧。）（你怎么知道我喜欢那个吻？嗯，不坏。）广告之后是简跟多姆的约会。两人约会过程，卡丁车比赛。（我觉得进行到现在，重要的已经不是得到第一的成绩或是其他，而是两个人关系的建立。）在海边欣赏风景，聊天。为了这个特别的约会，简带多姆去她最喜欢的餐厅，只是她不知道的是，他以前从来没有来过这里。明天多姆最终决定他将选择哪个女孩。简还是阿曼达而当她们知道真相的时候，她们又将如何反应呢？

20′～28′	解说　同期	实拍多姆最终的选择和两个女孩得知真相后的反应，配合画外音对现场情况的说明。多姆最终选择了阿曼达 到了星期一的早上。也到了多姆最终有所决定的时候，他还可以分别问两个女孩最后一个问题。（我很成功，也很富有，这件事会让你不安么？）（确实有点，你很成功，也许也说明你经历了许多，那是我无法想象的。）（是的。但不是说你成功这件事，而是说我没有你这样成功和富有。有差距，但是也很让人兴奋。）多姆三个星期百万富翁的生活就要结束了，他和两个女孩都要离开伊比沙岛的别墅，一个小时后多姆要将他的选择告诉两个女孩，并揭露一切事实的真相。（这三周的生活很梦幻，但是我也很高兴能够回到我自己的生活而不用再伪装。）在旅馆里，女孩儿们坐在游泳池旁边等待着最终的选择。

		（如果他选择了我，我当然会继续和他走下去。）（如果他选择了我，那是我的荣幸。）（我很高兴能够告诉一个女孩说我选择了她，并且期待着我能够与她有着进一步的接触。也很期待告诉她们事实的真相，这样就能够以我真实的身份和她们相处。简来到多姆的房间，两人聊天。多姆告诉她，他选择的是阿曼达，简表示能接受这个结果。然后多姆告诉她，他不是百万富翁，只是一个夜店的门卫。简有些哭笑不得。两人互道感谢之后简离开。（我太惊讶了，一切都是假的，我还蛮喜欢他的。）（简是个可爱的姑娘。）之后阿曼达来到多姆的房间，多姆告诉她他选择了她，并给了她一封节目组给她的信。信中说明了阿曼达作为14个女孩中胜出的一个所获得的奖励。然后多姆告诉了阿曼达他的真实身份，她的脸色变得严肃，并在多姆说她可以考虑几个小时，直到晚饭的时候，她迅速起身离去。（我感到不太舒服，好像一直都被欺骗了一样。）（她就算是直接走了，我也能理解。）

28′～37′	解说　同期	实拍阿曼达最终还是来与多姆见面吃晚餐。并在一段时间后做出了最终的决定 两个小时以前，阿曼达离开房间之后，两人就没有联系过。如果她想再见他，她今晚就会露面来与多姆共进晚餐，当然或者只是因为她饿了。在多姆等了半个小时之后阿曼达出现了。两人聊天。（你怎么样？）（你来了，我好多了。）（你还能等这么久，实在是很贴心。）那么，最终答案是什么呢？（就好像你跟所有人撒了谎。）（不是撒谎，这只是游戏的一部分。）(我还是不能决定。）一个星期之后，多姆邀请阿曼达到他的家做客。（我邀请她来，是因为我想至少我们应该在真实的环境下见一次面，了解对方真实的生活。）在他们散步的时候，多姆还有一个重要的问题。（你的度假安排的怎么样了？）（准备的不错，我有很多不错的计划。）（那么，我还能再见你吗？）（你想再见我吗？）（当然。）（我们太不相同了。而你也完全不是我预想中的那一类人。虽然我们曾度过非常开心的一段时光，但那时的你跟现在的你是不一样的。现在的你对我来说是陌生的。对不起。）（我的确是想安定下来，但是没想过跟一个碰巧是门卫的人在一起。）

节目特色

该节目的最大特色是制造了一个假的百万富翁，假的富人来测试一群美女，最后揭秘。节目制造的这个悬念非常有意思。

1. 节目将一个处于社会底层的单身汉塑造为一个年纪轻轻继承了大把遗产的百万富翁，这样的转变本身对观众来说就是很有吸引力的。

2. 节目全程拍摄这个单身汉与和他一起的女士们花钱享受的过程，这能够满足观众对于上层生活的偷窥欲望。

相关链接

http：//www.channel4.com/programmes/joe-millionaire-uk/4od
http：//www.locatetv.com/tv/joe-millionaire-uk/399361
http：//www.tv-replay.co.uk/26-01-11/joe-millionaire-uk-channel-4-75631.html

节目名称

好人有好房

（You Deserve This House）

节目基本情况

播出机构：Channel 4

官方网站：http：//www.channel4.com/programmes/you-deserve-this-house

播出频次：周一到周五11点

开播时间：2012年3月5日

节目时长：60分钟（含广告）

节目介绍

著名女主持人阿曼达·莱姆主持的这个日播系列节目被认为是《改头换面家装版》的升级版本。节目依旧是通过快速家装，让主人公的房间焕发新的活力，而这一切都是在主人公不知情的情况下进行的。节目最后的揭秘部分也是节目的高潮部分，往往主人公面对自己房间如此巨大的变化喜不自禁，热泪盈眶。所不同的是，《好人有好房》把装修房屋的甲乙两方做了巧妙的界定：被装修房屋的人是一个“好人”，她曾经无私地帮助了很多人，而来装修房子的人则是那些受助者，他们早就想找个机会回报这位“好人”。节目由此从简单的家装节目变成了带有浓厚真人秀成分的情感故事纪录片。

而女主持人的恰当点评以及设身处地地代入自己的情感，更让这个节目具有了可看性。

文本分析

时长（分钟）	形式	内容
1′40″	解说 同期	全片概述+片头 一群受到过帮助的人将为他们的恩人装修他的房屋，给他一个意外的惊喜。
2′50″	解说 同期	事迹概述 采访主人公以及受助者，对本片主人公简多年如一日地帮助他人的事迹进行记录。她志愿帮助很多有口吃毛病的人，训练他们像正常人那么说话。
1′54″	同期 解说	主人公去参加为期两天的度假 在她的好友的陪伴下，简高高兴兴去疗养，她不知道她的家将有翻天覆地的变化。
3′30″	现场采访 出镜主持 解说	设计师谈装修计划

时长（分钟）	形式	内容
3′40″	现场采访 解说	讲述第一个受助者的故事 前后对比，展现这个受助者的人生的改变。
30″	出镜主持	主持人第一次评论 对简的评价，认为她的无私帮助改变了一个人的一生。简真是很伟大，值得敬佩和学习。
50″	解说	装修知识集锦。
2′	现场采访 解说	大家集体讨论如何装修客厅。
1′25″	采访 解说	讲述第二个受助者的故事 从口吃者变为一个IT 经理

35″	出镜主持	主持人第二次评论
1′15″		主持人与设计师交流装修计划。
15″		间隔片花。
1′30″		装修知识介绍。

2′45″		第三个受助者的故事 受助者的前后变化对比，受助者对简的高度评价。
50″		主持人第三次评论。
20″		装修总体进展概述。
30″	出镜主持 解说 同期	主持人点评装修情况。 强调夜景，突出时空的感觉。 主持人强调装修计划的倒计时6小时，制造紧张气氛。
2′	出镜主持 解说　同期	装修细节展示。 晨景：主持人拿着咖啡，衬托早餐的寒冷天气。
1′	解说	装修知识集锦。
2′		主持人与设计师点评正在装修的房子。

揭秘部分（总时长为7′45″）		
45″	解说　同期	简的丈夫来看快要完工的房子，惊喜不已。
40″	解说　同期	简的女儿来看房子，给出装饰建议。
50″	解说　同期	一小时前倒计时，展示装修进度，概述客厅变化。
35″	解说　同期	简来看房，先看到大厅，激动得哭了。
20″	解说　同期	简与第一个受助者见面。
2′	解说　同期	与第二个受助者见面。

2′	解说　同期	与第三个受助者见面。
20″	解说　同期	一群受助者聚集在房屋外，与简见面。
10″	现场主持	主持人以这个场景为背景，总结结束节目。

节目特色

由百安居赞助的这个升级版的家装节目，巧妙地把家装知识与表扬公益人物有机结合在一起。亲和力十足的主持人带领着观众一起期待主人公房屋的大改造成功。美中不足的是，这个悬念有刻意为之的痕迹，主人公对此一无所知的假定前提颇让人质疑。

其次，节目弘扬了“好人有好报”的理念，与我国的古老文化传统有相通之处。

相关链接

http：//www.channel4.com/programmes/you-deserve-this-house

节目名称

挑战年轻十岁（Ten Years Younger Challenge）

节目基本情况

播出平台：Channel 4
官方网站：http://www.channel4.com/programmes/10-years-younger/
播出频次：周播
开播时间：2009年
节目长度：30分钟/48分钟

节目介绍

这个节目刚开始时制作的是半小时的版本（含广告），后来拓展为48分钟的版本。具体而言，第一季和第二季的长度是半小时，第三季到第六季的长度是每集48分钟。第一季播出了8集，第二季播出了17集，第三季播出了 12 集，第四季播出了19集，第五季播出了 8 集，第六季播出了19 集。可见这个节目很有生命力。主持人玛丽恩·克拉斯以她特有的亲和力赢得了参与节目的嘉宾的喜爱。节目使用一群专家团队(整形师、发型师、化妆师) 来集体打造一个全新的参与嘉宾。

文本分析

时长（分钟）	形式	内容
节目开始～3′15″	同期　解说	画面：采访一位女性路人 同期声： 女性路人：当我60岁的时候，我希望我仍然很漂亮，优雅地变老。 画面：路上行走的公交车 采访一位男性：当我60岁的时候，我希望自己能够身心放松，在太阳下有个美丽的住处。 采访一位中年女性：当我60岁的时候，我希望把自己的头发染成紫色，看上去比较另类些。 解说： 当60岁显得很遥远的时候，谈论60岁似乎很容易，可是，对很多女性来说，当免费的公交乘车卡能到手的时候，60岁立刻变成老太太的代名词。但是，女士们，年纪变大不是变得邋遢的借口，更不是变糟糕的理由。今晚，我们的年轻十岁造型团将证明年岁数不是甩掉年老的障碍。当然，这也是我们即将面临的艰巨挑战。两个志愿者，他们看上去难以忍受自己公交卡照片上显示出来的岁数。这是动刀美容术与粉扑化装术的对决。 同期声： 美容师之一：像我这个年纪，比如，免费公交卡的持有者们，唯一真正改变外表的办法是动用刀子的整容手术。 时尚美女造型师：英国的公交卡免费一族没有必要看起来像小老太，你也不必要忍受动刀的手术来改变自己。 时尚女造型师之二：你可以拥有免费公交卡，但是完全没有必要放弃自己追求时尚的脚步。 美女主持人：只是因为你年纪已经逼近60，并不意味着你就不可能看上去很迷人。 解说： 但是谁会从“老年退休者”变成“让人惊叹”呢？精彩节目即将开始，这就是年轻是十岁，挑战免费公交卡上的照片年纪。
3′15″～3′30″		出片头　　挑战年轻十岁

3′30″～6′30″	同期　解说	介绍两位参加节目的选手，并邀请路人来猜测她们的年龄 解说： 酷爱晒太阳的玛丽和喜欢跳交谊舞的贝蒂，是两位持有免费公交卡的英国人，她们决定去证明超过了60岁并不意味着人生的风采已经过去了。 同期声： 玛丽：我知道我已经老了，但是在我自己心里我并不觉得自己是个领取养老金者，你看，我是个有活力的人。

		同期声： 贝蒂：我的确相信外表很重要，但是我现在年岁已大，我自己某地方已经出问题了。 **解说：** 他们的感觉是真的就是这个岁数人的该有的吗？ **同期声：** 采访路人甲（女）：年纪大的女人倾向于穿长裙子，花色衣服。 采访路人乙（男）：她们的头发很棒。 采访路人丙（女）：圆顶型的发式，灰白的卷发以及皱纹。 **解说：** 天啊，小老太的灰白卷发。没有腰身的、灰暗的打扮，遮遮掩掩的假牙，皱纹。这是每个老太都有的特征。 这就是我们要对付的地方！玛丽恩将携手她的搭档——整容师詹·斯坦克，化装皇后丽莎·艾得瑞奇，一起除去岁月的痕迹。 但是，首先，我们请100个路人来猜测她们的年纪。 **同期声：** 路人甲：我觉得她像74岁，也许她没有那么老。 路人乙：79? 路人丙：我猜测她68岁。 **解说：** 天啊，我们听到了那么大的年纪，感谢上帝，是玛丽恩把这个坏消息告诉贝蒂。 **同期声：** 玛丽恩：我要说的是，拥抱你自己，屏住呼吸，我们看看采访录像。 贝蒂：好的。 **录像里的同期声：** 我认为她75岁。 我认为她77岁。因为她的灰色头发、姿态、皱纹，等等。 她的服装很落伍，不现代。 我觉得她85岁了，她的白色的老式的卷发。 她的头发让她看起来很老。很廉价那种卷发样式。 **同期：** 玛丽恩：你还好吧？ 贝蒂：（大笑）我当然还好，你以为我会歇斯底里啊。 **解说：** 贝蒂似乎有些自我解嘲。那么玛丽恩反应如何呢？ **同期：** 播放采访录像，两人看录像带。 我觉得她70岁，脸上皱纹很深。松垮的皮肤，尤其是眼底的皮肤。 我觉得她74岁了。她显然是个抽烟的人。 （玛丽很沮丧的表情） 我觉得她75岁。 我认为她73、74岁。她事实上像个松垮的老女人。她似乎被淘汰了。 玛丽几乎要哭出来。主持人安慰她。

6′30″～7′30″	同期　解说	出片花 两位选手对自己的外貌现状表示很沮丧，非常渴望改变。 同期声： 玛丽恩：有时候这是个大打击啊。 贝蒂：是的，尤其当你自己被认为这么老的时候，你会大受打击。你会说，天啊，我有那么糟糕吗？ 玛丽恩：这就是你所想的？ 贝蒂：是的。 玛丽恩：你愿意知道这受访的百人对你年纪的判断吗？ 贝蒂：是的，愿意。 玛丽恩：你的平均投票年纪是77岁。 贝蒂：哦。比我的实际年龄大了些，不是吗？ 玛丽恩：真的吗？ 贝蒂：我实际年纪是72岁。 玛丽恩：哦，多了5岁。 贝蒂：是的。 玛丽恩：你希望你看上去多大岁数？ 贝蒂：我不敢告诉你。 （3″片花） 同期声： 玛丽恩：你看上去很沮丧啊。 玛丽：不只是沮丧，可怕极了。绝对可怕。 玛丽恩：首先，我觉得你会有点高兴听到你被猜测的平均年龄，其实人们认为你不过71岁。你实际年龄多大？ 玛丽：64岁。 玛丽恩：64，你的实际年龄靠近60，可是人们却认为你靠近70岁。 玛丽：是的。 玛丽恩：好啦。我们最好来解决这个问题。

7′30″～9′56″		改变第一步： 分析参与者玛丽苍老皮肤的原因。

9′57″～ 12′14″		节目的第一段落结束。下部分节目简介开始 （长度为15″的下段节目简介） 解说： 接下来，玛丽像个反转的轴轮，越变越年轻。 同期： 玛丽：哦，这是我吗？难以相信。 解说： 玛丽恩发现年龄不是多彩服饰的障碍。 同期： 贝蒂：我喜欢亮蓝色。我想，我为什么不穿亮蓝色的裤子？ 贝蒂的过去给她自己很多意外。 （片花3″）（10分15秒）　第二段落开始。第12分钟 解说： 这是比公交乘车卡上的照片要年轻10岁的特别节目。我们要向人们证明，年过60不是放弃美丽的借口。我的意思是，你们看到了他们的衣柜是什么状况了吗？ 同期： 贝蒂：这件衣服已经21年历史了。 玛丽（不戴眼镜）：运动服，简单，方便。 贝蒂：这件银色的衣服更老了，因为25年了，我买得值了。 解说： 天啊，可是年纪渐长并不意味着放弃时尚。让我们请出紧握时尚脉搏的女士丽莎。 同期： 丽莎·阿米斯敦：你可以拥有免费巴士卡，但是并不意味着你要放弃时尚。我认为，更重要的是，跟紧潮流的步伐能让你更年轻。 主持人玛丽恩：你好。你看上去棒极了。 路人：谢谢，我66岁。 主持人玛丽恩：你66了？你是怎么有这身打扮？ 路人：我穿成这样是因为我喜欢蓝色。蓝色让我想起阳光。在一个阳光灿烂的日子里，我想，“为什么我不穿蓝色的裤子配衣服呢？” 丽莎·阿米斯敦：头号问题是，当你60岁时，你去寻找为60多岁的人制作的衣服，可是这些衣服很土。 美女主持人：你多大年纪了？ 路人2（女）：60。 美女主持人：你有60了？你看上去像个首饰皇后。 路人2（女）：我主要喜欢白金，铂金也许很好，但是不是很搭调？ 丽莎·阿米斯敦：应该避免使用你已经拥有几十年了的首饰。我明白你也许觉得有不少感性的价值把他们放在你的化妆桌上，观察他们，拥抱他们，但是不要佩戴他们，因为他们已经很古旧了。去高街逛逛，买些真正有趣的首饰，这会让你显得年轻20岁。

		美女主持人：我想跟你聊聊你的外表。 路人3（女）：我已经减肥不少，我喜欢自己变苗条。任何事情都应该被吸收，我决定这是我吸收新东西的时候。 丽莎·阿米斯敦：当你老了的时候，事情确实需要动脑子搭配，在高街里寻找，做些变化。法国人想都不想就会这么做的。 **解说：** 所以，记住了，女士们，年龄不会限制你们的选择。去选择一些时髦的首饰，确保你的着装搭配合适。所有好的建议都被72岁的贝蒂忽略了。爱跳舞的贝蒂在舞池里度过她的退休时光并习以为常。然而她的衣橱也许有种特别之处。 **同期：** 贝蒂（戴眼镜）：在家里闷极了。这些是我的日常所穿的衣服，大部分是深颜色的，黑色，棕色，绿色，灰色。 **解说：** 天啊，贝蒂这些衣服让她更显老了。贝蒂15岁的时候就是这头卷发了。在过去的57年里，变化的只是颜色，头发变灰色了。 **同期：** 凯斯（发型造型师）：我们都习惯找同一个发型师。不论你要求怎么打理你的头发，往往你还是保留同样的发式。我们的确试图不留这种卷发，可是，似乎事与愿违。 贝蒂：我的侄女说："哦，阿姨，你的头发总是硬壳一样。因为发胶让头发显得很硬。" **解说：** 至于她的眼镜，多年来她要么戴小的眼镜，要么是大的眼镜，要么是斯诺克球手的款式。但是，这很单调，是不是？ **同期：** 贝蒂：我总是希望自己以自己的外表为荣，但是我现在处于这么个阶段，我觉得我自己注重穿着了，但是我的打扮不知道哪里出了问题。

		参与者玛丽接受外科微整形手术治疗 **解说：** 对了，你来对了地方。化妆艺术家丽莎认为她可以改变她的外观而无需动手术。 **同期：** 丽莎·艾得瑞奇：我要介绍贝蒂给一个皮肤科医生，帮她进行皮肤的激光治疗，使她的皮肤看起来更新鲜。你有时候擦眼影吗？ 贝蒂（戴眼镜）：是的，偶尔。 丽莎·艾得瑞奇：什么颜色？ 贝蒂： 亮颜色。

		丽莎·艾得瑞奇：粉彩色？这个过时了。聪明点化妆。我情愿用粉彩眼影。这是我的头号任务。给她的眼部更多的精致修饰，对脸颊做抽脂治疗，这样让她的皮肤看起来很年轻。 医生：你好。 **解说：** 当贝蒂要进行非侵入性治疗时，对玛丽来说，是变脸的时候了。 **同期：** 玛丽（不戴眼镜）：我所经历的这一切都让我很激动，因为这将改变一切。 **解说：** 但是老年人手术不能随便做，任何超过55岁的人在手术前必须经过ECG、常规血检验以及检查他的病史。但是玛丽经过深思熟虑还是决定勇往直前。为了手术时身体吃得消，她已经在几个星期前完全放弃抽了50年的烟。所以，来自简挑战年纪的计划是：化学治疗皮肤，上下眼皮手术，脸颊脂肪转移，脸部提升，隆鼻手术。但是玛丽不是这间屋子里的唯一享受养老金者。 **同期：** 医生：嗯，很有趣，麻醉师、外科医生和病人都有免费巴士卡。（指超过了60岁） **解说：** 斯坦克先生先从治疗玛丽被太阳晒伤的皮肤开始他的漫长治疗。其次，是她的上眼皮。接着，因为她的高龄，斯坦克先生决定对她的下眼皮少使用侵入性治疗。 **同期：** 医生：我想你必须考虑年龄因素。一个60岁的人不可能跟40岁的人的皮肤有同样的弹性。 **解说：** 医生从她的大腿部抽取一点脂肪，然后注入到了她的脸颊。 **同期：** 医生：对于60岁以上的人，根据我的临床经验，最普遍的手术是眼部手术，第二普遍的是化学拉皮，再次就是脸部提升。 **解说：** 当脸部提升手术完成后，最后一个阶段就是隆鼻。3个小时，一个手术，两个麻醉师，4个护士。最后，工作完成了。第二天，玛丽的丈夫突然来探望她了。 **同期：** 丈夫：我没有料到你看上去如此光鲜。

		贝蒂去整牙 化妆师给贝蒂化妆，解释化妆原理。 **同期：** 美容师（女）：不要太多，我们不需要眼睛向下太多。所以不要涂成那样，这跟你平时做的有没有区别？ 贝蒂（戴眼镜）：通常我是挤压眼睛，靠近些。 我通常把镜子放在窗户上。然后就是那样的效果了。 美容师（女）：不，贝蒂，你不可以就着膝盖化妆，你需要坐在小椅子上或者别的什么地方。我可以给你示范一下什么是正确的方法吗？ 贝蒂（戴眼镜）：好的。 美容师（女）：当你化妆的时候，要让颜色看上去很柔和。 贝蒂（戴眼镜）：噢，画圈圈？ 美容师（女）：画些线条，然后晕成圈状，之后你就会得出这种效果。 贝蒂（戴眼镜）：哇噢。 美容师（女）：看到化妆的威力了吧？ 贝蒂（戴眼镜）：是的。 **解说：** 已经年过60，却想看上去像个明星吗？丽莎·阿米斯敦在这儿会让你看上去多少像个名人。

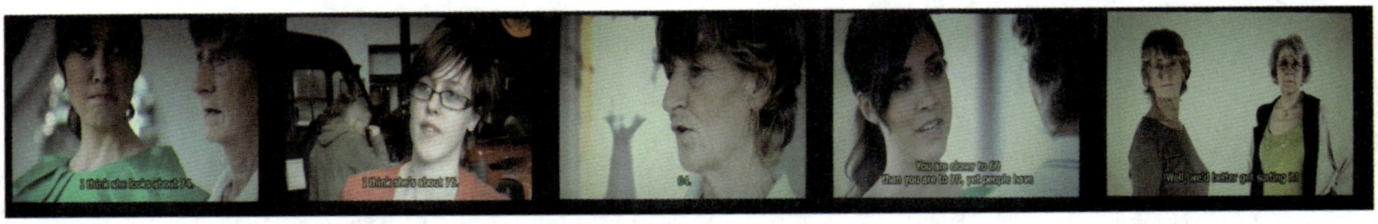

		跟随专家学习穿衣搭配 **解说：** 白色是最好搭配的颜色，适合任何时间、场所穿着。但是能证明白色在任何年龄穿着都很经典的是名人戴安·凯顿，她已经60岁了。她看上去很潮很性感。 因此，在我们真人模特的帮助下，丽莎指导戴安·凯顿如何在便宜的预算下穿出时尚的感觉。 **同期：** 美容师：棒极了。这是有点弹性的纤维，穿着很舒适。 主持人：除了很贴身之外，这衬衫还有什么优点？对，它是白色的，可以将大量光反射到你皮肤上。另外，它穿着很凉爽，也很酷。 **解说：** 戴安那套要2240镑，我们的只要218镑。那白衬衫适合在60多岁时穿。那么，在50多岁和70多岁时，该怎么打扮呢？ **同期：** 主持人：50多岁时，你还可以尝试任何款式的衬衫。但随着年龄的增长，我们推荐这件长款、类似束腰外衣的衬衫，束带很高，配上裤子，显得腿很长，非常好看。77岁时，这件白衬衫非常适合。我觉得瑞塔看起来棒极了。这个装饰带细节非常好，我觉得随着年纪的增大，小腹会不那么平坦，就可以尝试这类款式的，起很好的遮盖作用。

		解说： 两位女士都曾求助于牙医优切拉·欧凯。几周前，贝蒂装了临时牙冠，来，笑一个！ 同期： 贝蒂（戴眼镜）：太棒了！ 解说： 玛丽也跟优切拉接触3个月了，她的上牙已经装了填充物和牙冠。 同期： 玛丽（不戴眼镜）：噢！ 解说： 但是，玛丽的下牙床有个问题，41%的英国退休人士都有这个问题。 同期： 玛丽（不戴眼镜）：我从未有过一副合适的假牙，所以吃饭很困难。它们总是会滑动，很尴尬。 美容师（女）：玛丽讨厌她的假牙，因为假牙让她感觉自己很老，面颊凹陷，老态尽显，这对她而言是个心病。现在的假牙技术有了极大提高，很轻，也很坚固。由高抗冲树脂制成的假牙即使掉下也不会裂，这在以前是不可能的。新款假牙最重要的一点，是他们看起来更逼真，不再是一块白塑料，而是显得更加清透。所以如果你佩戴新款假牙的话，人们很难发现你戴的是假牙。 玛丽（不戴眼镜）：抱歉。 美容师（女）：没关系。 玛丽（不戴眼镜）：这不像是个65岁人的牙齿。谢谢，谢谢，谢谢。 美容师（女）：不客气。 玛丽（不戴眼镜）：非常感谢。

本土化情况介绍：《幸福计划》的出炉

江苏城市频道参照《挑战年轻十岁》这个节目样式，于2011年投资拍摄了一个本土化的电视节目《幸福计划》。杨会飞作为这个节目的制片人，全程见证了这个节目本土化的过程。有这么几点感想，写出来与广大读者分享。

第一，本土化其实并不难。我们的主创人员详细解读了英国节目《挑战年轻十岁》，

对该节目的成功元素作了解析，一是有两个非常棒的参与节目的老年人，她们发自内心的情感流露使这个节目具有了很强的视觉冲击力；二是快节奏的剪辑加上合适的配音使节目不让人疲乏；三是时尚的包装；四是场景的变化和设计很有创意。比方，把一个空旷的大厅设计成主人公一生的照片展馆；把这个主人公的大照片喷绘在公交车上招摇过市，等等。我们把这些成功元素作为创作《幸福计划》的要求，灌输给每个主创人员。事后证明，找对参与者非常重要。我们的拍摄就因为参与者不合适，而一度停机重新换人。

第二，我们的摄像水平与英国的相比有着差距。原片的节目是双机拍摄，镜头角度很多，变化很丰富。我们在实施的时候也采用双机拍摄，而且使用了高清设备。我们还动用了专业剧组的灯光，为了拍好一个画面经常布灯时间要好几个小时，不过，我们的镜头总体感觉还是太过四平八稳，缺少变化。这样做的效果是画面更精致了，但是我们失去了真人秀的草根味道，忽略了故事性。这个是不足之处。

第三，我们的创意水平相差甚远。原片里的很多创意非常大胆。而我们在落地实施的时候则发现困难重重，在有限的经费预算下，找不到合适的场地。当我们想用别的创意来替代这些展示环节的时候，却发现我们很难想出让人眼睛一亮的点子。

第四，本土化时，我们的成本预算是个很大的坎；拍摄周期被大大缩短，影响了“变形”效果。看过很多英国的节目后，总体感觉是他们制作节目不惜代价，这个在我们目前的广电体制下难以达到。我们拍摄这个《幸福计划》就由于经费的限制，没有可能跟踪拍摄半个月，而是变成了6天，这样使得变化效果不是很大。

第五，名人乐嘉的参与给节目增添了色彩。我们创作本土化节目时，想跳出原片的限制（原片只是单纯聚焦外在的变化），打造一个由内而外变化的新人，因此我们聘请了乐嘉参与主持，他作为色彩学的专家，负责对主人公的性格进行分析，指出她的性格缺陷，给出改变的建议。

这个节目制作完成后，在江苏广电集团内部播放，征求各个部门的意见。得到的评价是：是江苏城市频道迄今为止制作最精良的作品之一，具有浓郁的欧美风格。

节目名称

胖胖大比拼（Big Meets Bigger）

节目基本情况

播出机构：BBC3
官方网站：http：//www.bbc.co.uk/programmes/b00t4f0v
播出频次：周一、周三、周四
开播时间：2010年7月
节目时长：50分钟

节目介绍

《胖胖大比拼》是一档很有意思的真人秀节目。节目组送英国胖子去美国，和比他还要胖的人一起生活一段时间，记录他们的交往过程，希望借由这个方法使他们警醒，然后改变他们的生活方式。

文本分析

时长（分钟）	形式	内容
节目开始～4′42″	解说	背景介绍 介绍要出国的英国人贝克思和安妮的生活资料，包括体重、生活饮食和生活习惯。简要介绍了这次旅行的方向和家庭。
4′42″～5′11″	解说	目的地的情况介绍 介绍密西西比肥胖人群的总体情况，以对非常肥胖的人的特写来展示密西西比地区的肥胖比例之高。

5′11″～7′14″	解说　同期	目的地家庭成员情况介绍 介绍了戴乐瑞斯和戴安惊人的体重和不健康的饮食习惯和生活习惯。
7′14″～20′21″	解说　同期	英国人和目的地家庭一起生活情况 欢迎大餐：通过对油腻食物的烹调过程和戴乐瑞斯、戴安一家对高脂肪食物的偏爱展现不健康的饮食习惯。然后，对比在欢迎餐会上贝克斯和安妮对猪蹄等食物的看法，初步显示差异。 生活细节：由于高脂肪带来的各种疾病，戴乐瑞斯和戴安在生活上或者不能自理或者部分不能自理。在帮助他们的过程中，戴乐瑞斯和戴安进一步认识到肥胖的危害性。
20′22″～30′	同期　解说	吃自助餐：通过陪同戴乐瑞斯和戴安一家吃自助餐，从感性上了解到不健康的饮食习惯和密西西比州的肥胖情况和部分原因。
30′00″～41′45″	同期　解说	教堂诊所：在参观教堂诊所的过程中，发现肥胖和黑人之间的联系和当地人的歧视。
41′46″～53″	同期　解说	医院：通过陪戴乐瑞斯和戴安一家看病，慢慢了解到医治由肥胖带来的疾病有多么困难，过程有多么曲折漫长。

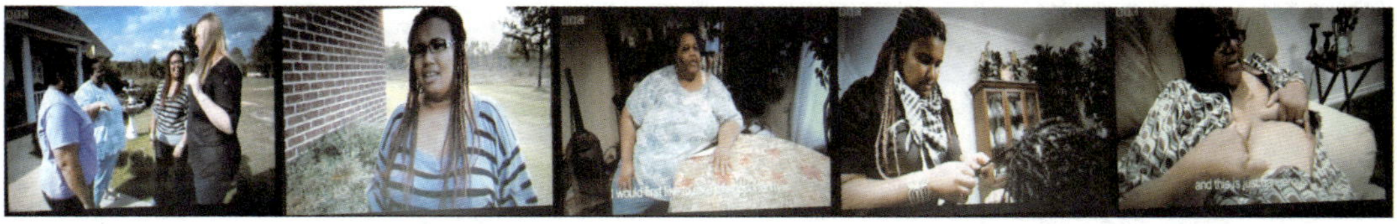

53′～59′	解说　同期	英国人回国后的情况 贝克斯和安妮回国以后的想法、减肥行动、成效以及亲人的评价。

节目特色

1. 体验式节目，代入感强烈。对减肥的促进作用更加强烈明显。

2. 家庭式体验更加真实，容易产生矛盾和冲突，节目更加有张力。

3. 不仅仅是两个家庭之间的差距，更是两个国家的文化差异。这会引发观众的好奇心和猎奇的心理。不同肥胖人可以在彼此生活中的差异中找到肥胖的深层原因。在文化冲突中，观众也可以看到不同类型的文化对于人们生活的影响。

4. 对于减肥的人的前后变化，有戏剧化的变化可以吸引大家的眼球。变化不变化、有多大变化都有很大的灵活度。同时，减肥的过程可以给正在减肥的人鼓励和信心。这档节目有很好的社会效应。

5. 这样的体验还可以帮助形成两国人的友谊，增进国家之间的理解。

相关链接

http：//pauseliveaction.wordpress.com/2010/07/07/big-meets-bigger-enjoying-yourself-to-death/

节目名称

少女训练营

（Peckham Finishing School for Girls）

节目基本情况

播出机构：BBC3
官方网站：http://www.bbc.co.uk/programmes/boosszjx
播出频次：周播
开播时间：2010年6月16日
节目时长：60分钟

节目介绍

节目组找来了4名来自富裕家庭的参与者以及4个来自贫困家庭的参与者，让他们一起在生活穷人相对较多生活的地方（伦敦南部地区）。通过记录他们一起生活的过程，处理和讨论种种生活中遇到的事情，诸如对当地的男性看法，与异性之间的关系以及性方面的问题，来比较出不同生活背景下人们在一些行为和意识上的差异。但是随着彼此交流的深入，都互相有了认同感，并且最后节目结束彼此分别时都结下了深厚的友谊。

该节目一共制作了三集，分别于2010年6月16日、23日、30日在BBC3播出。

文本分析

时长（分钟）	形式	内容
节目开始～2′45″	现场主持 解说	主持人介绍本期节目主要内容 本期节目是在白金汉拍摄，白金汉位于伦敦东南部，这里是英国贫富区分最显著的地方之一。然后粗略地介绍了参加节目的人以及他们的一些生活情况。
2′50″～10′40″	同期　解说	主持人介绍部分本期节目的参与者 依次介绍了生活在白金汉当地的参与者萨拉、凯瑞、林杉的基本情况以及通过他们自述的方式介绍了他们理想中的爱情。接着依次介绍了来自富裕家庭的节目参与者斯蒂芬尼，克莱尔的富裕生活以及他们对理想中的爱情的看法。

时长（分钟）	形式	内容
10′40″～20′30″	解说　同期	通过几个事件反映出来自不同背景的参与者之间一些观念上的差异 介绍了白金汉的一些基本情况。接着讲述了为准备一个派对去白金汉当地的服装店选购衣服，通过对比一个参与者卡特以前的消费和这里服装的价格，对比出贫富差异的巨大；接着通过记述凯瑞帮助塞丽娜选购衣服的过程，对比出富裕家庭的参与者与贫困的参与者关于着装样式的不同观念。穿插介绍了参与者塞丽娜的基本情况，以及她对性行为的看法。接着部分参与者叙述了自己在性方面的情况，反映出了两类参与者在性行为上截然不同的态度。随后有介绍了克莱尔在单身母亲林杉家的见闻。
20′30″～22′40″	解说　同期	萨拉、凯瑞、林杉与当地两个男性交流 先讲述参与者对白金汉当地男孩的不同看法，然后记录了参与者凯瑞与两个当地男性朋友的对话，改变了富裕家庭的参与者对白金汉当地男孩的负面看法。

时长（分钟）	形式	内容
22′40″～30′50″	解说　同期	萨拉、凯瑞、林杉去酒吧 讲述了参与者晚间去酒吧的一些见闻，通过与酒吧中男性的交流，来自富裕家庭的参与者对当地男性的不好的看法有所改观。

30′50″～36′15″	解说　同期	萨拉、凯瑞、林杉参加一个交流会 讲述了参与者与一群青年男女交流，讨论了异性之间关系以及贞洁方面的问题。
36′15″～42′50″	解说　同期	萨拉、凯瑞、林杉创作RAP风格的歌曲 萨拉，凯瑞，林杉通过创作歌曲的形式表达自己对爱情的看法。穿插介绍了凯瑞的伤心爱情往事。
42′50″～47′	解说　同期	离别前一天，萨拉、凯瑞、林杉一起吃晚餐 节目结束前一个晚上参与者一起吃晚餐，各自讲述了参与节目以来的感受。其中穿插地介绍了一段参与者前往一个餐馆学习一种特色烤鸡的烹饪方法。
47′～51′10″	解说　同期	节目组为萨拉、凯瑞、林杉评分 活动组织者依次为来自富裕家庭的4个参与者斯蒂芬尼、塞丽娜、克莱尔、卡特在活动中的表现评分。
51′10″～60′		活动结束 活动参与者萨拉、凯瑞、林杉各自回家，来自不同背景的参与者结下了良好的友谊，并且数月后仍然保持着很好的联系。

节目特色

1. 节目中多次运用了对比的描述方式，更加鲜明深刻地反映出了来自不同背景的两组参与者在对待穿着、性的观念以及生活方式上的不同点，更强烈地突出了节目首先想展现出来的两组参与者之间的对立矛盾。

2. 节目中包含了很多段参与者之间的对话，从第一人称的视角来写，充分体现了真人秀节目的真实性，使观众能够更加清晰地理解节目所要传达出来的意思。

3. 节目组对于参与者的选取都很具有代表性，这样能够更有力地表现出贫富差异对社会各领域人的生活所带来的影响。

相关链接

www.bbc.co.uk/programmes/b00sszjx

节目名称

逃婚——美丽大变身（Snog Marry Avoid-Makeover）

节目基本情况

播出机构：BBC3
官方网站：http：//www.bbc.co.uk/programmes/b00htyc7
播出频次：每周一
开播时间：2008年6月23日
节目时长：30分钟

节目介绍

这是世界上第一档以化妆为表现主题的真人秀节目。在节目中，由POD——个人修整装置来把男孩女孩们变成天然美人。这是在BBC3上播出的由简妮·佛罗斯特主持的英国真人秀。节目着力于改变英国过度化妆或者过于不修边幅的人，通过脱光她们太紧的衣服和层层的化妆，由POD的帮忙，使她们变成天然的美人。这一档节目给很多来自大不列颠的人脱妆，甚至包括名流。在节目中，POD是一台只懂得自然美的电脑，它指导大众分析，问大众他们会和这个人拥抱还是结婚还是避开。另外还会问一些问题来利于夸奖或者批评。问过问题以后，它会允许参加者选一种他们喜欢的风格，然后根据这种风格打扮他们。它有的时候要求参加者做一次大清洗，那样就要洗掉所有的化妆。在改变以后，POD会问公众他们怎么看待这个变化的人。这个人然后被再一次介绍给他们在摄影棚外面的伙伴或者亲戚。他

们的反应也会被录下来。一般来说看到自然面孔的都是更加高兴的表情。然后，节目中，简妮·弗罗斯特会和这个参与者见面看看她有没有保持这个样子，并且聊聊这个改变。

文本分析

案例：第三季 第十一集

时长（分钟）	形式	内容
节目开始～1′10″	解说	主持人介绍现在伪饰美人很多的背景，然后和POD见面
1′10″～1′40″	解说	介绍出场的3个人 分别介绍即将和POD见面的3个伪饰美人。一个是拥有不正常关注的女孩，露西，一个是查理，另一个叫托尼，喜欢奇形怪状的艺术性打扮。

1′40″～8′40″	解说　同期	第一个人物露西情况介绍，她的变身带来的变化 主持人先采访露西，了解她的生活和对自己打扮的看法。她是一个拥有不正常关注的女孩，经常有人对她有不好的想法。POD和她寒暄，提问大家怎么看这个人，分别有多少人会和她拥抱、结婚或者避开。答案是避开。然后POD给露西换自然妆。再次测试有多少人会娶她，会拥抱她，或者避开她。这次是娶她。棚外的朋友看见她很意外。
8′40″～17′	解说　同期	第二个人物查理的美丽变身带来的变化 同一流程。主持人采访查理，了解她的生活和对自己打扮的看法。她是一个喜欢性感的女孩，认为那样可以吸引人。POD和她寒暄，提问大家怎么看这个人，多少人会和她拥抱、结婚或者避开。答案是避开。然后POD给查理换自然妆。再次测试有多少人会娶她，会拥抱她，或者避开她。答案是娶她。通过采访查理，了解她的男朋友对她的改变的看法。男朋友说她像个天使。

17′～17′45″	解说　同期	检查查理和露西的换装效果怎么样，有没有保持。结果是两人都保持了变装效果。
17′45″～24′	解说　同期	访谈第三个人托尼的想法 主持人先采访托尼，实录他的身份和生活。他是一个艺术系男孩，喜欢标新立异的美。POD和他寒暄，提问大家怎么看这个人，分别有多少人会和他拥抱、结婚或者避开。答案是避开。然后POD给托尼换自然妆。询问他自己的看法，托尼表示很满意。再次测试有多少人会嫁给他，会拥抱他，或者避开他。这次是嫁给他或者拥抱他。

24′～26′	解说	生活小贴士 教导观众怎么在家里做海盐阳光浴。
26′～27′22″	解说　同期	查看第三个人托尼的改变效果 检查托尼的换装效果怎么样，有没有保持，结果是没有保持。托尼有自己对美的看法。
27′22″～28′18″	出镜主持	片尾 主持人和POD总结换妆效果，POD然后关闭。

节目特色

这是出现在电视屏幕上的第一个以化妆打扮为表现主题的电视节目节目，具有里程碑的意义。节目选择了以3位嘉宾作为变身的模特，逐一对他们的改变进行跟踪记录，同时为了增加节目的服务性，编导巧妙地把生活小贴士的内容合理穿插在节目中。这样做的效果是让观众在看3个人的故事的同时也得到了化妆方面的知识。

其次，节目引进了一个机器POD作为变身的操作者，很有创意。人机对话，以及仪器测试的相对标准的数据都给这个感性的节目增添了理性的成分。这样的尝试也让观众觉得很有视觉新鲜感。

相关链接

http：//www.guardian.co.uk/culture/2009/may/04/snog-marry-avoid-mark-ravenhill

节目名称

潜伏的百万富翁
（The Secret Millionaire）

节目基本情况

播出机构：Channel 4
官方网站：http：//www.channel4.com/programmes/the-secret-millionaire
播出频次：每周三晚21：00
开播时间：2009年9月16日
节目时长：55分钟

节目介绍

每周，一位博爱的千万富翁放弃他奢侈的生活方式，隐姓埋名地生活在社会上最穷的区域之一。然后，他要去认识这个社区中尽可能多的人，并且不暴露自己的真实身份。

两周后，卧底百万富翁决定他们觉得哪个人或哪个家庭值得被帮助，并且捐赠一大笔钱给信任的候选人。

几周后，百万富翁再次来到这个社区，来看看他们的捐赠产生了怎样的影响。

文本分析

案例：第五季 第三集

时间（分钟）	形式	内容
节目开始～1′10″	现场同期声 采访 解说	片头：第三人称解说并选取最具代表性的节目片段，介绍节目的主要内容。
1′11″～1′16″		节目标题。

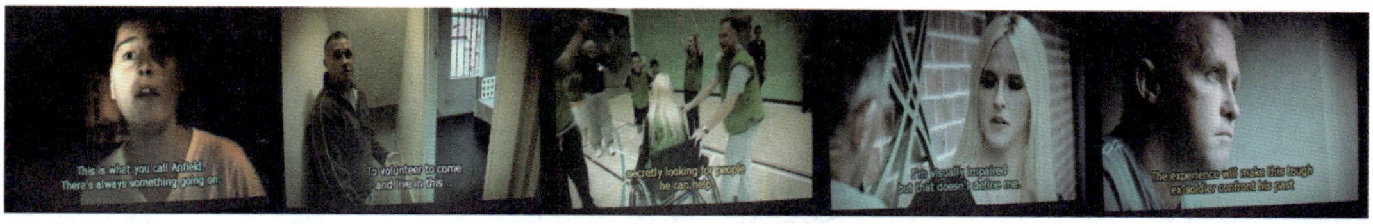

1′17″～5′07″		对百万富翁托尼以及他的家庭生活的介绍。
5′08″～12′13″		托尼前往贫穷混乱的安菲尔德，在那里度过了他秘密生活的第一晚。

12′14″～17′54″		托尼正式开始了他在利物浦的新生活，在网吧里他通过网络找到了附近的一个为残疾儿童设立的运动组织“英国雏菊”并赶赴那里与孩子们一起度过了一天。
17′55″～21′20″		托尼暂住的房子没电了且附近又着火了，他不得不找旅馆住宿。

21′21″～26′56″		新的一天开始，托尼与“援助之手”社区志愿服务组织联系，并作为一名志愿者帮助他们进行社区志愿服务。在这过程中他与服务组织负责人布伦达、寡居老人梅西和乔、退伍军人李交谈。
26′57″～30′52″		托尼再次跟随“援助之手”一起去帮助残疾退休老人乔料理花园并陪她聊天。

30′53″～34′38″		托尼再次赶赴“英国雏菊”，与残疾的孩子们相处，与盲人创立者戴夫聊天。
34′39″～37′34″		托尼与李见面、谈话，回忆起以往不愿面对的伤心往事。

37′35″～40′05″		托尼与盲人戴夫共处，谈话。
40′06″～48′26″		托尼做出选择，公布自己的真实身份，分别向李、布伦达、乔、戴夫捐赠。

48′27″～50′52″		五周后，托尼重回安菲尔德，查看捐赠对受赠者的生活产生的影响。
50′53″～52′23″		片尾

节目特色

1. 百万富翁卧底捐助，节目主题赚取眼球

不管是百万富翁的身份，还是隐姓埋名寻找捐助对象的剧情，都是吸引观众注意力的极为有效的关键元素。同时，富人热心慈善事业是西方社会的主流。富人隐姓埋名，困境中的人们得到意外之财，这样的情节很容易就勾起观众的观看兴趣。

2. 节目设置悬念，更能引起观看兴趣

富翁隐姓埋名到社会最贫穷的地区生活，通过他们自己与当地人的接触最终决定对谁给予捐助。富翁在“卧底”过程中接触了很多人，而最后谁能得到捐助又是不一定的，这就为节目设置了悬念，让观众们更积极地思考和猜测节目的最终结果，并继续看下去。

3. 富翁们帮助需要帮助并且值得帮助的人

节目中富翁们最终选中的受资助人都是经济上有一定压力的善良的人。他们或热心公益，或身体残疾，但无一不是对生活有着乐观的态度与美好远景的人。无论是富翁捐助的行为，还是挑选候选人的标准，这些都有助于形成良好的社会风尚，引导人们建立对美好生活的期望。

引进建议

1. 避免对富翁奢华生活以及其所隐姓埋名的社区的贫困的过多描绘，以防引起社会的仇富心理，激化贫富差距的社会矛盾。

2. 中国需要帮助的穷苦人群比英国要多得多，该节目引入中国将会有更深刻的社会意义。在帮助对象的选择上不能为了电视画面的美观而如英国节目一样选择退伍军人、寡居老人、社区志愿者等一些生活压力并没有那么大的人群，应该真正关注社会底层，寻找贫穷苦难中需要帮助的善良的人们。

3. 节目设计上应关注社会热点，使得节目能在一定程度上反映社会问题，并通过节目寻找缓解社会矛盾的一些可行的方法。

相关链接

http：//en.wikipedia.org/wiki/Secret_Millionaire

http：//singapore.bbcknowledge.com/secret-millionaire-4/

节目名称

从百万富翁到无家可归（Famous， Rich & Homeless）

节目基本情况

播出机构：BBC1
官方网站：http：//www.bbc.co.uk/programmes/b00lg9j2
播出频次：制作播出了两集
播出时间：2009年6月25日

节目介绍

在这个探索英国流浪者的节目的第二阶段5个人变成了4个人。被住在伦敦街边的艰难生活所打败，玛魁斯·布兰德弗得在第三天的时候为了自己在伯明翰舒适生活而退出了比赛。

罗斯·伯考特、哈迪普·森·考里、安妮贝尔·克夫特和布鲁斯·琼斯身无分文，脱去原有身份的外衣去亲身体验街边生活。他们睡在门口，排队等免费汤，乞讨零钱。他们疲惫、情绪化、肮脏、饥饿，现在他们在以一个流浪者的视角看待生活。

由于缺少食物、睡眠，而且不被当做一个人来看待，紧张疲惫已经开始出现了，有激烈的争论、流泪并伴有冲突。

在经历了同流浪者艰难生活在一起的几天之后，4个人终于能住进在伦敦和格拉斯哥的不同旅馆，他们发现这是一个比街上更加紧张的环境。安妮贝尔在青年旅社同她一起的同伴出去溜达，布鲁斯待在旅馆的时候目睹了酗酒者的艰难处境，哈迪普在他的家乡格拉斯哥挣扎着同严重吸毒者一起居住生活，罗斯则在女性旅馆里搬进一个小房间之后经历着孤独。

文本分析

10天的心理和生理上的双重体验颠覆了他们对于流浪者，还有让人无家可归而住在街边的不同原因和环境的偏见和先验认识。但是这会改变他们在结束节目回到原有舒适和安全生活之后的态度吗？

时间（分钟）	形式	内容
节目开始～2′30″	解说	上期内容回顾，以及这次节目内容的简要介绍。
2′30″～4′33″	解说　同期	工作人员介绍下一阶段任务，分析困难性。 参与者接受任务，确定下一阶段所要去的旅馆。
4′33″～5′05″	解说　同期	旁白介绍，节目组编导表达观点。
5′05″～11′40″	解说　同期	节目录制第七天时，分别到达指定的旅馆并且登记入住，了解旅馆的基本情况，用镜头记录他们入住前后的行为，他们也向镜头表达自己到达旅馆后的第一印象以及自己内心的一些想法，在这其中会介绍旅馆中所入住人员的一些情况。
11′40″	解说　同期	22：00入住后第一晚他们所做的事情。 安妮贝尔、罗斯、格拉斯哥待在旅馆休息，布鲁斯去了酒吧。
11′40″～14′13″	解说　同期	第八天6：30 入住的第二天他们所做的事情。 布鲁斯跟随工作人员去叫醒旅馆中的住户，确认每一个人是否都处于健在的状态。
14′13″～15′33″	解说　同期	布鲁斯谈自己关于酗酒的问题。 他的思考以及他针对自身的情况做出的行动。
15′33″～17′46″	解说　同期	哈迪普陪同一位朋友琼（一直吸食海洛因）去药店取代替海洛因的药。

17′46″～18′03″	解说 同期	哈迪普对于琼吸食毒品的想法以及他的一切背景介绍。
18′03″～20′21″	解说 同期	安妮贝尔在旅馆度过的第二天的情况，帮助要进行面试的米歇尔，和他聊天。 介绍她所在旅馆的基本情况，住的都是离家的青少年。
20′21″～23′04″	解说 同期	安妮贝尔的相关介绍，她曾经是一名网球运动员，相信爱和希望是最重要的东西，但是在之前的节目中遭遇了种种困难，并且在这个问题上和编导产生了一些矛盾。用镜头讲述他们之间又是如何处理争吵这个问题的。
23′04″～24′56″	解说 同期	罗斯第二天的情绪和所做的事情。 所有人都待在房间，罗斯感到些许的沮丧。
24′56″～27′18″	解说 同期	罗斯自身的情况介绍。 她所遭遇的车祸以及她酗酒的问题。

27′18″～30′09″	解说 同期	安妮贝尔和米歇尔还有一些其他的青少年一起吃晚饭，并且聊天之后她讲述了一些她的想法，这之中发生了旅馆争吵这样的小插曲。
30′09″～32′37″	解说 同期	布鲁斯和朋友在酒吧。 在酒吧之后回到旅馆跟朋友们一起聊天，聊酗酒。

32′37″～36′55″	解说 同期	第九天：安妮贝尔陪同米歇尔一起去找工作。
36′55″～39′15″	解说 同期	在哈迪普所在旅馆，琼在旅馆吃药，哈迪普和琼关于吸毒的主题聊天。
39′15″～41′20″	解说 同期	布鲁斯改变行程，同酗酒的朋友们一起外出，在这期间发生了一个同伴不见了的小插曲，回来之后布鲁斯谈了谈自己的感受。
41′20″～45′15″	解说 同期	罗斯在旅馆里找到了一些团体，也遇到了新朋友，她的新朋友萨姆邀请她去参观了他的新房子，两个人促膝而谈。罗斯也对这样的生活发表了一些自己的看法。

45′15″～47′42″	解说 同期	19：00 布鲁斯和哈迪普在旅馆里的状况，哈迪普遇到了一些心理问题，一位工作人员去旅馆和他谈心，了解他所担心的问题。

47′42″～51′22″	解说 同期	22：00 安妮贝尔在旅馆的最后一晚，她对于青少年无家可归背后的原因有了一个更好的了解，她也和之前有过矛盾的琼进行会面并聊天。

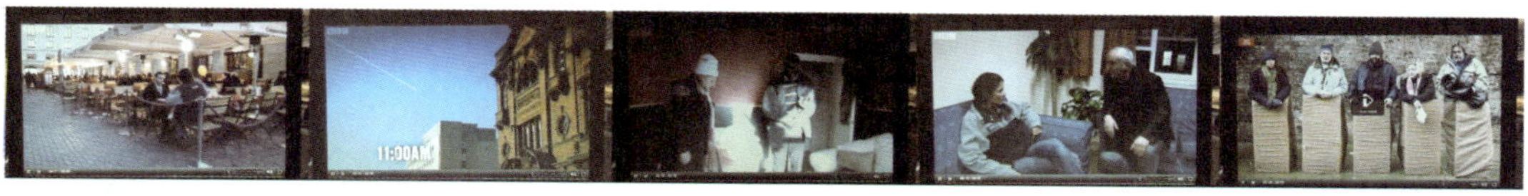

51′22″～节目结束	解说 同期	最后一天，所有人都准备离开，和朋友们道别，并对自己这些天的生活表达自己的想法，回到家里，和家人团聚，真情流露。

节目特色

1. 用纪录片的形式真实展示了英国街边流浪者的生活，聚焦于当代社会最关注的几大问题——吸毒、酗酒、青少年犯罪，有一定的现实与社会意义，能够引起人们对于这一群弱势群体的关注，同时也能改变人们对于他们的偏见和先验认识。

2. 让有名有利的上层人士亲身感受体验不一样的生活，形成一种鲜明的落差与对比，在节目中真实表现出人性的一些东西，包括爱、温暖，也包括绝望、痛苦、矛盾等等。人物真实身份与扮演身份之间的巨大反差让节目具有很强的戏剧性效果。

3. 节目的选材和题目非常有意思，能够引起人们的关注。

节目缺陷分析

敏感题材的选择，节目形式的设置引起了人们对于媒体是否在作秀和这个节目真诚度有几分的讨论，无论是好评论占多数还是批评占多数，这样的结果必然是节目被推上舆论的风口浪尖，而这也是节目只拍摄了两集便停止的原因。

相关链接

http：//beyondproject.wordpress.com/2010/02/23/famous-rich-homeless/

节目名称

卧底老板（Undercover Boss）

节目基本情况

播出平台：BBC
官方网站：http：//www.bbc.co.uk/programme/undercover/
播出频次：周播21：00
首播时间：2009年6月18日
节目时长：48分钟

节目介绍

节目讲述在经济萧条时期，大企业的老板微服私访，深入自己公司基层做一名普通员工当“卧底”的过程。每一期节目中，一些著名企业的老板会扮演公司内最低级的员工，与他们一起生活工作，时间大约为一周左右。通过这种方式，了解公司的员工的工作态度，工作的过程，体验他们的辛苦，了解底层员工的生活和感想。在活动结束后，他们大多会根据自己了解的情况，调整员工政策，改善他们的工作环境，想办法鼓舞士气，并最终给予勤奋工作的员工以一定奖励和培训。节目开播后效果良好， 节目模式被引进到美国和澳大利亚，该国分别制作了本国的“卧底老板”节目。

文本分析

案例分析：第二季，第七集　播放日期：2010年9月26日

安迪是英国第二大度假村Park Resorts公司的市场总监，他想要通过这次节目了解员工在公司的工作情况并找出激励员工的方法。他在为期10天的卧底工作中，在公司旗下两个不同的度假公司工作，他做最底层的旅店清洁工、餐厅服务员工作。在工作过程中，他不断和员工学习交谈，了解他们的生活状况，并且不断发表自己的感想。在对比了两个度假公司员工的工作情况、情绪后，他发现有必要对低层的员工做一些改变，激励他们更好地在岗位上工作。

时长（分钟）	形式	内容
节目开始～4′20″	解说　同期	参与节目的老板、其公司等背景介绍；老板参加本节目的目的，希望了解自己企业员工的想法，更好地改进公司的管理制度，让公司更加有效地运作。
4′21″～8′	解说　同期	第一天的安排和工作 老板前往独家公司的路上，谈自己的感受以及对本次卧底结果的期望。 老板到达住宿处，了解第一份工作的基本情况，他参加了度假村酒吧表演。老板谈自己第一天的工作感受。
8′01″～16′40″	解说　同期	安迪的第二份工作：做旅馆清洁工 老板参与工作中，并以员工交谈 老板开始第二份工作：做旅馆清洁工，与员工、小组领导交谈、工作；了解到员工对于上层领导和工作的不满。卧底老板安迪的工作感想。
16′40″～22′40″	解说　同期	第三份工作：做度假村餐厅的服务员 开始服务员的工作，与员工交谈过程中发现餐厅的环境有些糟糕。抒发自己一天的卧底感想。

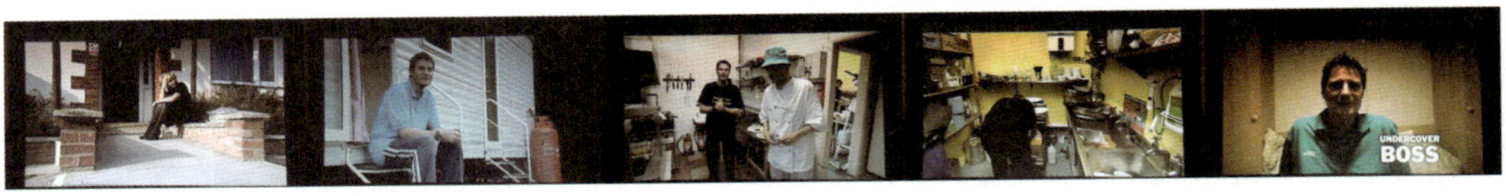

22′41″～23′40″		插播广告
23′41″～28′	解说　同期	新一天的工作：到度假村餐厅帮忙做服务员和厨师 帮助餐厅厨师做汉堡，了解餐厅的基本情况，询问餐馆的环境。

28′01″～36′35″	解说　同期	老板卧底的最后一份工作：到游乐园内工作，做另一个借宿旅馆的清洁工作 与当地的旅馆清洁工工作，并有人来检查清洁情况；与员工交谈，了解到这里的人工资较高，感到幸福；与清洁系统主管莉莉了解工资体系并聊天；安迪总结这里工作人员感到被重视的原因；安迪工作结束，总结自己的收获。
36′35″～39′30″	解说　同期	安迪回到公司，讨论汇报与员工工作的体验，并提出调整激励员工的对策，调整人力资源体系。

39′30″～46′	解说　同期	安迪邀请几天来共事过的主要员工到总部，员工们都不知所措，不明原因。安迪与他们进行交流，或者鼓励和表演，或者批评和提出改良建议。 交谈后员工有的后悔有的震惊，安迪在交谈后谈论自己的感受：体会底层员工的工作状态，改变了他工作和交流的方式。
46′～48′	解说　同期	两个月后，安迪调整了公司餐饮和清洁体系：餐厅员工的工作方式发生改变，清洁工作系统的员工获得了奖励的福利。

节目特色

《卧底老板》讲述在经济萧条时期，大企业的CEO微服私访，深入自己公司基础做一名普通员工当“卧底”的过程。每一期节目中，一些著名企业的CEO会扮演公司内最低级的员工，微服与他们一起生活工作，时间大约为一周左右。除了有个摄制组跟在他身后转

之外，他就是普通员工。为了打消其他员工的疑虑，摄制组编了个理由：这个纪录片小组想要拍摄一名文员如何应付体力工作。通过这种方式，让高高在上的老板有机会了解公司员工的工作态度，工作的过程，体验他们的辛苦，了解底层员工的生活和感想。在活动结束后，他们大多会根据自己了解的情况，调整员工政策，改善他们的工作环境，想办法鼓舞士气，并最终给予勤奋工作的员工以一定奖励和培训。

节目开播后效果良好，后来在美国、澳大利亚都有播放。目前已经在英国播放了两季，美国两季，澳大利亚一季。节目播出取得较好的效果是因为节目在内容和形式等方面有其他节目不可比拟的优点。

首先，就节目制作背景而言，节目制作于经济萧条时期，也就是金融危机最严重的2009年，大多数企业员工中间充斥对高薪总裁的不满，士气低落。企业的生存，经济的发展成为人们关注的焦点，也是企业老板特别关注的问题。此时这一类企业老板微服私访的节目是当时大背景下人们关注企业生存的产物，符合大众的口味，更能抓住大众的眼球，受到大众的关注。

1. 就节目本身的内容和主旨而言，让老板了解底层员工的工作生活经历，体验他们的辛酸苦乐，对于观众来说具有极大的吸引力和兴趣，同时也很好地促进了公司的发展调整上下级关系。对于其他企业来说，也有相当的借鉴意义，了解了不少大品牌和一个公司运作的方式、细节。《卧底老板》节目创造了一个平台，而且是为大老板们创造了平台，只有知名企业才能更好地引起观众的注意，所以《卧底老板》在主角的选择上非常挑剔，选择的企业多为百年老企业。节目把老板们拉回了正确的轨道，他们是亲临一线，放下报表与PPT，深入到员工基层，去听那些在办公室里永远听不到的员工最真实的声音。在每集有不同的老板出场，他们最关心是决策到基层执行会不会变形，员工的感受如何，他们一致认为公司的核心是员工，在这一方面，节目对于企业和老板有很大的意义。

2. 就节目形式而言，首先，介绍公司的基本情况，然后老板隐姓埋名分别前往公司底层从事从前从没有接触过的工作，在这其中穿插老板在看到不同员工的工作情况之后的心理和情绪波动，节目中出现大量老板的自白和感想的表达，使节目非常丰满。在员工方面，节目也有选择性，尽量展示不同类型、具有不同生活和工作态度的员工，老板去了两个不同的公司，干了不同的工作，体验了职员不同却真实的工作和生活态度，这其中也好有坏，有对比有差异，这样才能使老板有更深的感受，也使得节目本身不过于单调而又有戏剧性。节目不仅用镜头记录这种不同，更用镜头去探索他们这种态度不同的根源所在，不会让观众觉得没头没脑。这为最后老板做出相关调整措施提供线索，也使得节目显得更加真实。在体验完之后便是老板的回归，向之前的员工揭露老板的真实身份，而在这一过程中，老板也会根据自己之前所看到的在决策和人员方面做出相应的调整。这最后一步是节目的主旨和意义所在，节目有头有尾，使得整个节目更加完整。

节目以时间线索为主线，记录了整个卧底体验的全过程，节目更像一部电影，情节起伏，引人入胜。在另一方面，节目又是一个完全的真人秀节目，在节目中，没有嘉宾，没有主持人，老板本身就相当于这个节目的主角，所有的人物都是以日常生活中的形象出现在观众的眼前。这种类似于自拍式的节目形式更加真实可信；同时老板的卧底工作经历完全真实地再现——有忧有喜，有老板的情绪波动，有老板的真情流露，让人有一种深刻的真切感。

3. 就节目的营销与推广来看，也做得很不错。该节目同时还有线上的互动，如facebook等。对于一个节目而言，正确的营销方法不仅是尽量把节目内容和形式做得吸引人，有亮点，更要配以合理的宣传方式，和观众进行互动，增加节目的知名度，更好地推广节目，这包括网站的建设，节目前期的宣传，节目后期的观众互动等等。这一系列的活动也属于节目的制作过程，想要做好节目，必须把这一系列的程序都做好。

这档节目分别在英国、美国和澳大利亚播出，取得了较好的收视率，获得了一定的成功，在这样的成功背后有很多值得我们借鉴的优点。但是这个节目也存在一定的缺陷，这个节目是完全的真人秀节目，虽然主角是公司的大老板，采用的形式也是隐姓埋名微服私访，然而完全的日常生活记录不能保证每集节目都有亮点和高潮。整个节目，主角的情绪发生波动，但更多的是琐碎的对话，琐碎的记录，这对于观众来说是缺少吸引力的。

《卧底老板》里的公司很多是家族企业，传承了上百年，传到第几代，他们依然秉承着家族企业最优良的作风：务实、保持产品质量、尊重员工，所以他们的企业一代代地传下去。这些企业里有很多优秀的领导，执行力强，讲原则并且注重家庭，热爱工作。一个好的领导者一定要学会去体会，去感受，去发现这些最底层的无名英雄。在理性之后，充分地从情感角度去感悟员工的需求。

有观众提出，看完《卧底老板》后，“感觉这些轻装上阵的老板与媒体把自己的公司炒作了一把，但炒作的方式很让人感动，与我国的企业家完全不同的风格。了解了不少

大品牌和一个公司运作的方式、细节。他们是亲临一线，放下报表与PPT，深入到员工基层，去听那些在办公室里永远听不到的员工最真实的声音…… 在每集不同的CEO出场，他们最关心是决策到基层执行会不会变形，员工的感受如何，他们一致认为“公司的核心是员工”。这个节目的播出对于缓解在欧洲经济危机时刻日趋紧张的劳资关系很有帮助。

英国《金融时报》斯蒂芬·斯特恩评价说：这段缘起电视节目的体验，突显了一个典型的管理问题。领导者或许确切知道自己想要的结果，于是自上而下地传递信息，员工应该能够理解。但在从最高层向基层的传递过程中，有些事情变了味。领导团队可能完全不了解，他们的意图遭到了多么严重的扭曲，而处于接收端的员工又会产生多少不满。

本土化情况介绍

江苏广电总台影视频道于2011年投资制作了中国版的《卧底老板》样片——《越界之高端卧底》，主人公选择的是市值300亿人民币的苏州高新集团的总经理纪向群，国内最早的主题公园公司苏州乐园是隶属于苏州高新集团的一个产业。在节目中，纪总乔装打扮，担任苏州乐园园区内的导游、观光车司机、滑翔翼区检票员，游乐设备检修操作工等工作，记录他跟这些岗位的员工的工作经历。这个节目采取4台机器同时拍摄（两台大机器、两台小高清），拍摄时间使用了4天，后期制作使用了一个星期，节目的制作很精良，得到业内的好评。该样片的策划人员之一涂巨伟先生指出：节目在策划阶段的时候，主创人员都很纠结，是应该让其他拍摄者知道还是不知道新来的这个人物是个“卧底”呢？按照英国版的设计，应该是不让其他当事人知道“卧底”的真实身份的，否则这个节目就没有后面的揭秘，节目也没有这个最大的悬念了，观众就是要看当事人在知道跟自己共事的人的真实身份后的反应。 但是在《越界之高端卧底》的拍摄当中，编导们发现不可能不让所有的当事人都事先不知道一点点真相，实际操作当中，是由部分参与者提前知道“卧底”的身份的。原片中是以跟拍记录为主，而《越界之高端卧底》的拍摄当中有部分场景是摆拍出来的，为了达到更好的视觉效果。由于导演现场导演到位，在成片中，观众已经看不出摆拍的痕迹了。

《越界》的策划人指出，在拍摄这类真人秀节目的时候一定必须注意到三点：一是一定要合理安排好拍摄时间和计划，要及时通知到每一个工作人员，否则4天时间根本完不成任务；第二，现场导演必须具有很强的把控能力，否则拍摄效果会大打折扣； 第三，一定要选择好有表现力

的选手，否则拍出来一点都没有震撼力。

策划组还希望推出《越界》系列节目，其核心理念是表现文化以及生活状态的差异化，跟着体验者的视角去挖掘体验背后的故事。第一季：微服私访（老板体验：老板变身为普通员工，“卧底”本企业。走进基层，展现普通员工背后的故事）；第二季：第三百六十一行（行业体验：招募体验者，跟随体验者了解独特行业）；第三季：换个活法（交换体验：选择有普适性对立的双方互换身份体验。如交警和出租车司机）；第四季：必有我师（学习型体验：体验者是学校或者训练馆的专业学员，去民间体验相关的行业。通过培训、比较，最终PK）；第五季：东游记（文化差异体验：体验者是老外，体验江苏的传统文化，并重新诠释）。

不过，后来这个节目并没有上线生产，原因之一是作为一个地面频道，很难找到在全国都有影响力的大企业家来配合拍摄制作，而如果为一些不知名的企业家拍摄这样的节目，又有着太过于明显的植入广告的嫌疑。

此外，2012年初，天津卫视依托自己已有名牌节目《非你莫属》积累的企业家资源，推出中国版《卧底老板》，号称是中国第一档台网互动节目，充分利用新媒体资源，增加观众与节目之间的互动性，他们宣传这个栏目的特色是：台网联动，多终端跨平台传播，牵引观众转向多屏结合，增强手机、IPAD的市场渗透。[①] 节目的核心理念与原版节目一样，都是由不同公司老板，经过乔装打扮，使用假的身份和化名到自己公司的基层去“卧底”，通过亲身劳动实践来验证自己所定制的政策是否合理和人性化。以老板的所见所闻所感以及所做的事情为内容，并通过自己的眼睛去看、耳朵去听，寻找出公司在运行过程中存在的问题。

相关链接

http：//www.channel4.com/programmes/undercover-boss
http：//en.wikipedia.org/wiki/Undercover_Boss
http：//www.facebook.com/UndercoverBossCBS
http：//television.aol.com/show/undercover-boss/11381843/main
www.tv.com/undercover-boss/show/.../summary.html
http：//www.metacritic.com/tv/undercover-boss/season-1

① 资料来源：http：//www.tvmao.com/tvcolumn/alJQLQ==/detail

节目名称

部落妻子（Tribal Wives）

节目基本情况

播出机构：BBC 1；BBC 2；BBC HD
官方网站：http：//www.bbc.co.uk/programmes/b00ssrjt
http：//www.bbc.co.uk/programmes/b00c8183
播出频次：周播，第一季，BBC 1
00：15/01：45；BBC 2 23：50/23：20，
第二季，BBC 1 01：30； BBC 2
00：15/21：00/23：50； BBC HD 22：00
开播时间：2008年
节目时长：60分钟

节目介绍

6名英国女子将会暂时告别她们大都市的日常生活，来到世界偏远的角落，体验做部落妻子的独特感受。就跟许多现代都市女性一样，她们为了事业、为了家庭终日忙碌而心有所失。她们来到原始的部落，体验截然不同的女性角色，希望能够找到改变她们生活的新途径，寻找解决她们心中关于人生疑问的答案。

文本分析

案例：第二季 · 土耳其

时间（分钟）	形式	内容
节目开始~1′	解说	节目梗概 6名女子分别到世界不同的角落居住，体验不一样的生活，以此来寻找生活中使她们困惑的问题的答案。
1′~3′	旁白+主角自述	本期节目介绍主角情况 本期节目主角是查理，23岁大学毕业生，目前在伦敦兼任多份工作谋生。她来到土耳其，将会与约克民族一家还有他们的羊群居住在荒无人烟的草原一个月。查理在伦敦时喜欢多姿多彩的夜生活，感觉十分自由，每个人都有独立不受束缚的生活。查理从小就要学会自己照顾自己，她的母亲有狂躁症，她后来与家人慢慢疏远了。她的父母在她16岁的时候离婚了。她一直渴望有幸福的家庭生活，有丈夫、孩子。她希望通过这次经历寻找答案：她是谁？她将会变成怎样？

3′~4′	解说	介绍本期节目故事背景 居住点大草原距离英国游客热衷的土耳其沙滩度假地有4个小时的车程。但是在这里，与度假地的生活却有天壤之别。约克民族11世纪从中亚迁徙而来，现在大部分人都已经定居在城镇，有低于50%的人口仍然过着游牧生活。查理将会与格科斯一家生活。

4′~58′	解说　同期声	男主人是毕安，他的妻子是跟他在一起37年已53岁的塞妮特。他们住在名叫欧巴的帐幕里，一家人起居生活全在这里。家里七口人，还有毕安的第二任妻子艾塞及两个子女。查理被要求进帐幕时要脱鞋，而且要穿上一般妇女穿的裤裙，戴上头巾，穿塑胶鞋。塞达特22岁，单身，他的父母在为他物色妻子。他们有200头羊，生活就围绕羊群而展开。

	解说　同期声	查理的第一个挑战就是帮助第二个妻子艾塞赶羊。除了羊，他们还有4头骆驼。虽然他们养羊，但是他们却主要吃面包、蔬菜、羊奶和奶酪。 女人们5点就要伴随着太阳升起起床。女人要比男人起得早，起来准备早饭。人们起来以后不刷牙，一个星期洗一次澡。 第二天，查理尝试挤羊奶。查理负责照顾的生病小羊死去，主人将小羊拿去喂狗。 土耳其的女性工作量比男性多，男性不允许女性表现出厌恶，男性常常坐着等候女性伺候。

	解说　同期声	今天查理尝试做土耳其馅饼面包，过程不顺利。 查理挑战传统，要求脱掉头巾。 一家要杀掉一只羊，羊价值200英镑，他们很少会吃，这次杀羊来欢迎查理。“惊喜”还没有结束，查理还会协助一只羊分娩。 查理与家里的年轻人放松交谈，一起听歌。 今天整个家都要迁徙，跟一般的游牧民族一样。今年政府对约克民族有制约，越来越多的游牧人们需要放弃他们的游牧生活而居住在城市里。

	解说　同期声	查理今天要再尝试做土耳其馅饼面包。在做饼过程中她们交谈，艾塞非常怀念以前的学生生活，嫁入这个家心里感到很害怕。塞妮特对丈夫二娶很伤心。她们都不是小角色，都是很坚强的女性。 查理与小女儿交谈。她希望能有自己的独立生活。 查理去参加家族亲戚的婚礼。塞达特邀请查理跳舞。

	解说　同期声	婚礼第二天查理生病了，是因为大家嫉妒她而得了Evil Eye（邪恶眼睛），要行法事驱魔。 最后大家欢送查理结束在土耳其的生活离开。

节目特色

1. 节目回归最自然最简单的纪录片制作方式，长镜头、静态镜头的使用使得节目真实而富有视觉冲击力、艺术感染力。简练纯朴的旁白解说，真实自然的同期声，丰富直接的镜头语言，还原了一个逼真的部落生活景象。

2. 节目内容从部落生活出发，从一件件生活小事中窥探出其中的传统文化含义，平实自然。

相关链接

http：//entertainment.timesonline.co.uk/tol/arts_and_entertainment/tv_and_radio/article4105327.ece

http：//www.facebook.com/pages/Tribal-Wives/45020033857

http：// www.imdb.com/title/tt1638911/

节目名称

娃娃选美皇后（Baby Beauty Queens）

节目基本情况

播出机构：BBC 3
官方网站：http：//www.bbc.co.uk/programmes/b00t68tt
播出频次：每周二 20：30
开播时间：2010年7月27日
节目时长：30分钟

节目介绍

《娃娃选美皇后》至今已经播出了两季，第一季为1集，第二季为6集。该节目第一季是一部60分钟的纪录片，首播于2009年7月20日晚上9点。影片讲述了3个小女孩参加迷你英国小姐大赛的故事。该纪录片引发了人们对儿童选美和儿童早熟现象的思考。第二季则分别用6部30分钟时长的短小纪录片讲述了7个希望成为或已经成为儿童模特的孩子的故事。

文本分析

案例：第二季 第五集

与他这个年纪的大部分男孩不同，8岁的马修对足球或电脑游戏丝毫没有兴趣。相反地，他为购物和时尚而着迷，并且，这个想法超过了世界上的任何东西，马修想成为名模特。马修更喜欢女孩的陪伴还有他最喜欢的爱好，在起居室里与他最好的朋友玛尼一起，表演一场精美的时装秀，这令他的哥哥非常沮丧。

马修的父母李和罗斯觉得既然他们支持了他的哥哥们在音乐和足球方面的兴趣爱好，他们也必须为马修不那么传统的爱好做同样的事情。所以，他们帮助马修与一家儿童模特事务所签了约。当然，儿童模特业呈现出与马修的想象中的梦幻时尚秀非常不同的景象。

时间（分钟）	形式	内容
节目开始～1′10″	同期声　解说	片头：介绍故事主人公，抽取节目最具代表性的片段简介本期节目所讲述的故事。 解说： 马修·哈顿8岁了。与他这个年纪的大部分男孩不同，他为购物和时尚而着迷。 同期： 马修·哈顿：我喜欢紧身牛仔裤、帅气的上衣和墨镜。 我只是买东西，买东西，买东西，最后，我甚至根本就不穿它们。 解说： 这个想法超过了世界上的任何东西，马修想成为一名模特。 同期： 马修的爸爸：他总是说，当他得到第一份工作的时候，他将给我买辆法拉利。在他的小脑袋里，有着非常高的期望。 马修的妈妈：我要拥有我自己的喷气式飞机。 马修的爸爸：关于他将做得多么好。 同期： 摄影师：手抬得高些，亲爱的。 解说： 如今，他的爸爸妈妈正准备帮助马修进入竞争激烈的儿童模特界。
1′11″～1′12″	同期声　解说	字幕 标题 节目标题：将《娃娃选美皇后》中的“皇后”划掉，改为“国王”。 节目标题制作精美，星光熠熠，带有梦幻与童话色彩。

1′13″ ～ 4′10″	同期声　解说	介绍故事主人公马修与普通男孩的不同之处。 解说： 马修住在法夫的一个小村庄。 同期： 餐桌上马修妈妈对孩子说：踢足球前你不能吃任何东西，否则你会觉得太饱了。 解说： 他是4个男孩中最年幼的。 同期： 妈妈：在这栋房子里你必须动作很快，不是吗？ 解说： 与山姆、本和那萨沉迷的足球和电脑游戏相比，马修的兴趣就不那么传统了。 同期： 马修：这是我的房间。我床上的这些是我最喜欢的东西。 这些是我最喜欢的墨镜，这是我最喜欢的帽子，它非常棒。这些是我最喜欢的鞋子，这是我最喜欢的裙子，这些是指甲油！ 采访 妈妈李：从非常小的年纪开始，与男孩子相比，他更喜欢和女孩子玩。他真的从来没有对汽车或火车感兴趣过。他的大哥哥山姆喜爱汽车和车库，然而马修更喜欢洋娃娃和婴儿车。而且他特别喜欢玩装扮游戏。 同期： 马修：我们可以把这个用作腰带。它是一条丝巾，但是…… 这是“我爱纽约”。 解说： 马修最喜欢的爱好是与他最好的朋友即12岁的玛尼，举行时装秀。 同期： 玛尼：我是个设计师，可以这么说，我设计服装，马修帮我展示。他是模特。这很好，因为他真的很时尚。他很有趣，不像我的哥哥。 解说： 马修接受作为模特的每一个方面。他的“时装秀”是他关于模特界是何种模样的自己的想法。

		同期： 喔！喔，那是件非常棒的衣服。 妈妈：当我们给他买了第一条裙子的时候，我觉得罗斯都有些被吓坏了。在圣诞节的早晨，他到处跑，那时他3岁了，穿着他的白雪公主的裙子，戴着小头箍。 爸爸：在某些方面他和他的哥哥们很不同，他并不喜欢有点乱七八糟的东西。他不喜欢任何体力运动或者这一类的其他事情。马修只喜欢充满创造力的东西。他喜欢自己制作东西。然而，他的哥哥们是更像男孩的男孩。 解说： 他喜爱其他男孩可能不会喜欢的东西。 同期： 妈妈：但是，同时，我认为许多其他的小男孩也可能会喜爱马修喜欢的东西，如果他们的父母足够开明，让他们探索他们性格的那一方面。
4′10″～5′46″	同期声　解说	在父母的帮助下，马修加入了英国最大的儿童模特机构 解说： 三个月前，马修的妈妈和爸爸最终同意了让马修尝试一下，努力成为一名真正的模特。他们加入了英国一家最大的儿童模特机构。 同期： 爸爸：这是他在网站上的小主页。 这是我发过去的照片，我有些担心，因为这些照片并不是最好的。照片是我用数码相机照的，相机的画质不那么好，但我并不觉得这很重要，更重要的是这些照片是否使他看起来足够不同，并且值得关注。 采访马修 那么，你为什么想成为模特呢？ 马修：因为这会很有趣，而且我的生活中可以有些事情做。 我想做模特已经很久很久了。 采访爸爸 他喜欢时尚，喜欢装扮。他热爱充满想象力与创造力的任何东西。我觉得模特这个职业正适合他，他热爱这个行业。他只是想追逐他的梦想，真的。 采访妈妈 对此我持保留意见，我并不想让他……苏格兰并没有许多工作来让他从事这个行业，而且我也不想他参加了模特的甄选会后，没有得到这份工作，然后就想：“哦，这是因为我看起来不够漂亮吗？”模特业充满了以你的相貌为标准的评判。

		但是这是他真的想做的事情，这是他的全部话题。 马修：即使我只是得到了一份工作，那也会让我非常开心。所以，如果我能得到模特的工作，甚至一年只有一两次，我也会真的非常非常快乐。

5′46″ ～ 11′44″	同期声　解说	马修到伦敦参加儿童模特机构的模特训练日 解说： 为了将马修引入业界，他的代理机构邀请他到伦敦，参加模特训练日。 同期： 马修：哇。 妈妈：他们非常漂亮。想象一下把你的脸也放大到这样的大小？如果你得到了一单大生意，你也会出现在这样巨大的广告牌上，并且这些广告牌会遍布英国。 解说： 这是马修的大日子。他并没有任何做模特的经验，也没有见过任何其他的儿童模特。 同期： 妈妈：这里有摄影师、化妆师和舞者，他们对怎样见客户，怎样和客户问候，怎样挑选角色，怎样摆造型以及相关的所有东西，都有着丰富的建议。所以一切都会顺利的。 老师：所有的孩子都到了吗？ 解说： 今天，这里的40个孩子都是这家机构名册上的模特。他们中的许多人已经为各种有名的客户工作过了。 老师：乔治已经完成了《狼人》，他还在《九》中参与表演，虽然是作为临时演员。他还参演了《灰》的音乐电视。 家长：他们得到的主要是摄影方面的工作。烹饪书，食品包装，杂志工作……尿布，当他们还是婴儿的时候。还有许多衣服。 老师：立刻分散开来。 采访家长 我经常听到人们谈论乔治的时候说他总是能够非常好地执行指令。他可能会和一群男孩子在一起，他们可能总是表现出一副闲荡着混日子的样子，但是只要灯光亮起，相机开拍，他就立刻变得严肃起来并且做好他被要求的所有事情。

		同期： 男老师：很好，很好。再来一次，能不能为我再做一次呢？ 好的，记住了，注意你的声音。好的，进来，笑得灿烂些。然后："大家好，我叫马修。"好吗？试一下，尝试一次。 同期： 马修：这份工作并没有那么迷人。你知道，很早就起床，拖着身子去拍摄。但是他们实际上正在学习如何变得更加专业，他们在学习金钱相关的东西。他们在学习在不同场合的行为举止。有时，在些不寻常的情况下，这还是非常难的。 解说： 每个孩子要花费90英镑来参加这个讲习班。它由机构的负责人德比·克拉克运营。 采访德比·克拉克 德比·克拉克：不得不说，我们这儿最好看的孩子并不是最繁忙的孩子。你可能是最漂亮的孩子，但如果你不做客户要求你做的事情，他们无法把工作做好。所以他们想要在镜头前能够听取要求，和陌生人与其他孩子融洽合作，并且享受正在做的工作的孩子。因为如果他们喜欢这份工作，就可以更好地呈现出来，而且他们也会做得很好。 同期： 老师：谁知道时装表演是为了什么？ 红衣服小男孩：展示衣服和，嗯……和…… 老师：就是那样，对的。时装表演并不是关于你是个模特并且看起来很华丽。它是一种、它是一份工作。 一，二，三，走。请把下巴抬起来点。 谢谢，下一个？ 很可爱，下一个。 把手放在臀部。 走直线，直起来。 好的，下一个。 好的，看起来你的手臂有点不自然。一切都在运动，但是它就像在巴黎的石膏里一样，所以把你的手放进口袋里，弯曲你的胳膊肘，只是使它更轻松点，好吗？下一个。 男老师：好的，我们要做的就是组成一个小小的半圆。 解说： 接下来的就是关于在演员挑选时怎样表现的课程。模特业另一个让人有些畏惧的方面，马修以前还没有经历过。 同期： 男老师：我们将要做的是，我将让你们对着我做一个表演。我们

		将讲讲关于怎么做豆子的话题，吐司上的豆子。 黑衣服小男孩：大家好，我叫瑞克。今天我们将做吐司上的豆子。 男老师：值得鼓掌的表演，我觉得非常好。我认为真的很好，干得好。 当你们开始一个表演的时候，注意看导演的眼睛，好吗？ 那很好，因为你们立即就可以得到他们的注意，直接看向他们的眼睛。好的。接下来谁来？ 马修：大家好，我是马修。今天，我们来做吐司上的豆子。 男老师：很好，好家伙。真的好多了。我觉得很好。我觉得这次真的非常好。 解说： 孩子们分成小组来练习舞蹈动作。这是马修与其他儿童模特交流的机会。 采访马修的妈妈 目前为止他似乎都过得很愉快。但是，我能看到那些已经明显上过表演学校或是明显在模特界更有经验的孩子。你很容易就可以发现他们。 因为在我们住的地方，马修可能是小村里对模特行业了解最多的孩子了。而现在，他来到了这里，他在一座大城市中，他像是："我真的什么都不知道。" 采访老师 他曾经那么害羞。他看起来很漂亮。从摄影的角度看，他的脸非常上镜。但是，他似乎有点，像是在担心，"我做的是对的吗？" 他总是在寻找，寻求肯定，不是那么自信。 同期： 对的，我们必须等绿灯。 看，这个高跟鞋多高啊。看看它们！

11′44″ ～13′55″	同期声　解说	马修的父母对孩子的性格以及自己的想法更深入地介绍 解说： 回到苏格兰，马修回到了更熟悉的地方。

		同期： 马修：妈妈，看这些鞋子。 解说： 和他的妈妈一起购物。 同期： 妈妈：它们好像有6英寸高！我永远也不能穿着它们走路。 马修：我可以的。 妈妈：看那里的上衣，它真可爱，看。 马修：我去“克莱尔配饰”和“新风貌”，普里马克、德本汉姆、TK Maxx和……我认为就是这些。 解说： 马修真的很喜欢购物。 同期： 妈妈：仅仅只是看，他喜欢给其他人挑选礼物。他对其他人的衣着品位有着好见解。他会拿起东西说道：“对朵恩阿姨来说这个很好。”或是“那对艾米利来说很好”。 解说： 因为他的兴趣，与家庭的其他成员相比，马修在与妈妈单独相处上总会花费更多的时间。 采访妈妈 通常，星期六，当他们去踢足球的时候，马修和我会做烘焙，有时我们会看电影。我觉得有些人的想法非常多疑：“哦，她想要一个女儿所以现在她正是这把马修变成一个女孩。”但是这是从来都没有发生过的事。了解我们的人都知道事实并不是那样的。这只是他喜欢的东西，他显然只是生来就是这样的。 同期： 马修：我把巧克力弄得满身都是。 采访爸爸 这是我们一直没有完全弄明白的事，为什么是马修那么不同。他的兴趣爱好和他的哥哥们是那么不同，这似乎有些奇怪。 我认为，首先，实话实说，我觉得这对我来说有些困难，因为我觉得这不符合我的期待。你想，当你是小男孩的时候，他们会逐渐长大并且热爱运动，你会带他们去踢足球，所有的这类事情。 但是随着他的成长，他长大了，很明显他的喜好不会再改变了，而且我也无法再尝试或强制使他专注于自己并不感兴趣的事情。因为，一个男孩想成为一名模特，我不认为这有任何问题，我没有任何疑问。

		同期： 妈妈：对的，你去选你想带什么外衣，想带什么上衣。

13′56″～ 20′38″	同期声　解说	马修为他的个人网页拍摄照片及儿童模特机构负责人对他的评价 解说： 为了增加得到工作的机会，马修将为他的主页在专业的摄影棚拍摄照片。 同期： 马修：我的围巾，我的围巾。 解说： 摄影师要求了一些非常特别的服装，并不是所有的都是马修喜欢的。 同期： —条纹上衣怎么样？ —不。 —那个怎么样？ —好的。 —你觉得你还需要带些什么？ —不带大黄蜂的衣服。 —噢，不带大黄蜂衣服？ 同期 ： —我们就来说说那个。我们刚才说到哪了？ —这些珠子怎么样？ —好的，你可以带上它们。 采访 妈妈 马修似乎觉得他对照片的拍摄有自己的想法，我认为他对什么是模特有着与众不同的想法。他把它与成为古克·温什么的弄混了。我们对这套大黄蜂套装产生了争议，他因为某些原因不愿意带上这套衣服。 同期： 马修：我不想带大黄蜂的衣服。 妈妈：摄影师要求你带上它，亲爱的。你不能来到一场时尚拍摄然后说：“我不穿你们的衣服，我不喜欢它们。”

		采访妈妈 我不认为他明白了他们想要他看起来更男孩子气些，然后穿得要像蜘蛛侠或是其他他永远也不会在家里穿的东西。 同期： 马修：所以这是做模特不好的方面嘛？ 妈妈：今天，做模特不好的方面就是你不得不穿上你不想穿的蜜蜂外套。妈妈得到了指令，并不是写下来的，它们就在头脑里。但是我知道…… 那是妈妈的帽子。 但是我知道我得给你带什么东西。 解说： 大黄蜂外套放在了家里。马修和妈妈赶往爱丁堡拍摄。 同期： —你好。你来了。 —你怎么样？ —很好。你带了位朋友来？ —是的。你一定是马修了。 —是的。 —尼尔，我是你今天的摄影师。你好，李，你好吗？ —你好，你怎么样？我很好，谢谢。来吧。 解说： 为了在最广范围内吸引客户，马修需要为他的主页拍摄各种不同的照片。 同期： 摄影师：好，让我们把你带到那边，好吗？ 解说： 摄影师以一些外景拍摄开始了拍摄工作，希望展示他对于目录或时尚工作的适应能力。 同期： 摄影师：现在好了，马修，如果你离得远些就更好了。下巴低一点，下巴低一些。 解说： 因为这次拍摄花费了150英镑，马修做好拍摄工作的压力就大了起来，并且没有任何时间可以浪费。 同期： 摄影师：好。再向下看。向上看。 你能跑向我吗？ 太棒了。再来一次。开始，回去。 好，亲爱的，当你停下来的时候，你必须抬起头并且充满活力，可以吗？

		好！ 哦，他很有精神。哈哈！ **解说：** 第二部分的拍摄是最重要的。主要是因为它包含任何潜在客户都会首先看到的头肩镜头。 **同期：** 摄影师：立刻像那样握住它，对着我，脸上要有灿烂的笑容。 同样的再来一次。 **采访 摄影师** 模特，归结到底，你本质上是个切割出的厚纸板，你就是个衣架。我这里也有模特会说："哦，但是这并不适合我。"这样或是那样。但他们还是得双手放在身侧地站着，来让造型师，让团队创造出他们要求的造型。 **同期：** 摄影师：对着苹果灿烂地笑。 我们再来两张。你这次已经成功地做好了。 现在，像那样握住它，不要像那样的傻气的表情，好吗？ 很好。 你正在打电话，这就是你在做的全部事情。 马修：哔，哔，哔。 摄影师：别动，马修。看着我。站直了，头不要歪着。 **采访 摄影师** 我觉得他或许只是需要学会听取和遵循指挥，但这是他的第一次专业的拍摄，所以很多时候他并不真的了解正在进行的事，所以他做得真的很好。是的，他做得很棒。 **同期：** 好的，就是那样。做得好，结束了。

20′39″～22′22″	同期声　解说	马修等待工作的日子以及家人对他的兴趣的想法 解说： 回到家，马修和他的妈妈已经能在网上看到拍摄的结果了。 同期： —喔，看，它们真漂亮。看，你觉得怎么样？ —很好。

		—喔，你看起来非常好。喔，它们非常可爱。 看起来像热巧克力或者其他什么东西的广告，不是吗？ （字幕 笑） —这站看起来有些傻，不是吗？ —是的。 采访 妈妈 他的有些表现有些……他看起来不像他自己了，因为他的头发那么直而且他又穿了一件正常的衬衫。这并不是我习惯看到他穿的衣服。但是我觉得其他照片都很漂亮。 同期 —模特的职业是你想象的样子吗？ —不尽然。 —你觉得你还是想成为名模特吗？ —是的。 —好吧。 （字幕：电话响起。） 同期 接电话的人：你好，这里是比仔儿童摄影机构。 解说： 马修的新照片直接发送到他的代理处来接受德比的专业评判。 采访 德比 当马修第一次申请的时候，他的照片并不是十分的好。我们现在收到的照片要好多了，好多了。我的意思是，他的第二次拍摄，他深深地看进了镜头，而且他的眼睛真的……虽然它是黑白的，但它们对着镜头微笑，它们非常的明亮。他有着最让人惊讶的眼睫毛，太美了，完全华丽。为什么男孩会有这样的睫毛？太浪费了。事实上他看起来几乎是漂亮了。我可以这么说一个男孩吗？ 过去的几周里，他已经提交了两份剧照的工作，还有一个达能电视广告，麦当劳广告宣传片。所以，但愿他可以从那之中得到一些角色。我会像他的妈妈一样高兴。 解说： 在他等待工作机会到来的时候，马修的生活恢复了平静。在学校，他还是不喜欢踢足球。在家里，他继续梦想着成为一名模特。 同期： 马修：这是麦莉·赛勒斯。 解说： 家里的一些成员很关心马修的兴趣。

		同期： 哥哥： —他并不是那么正常，你知道吗？他并不像是通常的方式…… —对一个小男孩来说？ —对。 我有些害怕，当他开始上高中了以后，因为他是那么与众不同。因为我几年前刚刚从高中毕业了，我知道现在那儿是什么样的。对任何孩子来说，这是非常艰难的，在那个年纪高中是段艰难的时间。 同期： 妈妈：等到他12岁的时候他可能会决定他喜欢橄榄球和足球，然后就变得完全不同了。我怀疑会这样，但是…… 哥哥：不，那永远都不会发生的。 妈妈：不会的。 （字幕：笑） 你知道，很明显的，你的头脑里，你在想："哦，他是真的想成为一个女孩，还是他只是喜欢像一个女孩一样地表演？"而且他经常会对我说："我无法相信你竟然把你的婚纱卖了。如果有那个婚纱的话我可以玩得多开心啊。" 我不知道，我觉得可能他会成为同性恋，也许他不是。没有人知道未来会怎样。但是我不想当马修回顾过去的时候会这样想，我们阻止了他去成为他本该成为的人的机会。

22′23″～ 26′26″	同期声　解说	马修的第一份工作，为一家教育杂志拍摄照片的过程 解说： 出乎意料地，在马修开始他的这段成为模特的历程后整整5个月后，他得到了一份工作。这是为一家小的教育杂志工作，拍摄地在500英里外的肯特。 同期： 妈妈：我们已经坐过高速列车，正在等马修将要做模特的杂志创始人的丈夫约翰来接我们。这是一个小巧的杂志。它并不是在全国范围内发行，但当杂志来到我们家的时候一定会非常令人兴奋。

		同期： —敲门。 —你好。 —你好。 —你好，马修，欢迎你。进来吧！ —房子真是又可爱又温暖。你好，我是李。 —你好，很高兴见到你。这是推沃，他是摄影师。 —说你好，马修。 —你好。 —很高兴见到你。 —很高兴见到你。 同期： 杂志负责人：这些是一些你今天的模特同伴。看！ 你真像是只时尚的猴子，不是吗？看看你！ 妈妈：告诉我相关事项吧。 杂志负责人：我不需要打扮你了，你看起来很棒。 摄影师：很美的笑容。 采访 杂志编辑 今天的拍摄是为了《创造性步骤》杂志的1月/2月刊。这是一个特殊的关于尼日利亚的国际栏目，所以马修将要穿上扎染的T恤。 杂志编辑：马修，准备好了吗？ 开始吧，甜心。好的。 解说： 这里没有高级时装，但它是一份真正的工作，而且这是马修证明自己能成功做一个模特的第一个机会。 同期： 摄影师：就到中间来，就是再向前一点。很好。 杂志编辑：好的，现在，那件T恤你穿得好吗？我不知道你的尺码。你本可以穿着更大尺码的衣服拍摄，但这也不是很糟糕，是吧？ 摄影师：好的，马修，好。看镜头，就向着灯光转一点。 很好。待在那儿，但是就只是歪着头在那儿。 就是这样，就是这样。 笑得很美，接着来。笑得很好，继续，那样的笑容哪里去了？ 是，这很可爱。 杂志编辑：有些奇怪……我也不知道是什么奇怪。我觉得这件T恤本应该更大些。是的。衣服有种向上跑的感觉，而且显得头很大。 摄影师：来，把这件T恤脱下来吧。是的。这就非常自然了。 杂志编辑：不好意思，马修，我们正像你不在这儿一样地谈论你，这样一点都不公平！

		解说： 拍摄并不是完全按照计划进行，道恩试着通过给马修换一件更大的T恤来改正。 同期： 摄影师：好了！ 好的，所以我们将像我们之前做的那样再进行一遍相似的流程。 采访 杂志编辑 孩子们不得不应对的最艰难的事情之一就是拒绝。所以，如果一张照片没有用，之后他们常常问我：“为什么你们不用我玩城堡的那张照片呢？”然后我会回答他们：“嗯，我们得用其他的东西代替。” 同期： 摄影师：笑得很好。继续，对着我，对着我。对。就是这样，很好。 杂志编辑：我觉得，马修，就是这样。我觉得我们成功了。 摄影师：好孩子。 解说： 在赶赴摄影工作室的10小时的旅程后，马修的拍摄在半小时内结束了，并且并没有谁担保他一定会出现在杂志里。 同期： —怎么样，马修？ —很好。 —它是像你期待的样子吗？ —嗯，事实上不是。 —你觉得它应该和时尚有更多的联系吗？ —多一点。 采访 妈妈 我觉得他想的是他会去各个地方，而且这应该完全是耀眼、迷人的，超级模特，盛装打扮，戴上假睫毛。我不认为这次的拍摄是他真正期待的。 同期 —好的，可以了。一路顺风。 —谢谢，再见。 —再见。 —再见。

26′26″～28′	同期声　解说	一个月后，马修与妈妈一起去书店找已出版的杂志，找到了自己的照片，终于实现了做一名模特的梦想。 （字幕 一个月后……） 同期： —这很令人兴奋，不是吗？ —是的。 —谢谢。 我想知道它在哪儿。它在那儿。看到了吗？ 我想知道你在哪一页？你来翻，你来翻。 哦，你在这儿，那里也有。哦！你在那儿！ —它说了我的名字。 —哦！哇！这是他的小小梦想，不是吗？ —是的。 —这是你想成为模特的小小梦想，而现在你是了。然后当人们问：“你是做什么的？”你就能回答…… —模特！ —“我是个模特。” （字幕 她笑了。） 采访妈妈 —你觉得这个过程值得吗？ —嗯，这其中有太多的奔波，和大量的工作。我不能说它是紧张的。但是有些担心……你知道，这对马修来说是充满乐趣的，所以那才是最重要的事情，一切都是为了马修。 不，这不是为了我自己。对我来说能陪伴马修这很好。但如果他不想做这件事，我肯定也不会去做的。 同期： 妈妈：过来，你想拿着杂志吗？这边走。 我们会把杂志保存好一直到你长大了，当你的女朋友到家里的时候，我们会告诉她：“这是马修。”
28′01″～28′35″		片尾

节目特色

1. 视角独特

节目选取儿童模特这个逐渐兴起而人们对其又知之甚少的行业作为节目切入点，儿童与时尚都是当下人们极为关注的主题，因而节目很容易吸引很多观众的兴趣。

2. 以人物为主线，更具故事性

每一期节目都围绕着一个儿童模特或渴望成为儿童模特的孩子的故事展开，以对他们的亲身经历的叙述来展现如今儿童模特的现状。以人为主线的表现方式使得节目内容更具故事性和趣味性，更能够引起和加强观众的观看兴趣。

3. 长期追踪，客观表现

每一集故事都是对作为主角的孩子模特故事的长期追踪，极具连贯性并赋予节目故事的完整性与观赏性。而整个节目过程中，节目制作人都只是作为客观中立的一方在讲述作为儿童模特的孩子的故事，从未针对故事或现象发表任何评论，为观众留白，更能激发观众的讨论与评论发表的热情。

4. 网上讨论区

作为BBC3 2010成人季的一部分，BBC3博客上也开展了主题为“什么是成人？分享你的故事”（*What is an adult? Share your stories*…）的活动，吸引了大量的观众在网络上分享自己的故事，抒发对节目的感受，满足了观众发表感想和评论的需要，也加大了观众的参与热情。

相关链接

http：//www.mirror.co.uk/tv-entertainment/tv/todays-tv/2010/07/27/baby-beauty-queens-bbc3-8-30pm-115875-22442127/

节目名称

孩子医院（Children Hospital）

节目基本情况

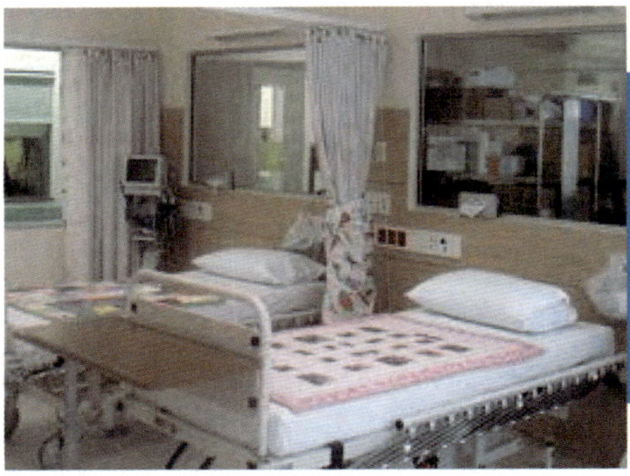

播出机构：ITV 1
官方网站：http：//www.itv.com/lifestyle/childrenshospital/default.html
播出频次：周播，每周二19：30
开播时间：2010年3月23日
节目时长：30分钟

节目介绍

英国皇家曼彻斯特儿童医院占地约39个足球场，每年接纳治疗20万名儿童患者。患儿年龄介乎6个月到16岁，面向欧洲西部以及全世界的儿童医疗需要。该节目把摄影机放到了儿童医院里，捕捉儿童患者们抗争病魔的历程，记录医生护士们对小患者的帮助。透过摄影机，观众可以看到英国这个最新的儿童医疗中心中或是紧张、或是喜悦、或是兴奋的一幕又一幕。

文本分析

案例：2010年8月10日播出

时间（分钟）	形式	内容
节目开始～2′	解说	介绍医院状况 曼彻斯特儿童医院是英国最大的儿童医院。充足的光线、配备当前高科技技术、受过高度训练的几千人团队，还有尖端技术，它们为城市内外的儿童提供高质量的呵护。他们每天工作24小时，每周7天。这一集将讲述发生在这个医院的事情。
2′～6′	解说　同期声　采访	介绍青少年病人扎尼情况 18岁的扎尼是医院中年龄最大的病人之一。她6个月大的时候就接受囊性纤维变性医疗小组的治疗。扎尼因为不断地咳嗽入院，我们注意到了除了体温之外，她常常感到疲惫。然后我们诊断出扎尼患有甲流。
6′～9′	解说　同期声　采访	介绍婴儿病人哈利情况 在妈妈和朋友的陪伴下，4周岁的哈利来到了医院的急诊室。哈利几乎在每餐饭之后都会生病，医生想检查他的胃部，看看到底哪里出问题了。
9′～11′	解说　同期声　采访	介绍幼儿病人哈瑞情况 在急诊室的另一端，急诊专家西蒙医生在复诊一些受过伤的孩子。今天，检查的是两岁的哈瑞，他在两周前烧伤颈部和手臂。
11′～12′	解说　同期声　采访	介绍幼儿病人布鲁斯情况 布鲁斯将玩具塞到自己的鼻子里了，妈妈带着他前往急诊室。
12′～15′	解说　同期声　采访	继续介绍婴儿病人哈利情况；婴儿接受手术 母亲非常担心，不过最后手术非常成功。
15′～18′	解说　同期声　采访	继续介绍青少年病人扎尼情况 18岁的扎尼忍受着无法治愈的遗传病囊性纤维变性，她的肺部因此脆弱、免疫力低。三周前，她因为甲流入院，这使得她本身不佳的肺部运作水平又降低50%。
18′～19′	解说　同期声　采访	介绍婴儿病人哈利情况 哈利手术成功，可以回家了。
19′～22′	解说　同期声　采访	继续介绍青少年病人扎尼情况 肺功能提高了，结果从36%升到了差不多60%。

节目特色

1. 该节目最大的魅力在于其真实性。制作者以客观纪录的方式，交叉介绍了3位有代表性的患病儿童的救治过程，既真实，又富有戏剧性。人物的生死命运这个大悬念吸引着观众一步步看下去。

2. 该节目关注的特殊群体：患病儿童。他们的生活状态是大多数观众所陌生的，这种陌生感与间离感也让观众具有了强烈的观看欲望。

3. 被拍摄对象的自然表现是这个节目成功的又一关键点。

本土化建议

这个节目的表现手法非常值得国内同仁借鉴，把3个人物的命运交叉进行叙述。不过，本土化会遇到的一个大难题是：能不能有这样的医院愿意配合拍摄；有没有这样的病人家庭愿意完全对着媒体开放自己的隐私。 不过，这个节目倒是为那些愿意宣传自己的医院提供了一个思路：不是简单的“王婆卖瓜，自卖自夸”，而是通过记录几个病人的康复经过来展现医院的服务和人文关怀等特点。

相关链接

http：//www.itv.com/TVGuide/?intcmp=NAV_TVGUIDE3

节目名称

摇滚学校（Rock School）

节目基本情况

播出机构：Channel 4
官方网站：http：//www.channel4.com/program-mes/rock-school
播出频次：每周日播出
开播时间：2005年8月19日至2006年2月19日
节目时长：30分钟

节目介绍

《摇滚学校》（也被称为基尼·西蒙斯的摇滚学校）是一档英国电视真人秀节目。该节目由基尼·西蒙斯（Kiss乐队成员）主持。节目中，他需要在短时间内把一群孩子们培训成有专业范儿的摇滚乐队，最后带着摇滚乐队去正式巡演。

《摇滚学校》是由RDF Media制作的，除了在英国电视台第四频道播出之外，还在荷兰的RTL、澳大利亚的第十频道和第五频道、新西兰TVNZ的TV频道、美国和拉丁美洲的 VH-1 频道、挪威的TV2 Zebra频道、芬兰的Nelonen频道、瑞典的TV4 、加拿大的Much Music 频道播出。

文本分析

时长（分钟）	内容	形式
节目开始～ 4′32″	解说　同期	介绍该期节目的基本内容 介于第一季在国际上十分畅销，节目的第二季于2005年10月在萨弗克省落易斯托佛市的克克里社区高中开拍并于2006年1月29日（周日）开始在英国Channel 4播出。 上次，基尼教授公立学校的孩子们摇滚——一帮表现良好的孩子。当然，这是上次，这次他将面临私立学校的严峻情况。 基尼有一个月的时间来组织一个乐队，能够棒到在洛杉矶2万名摇滚粉丝面前表演的乐队。

4′32″～ 7′11″	解说　同期	征集乐手 西蒙斯去学校和学生们见面，为节目征集乐手 在这集里我们可以见到克利斯·哈得曼，他也被称为小克利斯（因为他又矮又小），他会唱歌、弹吉他、打鼓以及写歌。
7′11″～ 26′33″	解说　同期	确定乐队阵容 西蒙斯通过和报名参与节目乐手的训练和接触淘汰一批选手，留下自己觉得合适的孩子们 西蒙斯揭示了乐队的最终阵容（萨曼尼是吉他手，琳达塞演奏贝斯，杰斯演奏键盘，而赛米打鼓），西蒙斯最终选择了克利斯作为主唱——他觉得克利斯更有魅力，这让被淘汰的艾利感到很崩溃。西蒙利还把乐队名字改成了“诈英国”，灵感来自于克利斯在唱歌过程中的黑嗓嚎叫。他们成功演奏了克利斯和同学们写的开场歌曲《揭开序幕》： “我想学飞，我要爬那么高，节目就要开始啦。 买票逃离这个黑洞，演奏我的摇滚，我们这就拉开序幕。 我需要带我的生命，带我的生命到新的高度，动摇这一切，直到我的心率三倍速度。”

26′33″～ 28′50″	解说　同期	去演出 乐队开始收拾行李，准备去演出。

节目特色

1. 大牌明星参演

作为乐队Kiss的成员，基尼·西蒙斯为世界的摇滚迷所熟悉和喜爱。本节目把基尼作为主打，由他来指导孩子们的演出，可以吸引乐迷们的注意。

2. 草根明星的促成

没有人不喜欢一夜成名的故事，在系列培训之后，学生们可以去洛杉矶，在聚光灯下为2万名摇滚粉丝表演——从平淡无奇的学校生活到光芒四射的明星是一个足以吸引观众兴趣的噱头。

3. 乐队成员在在校学生中挑选

观众看过形形色色的摇滚乐队，但很少有乐队全是由学校里的未成年人组成，尤其第二季中的主唱只有11岁左右，让人耳目一新。

缺点是节目一开始就揭示了乐队阵容，让后面的淘汰环节变得毫无悬念可言，淘汰环节又略微冗长，占据一集节目的大部分时间，很容易使观众厌倦。

相关链接

http：//www.channel4.com/programmes/rock-school/episode-guide/series-1/episode-2

节目名称

少女妈咪（Underage and Pregnant）

节目基本情况

播出机构：BBC3
官方网站：http：//www.bbc.co.uk/programmes/b00t6932
播出频次：周播，20：30
开播时间：2009年7月20日
节目时长：30分钟

节目介绍

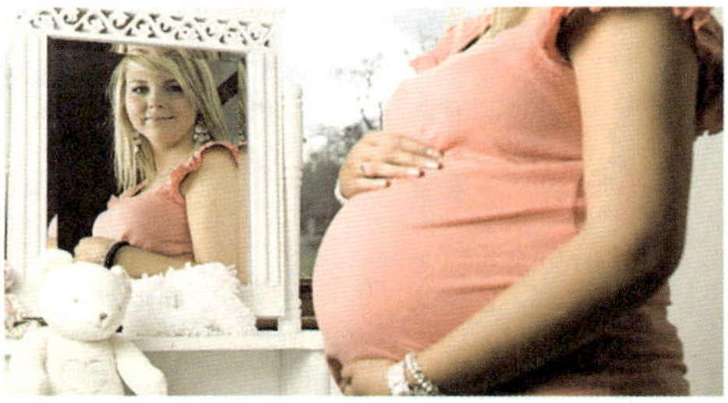

《少女妈咪》是BBC3播出的一个真人秀节目，每期通过真实地记录未成年少女故事，例如未成年少女怀孕或分娩以及她们的家庭生活，反映低龄妈妈各自在由交往怀孕、分娩过程中遇到的一系列问题，“低龄怀孕”给少女本身、少女的家庭以及所孕育的婴儿带来的影响，来体现低龄妈妈的这一群体的现实生活，让观众更真实地贴近和关注这样一个群体。本节目共三个系列，第一季8集，从2009年7月20日开始播出，到2009年10月22日结束。第二季8集，从2010年7月20日开始到11月14日结束。全新的第三个系列只有一集，于2011年7月11日推出。

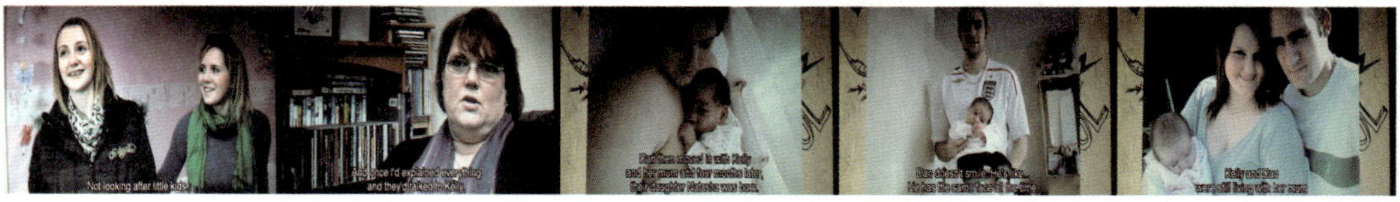

文本分析

案例：第二季第十一集 Kelly

时长（分钟）	形式	内容
28″ ～6′ 33″	解说　同期	讲述了16岁的未成年少女凯莉初遇21岁的男友丹，两人相恋继而凯莉怀孕。战胜了父母的质疑和社会组织对丹的非法行为指控的压力，两人奉子成婚。分得一套住房的夫妻俩生活安定下来。 同期： 凯莉：别撕了它。 丹：为什么？ 凯莉：因为我喜欢。为什么要那样做？ 丹：当我初次见到凯丽的时候，她迷人的笑容，爽朗的笑声一下子吸引了我。 凯莉：那个时候我并不想告诉他我多大，因为我是那样的喜欢他。 玛利亚：我是说，我14岁的时候还压根不懂性是什么玩意儿呢。” 凯莉：每一个和我单独出去的男孩年纪都比我大。 丹：我知道什么是对的，什么是真实的。这就是我们的感受。想想你到底喜欢的是什么。 解说： 16岁的凯莉在两年前与她的男朋友丹初次相遇。那个时候在学校读高中的她还和母亲住在一起。而如今，他们已经是一岁女童娜塔莎的父母了。 同期： 凯莉：我想的是婴儿粉。 丹：浅粉？ 凯莉：婴儿粉。 丹：对啊，浅粉嘛。 凯莉：不是，不是浅粉，是婴儿粉。 丹：是像那样的粉色吗？ 凯莉：不，更像是……那种粉色。 玛利亚：我常常担心凯莉，因为她在很小的年纪就对性有了过早的意识。我得说，14岁的时候，她就真正意义上的经历了……人生。 凯莉：之前我有过四五段，或许是六段短期的性爱经历。之后我就遇到了丹。好像是我14岁的时候我们初次相遇。 丹：是吗？ 凯莉：就在我生日的前夕啊，所以那个时候我是虚岁15。 丹：对。

		凯莉：当我遇到他的时候，他21岁。我觉得还不算太坏。21岁，是我交往过人中最老的了。 丹：你需要挑选其中的哪一种颜色给他们，他们才能将之混合起来啊。 凯莉：不，你只要说，“我想要婴儿粉。” 丹：不，你得从里面挑选一种让他们…… 凯莉：但是，问题是我不知道哪种是婴儿粉。 丹：所以这才是为什么…… 凯莉：是啊，我知道！ 丹：我马上就产生了一种奇怪的感觉。 **解说：** 他们的父母都对于他们的年龄差距表示忧虑。 **同期：** 玛利亚：当我初次见到他的时候我觉得他是个挺好的孩子。 我比较关心的是年纪问题。 **同期：** 斯蒂芬：当丹尼尔说他交了一个叫凯莉的女朋友，我们说很好啊，然后他就把她带回来见我们。然后我女儿对我说，她只有14岁，我听了这话大发雷霆。 丹：但是……男孩子就是男孩子，我没有理睬我的父母。 凯莉的闺蜜：她没有告诉我他多大年纪，但是当我见到他的时候我知道他不可能是15岁或16岁的。 尽管他看上去比他实际年龄要老。对，他确实是这样，这可不是一件好事。他看上去不止24岁，他看上去有……30，30岁。 玛利亚：你看看一些和凯莉年龄相仿的男孩子们，他们在干嘛，他们在专注于什么，相比之下他真的是一个非常好的男人，他很机智。 凯莉的闺蜜：我不觉得年龄差距有什么大不了。 对啊，他们在一个成熟度上，所以……年龄根本不算什么，我不觉得有什么大不了。 **解说：** 当丹和凯莉相遇的时候，丹21岁，和他的父母住在一起，并且有一份电器机械师的全职工作。 **同期：** 斯蒂芬：丹有过一些和他年纪相当的女朋友。 丹：我交往过的女生都是和我年纪差不多的，差不多小我一两岁。显然凯莉是最年轻的。 我们在一起很开心，这是最关键的。 **解说：** 他们交往三个月后，他们自己怀疑凯莉可能怀孕了。 **同期：** 丹：我们察觉到有些事情不太对劲，比如她在增重。所以，我们觉得我们该去做个检查什么的。

		凯莉：当我看到验孕纸上呈现阳性，我立刻哭了出来，因为我当时就在想，“哦，上帝啊，丹得离开我了，他一定会走的。” 丹：太多的情绪了，有好的也有坏的。 凯莉：他只是说：“我哪儿都不去。别担心，我会和你在一起。” 玛利亚：我当时只是想：“我的上帝啊，她竟然怀孕了。”她才15岁就怀孕了。她还没有上完学呢。我震惊极了。 斯蒂芬：当丹跟我说“不管发生什么我都会守在她身边”的时候，我感觉好多了，我觉得那挺好的，因为很多障碍都被扫清了。 丹：我觉得我准备好了。我不是很确定她是不是准备好了，但是她安慰我说她也准备好了。 闺蜜：当我得知这件事的时候，我觉得她真是疯了。（她笑了） 她才刚刚15岁，而15岁的年纪应该……我说不清。 在大街上到处溜达，喝醉酒，到处闯祸。而不是照看小孩。 **解说：** 在最近的一次调查中，全国防止虐待儿童协会发现47%的青年女孩找了比自己年长的男朋友。但是，因为凯莉那个时候还不满16岁，现行法律规定丹将要面临着两年的监禁。 **同期：** 凯莉：有人向某个机构指控了丹。 玛利亚：是那样一个社会事务的机构。警察曾经去找过我，你知道，我赶紧离开了。 丹：我会因此有一个犯罪记录吗？我会因此失业吗？我相当的担心。 玛利亚：我把一切向警察解释清楚了，他们也找了凯莉询问。我还签署了一份文件申明凯莉的行为是经过我批准的。然后那个社会性质的机构写信给我说不会再有其他的行动了。 **解说：** 之后丹就搬过来和凯莉以及她的母亲同住。4个月之后，他们的女儿娜塔莎出生了。 **同期：** 凯莉：丹没有微笑。他好像……总是那副表情。咧着嘴，一个笑容划过脸际，好像在说：“哦！”

6′34″～ 23′56″	解说　同期	凯莉和丹的婚姻遭遇了很多问题，一开始，凯莉发现自己再一次怀孕，这让丹很不开心；接着，丹被告知失业，家庭失去了经济来源，而丹整天赋闲在家，使得两人摩擦不断，婚姻遭遇很大裂缝，而丹的求职却屡次失败。而这些问题都反映出了年龄差距给两人婚姻生活带来的困扰。 解说： 凯莉和丹仍旧和凯莉的母亲居住在一起，直到有一天他们听说他们将分得一套社区公寓以供他们和他们4个月的的小女儿居住。 同期： 丹：一切看上去都安定下来了。我们有了自己的居所。我们把一切都置备齐全了。我们一天天地生活着，然后我们发现她再次怀孕了。 凯莉：我有了一个很好笑的感觉那就是：有些事儿似乎不妙了。本来我们聊了关于以后再生养孩子的话题。丹说他还没有准备好再养一个孩子。结果第二天我就查出怀孕了。他好像想说："哇哦！" 丹：发现她再次怀孕的那段时间，我对凯莉……疏远了很多。我只是一时还无法接受那么快我们即将又有一个孩子的事实。 凯莉：我想当你发现你怀孕的时候，你应该高兴才对，这应该是一件好事啊。但他似乎很不高兴。 解说： 尽管凯莉拿着高中毕业文聘，她现在是一个在家的主妇妈妈。 同期： 凯莉：我想我现在是一个标准的家庭主妇了，我挺享受的。因为我并不用忙着赚钱，丹会工作，他会去赚钱。而把房间打扫得干净整洁、照看娜塔莎、给他做晚餐、在他劳碌一天回家之后给他放好洗澡水等等，这些事情就是我最好的回报他的方式。 每天我会放好洗澡水，在浴缸旁边放上一杯啤酒，他进来之后会说："哦，谢谢你，宝贝儿。"然后我去帮他煮晚餐。 今天晚上我要做烤肉，对该怎么做我略有精通，我做过几次，不过我也不是很擅长啦。因为我总是忘了去买点铝箔纸回来。这是我的错。所以50分钟。（烟熏警报响） 没关系。坐在这里等妈咪。（烟熏警报持续响不停） 哦，我的老天啊！（她笑了） 我把烤箱弄着火了，好像是那只鸡。我不晓得。今晚烤肉串吗？（娜塔莎哭了） 丹：我觉得对她来说清扫、做饭并不是最重要的事情，如果能让她觉得一直充满热情才是好的。 每天很迟我才能结束工作回家。所以有什么需要我做的活，我会尽力做的。 凯莉：梆梆。他不在那里。（她笑了） 有的时候我们会在那里站半个小时，因为我确信我听到了丹的声音。然后我就自语："哦，不。哦，难道不是吗？" 看！是你爸爸吗？

		丹：嗨！ （凯莉笑了） 我不指望她做得有多好。我知道她本身也还是个孩子罢了，还需要去照顾一个婴儿，更何况本身还怀着孕。她需要做很多事。 凯莉：你现在是爸爸的牵挂。 凯莉：爸爸的宝贝儿。 凯莉：是啊。 **解说：** 第二天，凯莉去拜访她的朋友，24岁的家庭主妇妈妈——珍妮。 珍妮：我也不知道，我记得小时候妈妈和我一起烤过。星期天的时候我们常常烤。 凯莉：我妈没和我一起烤过。 珍妮：她没有过吗？ 凯莉：事实上我是通过她妹妹结识珍妮的。我知道她有个宝宝。当我怀孕的时候，我开始去年轻妈妈俱乐部。珍妮是我在那里认识的唯一一个。而现在她是我最好的朋友之一。 从昨天开始，我发誓我不敢再离烤箱太近了。 珍妮：为什么？哦，对了，你把它弄着火了！ 大部分我的朋友甚至比丹年纪还大，因为我交了很多有小孩的朋友。相比而言，我更喜欢因为娜塔莎而去社交，而不是我自己。是这样的。比如我更喜欢去看到她的小朋友们甚于我自己的。 和与我年纪相当的人交谈，“你这周末都干什么”“我要出去喝个烂醉。”这就好像说，“哦，玩的开心，祝你好运。”我一点不怀念喝醉后的感觉。 丹：当她18岁的时候，她失去的作为一个青少年的自由。我觉得她应该出去玩一玩，应该觉得“我享受这样”，每个周末都能出去放松一下。这也是我的生活。我的社交生活目前很有限。我的所有时间都要陪着娜塔莎。 塔莎？ **解说：** 3个月之后，凯莉和丹将多一个孩子要喂养。而今天，丹得知了一些消息。 **同期：** 凯莉：所以老板怎么说？ 丹：意思是，没有活给大家做了。所以很不幸的是……他得把我辞退。 我知道起码到一月初我还可以应付生活。问题只是预算将会很拮据。我很自信我可以找到另一份工作。 凯莉：如果你从基层做起，从今天算起，你将挣多少，我是指多长时间能…… 我希望有丹在身边可以是一件很开心的事情，但那样的话我就不能一个人呆着，我就会老缠着他，快要把他逼疯了。 你有电话费账单要缴吗，有足够的钱吗？嗨。嗨。 丹：你好。我在向你打招呼呢。

		凯莉：不，我在跟你说话呢。 我想这会给我们的关系增加压力。因为我不相信两个人如果24小时都待在一起的话能始终保持关系良好。 **解说：** 一个月过去了，丹还没能找到一份新工作。但他和凯莉决定不能让这件事情影响到为娜塔莎庆祝一岁生日。 **同期：** 凯莉：经济上我们的确有些困难，事实上我们还向别人借了钱，就是为了确保娜塔莎在圣诞节和生日的时候可以有足够的钱来庆祝。 **解说：** 他们和凯莉在年轻妈妈俱乐部里结实的朋友一起前往了一个游乐中心。 **同期：** 凯莉：我想我们没有遗漏什么。有钱买丰富的食物和其他一些东西是一件很美好的事情，或者为娜塔莎做一些别的什么事情。我们为娜塔莎买了一辆独轮手推车。 **解说：** 因为没有任何工作，丹更少出门了。他全天候地待在家里陪在凯莉和娜塔莎的身边。 **同期：** 丹：我想如果我持续地没有工作的话，最后我们一定会杀了对方的。每天的日子好像变长了似的。我们似乎越来越容易激怒对方。 凯莉：有些时候我们特别喜欢冲着对方大吼，不是吗？比如："哦，你给我住嘴，让我一个人待着。" 丹：你冲着我喊的。 凯莉：没错，可我是孕妇啊！我是被允许的。 丹：这可不是借口。 凯莉：所以你觉得我像个泼妇一样？ 丹：我可没说过。 凯莉：你很明显就是那个意思，只不过是用你自己的话来表达了。 丹：不，我是说那和激素分泌没有关系。 **同期：** 他没有工作，就像任何人一样，两个人一周七天，一天二十四小时待在一起，你们就会想离开对方。 **同期：** 凯莉：所以你觉得这是个借口？ 丹：不是。 凯莉：不，（生产的感觉）就好像是把自己当做盘中鱼肉待人宰割，不是吗？ 丹：我不是女人，没有经历过，所以…… 凯莉：他永远都不会懂的，因为他从不仔细听。 丹：我在听啊。

		如果我能多出去的话事情会有所好转。 凯莉：你要去打保龄球…… **解说：** 丹在为下个星期过一个美好的夜晚作计划，他要去庆祝他的24岁生日。 **同期：** 凯莉：放着那家在特定时间之后就没有年龄限制的保龄球馆你不去，你偏要去那家有限制的。你可以改变一下你的计划，那样我就可以一起去了，可是你偏不。 丹：我从不为你着想，对吧？我从不听，不想。 玛利亚：我为他们的关系而担心。短时间内发生了太多的事情，现在又多了一个失业。 **解说：** 全天候的待在一起还不够，凯莉的第二次怀孕带来的一些药物反应又加剧了情形。 **同期：** 凯莉：几星期以前，我打电话给助产士，她用磺胺氯哒嗪帮我诊断了，她对我说："你的骨盆和臀部骨头松了，所以它们互相磨损，导致疼痛。我得要丹帮着我我才能从沙发上爬起来。他有时候会帮着做家务整理东西。所以我现在真是过着神仙般的生活。" 丹：她想要这个，想要那个，要做这个，做那个。她的口头禅是："你能帮我？"那就意味着："给我做那个。" 凯莉：你的宝宝呢？丹，你能把她的宝宝给她吗？ 你快乐吗丹？ （他笑了） 丹：是的，在某方面。但是在其他有些方面不开心。我有时候觉得被束缚住了。我听上去很沮丧，不是吗？不，我还好啦。

23′57″～ 35′12″	解说　同期	通过凯莉第二次分娩的全过程的记录，表现了凯莉怎样努力战胜疼痛，丹怎样悉心呵护引导，在这一系列过程中两人重新认识对方，支持对方，需要对方。随着两人第二个宝宝的降生，两人决定重新开始，继续生活。 **解说：** 在布置家居和照看凯莉的间隙里，丹还在努力填写工作申请。他成地争取到下个星期的一次面试机会。 **同期：** 丹：我对这份工作的渴望甚至超过了中彩票呢！重新开始挣钱。

		助产士：闻一闻柠檬的芳香，拿起柠檬，轻轻地啃一口，感受那果汁溢出的感觉…… **解说：** 还有不到两个月的时间，凯莉的第二个宝宝就要出世了。 **同期：** 助产士：把你的左手放在你的胃上。你也是。 丹：我也是？ 助产士：对，你也这么做。 把你的右手放到这里，这里你可以感到你的呼吸。 她怀孕已经有大概32周了。她在我们单位顺利生产了第一个宝宝。这次，她谈到了在上一次生产中她非常害怕。 凯莉：我很担心我怀的是一个巨型宝宝，我没办法把它生出来，他就卡在里面。 助产士：我想或许来一个催眠助产的试验对于她来说或许是个好主意。 **解说：** 催眠分娩是一种结合了放松和呼吸调节的技术。这种技术和在水中生产可以帮助凯莉减轻痛苦。 **同期：** 助产士：所以你学着如何调节呼吸，因为这样可以让你的子宫充分吸收氧气。在分娩的过程中，很多时候你忘记要那样做。丹就可以说："好的，来吧，让我们试着平静的呼吸。让我们开始吧！"明白了吗？ 凯莉：我有点受够了，我现在只想让这个孩子快点出来。你也是这么想的，对吧？ 丹：是啊。 凯莉：虽说我们比原来争吵得多了，但是我们还是互相理解的。 **解说：** 这是丹的24岁生日。这星期初，他进行了一场工作面试。在收到的邮包之中，除了生日贺卡，还有一份来自面试方的信。 **同期：** 丹："很抱歉在这个职位上你没有能够被录用，祝你在接下来的工作面试中能有好运，我们会把你的简历存档，如果日后有合适的职位会予以考虑。你忠实的……"有点沮丧。我不确定。我会继续把我的简历发送出去的，看看能得到什么。 **解说：** 好在生日庆祝的相关事宜分散了丹的主意力。在一个星期的争吵之后，丹和凯莉决定今晚各做各的事情。 **同期：** 凯莉：我邀请了我的几个同学过来小聚。我觉得我们是时间该聚一聚了。你把我的头发烧焦了吗？ 丹：没有。

		凯莉：别骗我。到底有没有？ 丹：真没有，还好。 她不喜欢我出门。她总是给我打电话。 凯莉：上一次他出门的时候，我睡着了，睡了大概两小时之后醒了，醒来之后我觉得好像过了很久，似乎按他跟我说的他一小时前就该回来了。然后我就打了他的电话25次，我就不停地拨，不停地拨，不停地拨。然后他打回来说：“你还好吧，我才离开一会儿啊。”非常寻常普通，而我则是：“你怎么样了？我的天啊！我还以为你出什么事了！” 丹：就连去镇上或是什么的，她都会不停地联系我：“你什么时候回家？”“你还要再待多久？”“你在干嘛呢？” 凯莉：我总是会设想最糟糕的情形，但那也是因为我太担心了。当他不在我身边的时候我根本感受不到我自己。就好像他就是我，他离开了我。就好像把我们两个分开了，这会让你觉得很孤单。 丹：跟妈妈乖乖的。 凯莉：到哪之后告诉我一声，好吗？ 丹：知道啦。 **解说：** 在丹和他的爸爸以及朋友们出去的同时，凯莉正在和她的老同学们在一起共度夜晚时光。 **同期：** 闺蜜：塔莎，这是什么呀？ 凯莉：她昨天出去的时候，她像这样说了一句“啊哈”。 斯蒂芬：好多啦，丹！我还为你捏了一把汗呢。 闺蜜1：我们知道凯莉还想要一个你呀，不是吗？是的！ 闺蜜2：我一点都不惊讶。甚至她生了这一个，如果再怀孕的话我也不觉得惊讶。 闺蜜3：对，我也不惊讶。三个在屋子里跑来跑去。 斯蒂芬：生日她送你什么了呀，丹？ 丹：凯莉？ 斯蒂芬：对啊。 丹：娜塔莎送给我的。 凯莉：我觉得像男女朋友出去那样真好。 闺蜜：那不就是我们做的吗？ 凯莉：是啊，自从他们两个来了之后。 闺蜜：就像我们每天都在一起一样。 闺蜜2：我转个身然后说：“我出去了。”然后他好像是说：“好的吧，我也出去了。”那架势仿佛是：行，随便。 凯莉：我根本连出门的机会都没有。我总是在怀孕，不是吗？ （她们大笑） 闺蜜：是的，公正的地说。 （手机响了） 丹：喂？

		凯莉：丹，怎么把取暖器关了？ 丹：把刻度盘转一下。在碗柜旁边。 凯莉：好的，谢谢，拜拜。 丹：不在凯莉身边独自过一个自在的晚上真是一件令人放松的事。而且她也只打了我三次电话，我想，她今晚也玩得很愉快。我希望她玩的开心。 凯莉：你们下楼梯没问题吧？ 闺蜜：是的，我们会小心的。再见。 凯莉：再会。 闺蜜：拜拜。 凯莉：我感觉开心多了，因为我看到了我的朋友们。 丹：出来真好。我真的应该多出来。 凯莉：我每天做的就是照看娜塔莎，我根本顾不上我自己的社交生活。所以我想我应该试着在一年之中和我的朋友们多见见面。 哦，不。 **解说：** 社交日程得往后排了，因为三个礼拜之后，凯莉和丹的第二个宝宝就诞生了。 **同期：** 助产士：胳膊放松。 凯莉：这太难了，我想喝口水。 **解说：** 迟了3天之后，现在的凯莉已经分娩了将近4个小时。 （舒缓的音乐响起） 随着放松音乐的响起，凯莉正努力把所学到的技巧都运用到实践上来。 丹：兴奋，是的，觉得有一点点兴奋。我知道这次要期待什么了。 助产士：不要小声说话了。 **解说：** 丹的在场很重要，因为她需要他，他是她的动力，我想。所以我告诉他，如果他想到池子里和她一起的话，我很欢迎他那么做，我们鼓励爸爸们这么做。而且在每个阶段我都是这么鼓励的。 **同期：** 助产士：身子弯一点，好吗？这样轻轻地摇动。这很正常。 做的很好，凯莉，很棒。很棒。 很好，轻轻地，轻轻地推一下，不要用力推。 轻轻地推一下。很好，凯莉。出来啦。 （宝宝的哭声） 生日快乐，小姑娘。 **同期：** 丹：做得好。我为凯莉感到骄傲。生育分娩把你们拉得更近了。这是一件两个人共同完成的事情，如此的特别。很难用语言来解释啦。感觉很棒。

		我觉得我们应该重新开始我们的关系，就像我们当初遇到一样。我们在一起没有多久她就怀孕了。她总是被激素刺激着，我其实并不理解她，她也并不理解我。所以，现在，真心地希望我们可以过上正常的幸福的生活。 解说： 两个星期之后，凯莉带着小宝宝阿利亚回到了家。有两个小家伙和一个大家伙要照顾的丹，此时得知了一个好消息。 同期： 丹：得知我得到了一份新工作我真是高兴坏了。现在开始挣钱啦。我可以重新做我自己喜欢的事情了……心情愉悦。 解说： 凯莉也在为未来做着打算。 同期： 我收到了我之前申请的一所大学关于传授经验课程的面试通知，能为女孩子们提供一个好的范例是件美好的事情，因为我知道有很大的可能性她们会成为年轻妈妈。我可以以实例向她们展示，尽管你是个年轻妈妈，那不意味着你要完全为别人活着，你也可以做自己的事情。 我很渴望成为真正的凯莉，而不再是怀孕的凯莉。就仿佛重新来过，第一次相遇。 同期： 丹：我想我们之间的年龄差距正在显现，但是我想，随着我们逐渐变老，它也在一点点地消失。所以在将来，我想会变得更和谐的。我希望能变得更好。 解说： 下星期的节目里，我们将欢迎来自黑潭的塔莎和我们分享她的故事。 同期： 塔莎：是啊，有一段时间，我曾觉得我不能适应。 我打电话给你想问问你什么时候才能有空看看你的孩子！你一辈子才见他一次！真混蛋。 解说： 15岁的艾米，来自邓弗姆林。 同期： 艾米：他可以让更多的女孩子怀孕。为什么我的生活变得如此的复杂？

节目特色

1. 采取跟踪拍摄的方式真实地反映出未婚妈妈的现实生活，包括怀孕，分娩，争执，遭遇的痛苦和挫折以及幸福喜悦，都很真实地反映出来。

2. 独白和对白及第三方解说的形式交织，既营造出一种现实的感觉，又充分展现了人物的内心世界。

3. 节目所关注的焦点是体现社会矛盾的一个微缩：低龄产妇、婚前性行为等等，引起人们的关注和兴趣。

相关链接

http：//tv.blinkx.com/show/underage-and-pregnant/tAJeHnE1xFpLCEIM#

http：//forums.digitalspy.co.uk/showthread.php?p=42110636

节目名称

避难山庄

（Evacuation Manor House）

节目基本情况

播出机构：BBC 1/ CBBC

官方网站：http：//www.bbc.co.uk/programmes/b008w7sr

播出频次：每周末 11：30

开播时间：第一季首播于2006年9月4日

第二季首播于2008年1月17日

节目时长：30分钟

节目介绍

一档别出心裁的儿童真人秀节目，年龄均为12岁、来自英国城市的6位男孩及6位女孩被“带回”英国的战争年代，并以第二次世界大战中避难者的生活方式在乡村的庄园里度过两个星期。节目制作者麦特·贝克在第一季中会偶尔在没有成年人的时候和孩子们沟通一下或者帮助他们，并有时也与节目中的成年人扮演者交流，但是第二季有一些改变，他主要专注于拍摄（仍然偶尔会和成年人有所交流），完全隐藏在节目背后。

尽管这是一档真人秀节目，但是其中所有的成年人都是由演员扮演的，而孩子们必须使用所扮演的角色的名字，学校老师杨小姐是唯一一位在第一季和第二季都出现的角色。

(为了维持这种角色是真人的感觉，电视节目结束时放映的工作人员/演员名单也不出现演员的真实名字。)

在两季节目中，孩子们就是以战争年代避难者的身份生活：他们吃20世纪40年代的食物，上40年代的课，如果做错了事就按40年代的方式受罚。参加节目时，孩子们不能携带任何电子产品，也不能有任何21世纪痕迹的东西在身边直至节目结束才返还。他们的发型也是按照40年代来剪的，连学校校服、周末的装束、睡衣和工作服都是按照40年代特殊提供的。节目力争模拟20世纪三四十年代郊区庄园的真实生活，孩子们要完成一些战争年代才有的任务比如建造避难所、打猎、赶羊、参加村庄里的节日盛宴或者处理未爆燃烧弹等等。就算摄像机不工作的时候，他们依然以避难者的身份来进行一举一动。

文本分析

案例：第二季 第六集

时长（分钟）	形式	内容
节目开始″～2′56″	解说　采访	节目主持人：预告孩子们在庄园里的各种活动，孩子们对于生活不适应的抱怨。
2′56″～8′73″	解说　同期	孩子们坦白对于打猎的心态。男孩子们被要求练习射击，在辅导之下个人表现不尽相同。

8′73″～16′57″	解说　同期	打猎 实战 第二天，主人请来了他的朋友，孩子们被分成几个小组，每组任务不同，互相协调来完成打野鸡的目标，过程中遇到不少困难：荆棘、猎杀生命的自责等等。
16′57″～18′15″	解说　同期	将野鸡作为食物之前要做的工作 给野鸡拔毛、清洗等，孩子们的反应：从害怕、恶心到习惯。

18′15″～23′07″	解说　同期	做参加晚宴前的准备 孩子们被告知有机会参加晚宴，主人挑选出3名男孩子参加，男孩子们分别挑选女伴，挑选女伴时发生矛盾，练习礼仪。

23′07″～27′14″	解说　同期	晚宴时间 孩子们两种不同的命运：参加晚宴的，和贵族们共进晚餐，有人紧张结巴，有人淡定自若表现不错。没有参加晚宴的成为了服务生，没有美食，在厨房帮忙还要为前者服务。

27′14″～27′40″	解说　同期	晚宴后总结 孩子们全都聚集起来，主人做点评：“你们的表现总的来说很不错。”
27′40″～28′13″		出片尾预告，结束节目

节目特色

1. 内容新颖，体验战争时期被撤离期间的生活

孩子们交出了一切现代的装备：手机、iphone、化妆品等等，“穿越”到了“二战”时期，被撤离到庄园去，模拟体验“二战”时被撤离的人们需要做的事，比如说完全按照20世纪40年代来着装，有严格的作息，等级分明，还有为了生存而进行打猎等等。让观众们见识到了“二战”特殊时期的生活，内容很新颖。

2. 文化的冲突：

21世纪的文化与上世纪40年代的文化、城市文化与乡村文化的冲突。生活在21世纪的孩子们在面对70年前的文化时体验到了很大的文化冲击：战争年代特殊的生活方式、有严格的等级制度，谁尊谁卑，贵族与下人之间有明显的分别，有严苛的奖惩制度。孩子们对于严格的礼仪、贵族优雅的举止也感到诧异、别扭。另一方面，撤离到了乡村，与城市生活也大不相同，体验了打野鸡、放羊等等的乡村才有的生活，孩子们有时也显现了城市孩子娇气的坏毛病。文化冲突在这里被凸显出来，不仅是有有趣的火花也有引人思考的地方。

3. 引起对孩子教育的思考

传统文化中的束缚教育与现代文化中的崇尚个性，孰好孰坏，引起大家的讨论。

4. 同时具有娱乐性

在节目中表现出了孩子们特有的思维方式、行为方式，率真活泼有时具有戏剧性效果，孩子们的反应经常能让人们在收看节目时得到很多快乐与欢笑，也能得到儿童青少年观众的共鸣。

5. 对于战争的思考

战争这里是以一个背景出现的，虽然没有直接模拟惨烈的战争画面（这样实在不适合做成节目的方式），但是在节目中能感受到战争给被撤离人们的生活带去的影响，也能引起大家对于战争的一种思考。

相关链接

http：//en.wikipedia.org/wiki/Evacuation_(TV_series)

http：//uk-tv-guide.com/show-times/

节目名称

性教育秀（The Sex Education Show）

节目基本情况

播出机构：Chaanel 4
官方网站：http：//www.channel4.com/programmes/the-sex-education-show
播出频次：周播
开播时间：2008年9月
节目时长：50分钟

节目介绍

由以风格直爽主持风格著名的安娜·里查得森主持，《性教育秀》旨在通过提供有关性方面问题直接真实的答案来提高受众对性的认识。

节目开播至今有五季，第二季开始有主题“色情影像刊物”（Pornography），第三季主题“我正常吗？”（Am I Normal？），第四季“不要再给孩子拉皮条”（Stop Pimping Our Kids）。每集节目内容除了包括在学校里传授正确的性知识，解答有关性方面的疑问，更会聚焦关注残障人士的感情生活和性生活，包括有学习障碍、唐氏综合症、盲人等的残障人士。

文本分析

案例：第三季第四集

时间（分钟）	形式	内容
节目开始～4′	主持人旁白 同期　访问	本期节目梗概 讲到“性”这个话题，我正常吗？ 当然！我们将会关注不同人的性需要。我们还会一一解答几千名青少年心中关于性的疑问。这一集节目我们来到博恩·格莱玛学校。博恩是欧洲未成年人怀孕率最高的地方。我们来到这里传授关于怀孕、婴儿、终止怀孕的知识。我们的模特儿也会真实展现怀孕前、怀孕中以及怀孕后人体的正常变化。 今天将是我们最后一个性教育的晚上，全国上下观众反映他们希望得到更多的性知识。 学生们来设置我们的节目内容，让他们知道他们最想知道的性知识，学生可以进入小屋子里问问题： 1. -无缘无故地勃起是正常的吗？ -正常的，当富含氧气的血液进入阴茎勃起就会产生，是健康的表现。 2. -STR是什么？ -一种通过性行为传播的性疾病。 3. -同时用两个避孕套是最好的吗？ -不推荐同时使用两个避孕套。 今天的节目我们要教青少年性行为的后果、怀孕以及安全性行为。只要你们问，我们就回答。我们事先做了一个调查了解同学们情况。超过50%的学生表示在15岁发生了第一次性行为。69%的学生表示认识在14～17岁之间曾经或正在怀孕的人。

4′～7′	解说　现场访问	博恩·格莱玛学校性教育（一） 今天我们将请来模特为同学们展示怀孕前、怀孕中以及怀孕后的真实身体情况。我们还讨论性、怀孕、分娩和繁衍，一切有关生育婴儿的知识，丁格尔博士会帮助大家理解这些知识。还有4位模特，未曾怀孕的克拉拉，正在怀孕的威奇和她的丈夫汤姆，曾生育过4个孩子的克莱尔。 主持人：性爱的目的是为什么？ 学生：为了快乐，为了生育。 当女性性唤起的时候，乳头会变硬，阴部会产生分泌物使得插入更加容易，体内产生催产素。当男性性唤起的时候，激素会使阴茎勃起变硬。

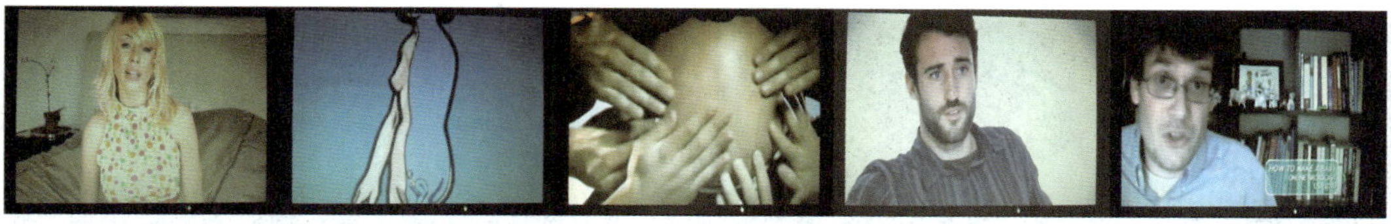

7′～12′	解说　同期	关注有学习障碍残障人士的性需要（一） 今晚我们将关注有学习障碍的人士如何面对生活、性和恋爱问题。21岁的本一直由他妈妈照顾，他一出生就有唐氏综合症，过着跟其他孩子不一样的童年。他喜欢音乐、电脑游戏以及跟他的朋友出去玩。今时今日，如果单身可以有许多办法找对象，无论是快速配对还是相亲，甚至是网络交友，总能找到心仪的对象，但是对于本而言就没有那么容易了。本想有女朋友，他从来没有过性行为。在英国有150万人有学习障碍，6万人有唐氏综合症。他们需要全天候地照料，往往会成为少数人群。网络交友、酒吧交友，会使他们容易受伤，所以在约会中他们需要特别的帮助。他的母亲曾经想过让本去招妓作为18岁的生日礼物，但是母亲后来又想到本可能会爱上第一个与他发生性关系的人。

12′～17′	解说　同期	博恩·格莱玛学校性教育（二） 克拉拉从未怀孕，她的胸部坚挺，没有妊娠纹，臀部依然苗条。威奇怀孕了，她的乳头颜色较黑，肚子上有纹路，肚脐因为内部压力而突起，臀部变宽。克莱尔有4个孩子，她的胸部较松弛，臀部较宽，肚子上有妊娠纹。 学生没有想到原来生过孩子臀部会变大，怀孕后身材其实仍然可以保持。

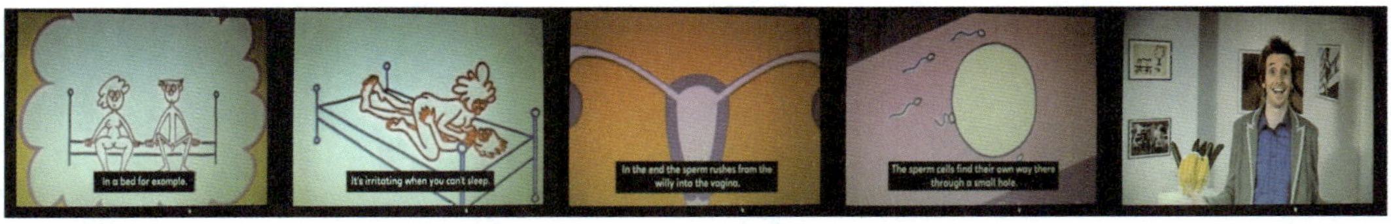

17′～20′	解说　同期	关注有学习障碍残障人士的性需要（二） 继续关注有学习障碍的人士无法顺利恋爱的问题。有一个网站《天上的星星》帮助有学习障碍的人士寻找对象。网站创立者建站目的是帮助她21岁有先天疾病的女儿郝丽。 本和郝丽今天要参加网站组织的活动。

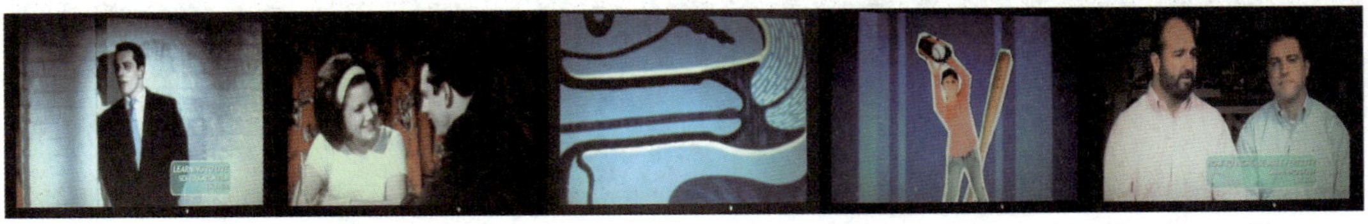

20′～31′	解说　同期	博恩·格莱玛学校性教育（三） 如果发生性关系，避免怀孕的最好方式是采用不同的正确避孕方式，但是很多青少年却不知道。 主持人测试学生对怀孕情况的了解： 1. 学生认为经期不会怀孕，事实上可能会，经期是安全期，但并非100%安全。 2. 第一次发生性关系可能会怀孕。 3. 靠墙性姿势可能会导致怀孕，虽然身体立起来，但是性器官能够阻止精液外流。 4. 学生认为体外射精不会导致怀孕，但是事实上仍然可能，性交过程中会有部分精液射出。 5. 在水中性交会导致怀孕。 6. 使用避孕药仍然可能怀孕，避孕药通过控制荷尔蒙达到避孕效果，但是吃药不及时会使荷尔蒙水平达到怀孕水平。 在英国最常用的非永久节育避孕方法是：使用避孕药、使用避孕套、使用节育环。正确使用避孕方法能够极大地降低怀孕可能性。 威奇和汤姆现场展示他们的胎儿进行超声波照相，胎儿26周大，约2.5磅重，23厘米长，发育良好，是个小女孩。

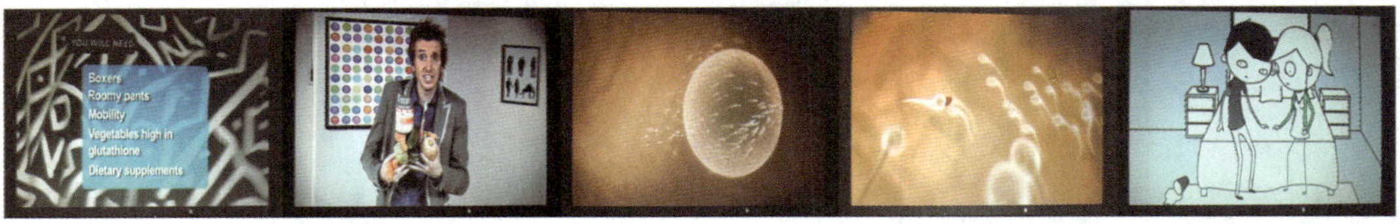

31′～35′	解说　同期	关注有学习障碍残障人士的性需要（三） 马丁今年63岁，先天脑损伤，汤姆得45岁，患有唐氏综合症。他们十五年前邂逅，已经结婚三年。汤姆得当年向马丁求婚，性在他们的婚姻中非常重要。他们不能够要小孩，因为担心照顾不来。汤姆得的母亲从来没有想过汤姆得能够像现在一样有婚姻如此幸福。他们两个已经难舍难离。

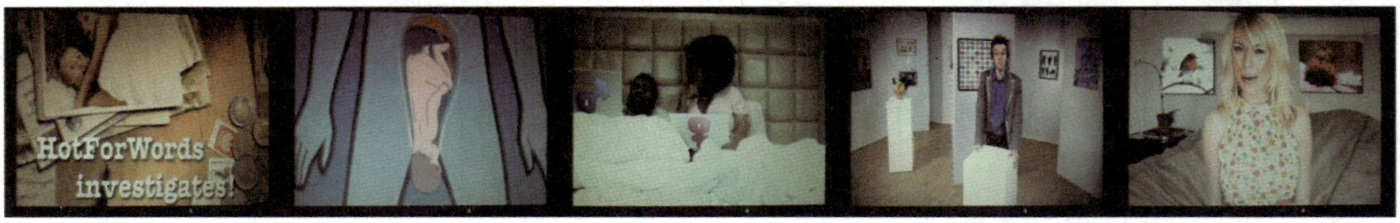

35′～49′	解说　同期	博恩·格莱玛学校性教育（四） 最新调查显示，在未成年人怀孕38750件案例中，少女选择终止怀孕。 2008年在英格兰和威尔士有38750名少女怀孕。 终止怀孕可以咨询私人医生、家庭计划诊所或者性健康慈善机构，如果有隐私考虑，可以联络英国怀孕建议服务中心。 如果未采取避孕措施发生性关系而怀孕，有三个选择：将孩子生出来、将孩子生出来以后送养或者是终止怀孕。 小组模拟夫妻讨论，如果发现自己怀孕会怎么做？四分之三的选择终止怀孕。 在未采取怀孕措施发生性行为后可以在72小时内使用紧急避孕药，或者在9周内使用早期终止怀孕药。24周内在生理心理条件允许下可以进行终止怀孕手术。14～24周内，可以服用药物终止怀孕。终止怀孕要趁早。 小组模拟父母照顾婴儿。平均每对夫妻第一个月要为他们的一个孩子换756次尿布，第一年要换超过2200次尿布。

节目特色

1. 节目关注青少年性教育问题，意义重大，以直接简捷的方式解答青少年对于性问题的疑问增添了节目的可观赏性。

2. 关注残障人士的情感生活和性生活中遇到的障碍，截取相关案例为有同样问题的残障人士观众提供解决范例，同时该部分引起社会关注残障人士在这些方面上需要的帮助。

相关链接

http：//en.wikipedia.org/wiki/The_Sex_Education_Show
http：// www.imdb.com/title/tt1415154/

节目名称

盲人的我（The Blind Me）

节目基本情况

播出机构：BBC3

官方网站：http：//www.bbc.co.uk/programmes/b00t6779

开播时间：2010年7月21日

节目时长：60分钟

节目介绍

成长对很多青年人来说已经够难的了，而对那些无法用眼睛看到这个世界的青年人来说，成长会变得更加困难。这个纪实性节目跟拍了4个盲人青少年，展现他们生活中的一些重要时期，比如初恋、找工作、独立生活、去夜店等等。在不断的成长过程中，他们将逐渐明晰自己对于未来的梦想。18岁的怀特希望得到爱和独立，凯瑞恩想要成为珠宝设计师，情侣凯蒂和斯科特则在忧心他们的将来。虽然视力上的问题会让他们的日常生活变得非常困难，但是这4个年轻人想要获得完整而独立的生活的决心的确是非常鼓舞人心的，有时候还会让人很心酸。

文本分析

以2010年7月21日播出的节目为例：

时长（分钟）	形式	内容
节目开始～2′	画外音　采访同期	介绍节目主题以及主人公的基本情况 成长对很多青年人来说已经够难的了，而对那些无法用眼睛看到这个世界的青年人来说，这会更加不易成什么样子呢？（嗯，我很高兴我看不见自己在镜子里的样子。）（看不见对我来说只是一个让我成为如今的我的一个因素。）（如果我能看见，我就能学着阅读，能看色情片，能玩游戏，我会成为一个变态的。哈哈。）这个节目跟拍了4个眼睛看不见的年轻人，在不断的成长过程中，他们将逐渐明晰自己对于未来的梦想。（我不想被人限定在盲人的范围中，不能通过眼睛看见，不代表不能通过其他途径看见。）寻找他们通往成长道路的方法，以他们自己的样子被社会接受，变得独立。（看一个盲人组装家具真是太好玩了。）
2′～8′	解说	斯科特和凯蒂，通过拍摄和采访呈现两人生活的基本情形 26岁的斯科特和23岁的凯蒂是住在北部的一对情侣，他们在一起4年了，（斯科特早上不肯起床，我得把他拉起来做家务，他就只是躺在那儿用手护住自己，因为我会打他。）（那是你的情绪管理问题。）（他有点儿懒。）（她叫我做的事我都做。）（你才没有。）斯科特天生就看不见，（对你来说，灯开着或者关着对你来说都一样吧？）（嗯，没啥区别，说实话，几周前凯蒂出门了，我就该把灯的开关给关掉的，但我没关。我感到很懊恼，肯定有一些企鹅会因为我而死，全球变暖也全是我的错。）凯蒂只是弱视，她能够看清那些很近的放在她面前的东西。就像很多20多岁的情侣一样，他们对于自己的未来也感到困惑。（除了我，大家都订婚，结婚，买房子了。）两人去买衣服。凯蒂并不能分辨衣服的颜色，也找不到更衣室。买衣服过程中凯蒂提到了想在托斯卡纳区结婚。（凯蒂在晚上是看不见的，所以一到晚上就是我控制局势，耶！）（人们总是问，你想要回你的视力么？一些人好像总是会要，不不不，我不想看到这个世界的奇怪东西。而我总是坐在那想，滚开。）如果你能够找回你的视力，你最先想做的事情是什么？（像很多人认为的，会想要自己一个人在黑暗中走走，去我从来没有去过的地方，然后想，嗯，这太简单了。）两人去买汉堡。

8′～15′	解说	**通过拍摄和采访怀特和他妈妈，表现其生活的基本情形，他第一次去夜店** （我喜欢过那种极致的生活，那些很怪的，很美好的，不是你每天都能接触到的，这些都让我挺热衷的。）怀特正处在他音乐学院的最后一年，他跟他的妈妈和弟弟一起住在肖汉姆。（我生下来右眼就看不见，而左眼大概能看到三分之二。）即使戴着眼镜，怀特也只能在物体放得很近的时候辨别出它的形状。（你得知道，我是正常的。）怀特没有女朋友，现在他18岁了，决定要对此做些努力。（我想要些改变，我现在也长大了，肯定能够找到女朋友。什么时候，是谁，还不确定，但是，总会有这么个人。）今天晚上对怀特来说相当重要，他要去夜店，是他人生中的第一次。而听力会是他非常重要的工具。（怀特跟朋友去夜店。朋友提到如果自己找到女伴很可能就得抛下他，这样不太好。）（我不知道那些女生都长什么样。）怀特认识了丽莎，他俩一样大。但之后丽莎跟另外一个人走了，他再没看到她。（我有时候觉得很孤独，因为，我跟她们毕竟是两个世界的人，不管我愿不愿意。）（也许看得见的人能够偶尔闭上眼睛感受一下看不见的感觉，但是我从来不可能感觉到相反的感受。）
15′～20′	解说	**通过拍摄和采访凯瑞恩和她妈妈，表现其生活的基本情形，她的梦想等** （我生日的时候得到了这条裙子，我觉得它很漂亮。）凯瑞恩快19岁了，她跟她的父母和妹妹住在利物浦。（你是不是经常进城去逛街？）（经常去。）（那你进城的时候都喜欢什么男孩儿？）（有趣的。）（凯瑞恩18岁之前就外出了，盲人能够独立是他们最希望的事情，因为处在一个被保护的泡泡中，就像生活在一个没有光明的世界里。庆幸的是，凯瑞恩不在那个世界中。）（我觉得我跟别人一样，他们像正常人一样称赞我很漂亮。）(我知道她有很多秘密，因为当我问她晚上过的怎么样的时候，她笑了。我喜欢她现在的样子。)（我只是希望自己能够开心。外面有一个很大的世界等着我去探索，有很多的事等着我去看，我也许不能通过眼睛看，但是我可以通过其他方式来看。）虽然她只能分辨白天和黑夜，但对凯瑞恩来说，自己是不是好看是最重要的。10年来她都维持着一个发型。

		（当我还小的时候，我希望成为一个美丽的皇后，而且我觉得所有戴着皇冠的女孩儿都很漂亮，我爸爸曾对我说，“你美的令人窒息。”于是我想，也许有天我也能戴上那样的头饰。很显然我从来没有见过我自己的样子，但是我觉得我并不丑。）你觉得你最漂亮的地方是哪里？（我不知道，我觉得我的脸应该长的不错吧。）（我小的时候曾想过成为一个模特，只是长大之后慢慢发现这不太容易。我要找到工作也不太容易，原因很明显。）如果凯瑞恩能够选择自己的职业，那么必然会跟她对珠宝的热情相关。（展示她的珠宝。）

20′～25′	解说	**斯科特和凯蒂要搬家，拍摄找房子的进程，介绍两人工作的基本情况。配合着画外音的解释说明** 斯科特和凯蒂刚被告知他们得搬出他们居住的房子，这次搬家对他们来说是个大工程。下一个房子很可能会成为他们作为一对长时期的情侣安定下来的地方。斯科特通过谈话软件来上网。寻找新的公寓的第一步是在网上确定区域。（应该要有车站，或者靠近车站。）每天早上斯科特都到城里上班，他是一个声音软件的设计师。（这个工作是我的第一份正规工作，朝九晚五，拿工资，就像一个普通的职员。）凯蒂有社会工作方面的学位，但是现在还没能找到工作。（基本上当时和我一起上课的人现在都在工作。）因为弱视，她找工作考虑的因素要复杂一些。（我小的时候能比现在多看一些东西，而我也知道随着年龄的增长我的视力会越来越弱，直到完全看不见。）凯蒂逛超市，逛到童装区。你有设想过要孩子么？（想要一屋子的孩子。哈哈。不过斯科特应该不想要这么多，他应该只想要一两个。）斯科特在RNI工作，他很幸运，因为超过75%的成年盲人都找不到工作。（作为一个盲人，你其实可以依靠着政府过得很好，但是接下来就很容易掉入这种空虚中，人们通常将这个称为甜蜜的陷阱。我希望我能尽可能地避免它。）
25′～34′	画外音	**怀特去见他的网友迪克，这是怀特真正想要变得独立的一个重要影响因素** 尽管怀特现在已经18岁了，但是他对于家人仍然非常依赖。（我意识到我为怀特做得太多了。比如，怀特会直接走下楼说，妈妈，我想喝水。然后我就会帮他倒好。我必须得提醒自己

		怀特是一个成人了，我必须要学着让他独立。）怀特决定要变得更加独立，但是，他去主流学校时，没有任何一个盲人朋友。近来他跟一个叫尼克的比利时人联系密切，尼克也是盲人，但是自己住。（他在追女孩儿方面也很有经验。）（我很希望他能有个能看见的女朋友，这样她就能当他的眼睛，他也能变得更独立。）尼克邀请怀特去比利时跟他待在一起。（对我来说，也许会有年龄问题，我妈妈完全相信我能去那儿，做我自己的事。我要去。）他们去比利时。跟尼克见面。（当我看见他跟在尼克后面过街的时候，我很努力地抑制住自己想要冲过去引导他的冲动。他做得不错。）在18个小时的旅程之后，他们到了尼克的家。（我现在在这了，但是我完全不知道东西的摆放位置。）（尼克，你认识很多其他盲人吗？）（不是很多。我不太跟他们打交道。因为他们大多数不是很独立，需要太多帮助。我不太喜欢。）（我连一丝光都看不见，但是我还是独立地做很多事。我不太喜欢向人们寻求帮助。我觉得怀特跟我很像所以我能跟他合得来。）尼克指引怀特他的房间的位置。怀特很希望能够得到一些追女孩儿的建议，尼克在餐厅跟他交流约会的场所、跟女孩儿谈话的方法等。

34′～39′	采访 解说	表现凯瑞恩想要成为珠宝设计师的梦想 凯瑞恩正在跟她姐姐简在一起交流最新的名人八卦和潮流信息，（我想看到其他人看到的东西，想买他们买的衣服。我想看凯丽·卡托娜的自传，但是出于一些原因他们不出盲文版，这是除开看不见之外第二让我沮丧的事情。）凯瑞恩正跟她的朋友维基进城去，跟其他盲人不同，她拒绝使用手杖。（人们都说你应该用手杖然后自己走，但是我觉得用手杖就是在头上贴上了我是盲人的标签。）两人逛街买衣服和化妆品。她进城最喜欢的事就是逛她最爱的珠宝店。（我其实没见过珠宝们都长什么样，但是我觉得我能想象它们。）
39′～41′	采访 解说	呈现斯科特和凯蒂寻找新公寓的进程 斯科特和凯蒂要去看一处公寓，它所在的区域他们不是很熟悉，所以他们很早就过来了。（我闻到了印度餐馆的味道。）（我曾住在非常潮湿的公寓里面，而这真的很让我抓狂。）（房产

		经理要知道我看不见么？不用了，因为很多人知道了之后就会变得对我过度保护。)没有洗碗机，只有一个洗衣机。看了几家公寓之后，他们仍然没有找到合适的地方。（这次搬家真的非常重要，因此我得仔细挑选，而不是随便打好包就搬。）（我其实还蛮喜欢搬家的，可能这是因为我没有真正的自己搬过。都是别人帮我做好这事。）

41′～43′	采访　画外音	**怀特在跟尼克见面之后的心理变化** 怀特从家搬到本杰明已经两周了。（我跟尼克经常联系。跟正常人在一起，我得向他们解释具体的情况，因为他们没办法从我的视角看问题，所以有尼克这样的人在身边，有时候觉得即使看不见也挺好的。）（我觉得这趟旅行对怀特挺好的，如果他以前对独立生活有些许害怕，现在已经好多了。他谈到过从家里搬出去住，去上大学，或者类似的事情。）（我曾经认为没有周围的人帮助我的生活会非常困难，会迷失自己。但是跟尼克见面之后，知道了他生活的真实情况，我觉得我应当前进一些。对生活多些自信。）
43′～46′	采访　画外音	**呈现凯瑞恩在实现自己珠宝设计师的梦想的道路上遭遇挫折** 珠宝设计师克劳蒂尔邀请凯瑞恩拜访她的工作室，这是凯瑞恩可以最终决定她能否将她成为珠宝设计师的梦想付诸现实的一个机会。（这真的是我想要做的事情，我很享受触摸这些材料和创造设计的过程，我觉得它们会很好看。）（这看起来很容易，但是还是有些困难。你得对你眼前的东西加以创造。）（这不是我原本期望的样子，我本以为这对我来说足够简单。但今天我发现这只是一个美好的梦想，而现在还无法实现。）（当你长大之后，就会开始思考一些事情，然后会意识到，有些事情并不像想象中那么容易。）

46′～50′	采访　画外音	呈现斯科特好朋友的婚礼，表现斯科特和凯蒂对于自己婚姻的期许。搬家的过程 这是斯科特最好的朋友的婚礼前夜，而作为伴郎的斯科特正带他去享受他最后的单身之夜。（现在到婚礼时间还有17个小时，这好像正是一个问“你真的确定吗？”这个问题的时间，你还有17个小时来改变主意。）（我跟凯蒂常常讨论结婚这一天，但是我现在还不怎么想结婚。）（但你最终总会做的，他们会强迫你做这事。）朋友的婚礼。（我知道我身边的人都在结婚，但是，我还不太想，我不是说我不想跟凯蒂结婚，而是说现在还不想结婚这件事。）凯蒂你想结婚么？（想，但是如果我们中的一个人不想的话，那就是还没到时候。）（我想要一个很大的钻石戒指，但是我们没办法，是吧。我们在一起很开心，好像这就够了。）对斯科特和凯蒂来说，寻找新公寓的工作终于结束了，斯科特的家人帮助他们搬家。（整个过程很奇怪，我好像就站在那儿努力使自己看起来有点用处，凯蒂更有用。事实上，几乎所有的打包工作都是她做的。当然好像有些事情是你可以做的，但是实际上，别人能比你做得更好更快。而你就是在那挡着路。）（你看过一个盲人组装家具吗？太有趣了。）薯条店测试时间，我在这能开心么？（嗯，还不错。）
50′～55′	采访　画外音	呈现怀特跟劳娜见面，两人度过了愉快的夜晚。怀特增加了不少对生活和爱情的自信 怀特几乎是立即把他独立生活的愿望付诸实践了。他要去见一个5年前认识的女孩。（因为劳娜，那一天对我来说太美好了，那天之后我就跟她失去了联系，但几周前我在Facebook上找到了她，她在赫里福德，我觉得我该去那儿见她。）怀特正进行着他8个小时的旅程，到劳娜上大学的赫里福德去，我不知道她对那天还记得多少，但是我记得很多，而且很美好。）怀特给劳娜打电话。劳娜说20分钟后到车站接他。劳娜到了之后就站在怀特前方，但是两人都不知道对方已经到了。两人通过电话发现了对方。互相认识。（我不知道你能不能接受这个，但是当我四五年前见到你的时候，有点突然但是我记得那天的很多事情，就因为是你。）（谢谢。我不太记得了。）（她知道后有点惊讶，但我真的对她印象深刻。）你觉得明天会怎么样？（我没目标，没计划，事情发生了就是发生了，会是它本来的样子。）（昨天晚上或许是我曾度过的最美好的夜晚，我觉得她邀请我去做客真的很好，这样我们就能更加地了解对方。）两人聊天，互相了解。（我觉得能够融入一些我没有到过的领域真的非常好。）（劳娜还是我想象中的样子，也许比我预想中更加符合我喜欢的形象。我会再回去的，再享受一些美好的时光。）

55′～58′	采访　画外音	呈现斯科特和凯蒂搬到新家之后的生活，并透露了两人即将结婚的事实 斯科特和凯蒂已经搬进他们的新公寓几个星期了。凯蒂是不是离她的梦想更近一步了呢？（这个地方绝对比其他地方更像家。）那么有想过结婚的事情么？（凯蒂想要去国外结婚，我们俩都倾向于去墨西哥。）墨西哥有什么吸引你的地方？（跟海豚一起游泳？我觉得这样会更加有趣，不是吗？）

节目特色

1. 节目在处理4个主人公看不见这个问题时很巧妙，并不是以展出盲人的生活不便为节目卖点，而是将重点放在他们的生活上，跟拍他们的日常行为。

2. 节目完整地呈现了盲人的生活方式，使人们能够感受到自己作为一个视力正常的人所不能体会的盲人的生活世界。

3. 节目向观众提供了一个看待年轻人生活的温暖而亲密的别具一格的视角。

相关链接

http：//thescotsman.scotsman.com/tvradio/TV-review-The-Blind-Me.6432912.jp
http：//www.rnib.org.uk/aboutus/mediacentre/mediareleases/mediareleases2010/Pages/mediarelease19july2010b.aspx

节目名称

你以为你是谁？（Who Do You Think You Are？）

节目基本情况

播出机构：BBC
官方网站：http：//www.bbc.com/who-do-you-think-you-are/
播出频次：每周五20：00
开播时间：2004年10月
节目时长：60分钟
收视表现：第一季收视份额为19%，收视人数为4.76百万；第二季收视份额为21.5%，收视人数达到5.22百万；第三季收视份额为26%，收视人数达到5.75百万。

节目介绍

《你以为你是谁？》是英国BBC获奖的纪录片系列节目，开播于2004年，至今已经制作了八季（统计截止到2011年10月），共70集。制作公司名叫Wall to Wall。节目把名人们带上一个自我发现的旅程，当他们发掘自己家谱的时候会发现令人吃惊的、鼓舞人心的、甚至常常与英国历史上的重要事件相关联的故事。在每期节目里，一位名人将会探访自己的家属、国家档案馆、先祖的居住地、火葬场、人口普查档案馆等十几个地方，追寻自己家庭的过去。每个节目的拍摄周期长达数月，搜索家族历史的脚步遍及全球，似乎节目制作组不计成本地要拍摄记录一位名人前辈的足迹。先期的节目中设置有主持人角色，前后进行串场。后来节目改版为去掉专职的主持人，由被拍摄的名人兼任主持人角色。这个节目模式已经被美国、爱尔兰、澳大利亚、南非等国家采用。该节目于2010年获得英国BAFTA

最佳真实纪录片电视大奖。

文本分析

案例：第七季 第一集

时长（分钟）	形式	内容
引子 开端	解说　同期声	布鲁斯·弗斯收到一封来自美国的信，来信者琳达认为她的前夫和布鲁斯有着同一个曾祖父，约瑟夫·弗斯·约翰逊，可能是一个重婚者。布鲁斯沿着线索一步步探索他的家史，发现他的曾祖父在事业上很成功，但在私生活上却抛妻弃子，充满谎言。

1′～10′	解说　历史图片	环节一：拜访家族成员 介绍布鲁斯及其家庭，并收到神秘来信，引发挖掘家史的好奇心。

10′～15′	解说　现场独白	拜访表兄艾伦，得知曾祖父跟伊丽莎白生了6个孩子，并看了照片。

15′～20′	解说　现场独白 历史图片 同期声	环节二：拜访认识先祖的熟人——前园长雷格 在和伊丽莎白结婚8年后，约瑟成为一个贝尔法斯特植物园的园长。拜访雷格，另一位前任园长，已经研究了约瑟的生涯，看了约瑟在园艺上的成就，得到一张约瑟的名片，前往伦敦，探寻他为什么死在海里的原因。

20′～25′	解说　同期 历史图片	环节三：拜访另一位知情人——历史学家凯瑟琳 梅费尔的艺术俱乐部，会见社会历史学家凯瑟琳·休斯来发现更多关于约瑟和他的家庭在19世纪80年代伦敦的生活。根据凯瑟琳·休斯的调查，那位作为妻子和约瑟一起登船的是渔夫的女儿，叫做弗兰西斯·克拉克。

25′～30′	同期　解说 采访	环节四：到档案馆寻找先祖的结婚证明 布鲁斯来到纽约市档案馆，安排会见档案馆主任肯·考伯特，看看他是否能找到约瑟和弗兰西斯的结婚证书。

30′～35′	采访 同期声 解说	环节五：拜访历史学家凯特 到达纽约不到一年，约瑟接受了希望公园的主管职位，他和弗兰西斯得到了公园指挥部——里奇菲尔德官邸的房间，布鲁斯来到公园会见当地的历史学家凯特·帕帕考思玛。

35′～40′	解说	然而凯特没有约瑟和他的家庭居住地的记录，她研究了他在希望公园的工作。

36′～40′	历史画面 解说　采访	环节六：拜访历史学家汤姆 仅仅来到纽约18个月，约瑟就带着弗兰西斯和他们的孩子直奔南部到达乔治亚的首府。布鲁斯还游历了亚特兰大，他到亚特兰大的皮的蒙特公园去见历史学家汤姆·汉切特，探究约瑟和他的家庭在这里又发生了什么。约瑟为英曼公园项目设计是他人生中第一次成为富人。

40′～43′	解说　采访 同期声	环节七：拜访亚特兰大历史中心 布鲁斯来到亚特兰大历史中心查找更多关于约瑟和弗兰西斯在这座城市的生活，以及他们是否在这里结婚了。从保罗那里得知约瑟曾经抛弃两个家庭。

44′45″～ 50′25″	解说　同期声	环节八：布鲁斯会见他在美国的亲戚，向他们揭示祖爷爷的真实生活面貌 集合他搜集到的证据，布鲁斯会见琳达，那位给他写信让他开始探求真相的女士。布鲁斯跟他在美国的亲戚们会面。

50′26″～ 56′07″	解说　同期声	环节九：布鲁斯到纽约探寻先祖的死亡细节 布鲁斯来到纽约博物馆，会见金格尔女士，通过查街道目录、查报纸等途径知道了先祖在纽约的生活轨迹。他在一家旅馆里住了很多年，在那里去世，没有留下任何遗嘱。

56′08″～ 59′25″	解说　同期声	环节十：布鲁斯去布鲁克林吊唁先祖 布鲁斯在墓园管理员的帮助下，找到先祖的坟墓，献上鲜花。

节目特色

这个节目的看点之一是记录名人的家族历史，有着明显的名人效应，本季中分别记录了菲奥纳·布鲁斯，罗尼·布雷姆纳，瑞克·斯坦因等娱乐界名人追寻先辈历史真实的过程。选择名人有两大好处，一是他们的家族历史对普通人有吸引力，二是选择二三线的娱乐明星拍摄起来难度不大，该节目中没有主持人串场，主持人的

角色实际上就是被拍摄的名人来承担了，有过表演经历和训练的人才能胜任这个任务。

节目记录探索名人家族历史的经过是不计代价的，一般一期节目都要拍摄12个左右的地方，有英国本土以外的很多地，本期举例分析的节目就到了美国；探寻家史的过程颇费周折，充满悬疑，具有故事性和揭秘性，扣人心弦，节目在层层展开记录名人家族历史的过程中，介绍了很多具体的历史细节，普及了历史知识，使得抽象的历史因为附加了名人前辈的个人故事而更加具体亲切。一般而言，节目组会从以下几个和线索来展开调查和探寻：一是通过访问名人的亲属获得先辈的有关线索，二是调阅军队医疗记录；三是被调查者的出生证明，上面会记录有父母的结婚地点，父亲的职业，母亲的娘家姓名等重要信息；四是安葬记录；五是商业信件；六是户籍记录；七是殖民地死亡记录：当时英国在全球有很多殖民地，许多英国人被派往殖民地工作，有的就客死他乡了；八是公司记录；九是火葬场记录；十是死亡记录；十一是目击者回忆；十二是家族档案（族谱）；十三是拜访祖宅；十四是到火葬场找线索；十五是工业日志；十六是地方日志；十七是地方有关专家；十八是地方旅游资讯；十九是医学专家；二十是军队记录；二十一是讣告；二十二是报纸；二十三是个人信件，日记，教育记录，信用记录等；二十四是遗嘱。该节目的官方网站详细地列举了如何探寻先祖历史的途径，提示那些对自己先祖感兴趣的普通人可以通过上述的方法去找到答案。节目的制作也是按照上述列举的途径，根据不同参与节目的名人先祖的背景情况，会选择10个到15个地方（或相关人员）去实地拍摄、采访、调查。节目组有意识地选择那些人生经历离奇、曲折、有故事看点的人物进行记录。节目制作要求严谨，Michael Parkinson（英国最著名的脱口秀节目主持人兼作家）指出，节目组曾经拍摄他的先人达6个星期之久，后来发现故事不好玩，节目组做出了放弃的决定。

具体到节目模式，该节目没有明显的结构特征，与常规的纪录片区别不大，独特之处是名人的介入为该节目增加了一点真人秀的成分，的可以被看做是真人秀加纪录片的模式。

节目的拍摄制作非常讲究，可以看出每场戏都配有专业的灯光，经常是双机或者多机同时拍摄。剪辑讲究技巧，注意多景别的穿插使用；音乐的使用恰到好处，使得比较闷的记录历史的过程变得紧张、明快，有悬念。

该节目开创了三个奇迹：200万的网站点击

率；三本有关的畅销书；开发了受观众欢迎的寻亲软件。

节目的本土化情况

这个节目的核心内容——寻根的元素被国内多家省级卫星频道借鉴运用，2011年1月3日湖南卫视推出《非常靠谱》；2012年初，河南卫视推出《知根知底》；南京电视台制作了《摆谱》。现在简要对比分析一下上述几个频道都是如何本土化这个来自英伦的节目的。

对外国节目非常敏感并且本土化最多的省级卫视频道湖南卫视，早在2011年1月3日推出中国版的《你以为你是谁？》——《非常靠谱》，这个节目的初期播出版本的基本模式是由外拍为主变成了一个演播室内的娱乐秀节目，只保留了追寻祖宗以及名人参与的元素，官方把这档节目定位为中国第一档趣味解读姓氏文化节目，每期节目有主持人、嘉宾团、现场观众、姓氏代表人物共同参与。节目刚开始的播出时间是晚上黄金时间周一晚上8：30。节目组分别请来了刘晓庆、姜育恒、欧阳奋强、许飞、许海峰、伍思凯、张颐武等名人，由当代名人带出这个姓氏的历史、来源、历史上的相关名人等知识。名人效应给该节目带来了一定的收视份额，但是由于这个类型的节目还是过于偏文化，不能在黄金时间段吸引足够多的观众。节目开播5个月后，从5月16日起改版，播出时间从以前的黄金档调整至零点档，《非常靠谱》制片人表示这次调整“是为了打造高端‘零点主流人文带’”。改版后的节目变化之一是主持人汪涵和嘉宾主持由站着变成了坐着；其次是注重整体包装和策划，推出“主题月”概念，以主题打包的形式选择每期姓氏，例如5～6月推出“天生贵姓”系列，揭示“旧时王谢堂前燕”究竟有多富贵，6～7月推出“暖色记忆”系列，揭秘党的风云历史中潜伏者的贵姓与传奇。之后还将推出“天涯共此姓”系列，探秘海外华人的姓氏寻根，主题化的设计让节目更加有贴近性和吸引力。有观众指出，这个节目“轻松调笑的背后，深蕴的历史知识和文化气息扑面而来。从春秋战国时期伍子胥城墙埋年糕，到青年周恩来取名‘伍豪’，再聊到老伍家的世界首富伍秉鉴和湖北监利的伍姓发源地……这些都让我这个‘史盲’听得津津有味。更难得的是，平日里如同嚼蜡的历史知识，从几位嘉宾嘴里插科打诨说出来，再配上浅显生动的动画，令人过目不忘”。[①]

① 资料来源http：//ent.hunantv.com/v/hunantv/fckp/index.html

《非常靠谱》制作人徐晴表示，电视观众看解读历史的文化类节目只能倾听、借鉴。但《非常靠谱》可以参与，她介绍到《非常靠谱》有三大亮点，亮点之一是汪涵；亮点之二是摆谱团，摆谱团将请到明星和名人上节目参与点评和互动；亮点之三是以姓氏为包装，晒百家姓里的人杰、绝活、故事；晒祖宗、晒历史、晒文化。在晒的过程中观众可以了解到裹藏其中的知识点和自己的姓氏骄傲，异姓的观众可以猎奇，也可以找到共鸣，还有新鲜和快乐。观众找到了参与的快乐，冷门很快就会成热门。[①]

《非常靠谱》改版前后的节目，普遍认为改版是成功的，改版后的节目现场气氛更加活跃，娱乐成分更加浓厚，摆谱团的专家们也被包装得更加具有娱乐色彩，厚重的历史知识通过幽默通俗的方式表达出来，让观众在娱乐中受到了教育。不过，改版后的节目距离原来的英国原版节目渐行渐远，几乎找不到相同点了。这说明我国电视界的从业人员已经从以前的简单克隆外国节目到了理性选择和充分本土化的阶段了。

无独有偶，河南卫视重磅推出姓氏文化节目《知根知底》，这个节目的板块设计更加清晰，分为："寻根问底"、"自家说事"、"百姓追击"和"真假猜想"四大板块，主持人王刚与嘉宾主持纪年海配合默契， 幽默风趣。 节目每期均会邀请到该姓氏的演艺明星、知名人士和公众人物组成根底团。现场嘉宾通过四个环节所设置的题目进行作答，同时与主持人、嘉宾和现场观众进行深度互动，最后角逐出当期获胜者。常规节目形式为每期深度呈现一个姓氏，特殊策划有"百姓纠错队"、"怪姓探秘"、"海峡寻亲会"、"姓氏拜祖会"和"跨国寻亲会"等特别节目。可以推测出来， 河南卫视的《知根知底》是借鉴了湖南卫视《非常靠谱》的部分元素，比方， 主题节目的策划，注重名人效应。但是该节目又与《非常靠谱》有明显区别，通过嘉宾的答题决定最后的胜负，只是题目都跟姓氏有关联。与其说这个节目借鉴了《你以为你是谁？》，还不如说这个节目是智力问答节目模式的专业版——以姓氏为范围的智力问答节目。但是，由于该节目充分调动了娱乐元素，节目看起来非常轻松有趣。观者在无形中学到了很多历史知识。

南京电视台也在制作本土化的《你以为你是谁？》版本——《摆谱》。第一期选择的嘉宾是南京人都知晓的主持人老吴（南京十八频道方言评论节目《听我韶韶》主持人）。制片人陈劲松在跟英国有关制作方交流中得知为什么原版节目要选择二三线明星作为拍摄对象的理由：一是因为《你以为你是谁？》的拍摄周期很长，一般要超过一个月，甚至几个月，这样的周期只有自由职业者才可能有，普通白领都要上班，不太可能辞职不干来配合节目拍摄；二是因为这个节目的模式设计就把当事人当做了主持人来使用，具有表演经

① 来源http：//ent.hunantv.com/z/20110222/862992.html

验的演员来担任这个双重角色是绰绰有余的；第三才是考虑到名人效应。英国原创的节目模式在我们国内目前很难学到手，不是因为模式如何复杂，相反，这个节目基本上没有什么固定模式，根本原因是我国的业界“软件”水平距离国际水准还相差一大截，我们国内很难找到那么优秀的编导和摄像师，制作水准难以达到。其次，室外拍摄的难度很大，不可控因素太多，诸如天气、场地，寻找史料的地方、相关部门的配合等等，都是费时费力的事情。这就是为什么国内媒体都纷纷上马的是演播室内的真人秀节目，而避开制作室外真人秀节目的尴尬原因。

综上所述，国内的电视媒体从英国的本土节目中受到启发，制作出来的是与原版节目大相径庭的节目。不但模式几乎完全不一样，而且整个节目的味道完全变了，原版节目是一个严肃的寻根节目，探索的是一些名人的家族历史；而被本土化之后的节目完全成了一个娱乐秀节目，浓厚的英伦气息、原版节目的灵魂和内核完全被丢失了。这是成功的本土化呢还是令人遗憾的本土化呢？读者自知了吧。

制作公司简介

《你以为你是谁？》（Who Do You Think You Are? ）是英国一家名叫墙对墙（Wall To Wall）的公司制作发行的。这个公司已经成立了20年，在英国同行中名列前茅，是流媒体集团（Shed Media Group）成员之一。代表作品有《走钢丝的人》（Man on Wire）（获得奥斯卡纪录片奖）、为BBC制作的破案系列剧《新伎俩》（New Tricks）、为ITV一套制作的反映家庭团聚的真实纪录片系列《失落的家庭》（Long Lost Family），再现历史的“房屋系列”，包括《1900年代的房屋》（1900 House）、《1940年代的房屋》（1940 House）、《爱德华的乡村房屋》（Edwardian Country House），单本剧《肮脏》（Filth）、《玛丽的白色房屋故事》（The Mary Whitehouse Story），多次获奖的片子《一个非常英国式的婚姻》（A Very EnglishMarriage），还有专门为BBC2套制作的节目《姑娘》（The Girl）、《天才照片》(The Genius of Photography)；亲历历史的纪录片《返回过去——高街》(Turn Back Time——The High Street)；《古老的埃及人》(Ancient Egyptians)；剧情纪录片《天花》(Smallpox) 和《英国停止的那天》(The Day Britain Stopped)，娱乐节目《我恨你的那些事》（Things I Hate About You），等。扛鼎之作《你以为你是谁？》被全球多个国家购买节目模式，制作了本土化的节目。

墙对墙（Wall to Wall）公司开发的节目模式由华纳兄弟国际电视公司代理销售。

Wall to Wall 公司地址

85 Gray's Inn Road
London
WC1X 8TX
United Kingdom
T：+44 (0) 20 7485 7424

F：+44 (0) 20 7267 5292
E：mail@walltowall.co.uk

相关链接

http：//www.bbc.co.uk/whodoyouthinkyouare/how-we-did-it/key-resources.shtml
http：//en.wikipedia.org/wiki/Who_Do_You_Think_You_Are%3F_(British_TV_series)
http：//www.walltowall.co.uk/whatwedo.aspx

节目名称

寻找遗产继承人（Heir Hunter）

节目基本情况

播出机构：BBC 1
官方网站：http：//www.heirhunters-association.org.uk/
播出频次：日播，周一至周五
开播时间：2007年6月4日
节目时长：45分钟

节目介绍

寻找继承人是BBC1套推出的日间节目。该节目试图为没有留遗嘱的去世人寻找可能的继承者。节目组跟踪报道不同的遗嘱调查公司的调查过程，他们在整个国家范围内寻找不确定的财产受益人，从而展示出这种寻找遗失的继承人的艰辛过程以及在找到继承人后对于他们生活的影响。

这个节目由Flame TV制作完成。第一季15集；第二季20集；第三季25集；第四季20集；第五季从2009年2月份开始播出20集。第二季播出后收视率击败了同时段ITV的《杰瑞米·凯勒秀》(Jeremy Kyle show)，推动了第三季制作。在最新一季的节目中，节目组会回访以前采访过的继承人，揭露感人的家庭团聚故事和遗失的家族秘密，以及他们如何安置新获得的财富。

2011年开始本节目在英国、澳大利亚和新西兰的历史频道播出。

文本分析

案例：第三季

背景介绍：节目追踪了两个继承人寻找公司的案例：弗里泽·弗里泽公司和胡鹏思公司。他们分别调查阿尔伯特和库柏家族的两位去世者的继承人。弗里泽公司的留遗产者一直未婚，而胡鹏思公司的留下遗产人是一位慷慨的捐赠学校者。两个公司都经历了漫长而辛苦的调查过程，并最终找到了继承人，并从中获得了佣金。

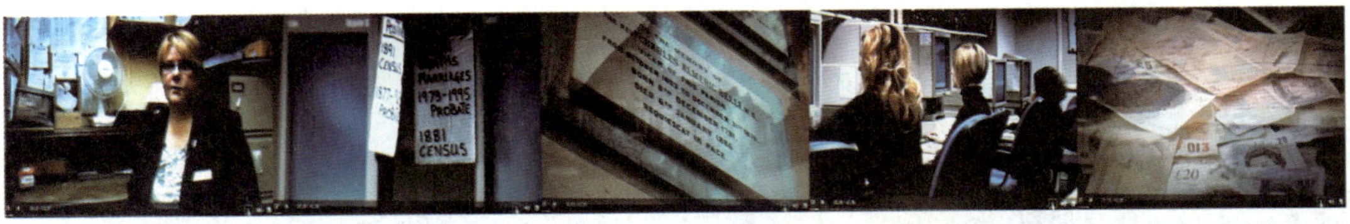

时长（分钟）	形式	内容
23″～4′30″	解说	本集预告与综述；寻找遗产继承人存在的原因；无遗嘱遗产基本情况；弗里泽·弗里泽公司寻找有价值的遗产的继承人。
4′30″～12′10″	解说	弗里泽寻找继承人案例：案例背景介绍、初步调查采访相关线索 弗里泽公司寻找继承人：去世人背景介绍、采访其过去的农场主、工作地方（熟人）。 散布在城市角落的继承人调查员介绍；寻找继承人线索；确认信息；面对面质询提供线索的人。

时长（分钟）	形式	内容
12′10″～22′50″	解说	胡鹏思公司背景介绍及公司的某个案例：分析获取可能继承人的线索 胡鹏思公司背景介绍；公司办公室调查分析可能的继承人；调查员了解遗留遗产者的背景；公司确认线索；访问继承人，获得其他继承人信息。
22′50″～24′		寻找遗产继承人广告。

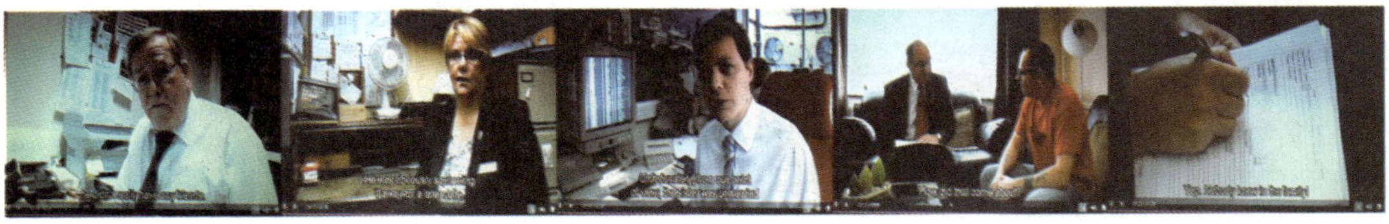

24′～36′10″	解说　同期	弗里泽公司的案例：阿尔伯特的继承人的深入调查和确认 弗里泽案例阿尔伯特的继承人：继续调查分析；根据线索建立该家族谱；采访可能的继承人；确认最终的继承人。
36′10″～43′	解说　同期	胡鹏思公司的案例：根据分析调查，深入采访知情者和可能的继承人 就遗产背景进行访谈；采访继承人鲍伯，鲍伯表示惊喜并抒发相关感想。

43′～45′	解说	总结本期节目的目的和节目宗旨；出现节目联系方式。

节目特色

1. 每一期节目中，都有两到三个不知道继承人的遗产被提到，接下来调查公司都会在电脑上工作，看死亡出生记录，驾车在全国范围内采访去世者的老朋友或者知情人，了解去世者的背景；给去世者可能的继承人打电话确认线索，确定可能的遗产继承人，建立家族谱，最后进行证明。全面真实地展示了寻找遗产继承人的艰辛过程，让人顺着其思路探寻，虽然冗长但是充满趣味。

2. 节目引人注目之处在于很多继承者甚至不知道留下遗产的人就是他们的亲戚，继承人追踪公司帮助他们找到了失散的亲人，于是在调查人员告知其家族史和家族秘密的过程中出现了很多感人的场景。采访大多数已确定继承人的时候，他们表现出对家族史的浓厚兴趣和获得财产的惊喜，这也深深触动了台下的观众。

3. 节目让观众产生这样一个错觉，也许你有你不知道的亲戚，而且有一天你会收到他的遗产，容易让观众在观看时抱着一种侥幸心理。

4. 每一期都有至少两个以上的公司案例，体现了这一行的快节奏——与时间赛跑——不同的继承人追踪公司都是以竞争的立场出现的，先找到继承人的公司才有可能得到佣金。

相关链接

http：//www.bbc.co.uk/programmes/b007nms5

节目名称

百万富翁的任务（Millionaires' Mission）

节目基本情况

播出机构：Channel4
官方网站：http：//www.channel4.com/programmes/millionaires-mission
播出频次：周播，周三21：00，共四集
开播时间：2007年9月19日
节目时长：50分钟

节目介绍

8位成功的英国商业领袖接到来自援助发展机构：世界展望会（World Vision）的挑战，他们要帮助乌干达的一个农业村落，提高当地居民的生活状况。节目组记录了这个过程，制作了4集节目，在一个月内播出。

8位参赛者的总资产超过6亿英镑，包括从建筑业到营销行业的专家。他们将运用自己的商业技能去对付看起来很棘手的贫困问题。他们每人捐献1.5万英镑，组成基金来完成这项计划。

在3周的时间里，他们将面临由原来超豪华的生活条件到没有自来水和电力的、只能住帐篷的巨大转变。这8位习惯于特立独行的领导人能否通过协力合作帮助这个村落呢？

文本分析

案例：第一季 第一集

时长	形式	内容
节目开始～4′30″	解说	节目参加者在机场，介绍节目的主要内容 8位来自英国各行业的富豪应援护组织的邀请参加为期3周的慈善事业。并对参加者进行简要介绍。
4′30″～5′50″	解说	参加者来到乌干达，旁白介绍他们的目的地：西乌干达的一个小村落。

5′50″～7′	解说　同期	参加者支起帐篷，开始艰苦的生活。
7′～8′30″		参与者同援护组织的代表见面，向其了解当地情况和任务的难点。

8′30″～13′50″	解说　同期	富翁们第一天和第二天在当地的生活状况 早上小组步行去打水，谈论如何帮助当地居民。他们将用3天了解当地的问题。 他们首先来到当地医疗中心。 在是否给予一位贫穷母亲直接金钱援助的问题上，队员们产生分歧。一位队员偷偷给了那位母亲钱。 后来另一位当地女性找上他们，希望获得援助。
13′50″～14′30″	解说　同期	援护组织代表评价参与者的行为。

14′30″～15′15″		队员在各地，了解不同居民的生活所需。
15′15″～18′30″	解说　同期	富翁们参观学校 学校老师讲述学校的各种困难：校舍、水源。 队员跟随学生打水（打一次水需要两个小时）。 队员史蒂夫希望援助学校引入自来水，但另一些成员希望能更理性地使用援助基金。

18′30″～19′40″		更多的援助请求出现，队员要学会对其说“不”。
19′40″～25′		当地居民为小队的到来组织起欢迎典礼，令小队心生怜悯。 为了更好地帮助当地居民，参与者需要制订援助计划，并为此达成一致意见。

26′～30′20″	解说　同期	富翁们在当地的第三天活动情况：组员们之间对如何帮助当地人们产生了争论和分歧 几位组员召集20位当地领导者，向他们询问援助意见，但只有两位前来讨论，并且态度冷淡。小组向援护组织代表咨询建议，代表告诉他们不应这么心急，也不应该站在施予者的立场对待当地居民。一些组员表现出缺乏耐心。 援护组织代表对组员的表现进行评价。
30′20″～32′30″	解说　同期	第四天：内部的争端在继续扩大 队员再次召集当地领导，向他们征集意见。他们得到了一长串关于当地居民的生活需要改善的清单。 史蒂夫说他们将为当地居民做其中的大部分，并帮他们解决财政问题。但实际上他们并没足够时间和资金做这么多，这引起了队伍中其他人的不满。

32′30″～36′	解说　同期	史蒂夫认为团队的行动不够有效率，在想办法帮助当地学校引入自来水。他请来当地的工程师来帮忙，结果发现这项工程的预算太过巨大，这项计划不得不放弃。
36′～38′	解说　同期	当晚，小组举行会议，他们需要得出一个能快速可行的援助计划。 有人提出建立一家旅馆，以推动当地的旅游经济，获得了一定的支持。

38′～42′	解说　同期	第五天：小组定下关于旅馆的计划 他们需要获得当地政府的支持，才能继续实施这项计划。他们获得了成功。
42′～43′30	解说　同期	第六天：小组进行旅馆的选址
43′30″～45′30″	解说　同期	同时，史蒂夫依然在想着他的饮用水计划。他亲身体验当地居民打水的艰辛，他越发认为这项援助应当是他们的首要任务。

45′30″～47′	解说　同期	史蒂夫想办法说服其他队员，但并未得到足够的赞成。
47′～节目结束	解说　同期	第七天 史蒂夫想脱离团队，独自进行援助。（下集待续）

节目特色

1. 极具挑战性的公益目标

8位习惯富裕生活的成功人士来到他们从来未想过的贫困地区体验当地生活，还要想办法用有限的资源和时间改善当地人的生活，这可以说是一个真正的挑战。在实现公益价值的同时该真人秀纪录片具有很强的观赏性和娱乐性。观众将逐渐了解到他们如何对抗困难，联合起来达成目标。

2. 真实可感的纪实

节目采取全程拍摄，记录下参与者的所有行动。与一般的以作秀为目的的“慈善”不同，节目并没有特意表现参与者的“团结”“仁慈”，而是真实地拍摄出队员们因想法不同而产生的矛盾、冲突。他们途中遇到的各种困难乃至危险都呈现在节目中，这些困难能让观众认识到慈善并非捐钱这么简单。

3. 细腻的特写拍摄

节目中插入了一些队员的独白特写，生动体现队员的所感所想。此外数段援护组织世界展望会的代表对队员的评价能更好地让观众意识到公益和慈善的真正目的和实现原则。

引进建议

这个节目给我们的启发是：慈善应该怎么做？慈善应该怎么被宣传和报道？本片做到的是：让愿意做慈善的人自己去寻找合适的帮助群体或者穷困地区的人们。他们做的是：“授人以鱼不如授人以渔”。千方百计想办法让当地人们能够从根本上改变贫困面貌，不是仅仅资助一点资金就可以解决的。本片中表现的8个富翁希望通过他们的努力，建造一个旅游宾馆，拉动当地的旅游资源市场化，从而改变当地的贫困落后面貌。而节目的制作者们不是简单地美化这些富翁的形象，而是真实记录他们在决策实施过程当中的矛盾、冲突，让节目具有了戏剧性元素，增加了可看性。

如果有媒体对这样的节目样式感兴趣，完全可以尝试制作一季。但是在本土化的过程中，很可能遇到找不到愿意抛头露面的富翁的困境。解决办法是：可以采用富翁代言人的方式来进行节目拍摄。

相关链接

http：//www.channel4.com/programmes/millionaires-mission

节目名称

离巢之旅

（Young Dumb and Living off Mum）

节目基本情况

播出机构：BBC 3
官方网站：http：//www.bbc.co.uk/programmes/b00t8wt6
播出频次：周五到下周二，日播
开播时间：2009年7月19日
节目时长：60分钟

节目介绍

《离巢之旅》召集8名被娇惯坏了的小孩——在家衣来伸手，饭来张口，不读书不上进，粗话不离嘴——把他们送进一座房子里，他们必须尝试养活自己。每周，他们的父母一起商量本集的任务（比如到广告公司做策划），惩罚（比如宿舍禁酒）与奖励（比如一筐水果）。他们必须在艰苦的工作中彼此竞争，父母聚集在另一个房子里观看任务的完成情况，然后决议选出一名淘汰者离开宿舍。在这个系列结束时，获胜者将得到双人环球旅行的奖励，旨在鼓励他们更独立。这个节目是英国广播公司BBC3播出的成人季系列节目的一部分。

文本分析

案例：第二季第四集

时间（分钟）	形式	内容
节目开始～4′	解说	介绍节目的背景，是一些已经成年的孩子，由于家长的溺爱，拥有各种不成熟的表现，因此他们的家长把他们送到一起，让他们独自生活，最后由他们的家长决定谁被驱逐。最后获胜的则可以获得周游世界的机会。
4′～6′	解说　同期	介绍本期参与者，分别是丹尼勒、阿曼、考然、莱卫、阿丹，本周他们要去学校工作以及继续在同一屋檐下生活。

6′～7′	解说　同期	开了一个会议，决定怎样值班清理他们住的地方以及怎么样使用他每天5英镑的零花钱。为了省钱，他们决定每人做一顿饭。
7′～10′	解说　同期	莱卫第一次尝试做饭，在家中，他的母亲都是为他做好一切。他决定做烤肉饼，结果以烤炉被烧焦而告终。

11′～14′	解说　同期	丹尼勒和考然决定去打零工来提高他们的零花钱。由于他们之前毫无工作经验，只有一家咖啡店可以聘用他们，但是只能提供一个工作岗位。丹尼勒很好地完成了一天的工作，而考然却由于迷信和工作能力上的不足失去了竞争。
14′～17′	解说　同期	当天晚上他们就在酒吧花光了他们零花钱，并且还想出了一个免费的娱乐方法：用免费的避孕套装满水，袭击路人。第二天他们的邻居希望他们可以清理干净。在邻居看来，他们表现得很不成熟。

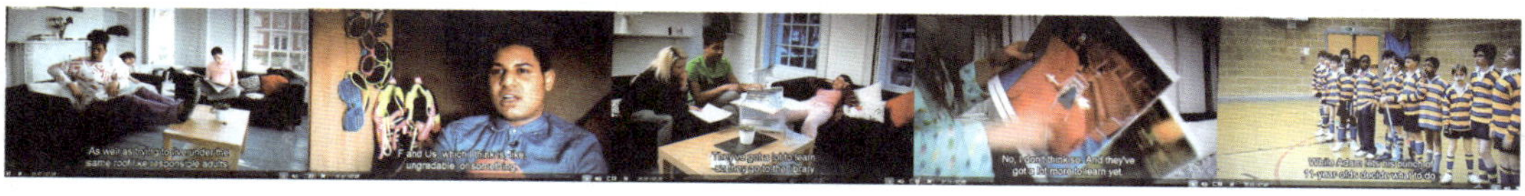

17′～22′	解说　同期	阿曼和阿丹为谁应该清洗餐具发生了争吵。阿丹认为他昨天冒雨为他们买菜了所以可以不用洗餐具，而阿曼认为昨天轮到他洗而他没洗，所以她今天不会把他昨天没洗的给洗掉。最终还是阿丹洗了餐具。
22′～28′	解说　同期	他们参加了各种各样的工作，例如花店打工，在动物园打工，拍广告。而新的一期任务则是做教师。这对他们来说相当的困难。考然和阿曼将讲授全球化变暖问题，而另外3人则讲授民主问题。为准备授课，他们5人去了图书馆，对他们中的许多人来说，这是他们第一次使用图书馆，并整晚都在死记硬背来应付第二天的任务。

28′～31′	解说　同期	他们一早就到了学校，校长首先对他们的着装提出了建议。首先他们需要讲述学校准备的内容，然后是体育课，最后要带领孩子们准备一次课堂陈述发言。他们的全程行为将被老师和他们的家长观察。
31′～33′	解说　同期	在开始的课上，阿丹说了考然准备的内容，令考然很沮丧和气恼。另一边，莱卫和丹尼尔共同承担了教育的职责，而阿曼没有过多地参与。
33′～40′	解说　同期	丹尼勒虽然一人一组，但很好地完成了教学任务，观察的老师也对她的表现很满意，而莱卫和阿曼的表现则恰恰相反。但莱卫也有新的收获。考然能有效地组织学生进行锻炼，获得了老师的好评。但阿丹则表现的很被动，完全任由小学生们自由活动。

40′～50′	解说　同期	准备课堂演讲的过程中，丹尼勒小组组织得比较混乱，而阿丹组则准备得井井有条。但是最后他们的课堂演讲都比较成功，然而，他们的学生对他们的表现则不是那么满意。

50′～节目结束	解说　同期	一周之后，家长们聚在一起，讨论各自孩子的表现，并决定谁将被淘汰。莱卫的妈妈为莱卫能感激自己而感动，而丹尼勒的妈妈则被她在学校的表现而震撼。阿丹和阿曼则表现得不尽如人意。最终阿曼被淘汰出局。

节目特色

1. 以真人秀的形式，全方位零距离观看孩子们离开父母后的表现与改变，让观众可以感受到他们的成长，为处在苦恼中的英国家长们提供借鉴。

2. 由参与者的父母来决定每一轮的淘汰者，将父母的情感与想法也带入节目，增加了可看性。并呈现了父母与子女双方的差异。

相关链接

http：//en.wikipedia.org/wiki/Young，_Dumb_and_Living_Off_Mum
http：//www.magicmum.com/phpBB/viewtopic.php?f=50&t=289154&start=0
http：//www.thestudentroom.co.uk/showthread.php?t=974633

节目名称

命运大逆转（Wanted Down Under）

节目基本情况

播出机构：BBC1
官方网站：http://www.bbc.co.uk/programmes/boo6s5v8
开播时间：2007年9月4日
节目时长：45分钟

节目介绍

英国移民潮越来越汹涌，因为国内就业压力越来越大，物价变高，环境日益变差，很多英国人选择在澳大利亚重新开始生活，或者是很多英国的老年人选择去澳大利亚养老。虽然澳大利亚和英国都是英语国家，但是生活习惯和气候有着很多的差别，很多移民到了澳大利亚却并不适应，生活反而更为艰难。节目每期选择一个希望移民澳大利亚的家庭，让他们到澳大利亚体验一周的生活，在这一周里，会让他们了解澳大利亚的工作、住房、社区、教育等情况，以便于他们更好地做出是否移民澳大利亚的决定。在每一轮中，家庭成员都会投票，决定是去是留，最后根据家庭成员的投票，来决定这个家庭是否做出移民澳大利亚的决定。

文本分析

案例：第三季 第一集

时长（分钟）	形式	内容
节目开始～1′	出镜主持 解说	主持人介绍节目内容，找两个家庭，给他们机会考虑是否移民，是愿意去澳大利亚，还是留在英国 技工戴夫·休斯和他亲爱的家人要从利物浦到达尔文郡度过试验性的一周，但是他能成功说服妻子，并且举家搬迁到达文开始一个新的未来吗？ 女主持人：大家好，欢迎收看《命运大逆转》。在本节目中，我们会将一个英国家庭送到世界的另一边，重新开始生活，我们将帮助他们做出他们人生中最重大的决定。

2′～8′	解说　同期	介绍戴夫一家(工人家庭)，丈夫戴夫是个柴油机械师，早上6点半就出门工作，妻子目前管两个小孩，一个10岁，一个5岁，还有两份兼职工作。他们认为生活在英国压力很大，如果有机会尝试别的生活方式，他们愿意尝试。如果发现最终的改变不合适，他们可以仍然回到英国 戴夫是个柴油机械师，妻子是家庭主妇，但是在外边兼职赚钱，他们有两个孩子。戴夫工作很辛苦，但是赚的钱却很有限，而且没有时间陪伴孩子。家里经济状况并不好，他们是一对备受命运打击的苦命的夫妻，希望移民澳大利亚改变生活，重新开始生活。 画外音：戴夫·休斯和珍妮以及他们的孩子雷亚农和里斯正在考虑一个将改变生活的搬迁计划。因为他们感觉自己工作得很努力，但是报酬却难以为继。 妻子：你似乎是越来越努力工作，但是你可以支配和享用的收入却越来越少了。 画外音：命运已经给过戴夫和珍妮一些残酷的打击。 丈夫：我们结婚时，在我们婚礼的早宴上我竟然因为头痛而昏过去了，我的生命危在旦夕。 妻子：所以我可能已经结婚，并在一小时内丧偶，真的…… 画外音：柴油机械师戴夫在澳大利亚是很容易找到工作的。 丈夫上司：你是我的伙计。你什么时候离开？ 画外音：但休斯一家必须面对的事实就是澳大利亚的生活花费也并不少。

妻子：我们并不奢望我们能获得多少财产以及我们的生活能有多大改变，但是澳大利亚一些地方的生活成本的确比较低廉。

画外音：抛弃家庭举家搬迁会因为失去亲情而最终无法实现吗？

妻子：这对我来说很难，因为我总是喜欢考虑每个人的感受。

画外音：休斯面临一些艰难的抉择。在一周体验之后，他们要投票决定是去还是留下。他们会在澳大利亚开始一个崭新的未来吗？

英国的经济形势越来越差，相比之下充足的澳大利亚也开始吸引越来越多的人。45岁以下并且有一技之长的人在澳大利亚供不应求，他们甚至可以立马打包到澳大利亚开始一个新生活。去年每天就有60个英国人前往澳大利亚。但是他们会做出同样的决定吗？

我们已经给20个英国家庭这样一个千载难逢的机会，去澳大利亚体验一周的生活，然后看看澳大利亚是不是他们梦想的样子。他们也会对每轮投票决定是去还是留。

画外音：休斯一家认为从利物浦搬到澳洲会使他们的生活变好。而且柴油机械师戴夫发现自己在澳洲很抢手。

丈夫：在英国已经没有家庭生活了，所有人都拼命工作而没有时间玩耍放松。我每天5点到5点半就要起床，然后6点就离开家。晚上我要7点以后才能回家，有的时候甚至要到7点半。每天忙得团团转。

画外音：他的妻子珍妮不仅是个家庭主妇还在外边做两份工。

妻子：你似乎是越来越努力工作，但是你可以支配和享用的收入却越来越少了。

丈夫：在英国，生活节奏越来越快，不可能有减慢的一天。

音乐：这是现代的方式……

画外音：他们都在寻找更多的时间陪伴自己10岁的雷亚农和5岁的里斯。

丈夫：澳大利亚可以让我们有更多的时间照顾家庭，并且能让孩子们发展得更好。

妻子：到澳大利亚去是个好机会，孩子们能够有更好的生活。我认为童年是人生中可以说是最重要的一部分了。

画外音：尽管很艰难但是就和在英国一样总有好的一面。

丈夫：我们只是愿意尝试新事物。

妻子：尝试总是好过于后悔。

丈夫：这就是……我们在寻找它的方式。我们有机会做到这一点，我们也想这样做。如果事情是不对的，它不适合我们，我们可以回来。

		画外音：珍妮和戴夫应该得到的更多。 妻子：在我还没有怀雷亚农，我臀部有相当多的问题。他们诊断，我需要做一个髋关节置换术。我想对于任何年轻夫妇来说，都会认为人生是一次冒险。不过，当真正面临危机的时候，它会影响夫妻之间的关系。幸好戴夫一直以来都是真正支持我的。 画外音：即使在这之前，他们的生活，也没有得到一个良好的开端。 丈夫：在我们结婚的早宴上，我竟然因为头痛而昏过去了，我危在旦夕。我大概只有20％的存活机会，但是今天我仍然好好地在这里。幸福的家庭，两个孩子。我没想到我能走到这个地步。现在我在这里谈论它，大多数人认为，“真的在你结婚的日子？”大部分事情都是发生在婚礼上的。你婚礼结束的时候，你人生中压力最大的一天也随之过去了。 妻子：大多数人所面临的只是我们所面临的一半的艰难，特别是作为一对年轻的夫妇，当我们最初开始了。当他病了，我问戴夫：“你将怎么战胜疾病？”他病得很严重。他差点死在我们的婚礼上。我已经结婚，并可能在一小时内丧偶。对于戴夫，他给的答案是，他知道他危在旦夕，但是他也同样很期待美好的生活。 画外音：10岁的雷亚农认为去澳大利亚将会有个大的改变。 女儿：我想去，因为我们会得到更多的自由，并且可以和爸爸妈妈做更多的事情。 画外音：但是她有一点点不想去。 女儿：我知道那里有很多动物，我很害怕鸸鹋和鸵鸟，所以我真的不希望看到它们。 画外音：里斯也许对他们的目的地还有点困惑。 儿子：嗯，我们还要去……伦敦。 画外音：戴维和珍妮决心做出他们人生中最大的改变。他们都有一个很大的大家庭并且都生活得很近，这两对祖父母在孩子的生活中也起了很重要的作用。 妻子：最难的事是我将放弃我的家人。 丈夫：我会回来，如果珍妮不喜欢它。在我生命差点失去的时候，我和珍妮结婚了，我必须尊重她的选择，没有比我们的婚姻更重要的了。如果她不喜欢它，我会回来。

9′～13′	解说　同期	帮助戴夫一家到澳洲住一个星期以了解澳洲，主持人介绍为参与家庭提供三种生活方式供选择（在澳大利亚北部的达尔文郡），一种在农村，一种在城市，一种在海边；每种方式都会提供参与者一份工作，过着他们预算内的生活。逐一介绍各种生活方式，当地的自然环境，即将接受的工作日程介绍，当地的房子价格，工作薪酬等 画外音：为了帮助戴夫做出正确的选择，我们给他们在达尔文体验一周的生活，以决定他们是否在这里开始一段新生活。 主持人：我们有三个不同的生活方式给他们选择。一个在乡村，一个在城市，另一个在沿海。并且分别提供一份工作和在那里的生活开销数。让我们看看乡村的生活吧。首先，让我们看看这个国家的生活方式。达尔文是典型的热带气候，乡村里有各种蔬菜和美丽的景色，再加上迷人的公园，这实在是很好的户外活动的地方。在乡下安家是相当实惠的。一个三居室的家庭将花费17万英镑以上。你可以在这家销售和维修重型发动机的跨国公司赚取2.8万英镑。它应该是适合你的，戴夫！克雷格·菲茨吉本是一个客服经理。 汽修店老板：我们大量工作的重点主要是军事的，无论是陆军或海军。我们还做大量的关于采矿的工作。我们一直在寻找有才能的人员加入我们。我们大约有18名职员，其中有10个技术工人。我们希望能找到一个容易相处的并且能融入工作环境的人。 主持人：所以这就是我们在乡村可以过的生活。让我们看看在城市里，他们的消费会是怎么样的。达尔文历史悠久，并且不断变化与发展。你也许会被时尚的城市住房所诱惑。但是这里一个三居室的房子也可以卖到20多万英镑。这个家族企业已经做了70年的关于卡车的生意了，并已成为规模最大的陆路火车运营商之一。他们总是在寻找工程师加入他们的队伍。你可以赚取高达3万英镑。肯恩斯考特是维修经理。 城市汽修店老板：我们聘请技工来做关于车辆的各种工作。这是我们重建的工作间。我们重做这些发动机，这些引擎预计至少可以有1万小时寿命的。我们试验以保证它们都是质量很好的。达尔文是一个很棒的生活的城市，为您的孩子，为了一个很棒的的户外活动场所。当你来到达尔文，戴维，来见我。 主持人：看起来他们在城市也可以生活得很好，那么在沿海地区呢？一个巨大的天然良港，使得达尔文更有吸引力，而你可以放松，并可以领略帝汶海的美丽风景。但在沿海物业将吃进你

		的收入。时尚临海的三间卧室的房子将耗资近30万英镑。在这里你的收入可以达到3.3万英镑，你可以在一个当地的公司主要做卡车保养和维护工作。客服经理马克正在找寻像你一样的柴油技师。 海岸汽修店老板：我们几乎什么活都做。我们工作从农业到大齿轮。我们主要的卡车都是进出达尔文的，每周我们有200～300辆卡车进出达尔文，其中大部分是三路火车沿高达50，具有高马力。这就涉及到很多的维护工作。我们希望找到真正对这个感兴趣的人，能够努力去做，并且善于倾听我们的意见。80％的时间，美好的天气都适合户外活动。伙计，我相信这里是神的国家，我不想住到别处。 **画外音**：因此，这三个不同的生活方式看起来同样令人振奋。但是，戴夫也只能试一种。或是有美丽的室外环境，物业便宜，但耗费很多上下班时间在路上的乡村？还是达尔文的城市，但是它很喧嚣，并且房价较高？还是选择居住在海岸，这里有热带海洋，但物业价格异常昂贵。 所以，我们的家庭将尝试三个非常不同的生活。他们会觉得哪一个最适合他们？ 戴夫一家在距离家有8500英里的北领地首府达尔文尝试一种沿海生活方式。经过超过22小时的旅程，于当地的时间早晨4点抵达。梦想和现实正在一步一步接近。这是他们第一次到澳大利亚。 雷亚农的妈妈和爸爸可能已经筋疲力尽了，但戴夫还是精力充沛，还接近了一些当地动物。 儿子：鳄鱼、蠕虫和蜘蛛。

13′30″～29′	解说　同期	**帮助戴夫一家了解澳洲的住房情况并进行第一轮投票** 一家四口长途飞机22小时到达澳大利亚，到达新居。一家人很兴奋。对比他们在利物浦的家，这里豪华，气派，面积大，还有游泳池。戴夫家预算20万英镑在澳大利亚安家，这个房子的价格是澳元40万，英镑18万，在他们的预算之内。 戴夫一家都被深深地吸引了，无疑他们最喜欢最后一套住房。在第一轮投票中，戴夫一家对于澳大利亚的房屋和房价都很满意，他们都愿意移民澳大利亚。

		画外音：经过一个或两个事故之后，戴夫一家前往他们将住一周的房子。这是一个名为拉拉尼亚的大房子，房子是以达尔文的原始居民的名字命名的。它离海岸只有几分钟的路程。到目前为止，雷亚农的印象最深刻。 丈夫：庞大的规模，真是神奇，那……它使我们的房子看起来很神秘。车库就有我们以前房子那么大。 画外音：戴夫被大阳台吸引了。 儿子：我喜欢它！我喜欢它！我喜欢它！ 画外音：他们都惊讶于游泳池。 丈夫：棒极了。如果之前我们都是生活在黑暗之中的，那么这就是光明的到来。 画外音：但是，现在，是睡觉时间。 在英国，戴夫一家住在利物浦市中心的一个价值10万英镑的小房子里。他们常常被狭小的空间所压制，尤其是不能开展户外运动，因此他们希望在澳大利亚能有个大房子。如果他们来到澳大利亚，他们计划在住房上投入20万英镑，其中包括贷款。最近在达尔文房地产价格一直在稳步攀升。但戴夫作为柴油机械师，他的工作有很大的收入潜力。因此，我们找到了三个房子提供给他们选择。第一所房子在帕尔玛斯顿，它距离达尔文并不远并且离海岸很近。它有三间卧室，足够的生活空间和一个大花园，这将花费他们大约有18万英镑。这是在他们20万英镑的预算之内。看看猫，睡睡觉。这里的空间足够大，而且戴夫很满意厨房。 因此，随着戴夫一家南下，他们愿意在英国还澳大利亚？现在开始投票。。 问：我们已经看了三个在澳大利亚房屋，每个都有让我们喜欢的地方。但是，和我们在英国的房屋相比，我们愿意去的地方是…… 所有人：澳大利亚！

30′～34′		帮助戴夫寻找工作 落实了住处，戴夫对工作的选择如何呢？他能否让老板看上他，从而给他提供工作呢？ 戴夫分别去见三家汽车维修公司的老板，跟他们交谈。戴夫跟工人们攀谈。戴夫认为自己可以适应在澳大利亚的工作。

		节目组提供给戴夫三个工作，戴夫选择了其中一个并前往该公司应聘，结果令人满意，戴夫也能够和同事和谐相处。 主持人：戴夫家人一直被澳大利亚非常宽敞的房屋吸引了。而且这已明确表示，他们正一步一步爱上达尔文。但是，如果他们要做出南下的决定，重要的是戴夫能否找到高薪的职位。他能否取得未来老板的欢心？ **画外音：**在其他人还在睡梦中时，戴夫离开了家。他要到当地的卡车维修店去应聘看其是否可以当一个合格的柴油机械师。 汽修店老板：你一定是戴夫。我是马克金，西方柴油机的客服经理。 你在老家是做什么工作的？ 戴夫：主要是维修发动机的。 **画外音：**马克得到了开门见山的回答。 汽修店老板：什么样的知识，请问你了解刹车和齿轮箱吗？ 戴夫：在这方面我很有经验，而且我主要擅长引擎方面的知识。 汽修店老板：那么主要是引擎方面？ 主持人：是引擎方面为主。 **画外音：**在戴夫试图说服马克他有这方面的技能，珍妮带着孩子们在达尔文当地游乐场游玩。他们可能搬到澳大利亚，这都是戴夫的想法，他希望在本周能说服珍妮，将他们的未来扎根在这里。而珍妮则有很多考虑的问题，说服珍妮将非易事。 妻子：对于我来说，越是这样，我认为情感因素是阻碍我们出来的一个重要原因。因为我们将很长时间看不到家人。很显然，还有其他很多难以预料的因素。我难以想象没有家人在身边的生活会是怎么样的。我认为在家里，有很多你认为是理所当然的事却相伴你很长时间，很难想象离开之后会是怎么样的。 **画外音：**回到车库，也许戴夫最大的挑战就是怎样与团队的其他成员相处。他们似乎是相当是可怕的一群人。戴夫并没有被他们的外表吓到，反而和他们亲近。 公路运输是达尔文的经济命脉，是进港货物进出的道路，是城市的重要组成部分。50米长的卡车是这里道路上熟悉的景象。 珍妮担心戴夫能否获得工作，因为这是能否移民的关键。 妻子：很明显工作是戴夫生命中的重要组成部分。他对他的工作非常敬业，一直以来都是这样。他非常专业。他必须得在澳大利亚找到工作，立足、安稳地生活，并享受工作，他在做什么。这一天结束，他能否获得工作将影响我们能否留在这里。

		画外音：回到车库，戴夫一直尽最大努力来取悦他未来的老板马克。这里所提供的可高达3.3万英镑的薪酬和戴夫在英国获得的2.6万英镑相比，戴夫能够并且愿意得到这样一份工作。但是，这笔钱足以让他和他的家人住在这里并且买得起房吗？这是关键的时刻了。戴夫必须决定他是喜欢在英国还是在有前景的澳大利亚工作，他是否有能力养活一家人。 丈夫：我想我可以很容易地进入这个环境。我的选择是澳大利亚。 画外音：但是在他移民澳大利亚的梦想实现之前他还是有很长的路要走。 对于很多想开始新生活的人来说，澳大利亚迎合了很多人，当然不仅仅是因为美好的天气。还有很多，是澳大利亚和英国不同的地方。但许多英国人爱澳洲是在澳洲可以感觉就像是回家了。

35′～37′		戴夫一家与社区成员相处并进行一轮投票 确定了住处和工作，他们还有别的准备要做，才能最终移民澳大利亚。 展示澳洲当地的地方英语和英国的英语表达不一样的例子，证明还存在语言的障碍。 达尔文地区80%说英语，还有20%说希腊语。

38′		戴夫一家在节目组的帮助下和社区的其他成员进行了野外烤肉活动，他们相处得很愉快。在这一轮投票中，他们全票通过希望留在澳大利亚。 主持人：由于戴夫知道，能否在澳大利亚开始新生活关键在于他能否找到好工作。为了停止珍妮不断的思乡之情，他们开家庭会议。应该让珍妮知道他们在这里可以过好的生活。戴夫虽然可以赚了很多的工资，如果他们想住得好的话，他们还得贷款。

		妻子：这是很好的，不是吗？ 谢谢。 画外音：戴夫无论去哪儿都希望给人留个好印象。他们在澳大利亚一周的目的是尽可能多地了解他们的生活会像什么，如果他们移民到澳大利亚。 另一个崭新的开始时他们要试着融入当地的生活，甚至学习和邻里更多地在一起。现在，看起来好像生活非常好了，又到了投票的时间。你喜欢在英国的生活还是澳大利亚的生活？ 所有人：澳大利亚！

39′～40′		**给戴夫一家送来了他们远在英国的家人和朋友的视频并进行最后一轮投票** 在视频中，戴夫的亲人和朋友表达了对戴夫一家的思念之情，戴夫的妻子倍感难过，但是在最后的投票环节，最终还是理智战胜了情感，他们再次全票通过决定移民澳大利亚。 主持人：戴夫希望定居在澳大利亚。交朋友是没有问题了。但是，留下来的亲人呢？我们得到他们的朋友和家人在英国的一些消息。 妻子：好吧，雷亚农？你身心疲惫，我想，因为，特别是对于我来说，我认为，这对我来说更难，因为我要照顾每个人的情绪。我知道我会很想念大家，因为我们真的是一个亲密的家庭。而这一切都将没有了，是因为我们想给孩子一个更好的生活，而戴夫和我自己，我知道戴夫将可能有一个更好的生活，以及更好地在这里工作。他有更多时间和自由的享受，并能享受他在这里的工作。 主持人：我们的家庭都对我们意味着很多。但是…… 妻子：如果我们可以把所有人都带到这里，这将是完美的解决方案。因为我知道一个事实，人人都会喜欢这里。 画外音：这一周将结束了，澳大利亚以其各种优点吸引着这对英国夫妇背井离乡。他们将结束他们的体验之旅，他们也将作出最后的决定。 事实上，戴夫一家已经做好了决定。关键时刻到了。他们正在考虑可能将永远改变他们生活的决定和他们必须作出正确的决定。家庭的纽带能否将他们带回英国？还是澳大利亚的美好生活最终吸引了他们？经过一周的生活，他们已经了解澳大利亚，这是他们最后的投票时间。

		妻子：对我们来说，家庭和朋友，尤其是家庭，是让我们想回到英国的主要原因。但在这里我们觉得，我们已经有这么多的潜力，能够让我们在澳洲更好的生活。而且，正如我们都知道，技术不断地改进，我们将使用摄像头、电子邮件、电脑和电话和家人联系。因此，总有机会和家人保持联系。而在我们内心的深处，我们一直在一起，无论我们身在何方。 主持人：我可以说我们所有人，百分之百决定一起去…… 所有人：澳大利亚！ 主持人：从一开始，戴夫家人肯定觉得到澳大利亚此举是正确的选择。虽然珍妮将很难离开她的家庭，她和戴夫知道，他们和孩子们的生活会更好，如果他们离开英国南下到澳洲。

节目特色解析

1. 节目紧贴英国人的生活现状，英国由于本土发展受限，工作压力大，所以有越来越多的英国人决定移民澳大利亚。节目从生活中来，又有独特的创意和人性化的设计。

2. 节目设置一个个悬念，比如每个环节都进行一轮投票，有利于引起观众的兴趣，而且投票方式新颖独特，每个家庭成员分别拿着一块牌子，牌子的正面是英国国旗，反面是澳大利亚的国旗，希望留在哪个国家就把牌子转到有哪个国家国旗的那一面。

3. 节目注重人性化，比如节目组为准备移民的家庭考虑非常周全，不仅为他们考虑住房、工作等问题，还为他们考虑邻里相处和亲情疏远等问题。节目组创造了一切条件让家庭可以更好地了解澳大利亚，节目制作人员不仅有很高的职业素养，而且是真正为参加节目的家庭考虑。

4. 节目关注小人物，关注普通老百姓，立足于生活，真实、感人，做出了真正属于普通民众的娱乐节目。

相关链接

http://www.gettingdownunder.com/212/01/30/how-to-apply-for-series-7-of-the-bbcs-wanted-down-under/

http://en.wikipedia.org/wiki/Wanted_Down_Under

节目名称

穷爸爸富爸爸
（How the Other Half Lives）

节目基本情况

播出机构：Channel 4
官方网站：http：//www.channel4.com/programmes/how-the-other-half-live
播出频次：周播
开播时间：2006年6月27日
节目时长：45分钟

节目介绍

在《穷爸爸富爸爸》节目中，有钱的人家帮助穷苦的人家，富有家庭的父母希望自己的孩子可以体会到对方家庭的生活感受。节目描述了两个家庭：其中一个是富裕的，而父母来自贫困家庭；另一个则是贫困的。节目通常聚焦于来自每个家庭的孩子：首先来自贫困家庭的孩子把DVD送到有钱人家，给他们展示对于他们来说生活是什么样子的。有钱人家通常会为穷人家提供几千镑的资助，用于偿还债务或透支。然后两个家庭分别在自己家相聚。有钱人家通常会承诺支付穷人家一些费用，例如孩子的教育费用，新房子的房租或是账单。

文本分析

12岁的杰西卡同妈妈茱莉亚、爸爸西门和9岁的弟弟杰米一起住在富足的郝姆郡。茱莉亚是一个拥有百万家产的自主创业企业家，她成功经营两家中介公司，西门是一位警员。

茱莉亚相信她有责任去回报社会，西门看着自己的孩子生活在温室里，相信看看在他们优越生活以外的世界会对他们有帮助。

而8岁的安妮和27岁的妈妈索菲亚住在兰卡斯特的摩卡姆镇，索菲亚在19岁的时候就生下了她。就像多数生活在单亲家庭的孩子一样，安妮生活在贫困线以下。索菲亚的经济困难产生于她的生意碰上经济危机的时期，最后生意被迫关闭，现在索菲亚有大约1万英镑的债务。除了这个以外，索菲亚还必须为安妮创造一个缺钱并不是问题的世界。她尝试着去淡然看待她们的处境。当她们去购物的时候，索菲亚把它变成一个游戏，对于相信不需要金钱也可以快乐的安妮来说，寻找降价商品成了生活的乐趣，但是生活困难已经开始显现了。让情况变得最糟糕的是，索菲亚最近丢掉了工作。面临着收入的剧减，索菲亚不得不打破她为安妮所建造的保护环而让她看到一些残酷的现实，最要命的一个问题是她们可能因为不断增长的房租而在几个礼拜之后失去她们现在的房子。

随着两个家庭不断了解彼此，这个资助计划也在不断升级，两家人之间的关系有着超越物质和金钱的意义。自我实现和自尊被摆到了这个问题上，被债务的重担所压抑的希望，梦想和雄心突然重新出现在生活中，对于索菲亚来说，她从这件事中学会了能够改变现在和长远价值观的一些东西。

时间（分钟）	形式	内容
节目开始～1′23″	解说	节目内容预告
1′23″～04′30″	解说　同期	杰西卡家庭的基本情况介绍 他和弟弟杰米、爸爸西门和妈妈茱莉亚过着较为优越的生活。

4′30″～9′12″	解说　同期	安妮家庭的基本情况介绍 她和妈妈索菲亚两个人生活，生活较为贫困，总是得去超市买特价商品（插入两人去超市的画面），而且索菲亚失业了，两个人的生活非常贫穷。

9′12″～11′10″	解说　同期 VCR	杰西卡一家看了安妮的视频，都有很多的感慨，决定帮助安妮一家。他们采取了帮助的第一步行动。

11′10″～13′02″	解说　同期	安妮和索菲亚的日常生活画面，她们没有钱付房租，不得不搬出现在的房子，心情都很低落。
13′02″～15′30″	解说　同期	杰西卡一家开始帮助安妮一家，指定帮助计划，为她们寄去2500英镑的支票。

15′30″～18′15″	解说　同期	索菲亚回信向杰西卡一家讲述他们的帮助给她们生活带来的改变（插入索菲亚带着安妮开心地逛超市、两人吃庆祝饭以及两人一起去滑冰的画面）。
18′15″～19′31″	解说　同期	杰西卡和安妮两个人通信，分别讲述自己的学习和生活状况，分享彼此的兴趣爱好。

19′31″～20′50″	解说　同期	慈善协会的工作人员来到索菲亚家里，索菲亚的生活窘迫。
20′50″～22′00″	解说　同期	杰西卡和安妮的书信交流。 插入茱莉亚对于女性在事业和家庭平衡问题上自己的看法。

22′～28′32″	解说　同期	安妮邀请杰西卡一家来自己家玩。 两家第一次面对面地交流。 孩子们围绕着玩具、游戏交流、讨论。 两家的大人们也在交流。
28′32″～34′50″	解说　同期	西门一家给索菲亚一家给予第二次帮助：替她还清了外债。 索菲亚承担着巨大的债务。 西门和茱莉亚帮助清空了债务，索菲亚感激涕零。 而安妮也通过信向杰西卡表达了自己的感谢。

34′50″～37′29″	解说　同期	索菲亚开始新的生活 她准备开始她新的生意。 她带着安妮去逛家具商城，为家里增添新的家具。
37′29″～43′18″	解说　同期	两家人第二次见面 安妮和妈妈索菲亚去拜访杰西卡一家。 杰西卡带着安妮参观家里。

43′18″～43′42″	解说　同期	安妮和妈妈一起去海边。
43′42″～节目结束	解说　同期	西门一家给予了索菲亚第三次的帮助 杰西卡一家第二次去安妮家，给她们送去了工作计划书、启动资金，还有一辆车。索菲亚感动不已，激动落泪。

节目特色解析

1. 以真人秀的形式关注贫困家庭，具有一定的社会意义，整个节目表达的是有钱人家对于贫困家庭的帮助，其中流露出真情，使整个节目更加人性化，同时利用贫富两个家庭之间的互动来组织整个节目，形成对比，能够引发人们更多的思考，有利于吸引大众眼球。

2. 节目以两家的孩子的视角展开叙述，用他们的语言作为旁白，其稚嫩的语言非常打动观众。

3. 节目采取平行蒙太奇的方式，分别交代两个家庭的境遇；并且刻意不让两个家庭一开始就见面，而是以双方家庭的通信来往、观看视频等方式来彼此间接地了解对方家庭。

4. 节目宣扬一种“授人以渔”的理念，富人家庭对穷人家庭的帮助是有层次地展开的：首先是富人先给穷人家庭一小笔现金，解决燃眉之急；其次是富人给穷人一大笔钱，解决她的家庭全部外债；最后是富人给了穷人创业的条件：一辆车、一笔启动资金、一个创业计划书。穷人对于富人帮助的感激之情随之一步步加深，最后达到了高潮，观众的情绪也随之达到了高潮。

相关网站

http://en.wikipedia.org/wiki/How_the_Other_Half_Live

http://www.metro.co.uk/metrolife/820974-how-the-other-half-live-tv-review#ixzz1GU0KYKV1

节目名称

超市运营大比拼（I Am Running the Ainsbury's）

节目基本情况

播出机构：Channel 4
官方网站：http：//www.channel4.com/programmes/im-running-sainsburys
播出频次：每周一期　周二21：00
开播时间：2009年6月2日
节目时长：49分钟

节目介绍

赛思贝瑞（英国一家大型连锁超市）的老板贾斯汀·肯想要进行一个创新计划的比赛：他让4名普通员工掌管超市运营，推广他们的新想法和新理念。本节目记录了这些参赛者的经营过程。

文本分析

案例：第一季 第四集

时长	形式	内容
节目开始～7′38″	解说　采访	简单介绍节目内容——让员工的新想法参与超市营销 介绍女主角和她的新想法 贝琦，一个21岁的货架堆放员，在公司工作了数年以后发现一个关于超市食物促销（或者是任何其他附有菜单的食物促销）活动的一大缺陷——菜单上的菜需要的食材散布在商店的各个角落，不方便顾客拿取。她的想法是，直接贩卖装有包含菜单上全部食材的大袋子，这样顾客就不用在超市中到处寻觅了。

7′38″～16′15″	解说　采访	领导团队决定想法是否被采用；开始新理念的实施步骤 这是个不错的主意，一个非常简单但是很棒的理念。赛思贝瑞超市的管理团队喜欢它，于是他们让贝琦继续干下去，使她的想法成为现实。

16′15″～22′02″	解说	主角经过试验，决定推出几种新产品来支持她的创意 贝琦得到了尝试和掌控的可能，她现在马上要去关注、测试产品布局和利润率。公司把大局交给了她，她充满信念和热情，全身心地投入到即将发行的食谱中，并努力使高层认可自己。他们没有从现有广告系列中挑选食谱，而是把任务交给了贝琦，贝琦最终带来了4种食谱——牛肉馅饼、香肠砂锅、蔬菜杂烩和鸡肉面团。

22′02″～28′49″	解说	公司对新产品进行客户测试，决定是否采用该新产品 贝琦拿下了感官评价展位测试（评审员基本上都是塞恩斯伯里的品酒会的总部工作人员）给予的高度评价。一切都很顺利，但也有不好的统计数字围绕指标浮动，这证明推出新产品还是有风险的。

28′49″～ 节目结尾	解说	通过测试后，新方案试运营，根据运营结果，公司判断是否继续 尽管贝琦尽了最大努力，她还是失败了。事实上，她的想法是简单而天才的（想想吧，购买贝琦的一个包比起买一打15种不同的东西再划算不过）。遗憾的是贝琦没有达到销售目标。 最终贝琦的营销计划被取消了，但这对公司和员工来说都是一次值得赞扬的尝试。

节目特色

1. 新颖的节目内容

作为一家全国大型连锁超市，赛思贝瑞超市居然能够让普通员工参与销售计划金额制度改革，这简直是难以想象的事情。观众们乐于了解小人物怎么改变大公司和自己的命运，也乐于看到普通人有着怎样的甚至可以超越决策者的奇思妙想。

2. 温馨的记录方式

节目不仅仅关注新颖的销售方式，还关注了普通员工的生活，在节目中，观众可以了解到主人公生活温暖动人的一面——家庭成员，生活场景，和同事的相处，怎样做着普通却是生活中不可缺少的工作等等，杜绝了节目的枯燥无味，使其充满了人情味。

节目没有展现一些评判标准，比如说销售额度的确定，也没有展示顾客的反馈。此外，试运行新策略的分店数量比较少，观众容易质疑试运行结果，这是该节目的硬伤。

相关链接

http：//www2.sainsburys.co.uk/YourIdeas/forums/showthread.aspx?PostID=13043

http：//www.unofficialmills.co.uk/communities/showthread.php?12287-My-I-m-Running-Sainsbury-s-OWO-question-to-you

节目名称

我的华尔街（My Wall Street）

节目基本情况

播出机构：Channel4
官方网站：http：//www.channel4.com/programmes/my-wall-street/episode-guide/series-1/episode-1
播出频次：每周一集，周四21：00
开播时间：2009年3月30日
节目时长：50分钟

节目介绍

节目里介绍好几位住在华尔街的居民，他们因为经济萧条或失业，或欠着很多债，有的需要为了养活老婆孩子四处奔波找工作。他们虽然生活辛苦，但依然能有信心。《我的华尔街》就是这样一个亲切的、有感染力的节目，片中所展现的几个普通人是整个英国家庭的缩影，节目中每个人都在经济萧条的时期寻找着自己生存的道路。

文本分析

案例：第一季 第八集

时间（分钟）	形式	内容
节目开始～1′52″	解说　同期采访	本期节目对象介绍，片头展示华尔街的生活背景。在英国有23个华尔街 同期： （众人：跟纽约的华尔街同名。它的街道像这般。我喜欢这里。） （众人：衰退！衰退！衰退！……） 不同的广播里传来声音：我们现在正在面临一场经济衰退……在纽约股票指数已经跌破××点，在伦敦，交易额下降×%，在这次经济衰退中估计已经损失了××美元…… 阿力：今天报纸上这个时候的任何事情就是比任何事情还要多……（打电话）我已经给英国电气做过一段时间销售了，主要就是去挨家挨户敲门，然后把顾客带回来……我很强壮，我可以让人们信任我，我也可以说服他们。
2′～11′40″	解说　同期采访	环节一：介绍一条华尔街上几户居民的状况：13号的凯瑞一家4口刚搬来不久，爸爸做酒保来养活妻子和儿女，喜好收集星际大战里的道具，妈妈则担心明天能否让孩子吃得上饭。25号克来顿一家因为欠债搬到这里，丈夫克来顿是个卡车司机，妻子丽莎则为天天催款的账单发愁。杂货店的主人萨拉也是华尔街的居民，她通过卖些日常用品来维持一家的生计。6号弗兰克和未婚妻劳拉准备结婚，弗兰克做服务汽车工作为婚礼攒钱。 解说： 阿力和他的家庭住在华尔街4号，他做了5年的邮递员直到他失业。 萨拉嫁给阿力已经8年了，他们有两个孩子：摩丝和瓦兹。 同期： 阿力：我极度渴望得到一份工作！而不是被雇佣！我告诉你实话，我讨厌被雇佣！……明天？我明天有空，但是说真的，我现在还没有简历，我想有自己的简历，但是我太懒了。谢谢！我明天要和塞恩去面试了。

		萨拉：我很焦虑！很焦虑！我很担心孩子们的未来，我的未来，他的未来。我看了可以恢复人们房子的文件，看的时候我哭了，我激动地两小时都没能入睡。我在哭，他在笑："你哭啥？我们都好好的啊！"我们就快要失去我们的房子了。 解说： 鲍尔和凯瑞还有他们的孩子露西，是华尔街的新客，他们在六周前经营的酒吧破产了，房子也没了，他们现在住在13号。 同期： 鲍尔：凯瑞坚持要住三张床大的房子，我就占了这第三个房子，她现在对它还不开心。 解说： 天啊，你都要这满屋子的玩具干什么？ 鲍尔：我就是一个收藏家，这是我的小财富。这所有加在一起大概值8000~10000美金。这种玩具我已经有7个了，它们每个都值100英镑。每次我和凯瑞一起看它们的时候，她就说："我要把它们全卖了。"她经常这样威胁我，但她从来没这样做过。因此我欠了一些债，我们从酒吧和古董架上找到的，他们让我们欠了不少钱。 凯瑞：鲍尔从来不像我一样会担心很多事情，无论对钱还是对物品都不会担心，虽然我不确定具体欠了多少，但1.5万~2万块钱债总是有的。 鲍尔：我无法节约金钱去维持我的生活，假如我口袋里有一点点钱，我也要买这些东西。 解说： 这个家庭只能靠目前的一点点收入，都是依靠鲍尔做酒保的兼职得来的，就在他和凯瑞一起经营了三年的酒吧。 同期： 凯瑞：我只能承认，每次看到他的玩具都会让我发疯，他是星际战争的疯狂粉丝，我宁可把这些钱存在我银行的账户里！鲍尔是我们家花钱的人，我是存钱的人。我经常希望得到一笔意外之财去付账单，我不知道明天我头上是否还能有天花板，我很恐慌，我很焦虑。 解说： 克来顿和丽莎在两年前买下了华尔街25号，那时正是房市正繁荣时期，这让他们欠了一大笔债。 同期： 丽莎：电费、水费、气费、电视费、电话费，每周我都要再加上一点，一周10英镑，当我们有了工资时，就会把相应的钱去付账单。克来顿的薪水显然比我只去美发店工作的工资要好很多，承担了大部分账单，我每天也会做额外的工作，这对分担债务有很大帮助，但是我们直到现在都还不错，不是吗？

		克来顿：你每天都在收音机上听到好多好多人失业，我也必须要考虑这些问题，一天、一个月、半年这样下去的工作还会仍是我的吗？我是个卡车司机，我就是喜欢在路上的感觉，你可以看很多不同的人，经历很多不同的事情。假如我没有结婚的话，我就住在卡车里。 解说： 克来顿和丽莎是青梅竹马，在两个月前结了婚。 夫妻俩在一起看他们结婚时的录像，很开心。 现在开车的工作也在减少，克来顿发现了他的工作到昨天就结束了。 同期： 克来顿：我现在要去××地一趟把××接回来，假如老板不能给我支付一周的薪水的话，那我一周工作三天也要保住工作。 电视中的声音：今晚人们花费的钱就是人们将要失去的财产……我们面临一场真正的危机，7.5万人可能没有工作…… 字幕：我的华尔街
11′44″～ 14′13″	解说　同期 采访	环节二：阿力找工作的经历 解说： 阿力现在在工作面试，自我介绍希望得到一份销售的工作，最后得到了面试官的认可。 同期： 阿力：我觉得面试官很急，我看得出来他也很无奈。上周不到一周的时间我已经投了10个工作，每个人都详细地问了我然后说“我之后会再联系你的”——但是没有。 解说： 阿力从来没有得到从市场中介那里的回应。 采访： 你平常都在这些商店周围做什么呢？ 同期： 阿力：我并不向橱窗里看，那里什么都没有，所有的店都关门了。他们还在吸引着顾客买东西吗？我觉得不是的。假如你仔细看的话，就发现，所有的商店都在卖、卖、卖，然后关门。 广播： 播报着更糟糕的经济危机情况，大量人口失业，企业倒闭……

14′14″～ 16′33″	解说　同期 采访	环节三：萨拉的想法 解说： 萨拉16岁，去年就从学校辍学，她现在在一家私营超市做兼职。 同期： 萨拉：我们卖很多东西……当顾客走进商店时，他们第一眼看的是价格，然后质问我们为什么把价格抬高了，我们解释只是抬高了二三便士，我们也没办法。 解说： 这里很多空着的地方应该是卖香烟的。萨拉是4个孩子中最大的，她要一边在超市打工，一边照顾家庭。 同期： 萨拉：生活太不容易了，我让自己一直在忙，就像你们一样，假如我想的话，我想和朋友外出玩一会。 采访： 你为什么要这么早离开学校？ 同期： 萨拉：我不知道，我不是学习的这块料，我就想用两条腿来养活我自己。我想干脆一点，所以就辍学了。我在巴基斯坦上过美容课，我想做个美容师。我学到很多怎么做脸，怎么按摩，怎么修剪头发，怎么化妆，但是我喜欢做衣服。现在经济发展得太慢了，所以我一直把这个超市兼职当做一个锻炼的机会，等到以后经济好转时再去做我擅长做的事情。我想把椅子摆在超市里，这样就可以做些针线活、化妆、理发了，这就是我对这家店最大的梦想。

16′33″～ 20′22″	解说　同期 采访	环节四：弗兰克的故事 同期： 弗兰克：我现在是汽车销售的经理了…… 解说： 弗兰克和他的未婚妻劳拉准备结婚，现在住在华尔街6号 广播：播报目前汽车工业惨淡的经营现状，大量汽车工人失业 （弗兰克工作时的场景，服务完几个客户之后）。 采访弗兰克和劳拉关于结婚的打算，他们设想了很多布置，现在也攒到了1.8万。 弗兰克和劳拉说虽然现在经济不景气，但是唯一能做的就是努力工作，他们还有很长的路要走，生活才刚刚开始，弗兰克22岁，劳拉只有19岁，想要好好享受他们本该在这几年要享受的事情。

		解说： 他们一年前在华尔街用攒的钱买下一处房子，现在要为结婚继续攒钱。 采访： 你当初是怎么选定这个房子的？你知道纽约也有一条华尔街吗？所以别人称华尔街是惹麻烦的地方。 同期： 劳拉：我不知道！我比他更早一步看到这处房子，后来我们看的时候都觉得很喜欢。 解说： 被问到是否担心弗兰克的工资时，她说有点，因为自己作为一个理发师的工资很低，根本付不起抵押贷款。 弗兰克觉得除了家庭外，还要奋斗很多事情，简单来说就是工作。
20′22″～25′	解说　同期 采访	环节五：丽莎的遭遇 解说： 丽莎的工作是发型师，刚刚够克林顿城的最低工资标准。她每周的工作就是给她的奶奶做头发然后吹干。 和奶奶交谈，谈到这里有23个华尔街，奶奶认为信用崩溃是因为“二战”后英国作为战胜国，经济不断上升，人们开始不断地买东西，最后欠债。我们发展得太快了，所以我们跌落得也很惨。 解说： 理查德和菲利普是住在伦敦华尔街上的两个小男孩，他们一家9年前在这里买了房子。 妈妈介绍了家里情况：就像华尔街其他家庭一样。我在这里工作时想还掉贷款，我在人才保留处工作，现在人才已经过剩了。这让我看到很多人是如何处理他们对公司的忠诚和信任了。但是我做不到这种忠诚，做不到企业希望我成为成功的人，所以我离开了。 解说： 理查德现在是家里唯一的经济支柱，他在一个教堂里教圣经和演奏风琴。 广播： ××银行的CEO放弃救市……接二连三的银行采取消极措施。 同期： 理查德：为什么我们要把所有的信仰放在金钱上？我们确实看到了，钱是靠不住的，我们都会死在一样的棺材里，我们最终被火化，我们什么也带不走。耶稣说，一个人不能同时相信上帝和金钱，我们也许可以拥有大量的金钱，但是无论有钱没钱，其实都是差不多的。

25′～29′12″	解说　同期 旁白	环节六：鲍尔和老人欧茄关于借还钱的一段对话 解说： 鲍尔向当地一个贷款人欧茄那里借了钱，她借了1000英镑给那些不想到银行贷款的人。 欧茄说自己采取个人借贷的方式是想帮助那些人，给他们提供更方面的借钱服务，她希望成为那些欠债人的朋友，在他们需要的时候帮他们一把。他们也会邀请我参加他们的婚礼、葬礼、圣诞聚餐等等。 欧茄说她以前在银行存款，但是因为经济危机银行也丢了钱，所以也不存银行了。 广播：我们非常担心美国的股票市场和债务情况……经济贸易一体化增加了各国的经济风险…… 解说： 萨拉的街角超市继续挣扎着，但她仍然希望可以度过这个危机然后变成一个时尚又漂亮的商场。今天她要做些市场调研。 萨拉在服装市场里询问各种价格，她跟售货员说起她的开商场的梦想。 解说： 萨拉和她的家庭一起离开巴基斯坦，希望在超市里买些便宜货。

29′13″～30′34″	广告	
30′35″～ 36′14″	解说　同期 采访	环节七：阿力和鲍尔家里因为经济条件产生了一些矛盾 广播： 超过16万人失业……可能会更糟糕，到明年6月时可能就有超过300万人失业…… 解说： 鲍尔在介绍他的家什，他说自己今天成为被解雇的人中的一员，所以现在要清理这些物品出去。但是他不认为失业能把他击倒。

		解说： 过去了的两周里，阿力已经找了15份工作……他家里欠了很多债，但是没有收入可以还。但他还是坚持不签协议。 阿力觉得每次应聘的时候就知道他们会怎样对待自己，他们问之前找到多少份工作，那种感觉特别不舒服。 解说： 阿力的妻子萨拉，在兼职做助教，她刚刚在几周前离开了长达一年的没有薪水的课。 萨拉说自己非常喜欢教学的环境，就像在大学里上课一样，我一直在学习教课，我非常喜欢做老师这个工作。 但阿力却觉得她上课是在浪费时间，不如去找份工作。 鲍尔已经三天没有回家了。 吵闹的酒店环境。 同期： 鲍尔的妻子说，我们上周因为钱的问题吵了一架，我说你有本事就不要回来了，结果他那天晚上没回，昨天晚上也没回家，今天回了。 鲍尔在翻求职信息的报纸，看到没有自己登的求职广告，他们计划今年要好好计划下生活了。鲍尔对未来的生活持着悲观的态度，他看不到变好的可能，担心房子可能也没了。
11′15″～16′58″	解说　同期采访	环节八：阿力、萨拉、凯瑞3人找工作的遭遇 广播： 最新经济产出指数出现巨大下滑……英国出现了严重的经济危机…… 同期： 丽莎：对于我们来说真是巨大的麻烦，我感觉我好像已经放弃很多次了。 阿力的自动电话求职遭到了拒绝。 同期： 萨拉：假如一个人长时间待在家里没有事做，他几乎要和别人打架了！ 阿力：有些事发生在我身上，但我错过了，我就开始向孩子们发火。每天同样的路线，同样的一切，这种生活我不想再继续了。 解说： 当萨拉一家必须回到巴基斯坦时，因为顾客太少，超市也迫不得已关门了。 同期： 萨拉：在巴基斯坦开超市是一件很困难的事情，需要很多人帮助才能卖出去东西。我觉得我需要合适的时间，我希望我们卖的东西价格是最合适的，这里卖的东西要比巴基斯坦那边要

		贵。我总是想得太好了，很多事情没有考虑到，但又得去做的。这个年龄遭遇这些真是不幸，我下周就17岁了。 解说： 萨拉的梦想不足以撑起一家人的生计，她找到了一个新的方法。 萨拉说自己为新点子想出的名字叫Eid，她通过做面膜化妆和缝纫等攒了100英镑。她说自己心里始终充满希望，这些我在家也可以做，可以想象这里已经成为一家充实的商店。 解说： 凯瑞在当地一个养护中心授课，这帮助她处理自己的不安。 凯瑞和孩子们玩，她说尽管很多不景气的事情不断发生着，但自己不会失去继续积极生活下去的热情和希望，因为她可以工作，可以有更美好的未来。过去我总是很悲观，一直在担心后面会发生着什么。

41′59″ ～ 49′47″	解说　同期 采访	环节九：弗兰克的工作状况，鲍尔和凯瑞对经历经济危机的看法，萨拉的工作，阿力的情况 广播： 银行利率在不断下降……汽车销量在下降…… 弗兰克和他汽车销售的同事们在互相打气，尽管买汽车的人少了，但是大家还是一起努力工作着。 弗兰克说，3月份总共有73辆汽车，现在有55辆，这已经很让人欣慰了。在不景气的汽车市场下，我们做的已经比新车市场要好了，我们也在努力推广我们新的汽车。 解说： 弗兰克一辆车卖2万英镑，他这个月销售了25辆。 解说： 鲍尔和凯瑞失业已经3个月了，凯瑞现在已经找好了另一个工作。 鲍尔和凯瑞在讨论怎么上传简历进行网上申请，鲍尔很骄傲地展示了自己一个全球300个限量版的星际战争的玩具。 同期： 鲍尔：无论她想做什么，她知道我会在她背后110%地支持她。假如她想在这里呆一整天，那她可以呆一整天，她要想去工作，我也全力支持她，无论她想做什么。我觉得她很容易担心，所以我想让她心里好过一点。 解说：

		鲍尔终于同意去收拾那间摆满了星际战争玩具的屋子，但他不同意卖掉这些东西去换1.5万的债务。 鲍尔在收拾玩具，凯瑞接到了一个可以去工作的电话。 鲍尔说凯瑞比去年的时候要坚强很多，让他觉得更像一对紧密结合的夫妻。我们想度过我们要度过的事情，我们很开心，假如我要卖掉这些玩具她应该会更开心。但是这是不可能的！ 凯瑞觉得自己自从搬到华尔街生活以来，变得坚强很多，想的也更清楚了，也有更多的力量去克服这些困难，她觉得自己还会坚持一颗积极的心去生活。 萨拉现在已经结束了她的助教课，她现在要面临的是残酷的评估，假如她通过了，她将要得到一份有薪水的工作。 萨拉的同事觉得她是一个非常好的人和老师，相信她会得到一个好工作。 解说： 阿力在失业4周后终于决心去公告板看看告示然后签一份工作了。 阿力说自己本来无论如何也不想签这样的工作，但实在没办法了。
49′48″～54′	解说　同期	环节十：尾声，介绍每个人最后的工作或生活的结果 克来顿已经失业8个星期了，她的妻子丽莎仍然支持帮助他。弗兰克则被对手的猎头公司挖掘出来，他和未婚妻劳拉的婚礼计划耗费2.4万英镑。政府开始投入巨款以振兴经济，萨拉则努力工作，期待她的美容事业能有所起色，后来她被授予了教师助理的工作。凯瑞则在冷冻鱼厂找到了一份工作，阿力也找到了一份披萨厨师的工作。

节目特色

1. 实地拍摄，让观众感到真实亲切，仿佛发生在自己周围。

2. 选取拍摄对象的生活比较典型，而且生活态度积极乐观，对处在同一处境下的人们是个很好的激励。

3. 节目体现着人文关怀，注重与家庭各成员间的沟通，也给参与者表达自己梦想的机会。有观众评论说：“虽然我的华尔街记录的场景是很让人感到沮丧的，但是还有很多暖流在里面。”

相关链接

http：//www.independent.co.uk/arts–entertainment/tv/reviews/last–nights–tv–my–wall–street–channel–4br—my–life–as–an–animal–bbc3–1676911.html

后　记

非常感谢英国外交和联邦事务部（FCO）颁发给本书作者杨会飞难得的志奋领（CHEVENING）奖学金，这个英国政府最具代表性的旗舰奖学金项目，全额资助她前往英国利兹大学研习传媒产业专业硕士课程。异域的人文环境、全英文的课堂交流、一年多繁忙紧张的学习使她收获颇丰，更重要的是，在这次赴英深造过程中，她通过大量观摩研究英国电视节目，不但逐渐掌握了如何自主学习研究这个终生受益的本领，而且在搜集整理各类节目资料的同时，对本书的得以成型已开始了良好铺垫。

当前，中国国内对境外电视节目模式的引进和借鉴进入了一个高峰期，打开电视，从中央到地方台地都有不少新节目涌现，其中很多是对境外的节目模式进行了充分吸收和借鉴，十几档“翻版”自国外的新节目以集群姿态陆续亮相于各大卫视。在这批节目中，一是选秀节目继续受宠，东方卫视《我心唱响》来源于荷兰《Sing It》，东南卫视购买英国节目《明天就出发》和《欢乐合唱团》；辽宁卫视把英国当红音乐选秀节目《X—FACTOR》引进中国，推出了音乐选秀《唱响中国》；二是婚恋节目热度不减，广东卫视购买荷兰相亲交友真人秀节目《Dating in the dark》后推出《完美暗恋》，并引进原创团队制作，欲在尚处于热潮的婚恋节目收视市场中分一杯羹；也有不少电视媒体有意通过打造具公信力的公益节目，浙江卫视以英国《就在今夜》为蓝本推出为平民圆梦的《中国梦想秀》；山东卫视则从英国ITV电视台引进版权，推出了援助类栏目《惊喜惊喜》，希望有助于提升电视媒体的品牌影响力，以实现更多社会价值和受众期待。这种在节目方面的竞争正呈现出一个趋势，即各大卫视的节目创新将成为常态，节目升级换代将更加频繁，购买海外节目模式已成为各地纷纷打出的一张牌。这也预示着电视台之间的竞争态势更为严峻。由于不同国家有着不同的文化习惯和各种差异，把国外的节目模式成功本土化并被广大中国观众所接受，正成为业界非常关注的问题。

节目模式可以说是一个蓝图、一个基础，如今，节目模式已经是国内电视工作者常挂嘴边的一个词汇。从制作过程来说，电视节目模式起源于一个创意点子，从创意到最后形成模式通常要经历三个阶段：第一阶段为模式设计阶段（Devising），将创意点子具化成纸版模式；第二阶段为模式发展阶段（Development），将纸版模式发展成可播放的电视节目，节目/模式制作在这一阶段完成，详述内容要求（如节目台本、板块、流程、对节目参与人要求等）、技术配备（如视频、灯光、摄影棚、舞美和音乐设计、后期特技等）、节目制作进度、财务预算以及法律甚至保险等内容，其他元素也配备整齐；第三阶段为模式发行阶段，形成节目市场推广、发售、相关产品开发等策略。

在电视大国英国，其电视“节目模式”的概念是一个严密的节目制作体系。且让我们来观察BBC的节目模式形成过程，BBC的创意团队称为“模式工厂”（format factory），这样的团队一般有5人到10 人，还有很多短期的各个方面专家，他们负责发现点子，形成节目模式。先是有个点子，然后可以设想这是个什么样的故事，故事里有什么样的角色，角色之间的关系是什么，再去设想观众在看这些节目的感受，他们能不能接受创意者的逻辑，会不会感到愉悦和被尊重。之后，有一个预演，来检验设想的东西能不能行得通。基本修改之后，BBC公司会请观众以焦点小组或者其他方式来评判，并且参考大量的数据公司的观众调查，真正理解观众的需求和反应。模式创意这件事在BBC有很高的淘汰率，不是一个个体工作，而是一个团队的工作。点子成为一个节目雏形时，创意人员就会请制作团队介入，对点子进行检验，并且在他们的协助之下发展出来一个模式。这个过程在节目开播之后依然没有结束。这是一个持续的创新过程，一个好的模式节目要经历很多的反复和更新。一般来说，整个过程最短是两个月，最长可以是一年。英国BBC电视台将节目制作人员作为公司的核心人才，并将公司约85%的资金投入到新颖节目模式的研发当中。模式研发的成本因节目而异，但有一点是肯定的，它必然要占整个制作成本相当大的一部分。不过，诞生于英国的流行节目模式，如《Who wants to be a Millionaire》（《谁想成为百万富翁》）等，在全球的节目模式版权专营权售卖，令有关电视制作公司获得巨额贸易收入，并促进了对新节目模式研发与生产投入的良性循环。

销售节目模式版权，现在已成为欧美近年快速发展的新型电视行业。目前，国内各电视台模式节目硝烟四起，业界电视节目的竞争越来越集中到节目模式的竞争上，因此，模式也意味着中国电视从以前的追求模仿向追求工业化生产进行转变。

我们应该引进“节目模式”，提高中国电视的工业化水准和节目类型，但我们更应该引进创造“节目模式”的机制和方法，因为，那才是让我们的屏幕少出现一些“山寨版”，多出现中国特色、时代精神节目的根本出路。某档节目一旦形成可供效尤的流行模式，即成为全球盛行的电视收视竞争法宝，为电视台赢得收视率。一种被认可的流行节目模式，被全球各地的电视节目市场追捧，模式的原创者可以获得丰厚的模式版权收益。我们需要更加清醒地认识传媒业未来发展的趋势，期待中国电视人的节目模式创意早日走向世界。如果本书对中国电视界能作出一些微薄贡献，对于亲爱的读者您在节目和栏目策划实践中有些许帮助和启迪，作为著者，我们就会感到非常欣慰了。

作为三位作者承担的国家广播电影电视总局2011年度部级社科研究项目《娱乐真人秀节目形态及其管理标准的对策研究》的阶段性成果，尤其要感谢中国广播电视出版社领导慧眼识珠，本书才得以很快付梓印刷，与读者见面。本书在写作过程当中，来自南京大学、南京师范大学、中国传媒大学南广学院等高校的同学给予了热情帮助，在节目的翻译以及相关资料搜索方面做出有成效的工作。他们是：袁乙月、王治锟、李雅丽、方文进、徐滢、何思佳、徐靓、薛峻川、葛岷、杨羽菲、周曼琳、衣旭峰、袁琪、张羊君、蒋丽媛、徐艺、姜黎黎、蒋涵潇、沈亦诚、孔阳新照、孙宁、于洋、陈粲、陈翘楚、王徐、杨浩、王炫容、庞磊等，特此致谢。

仅以此书献给每一位致力于传媒革新的电视同仁，献给每一位有志于跻身传媒产业并乐于为之奋斗的朋友！

图书在版编目（CIP）数据

策划电视：风行世界的英国电视节目模式解析／周凯，杨会飞，殷亮著. —北京：中国广播影视出版社，2012.9（2016.9 重印）
ISBN 978-7-5043-6699-3

Ⅰ.①策… Ⅱ.①周…②杨…③殷… Ⅲ.①电视节目制作—研究—英国 Ⅳ.①G222.3

中国版本图书馆 CIP 数据核字(2012)第 198482 号

策划电视
——风行世界的英国电视节目模式解析
周　凯　杨会飞　殷　亮　著

责任编辑	贺　明
装帧设计	亚里斯
责任校对	谭　霞
出版发行	中国广播影视出版社
电　　话	010-86093580　010-86093583
社　　址	北京市西城区真武庙二条 9 号
邮　　编	100045
网　　址	www.crtp.com.cn
电子信箱	crtp8@sina.com
经　　销	全国各地新华书店
印　　刷	北京雷杰印刷有限公司
开　　本	787 毫米 × 1092 毫米　1/16
字　　数	567(千)字
印　　张	27.75
版　　次	2012 年 9 月第 1 版　　2016 年 9 月第 2 次印刷
册　　数	4001－6000 册
书　　号	ISBN 978-7-5043-6699-3
定　　价	76.00 元